● カラー口絵

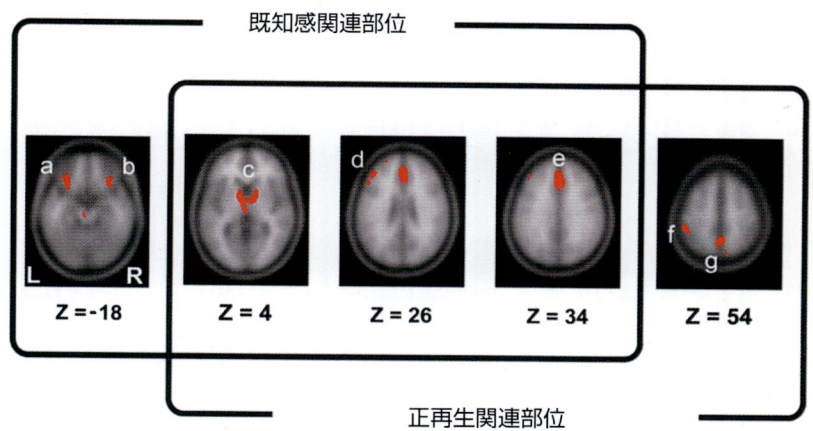

○ 図 4.3 既知感には関連しているが正再生には関連していない部位（左端の画像：a＝左下前頭回，b＝右下前頭回），既知感と正再生の両方に関連している部位（中央の3つの画像：c＝両側尾上核・視床，d＝左中前頭回，e＝前部帯状皮質・補足運動野），および正再生だけに選択的に関連している部位（右端の画像：f＝頭頂葉，g＝楔前部）（出典：Kikyo, Ohki, & Miyashita, 2002）

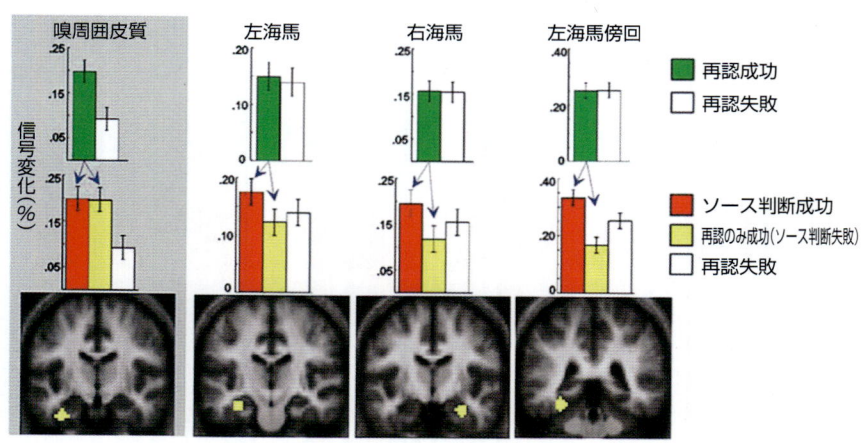

○ 図 7.4 嗅周囲皮質（一番左の色の色のついた欄）は，正確に項目を再認した時に選択的に賦活した。他方，海馬と海馬傍回はソース判断のときに賦活した。（出典：Davachi, Mitchell, & Wagner, 2003）

◎ 図 10.1　チョコレートのお話（出典：Perner & Lang, 1999）

◎ 図 10.2　アカゲザルのエビングハウスが，自分の記憶に賭けて勝つために，正確な記憶モニタリングを使っている。（出典：コロンビア大学 Herbert Terrace 博士提供の写真）

メタ認知 基礎と応用

J・ダンロスキー＋J・メトカルフェ 著

湯川 良三＋金城 光＋清水 寛之 訳

北大路書房

METACOGNITION
By
John Dunlosky and Janet Metcalfe

Original English language edition published in the United
States, London and New Delhi by Sage Publications, Inc.
Copyright © 2009 by Sage Publications, Inc.
Japanese translation published by arrangement with
Sage Publications, Inc. through The English Agency (Japan) Ltd.

日本の読者のみなさんへ

　1960年代半ばの認知ルネサンス以降，心理科学者は，人間による自分自身の思考についての思考（すなわち，メタ認知）を明らかにしようと，歳月を重ねるごとに多くの研究努力を注いできました。メタ認知は，いくつかの意味を合わせもつ概念であり，人が自己の認知に関してどのような信念をもっているのか，人が自己の認知過程をどのようにモニターしコントロールしているのか，といった事柄を含んでいます。メタ認知に対するこうした関心は，驚くことではありません。なぜなら，メタ認知は人の思考や行為の質に深く影響を及ぼしているからです。たとえば，子どもにおいて，自分の心（そして，他者の心）がどのように働いているかについての信念が育っていくことは，他の認知能力の発達の基盤となるでしょう。脳のある種の機能不全は，人が自己の記憶をモニターする能力やそれ以外の認知能力に悪影響を及ぼし，それによってさらに認知的な障害を深刻化させることがあります。また，学校では，自己の問題解決の技能を的確にコントロールできない生徒は，学業面でいろいろと問題を抱えているかもしれません。

　これらの例は，本書のなかで取り上げた多くの例のごく一部にすぎませんが，いずれも，メタ認知の理解が人の思考と行為を十分に解明するのにどうしても欠かせないことを示しています。別の言い方をすれば，もしも心理科学者がメタ認知のことを無視するなら，人間の認知と行動を完全に理解することなど到底できないでしょう。また，重要なこととして，メタ認知の理論が進展することによって人が課題成績を向上させるにはどうすればよいかの指針が与えられるでしょう。これまでの研究から，生徒が新しい教材を学習するときにどうして自分の学習進度を正確にモニターすることにしばしば困難を感じるのか，その理由が明らかにされてきました。こうした研究を進めることで，生徒の自己調整学習をどのように向上させればよいのかについて具体的な提言を行えるようになりました。これと同じように，現在では，メタ認知が十分に機能していないと目撃証言の正確さに支障が出ることもわかってきました。この新しい研究知見は法制度を見直す際に直接的な影響を及ぼすものと考えられます。メタ認知研究のこうした応用面への影響は広範囲に及びます。というのも，人のメタ認知過程は日常生活の全般にわたってきわめて重要な役割を果たしているからです。

　心理科学という学問分野においてメタ認知がこれほど重要であるのに，私たちには，このテーマに関する研究成果について包括的な展望を提供してくれるような書物が残念ながらこれまで1冊もありませんでした。そこで，私たちは，『メタ認知』という教科書を執筆し，多様な研究領域（認知心理学，生涯発達心理学，教育心理学，応用

心理学などを含む）にわたる広範な問題の数々を学生や研究者に紹介しようと考えました。さらに，この分野へのいっそうの関心をはぐくみ，研究をさらに発展させたいとの願いから，現時点ではまだ解決されていない問題や論争を取り上げています。このように，メタ認知に関する研究書はいくつか出版されているものの，初学者向けにメタ認知の基本を紹介し，かつ，メタ認知のさらなる研究の進展を図ろうとしている研究者向けに最先端の研究の展望を提供するような書物は，本書以外にはありません。こういったすべての理由から，本書が日本の心理科学に携わる人たちに利用されることをたいへん光栄に思っています。また，この翻訳を日本の読者のみなさんにお届けできるのは，それぞれにメタ認知研究に携わっておられる湯川良三，金城光，清水寛之の三氏のおかげであり，謝意を表したいと思います。

ジョン・ダンロスキー
ジャネット・メトカルフェ

まえがき

> 私は，自分自身の行為を観察するときに，その行為をしている人間と，その行為を観察し，驚きながら不思議に思っている人間とがどうして同一人物であるのかが理解できないし，行為する者と観察する者を同時に兼ねることができるのだろうかと疑っている。
> ——アンドレ・ジイド（1947年にノーベル文学賞を受賞）

　この文章はジイドの『贋金つくり』の一節であるが，主人公エドワールは，メタ認知に関するあらゆる探究をかきたてる謎について深く考えている。つまり，「人はいったいどうして，何かの行為をしながら，同時に自分自身がその行為をしているのを観察できるのか」という謎である。このことから類推されるように，メタ認知とは自分自身の思考や認知について考えることを意味する。したがって，メタ認知については，「いったい人はどのようにして自分自身の行為を観察できるのか」と思いめぐらすのではなく，「人はどのようにして，思考しながら，同時にその思考について思考できるのか」と問うほうがより適切である。自己の思考について考えるという能力は多くの謎に包まれているが（これについては本書の全編を通じて取り上げる），そのようなメタ認知的な行為自体はごくありふれたものである。私たちは日々，自分自身の思考について考え，そうしたメタ認知に基づいて，いかに行為すべきかを決断している。

　人間のメタ認知を探究するために，過去40年以上にわたってさまざまな視点から数多くの研究が行なわれてきた。認知心理学者は，人が自分自身の心をどのようにモニターし，コントロールしているのか（メタ認知の主要な二つの構成要素）を明らかにしようとしてきた。発達心理学者は，児童期におけるメタ認知の成長と高齢期におけるメタ認知の減退の発達過程を明らかにしようとしてきた。そして，教育心理学者は，試験の成績を良くするために生徒や学生たちがどのようにメタ認知的技能を利用しているのかを解明しようとしてきた。さらに，目撃証言や司法手続きがメタ認知に関連していることや，人以外の動物（たとえば，チンパンジー）が自らの思考をモニターすることができるのではないかということから，この分野での研究熱が高まっている。

　現在，多くの研究者がこうした研究領域やその他の研究領域においてメタ認知の解明に力を注いでいるので，1冊の教科書で文献を残らず概観するのは難しく，一つの領域に限定してもすべての文献を概観するのは困難であろう。そこで本書では，次の二つの方針を設定した。まず，教科書なので，多様な研究領域にわたるメタ認知研究の中で取り上げられている広範な問題を学生たちに紹介する。いくつかのよく知られ

た実験については詳細に解説するが，特定の研究領域を超えた一般的な問題や研究テーマについても注目する。したがって，本書は学部の専門課程の学生にとって理想的な教科書となるだろう。いま一つは，メタ認知研究において広く用いられている方法と分析をまとめる。また，多くの領域を取り上げる中で，この研究分野を推進している最新の理論や議論に注目する。したがって，本書は，自らの関心を広げ研究を発展させるためにメタ認知に関する基礎知識を必要としている大学院生やもっと経験豊かな研究者にとっても理想的な教科書になるだろう。

　本書はまた，教室場面や研究者個人にとって極めて有用な特徴を数多く備えている。それぞれの章の終わりに，「討論問題」と「概念の復習」と「演習課題」がまとめられているので，特に重要な話題について自分がどれくらい理解したかを評価するのに役立つ。ほとんどの章には「論点」が載っており，その分野で現在，熱い議論が続けられている争点や論争，すなわち，研究者たちが解明しようと試みている「論点」を紹介している。私たちは，そうした論争を解決する手助けになる多くの方法を紹介しているので，専門課程の学部学生であっても最先端の研究計画を用いてこうした謎をどのようにして解き始めればよいのかについてアイディアを発展させてもらいたいと願っている。

　私たちは，国際メタ認知学会設立の会議の後，2002年11月のアメリカ基礎心理学会においてメタ認知に関する最初の教科書として，本書を出版できるかどうかについて話し合った。この出版計画は，理論と実践の両面においてメタ認知に対する関心が世界中で急速に高まってきたことに強い影響を受けた。本書の出版が当初の検討段階からしだいに現実味を帯びてくるにしたがって，多くの人たちが私たちを支援してくださった。マーチン・シェマーズ（Martin Chemers），ブリジッド・フィン（Bridgid Finn），ダッグ・ハッカー（Doug Hacker），リード・ハント（Reed Hunt），ウィリアム・メリマン（William Merriman），ジョン・ネットフィールド（John Netfield），ジョシュア・レッドフォード（Joshua Redford），ベネット・シュワルツ（Bennett Schwartz），キース・シード（Keith Thiede），ジョン・アップディグラフ（John Updegraff），タイラー・ヴォルク（Tyler Volk）には，感想や助言，資料提供などでお世話になった。キャサリン・ローソン（Katherine Rawson）はすべての章について率直な感想をくださった。ケイト・ゲリーニ（Kate Guerini），メリッサ・ビショップ（Melissa Bishop），およびウムラオ・セシィ（Umrao Sethi）は，ケント州立大学およびコロンビア大学において多くの編集作業完成にあたって大いに助けていただいた。そして，最後になったが，本書の出版にあたって絶えず情熱をもって支援してくださったセイジ（SAGE）出版のステファニー・アダムズ（Stephanie Adams），ジム・ブレイス＝トンプソン（Jim Brace-Thompson），シェリー・デリーロ（Cheri Dellelo），ララ・グランブリング（Lara Grambling），アンナ・メジック（Anna Mesick），担当編集者であるタリン・ビジロー（Taryn Bigelow），装丁を担当してく

ださったキャンディス・ハーマン（Candice Harman）に感謝します。

ジョン・ダンロスキー（John Dunlosky）
ジャネット・メトカルフェ（Janet Metcalfe）

【謝辞】

　セイジ出版（Sage Publication）は以下の方々に本書への論評をいただいた。記して感謝します。

マーガレット・アンダーソン（Margaret Anderson：ニューヨーク州立大学，コートランド）
ウィリアム・M・ブラウン（William M. Brown：ピードモント大学）
エリック・ディ・コルテ（Erik De Corte：ライベン大学，ベルギー）
ウィリアム・G・ヒューイット（William G. Huitt：ジョージア州立バルドスタ大学）
マイケル・マクガイア（Michael McGuire：ウォッシュボーン大学）
パティー・ミーク（Patty Meek：コロラド大学デンバー校）
ベネット・シュワルツ（Bennett Schwartz：フロリダ国際大学）
ジェームズ・P・ヴァンヘイガン（James P. Van Haneghan：南アラバマ大学）
デイビッド・ホワイトブレッド（David Whitebread：ケンブリッジ大学）

目次

日本の読者のみなさんへ　i
まえがき　iii

第1章　はじめに……………………………………………………1
第2章　メタ認知研究の歴史………………………………………9

第1節　コントのパラドックスと20世紀への変わり目の内観　11
第2節　内観主義のいくつかの欠点　14
第3節　認知ルネサンス　19
第4節　内観の復帰と心理学のメタ認知学派の台頭　25
要約　32

第1部　基本的なメタ認知判断

第3章　メタ認知研究の方法と分析………………………………36

第1節　メタ記憶の測度と疑問　37
第2節　メタ記憶のデータの収集，分析，解釈　41
　1．人はどのように記憶をモニターしているか　44
　2．記憶のモニタリングはどれくらい正確か　45
　3．モニタリングはコントロールにどのように利用されるか　53
第3節　基本的なメタ認知判断についての今後の章の概観　53

第4章　既知感とTOT状態……………………………………55

第1節　既知感判断に関する理論　56
　1．ターゲット強度による説明　56
　2．ヒューリスティックに基づく説明　58
第2節　喉まで出かかっているのに出てこない状態（TOT状態）　66
第3節　既知感判断の脳基盤　75
第4節　既知感の機能　78
　1．方略選択　78
　2．検索の終結　82
要約　83

第5章　学習判断…………………………………………………85

第1節　すべてのモニタリング判断は同一の情報に基づいているか　86
第2節　学習判断の正確度に影響を及ぼす変数　88
　1．学習－テストの試行数と練習による過小確信効果　89

2．学習判断の時期と遅延学習判断効果　　*92*
　第3節　学習判断の理論　　*99*
　　　1．処理容易性仮説　　*100*
　　　2．検索流暢性仮説　　*101*
　　　3．学習判断への手がかり利用アプローチ　　*102*
　第4節　学習判断の機能　　*105*
　　　1．学習判断の機能的役割　　*105*
　　　2．自己調整学習の理論　　*107*
　要約　　*110*

第6章　確信度判断　………………………………………………*114*

　第1節　回想的確信度判断の正確さに影響する要因　　*116*
　　　1．過剰確信効果と難易効果　　*116*
　　　2．回想的確信度判断における過剰確信のバイアス修正　　*119*
　第2節　回想的確信度に関する理論　　*124*
　　　1．ヒューリスティックとバイアス　　*125*
　　　2．生態学的アプローチ　　*128*
　第3節　回想的判断の機能　　*134*
　要約　　*137*

第7章　ソース判断　………………………………………………*139*

　第1節　ソース・モニタリングの正確さに影響する要因　　*140*
　　　1．ソースの類似性　　*141*
　　　2．ソース・モニタリングにおける情動や想像　　*142*
　第2節　ソース・モニタリングの枠組み　　*143*
　　　1．一夜にして有名になる：熟知性がもたらす否定的な結果　　*144*
　　　2．ソース・メモリにおける意識的回想の役割　　*146*
　第3節　ソース・モニタリングとリアリティ・モニタリングの障害　　*149*
　　　1．統合失調症　　*150*
　　　2．鏡徴候：鏡の中にいる人はだれなのか　　*153*
　　　3．健常者にみるリアリティ・モニタリングの障害　　*154*
　第4節　ソース・モニタリング判断の脳基盤　　*156*
　要約　　*158*

第2部　メタ認知の応用

第8章　法律と目撃証言の正確さ　…………………………………*162*

　第1節　確信度と偽りの記憶　　*163*
　　　1．私たちは起きていない出来事の記憶に高い確信度をもつことがあるのか　　*164*

2．確信度の基礎にあるものは何か　*167*
　　　3．確信度は操作できるか　*171*
　　　4．自分自身の記憶の確信度は常に誤りはないのか　*173*
　第2節　目撃証人の確信度は陪審員にとって重要か　*177*
　第3節　ウソをつく　*178*
　　　1．人はウソを見破ることができるか　*178*
　　　2．ウソが本当になる：頻度と妥当性の関係　*181*
　第4節　後知恵バイアス　*182*
　　　1．後知恵バイアスはなぜ起こるのか　*183*
　　　2．自白，認められない証拠，および後知恵バイアス　*186*
　　　3．医療過誤，法的責任，および後知恵バイアス　*187*
　　　4．後知恵バイアスに関するその他の実例　*188*
　要約　*188*

第9章　メタ認知と教育　　　*192*

　第1節　学生の自己調整学習の一般モデル　*193*
　　　1．自己効力感　*196*
　　　2．メタ認知的モニタリング　*198*
　　　3．メタ認知的コントロール　*202*
　第2節　特定領域での学生のメタ認知　*203*
　　　1．読み　*203*
　　　2．テキストの学習と理解のモニタリング　*207*
　　　3．テキストの学習と理解のコントロール　*209*
　　　4．書き　*213*
　　　5．数学　*215*
　要約　*218*

第3部　メタ認知の生涯発達

第10章　児童期の発達　　　*222*

　第1節　心の理論の発達　*223*
　　　1．心の理論の発達の時間的推移　*224*
　　　2．心の理論の発達に関する理論　*228*
　第2節　メタ記憶の発達　*230*
　　　1．ヒト以外のメタ認知　*230*
　　　2．子どもにおける記憶モニタリングの発達　*233*
　　　3．方略の使用　*239*
　第3節　心の理論とメタ記憶との関係　*244*
　要約　*246*

第11章　高齢期のメタ認知　　　*248*

第1節　高齢者は自分の記憶についてどんなことを信じているのか　251
第2節　加齢と記憶モニタリング　255
　1．学習判断　255
　2．既知感判断　259
　3．ソース・モニタリング　262
第3節　加齢と学習・検索のコントロール　265
　1．学習のコントロール　265
　2．検索のコントロール　270
要約　272

引用文献　274
邦訳文献　303
人名索引　304
事項索引　309
訳者あとがき　313
著者紹介　315

●論点 2.1	コントのパラドックスに関する現代の反証　12	
●論点 2.2	無心像思考とヴュルツブルグ学派　16	
●論点 2.3	内観主義復活へのジョセフ・T・ハートの貢献　28	
●論点 3.1	一歩進んだ問題：判断の正確さの違いを判断する前にもう1度よく考えよう　50	
●論点 4.1	人は既知感判断を行なうときに複数の手がかりをモニターしているのか　65	
●論点 4.2	妨害語は本当に目当ての記憶へのアクセスを妨害しているのか　67	
●論点 4.3	私は今TOT状態である。どうすれば治せるのか　74	
●論点 5.1	全体的判断：あなたがどれくらい想起できるかを予測する　91	
●論点 5.2	薬物は学習判断の正確度を低下させるのか　94	
●論点 5.3	なぜメタ理解の正確さはそれほど低いのか　104	
●論点 6.1	うつ状態は正確な自己評価を促進するか　117	
●論点 6.2	集団の確信度：3人よれば文殊の知恵か　122	
●論点 6.3	確信度判断の理論に「メタ」を付け加える　131	
●論点 7.1	ソース判断の正確さの測定　141	
●論点 7.2	ソース・モニタリング：二つの過程かそれとも一つか　147	
●論点 7.3	宇宙旅行と二人の妻との生活　149	
●論点 8.1	認知面接法　169	
●論点 9.1	テストを受けるとき，私の心を（そして私の答えを）変えるべきなのか　199	
●論点 9.2	メタ認知と教育へのアン・ブラウンの貢献　204	
●論点 9.3	自分自身の考えを説明しよう！　自己説明は学生の成績を改善するか　211	
●論点 9.4	知能が幅を利かすのか，それとも，メタ認知もまた学生の学業成績に影響するのか　217	
●論点 10.1	怪物，魔女，幽霊，うわぁ！　226	
●論点 10.2	過剰確信には適応的機能があるのか　234	
●論点 11.1	高齢者の自己効力感の信念を向上する　254	
●論点 11.2	アルツハイマー病患者はモニタリングの機能が低下しているのか　261	
●論点 11.3	成人に学習モニタリングを訓練する　269	

第1章　はじめに

　メタ認知とは，自分自身の思考や認知についての思考である（Flavell, 1979）。この用語そのものが謎めいていると思われるだろうが，メタ認知的な行為はありふれたものである。たとえば，少し時間をとって二つの質問に答えてみてほしい。まず，最近，間違いなく友だちの名前を知っているのにその名前を思い出せなかったことがありましたか。TOT 状態（喉まで出かかっているのに出てこない状態）と呼ばれる，イライラするこうした出来事はしょっちゅう起こることであり，年をとるほど頻繁になるかもしれない（Schwartz, 2002）。そうした出来事はメタ認知的な性質をもっている。なぜなら，あなたは認知**について**考えている（「確かにその人の名前を知っている」）からである（この場合，あなたの考えていることは「その人の名前が**記憶の中にある**ということ」である）。次に，最近，長い道順を，もしかすると短い道順であっても，書き留めておこうとしたことがありましたか。また，食料品店で買う食料品のリストを作ることがどれほどありますか。こうした状況では，たぶんあなたは大事な情報をなかなか思い出せないだろうと自覚して，当然のことに，確実に忘れることのないように外的な記憶補助，たとえば，一覧表，パーム・パイロット（携帯情報端末），あるいは他の人までも頼りにするかもしれない。自分の記憶の限界を理解することもまたメタ認知の一種である。なぜなら，記憶についてのあなたの信念や知識に関係しているからである。上の例に示された随分とありふれた出来事からも明らかなように，メタ認知は単一の概念ではなく，もともと多面的な概念である。
　メタ認知の多面性をさらに明らかにするために，大学生が行動の生物学的基礎に関する入門心理学の試験準備をしている次のようなシナリオを検討してみよう。

　　　リンダは寄宿舎の部屋で心理学入門の教科書を熱心に勉強している。そのときにルームメイトがテレビをつける。このことが邪魔になって大事な事柄を覚えたり理解したりするのが難しくなるのではと思って，しぶしぶ学習室に向かう。一番快適な長いすを確保して，脳の主要な部分を覚えようと勉強を続ける。そうして，大脳皮質の葉（よう）をどうしても忘

てしまうこと以外，実際のところ大脳のほとんどの部分は十分理解していると判断する。そこで，脳の他の部分にもっと時間を割く代わりに，覚えにくい皮質にエネルギーを注ごうと決心する。何度も葉を暗唱した後に，やはりまだ覚えられていないと思う。リンダは，この困難を乗りきるのに，彼女の高校で化学を担当しているベネット先生から教わった簡単な方略を使う。それは，それぞれの葉の最初の文字を使って意味のある語句を作り上げるのである。かなり熱心に考えて，Frontal lobe（前頭葉），Temporal lobe（側頭葉），Parietal lobe（頭頂葉），Occipital lobe（後頭葉）を覚えるのに「French Teachers Prefer Olive（フランス語の先生はオリーブがお気に入り）」という語句を考え出す。その章を終えて，ニューロンがどのように情報伝達するのかをまったく理解していないことにも気がつく。どんなに一生懸命努力をしても，活動電位，静止電位，段階的電位の違いを理解できそうにないと思う。リンダは，浪費した時間の損失を減らすのに，次の授業まで待ってニューロンがどのように働いているのかを友だちのだれかに尋ねることにする。

　このシナリオはメタ認知の領域で広く研究されているメタ認知の三つの側面，すなわち，メタ認知的知識，メタ認知的モニタリング，メタ認知的コントロールの例を示している。これらの用語やその他の主要な概念の定義が表1.1に示されている。

❍表1.1　メタ認知に関する重要な概念の定義

概念	定義	例
認知	象徴的な心的活動と心的表象	学習，問題解決，推論，記憶
メタ認知	ほかの認知についての認知	本文の例を参照しなさい
メタ認知的知識	ある種の認知についての知識	・学習がどのように機能するかについての知識 ・学習を改善する方法についての知識
メタ認知的モニタリング	認知活動の現在の状態を査定すること	・問題の正しい解決に近づいているかどうかを判断する ・読んでいることをどれほどよく理解しているかを査定する
メタ認知的コントロール	認知活動のある側面を調整すること	・難しい問題を解くのに新しい方策を使うことに決める ・雑学的知識問題の答えを思い出そうとさらに時間をかけることにする

　メタ認知的知識とは認知について人々がもっている宣言的知識に関係している。宣言的知識は，事実，信念，エピソードからなっていて，ことばで述べることができる（つまり，長期記憶から再生できる）。したがって，たとえば，「犬が吠える」「車はたいてい4輪である」といったことを思い出すように，意識的に自覚できる（Squire, 1986）。メタ認知的知識には，その意味が拡大されて，ことばで述べることのできる認知についてのそうした事実や信念が含まれる。これらの事実は，「多くの場合，単語のリストを学習するのにイメージを使う人は，イメージを使わない人よりもたくさん覚えている」といったように，一般的であってもよいし，「数独パズルを解くのが私には難しい」といったように，個別的であってもよい。リンダは，周りの気を散ら

すこと（たとえば，テレビの声）が教材の学習を妨げそうだとわかったとき，メタ認知的知識を示した。リンダは自分の認知について心得た知識を示しているが，メタ認知的な知識は間違った信念を含むこともある。たとえば，何十年もの研究によって，同じ材料の長い期間にわたる分散学習がずっと効果的な学習法であることが示されているのに，試験の前の晩に勉強する，いわゆる「一夜漬け」が新しい知識を保持する理想的な方法であると多くの学生が信じている。もちろん，前夜にわかっていないのなら，なんとしてでも詰め込もう。学習したことが長くは持続しなくても，運がよければ試験に合格するだろう。

メタ認知的モニタリングとは，ある特定の認知活動の継続的な進捗状況や現在の状態を査定あるいは評価することである。研究者は，メタ認知的モニタリングを調べるために，たいていの場合，実験参加者に認知の状態の判断を明らかに示すことを求める。リンダの場合では，彼女が脳の主要部分をどれほどよく学習したかを判断したとき，また，ニューロンがどのように情報を伝えるのかを理解していないことに気づいたとき，明らかにモニタリングが行なわれていた。もちろん，彼女の判断が不正確だと，窮地に陥る可能性がある。つまり，もしリンダがどれだけ学習したかを実際に**過小**に評価していたのなら，すでによく学習された教材を学習するのに余分な時間を費やしてしまって，それほどよくは学習されていない教材を学習する機会を減らすことになっていたかもしれない。ひょっとするともっと悪いことに，確かに教材をよく理解していて，試験中にそれを思い出せるだろうと判断したかもしれない。このように，もしこの判断がどれほど学習したかを過小に評価していたのなら，リンダは，教材をすっかり理解しているのは絶対確実と思っていても，悪い成績で終わることになったかもしれない。

メタ認知的コントロールとは，認知活動を中断したり，それを続けると判断したり，途中でそれを変更したりするといったように，進行中の認知活動を調整することに関係している。リンダの学習行動はこうした形のメタ認知的コントロールのそれぞれを明らかにしている。彼女は十分に学習されたと判断した脳の部分の勉強を止めることにして，その代わりに皮質のもっとわかっていない葉にだけ焦点を絞った。この場合に，彼女は勉強時間をどのように割りふるかについて判断するためにモニタリングを利用した。大脳皮質の葉を記憶に留めるために，より消極的なリハーサル方略から，この事例では，"French Teachers Prefer Olives" という有意味な語句の生成を伴う，より積極的な方略に切り換えることで学習過程をコントロールした。この場合，彼女が重要な概念を記銘する困難を克服したいと思って方略についての知識を利用している点で，メタ認知的知識が重要である。

　このような考察やそれに該当する表1.1の定義は，概念のそれぞれを単独で捉えるのには役立つだろうが，それらが互いにどのように関連し合い，それらが認知自体にどのようにかかわっているかをもっと分析的に理解することも大事だということがわ

かるであろう。図1.1は，ネルソンとナレンズ（Nelson & Narens, 1990）のメタ認知に関する重要な論文に拠るもので，メタ認知と認知の関係についての一般的な枠組みである。この枠組みは，関連する二つの水準，メタ水準と対象水準を含んでいる。対象水準は，注意，学習，言語処理，問題解決など，目下進行中の認知過程と考えられる。メタ水準は，人が遂行している課題や人が課題の達成途上で携わっている進行中の認知過程についての理解の**モデル**も含んでいる。このモデルは，課題の進捗状況についてのモニタリングによってある程度特徴づけられるが，その人のメタ認知的知識によっても特徴づけられる。たとえば，リンダは，自分が勉強をしている章の重要な生物学の概念すべてを学習するという目標の他に，目標を達成する最良の方法は静かな環境で効果的な学習方略を使って勉強することであるという信念も含んだ学習のモデルを組み立てたと考えられる。

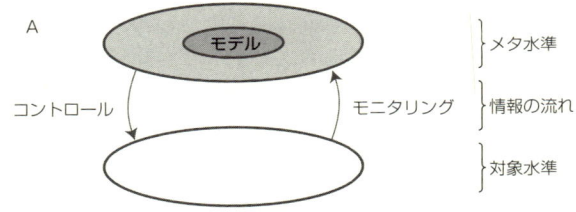

◯図1.1 モニタリングとコントロールの過程が生じる，メタ認知（メタ水準）と認知（対象水準）を結びつける枠組み（出典：Nelson & Narens, 1990）

　メタ水準と対象水準との相互作用は，過程に基礎を置く二つのメタ認知の活動，すなわち，モニタリングとコントロールを規定する（この枠組みの三つ以上の水準への一般化については，Nelson & Narens, 1994を参照のこと）。この枠組みによると，メタ水準が対象水準を修正するときには常にメタ認知的**コントロール**が働く。もっと具体的にいうと，メタ水準からの情報が働いて対象水準での進行中の活動を左右する。しかしながら，対象水準をコントロールすることは，進行している対象水準の状態についての情報を何も提供しない。したがって，対象水準の活動のモデルを更新できるように，それらの活動をモニターしていなければならない（Nelson & Narens, 1990）。図1.1において，この過程がメタ認知的**モニタリング**であり，それは対象水準からメタ水準への情報の流れに関係している。この情報の流れが対象水準で起こっていることに基づいてモデルを更新する役割を果たす。モニタリングとコントロールの例は表1.1に示されている。

　ネルソンとナレンズ（Nelson & Narens, 1990）は，この枠組みがどのように作用するのかを説明する手助けに，電話器の比喩を用いている。ここではそれを発展させて，もっと現代風の例を使おう。友だちが興奮して今しがた見たばかりの映画のことを話

すためにあなたに携帯電話をかけてくるところを思い浮かべてみよう。自分をメタ水準，友だちを対象水準と考えよう。あなたの目標は友だちのメッセージを理解することであり，この課題のあなたのモデルには，二人が同時に話せばおそらく友だちの話を理解できない，友だちは話しかけているときに中断されるのをいやがる，といったいろいろな信念が含まれているだろう。あなたは，携帯電話で話を聞いているときに，友だちから話しかけられるのに応じて情報の流れを受信している。図1.1の中の概念を使うと，あなたは友だちが話しているメッセージを**モニターしている**。それと同時に，よく理解できないことやよく聞こえないことを繰り返すように友だちに求めたり，映画のオチを台無しにされたくないと思えば何か他のことについて話すことを求めたり，あるいは，電話を切ることさえできる。このように，あなたは自分自身の目標を満たすように会話をコントロールしている。より具体的には，あなたがモニターしているもの，すなわち友だちによる進行中の話は，その会話をコントロールするのに役立つように利用されている。もちろん，図1.1の枠組みからすれば，対象水準は上の例のようにあなたの外にあるのではなく，あなたがモニターし，そしてコントロールしうる多くの認知過程の内のどれかを指している。

　リンダに関する先のシナリオはこの本を通していっそう深く探究する謎も提起している。つまり，「人は考え，同時に，考えている自分のことを考えもすることがいったいどうしてできるのか」という謎である。すなわち，リンダは勉強をしているときに勉強もし，また，その勉強のことを考えもすることがどうしてできるのだろうか。図1.1の枠組みによれば，人は，対象水準の思考過程からの情報がメタ水準によって**表象されている**ときに自分の思考過程を感知している。これは，どんな認知が対象水準で働いているかということについて高次の表象（あるいはモデル）を作り上げることによって考えていることについて考える，つまり，考えていることをモニターすることができるという着想である。私たちの疑問に対する他でもないこの答えは，他の哲学者や認知科学者によって述べられている答えに似ている（たとえば，Rosenthal, 1998; Schooler, 2002）。この枠組みは，どのような特定の認知過程もメタ水準の処理の対象であり得るという意味で一般的であり，したがって強力な枠組みである。重要なことは，この枠組み自体が，この本のいたるところで探究される多くの実証可能な疑問を投げかけている。たとえば，人は学習とか問題解決といった進行中の思考過程をどのようにモニターすることができるのか。そうしたモニタリングは正確なのか，それともモニタリングは人の認知活動の歪められた姿を提供しているのか。進行中の認知活動をコントロールするために，モニタリングはどのように使われるのか。また，人は認知をコントロールするときにそれを効果的に行なっているのか。

　この本を通じて，私たちはメタ認知についてのこうした疑問や他の多くの疑問や謎に応えて生まれてきた鍵となる実験や議論を記述するつもりである。この短い「はじめに」の章の中で，この本のいたるところに現われるいくつかの概念を定義した。終

わるにあたって，この本の章や主要な節について説明をしておく。また，大事なこととして，どのように読み進めるかについての提案もしておく。

　第2章はメタ認知のいくつかの歴史的起源について説明する。確かに，心理学へのメタ認知的な取り組みは常に望ましい状態にあったわけではない。とりわけ，行動主義者の活動が頂点にあったときにはそうであった。多くの心理学者が心を調べるのに内観法を使うことを批判し，心理科学における意識概念の必要性を退けさえした。この第2章では，現代のメタ認知研究が初期の批判にどのように応えていたのかを記述し，また，メタ認知の興隆にかかわるいくつかの出来事を手短かに概観する。また，この領域を推進し，構築するのになくてはならないメタ認知研究の何名かの開拓者，たとえば，ジョン・フラヴェル（John Flavell）やジョセフ・ハート（Joseph Hart）といった開拓者を紹介する。第2章は，それに続く章を理解するのに欠かせない章ではないが，メタ認知の研究者になりたいと思っている人の役に立つだろう。

　この本の残りの章では，メタ認知についてのさまざまな核心の問題に答えようとしてきた研究を概観する。そうした問題の内のいくつかは上に紹介した。この本は大きく3部に分けられていて，それぞれにはさらに焦点の絞られた話題に関する章が含まれている。各部のそれぞれの章においては，ある領域内の研究計画を推進してきた問題や実験データに光をあてる。それぞれの領域で行なわれた研究は膨大である。余すところなく概観することはできないが，どの章でも影響力が大きくかつ最先端の研究に光をあてることによって広範な研究に言及するように心がけた。重要なこととして，それぞれの章の「論点」において特別な話題や現代の謎を論じている。「論点」では，「薬物はモニタリングの正確さを損なうか」「私はTOT状態にあるが，どのようにそれを解決するか」といった，その領域の新参の研究者が興味をかき立て，胸を躍らせて探索しようと思うような未解決の謎が示されている。たいていの章で，その研究領域の有力な指導者を何名か紹介している。その内のほとんどの研究者がなおもその領域での謎を解くことを目指して研究計画を進めている。

　第1部「基本的なメタ認知判断」では，人は自身の記憶，学習，検索をどのようのモニターし，コントロールしているのかに関する問題を検討する。実際のところ，この本のほとんどは記憶のメタ認知過程，すなわちメタ記憶に関連する問題を検討している。というのは，モニタリングやコントロールの過程にかかわる理論的研究の大半が，記憶の領域において行なわれてきたからである。第2部「メタ認知の応用」では，メタ認知研究が，実社会の重要な活動に関連した他の課題にどのように活用されてきたかを論じる。そこには，犯罪の記憶における目撃者の確信の質や教育場面で学生の学びの技能を伸ばすのにメタ認知の技法がどのように用いられてきたのかが含まれている。第3部「メタ認知の生涯発達」の興味の中心は，メタ認知が生涯にわたってどのように発達し，変化するのかである。モニタリングやコントロールの過程がもっぱら第1部と第2部の焦点であるのに対して，第3部ではメタ認知的知識をいくらか詳

細に検討する。なぜなら，科学者たちは，認知についての知識が発達することで認知が発達するのかどうかについて思いをめぐらしてきたからである。

　ある章を他の章より先に読むと役立つことがあるかもしれないが，ほとんどはどんな順序で読んでもかまわない。第3章がこの研究領域での多くの専門分野で主に用いられてきた方法や分析を説明しているので，第1部の他の章，あるいは「第8章：法律と目撃証言の正確さ」「第10章：児童期の発達」や「第11章：高齢期のメタ認知」を読む前に，この章を読むことをお勧めする。第3章以外の章は，たいてい，他の章とは独立して読むことができる。そうは言うものの，私たちのねらいは，それまでの章での問題や考え方を受けてそれぞれの章を積み上げるような本を作ることにあったので，この本のはじめから終わりまで，各章を順に読み進めることによって，おそらくメタ認知の諸原理について最も筋の通った，間違いなく最も完全な理解が得られるであろう。

【討論問題】

1．この章では，モニタリングとコントロールの関係が，二人の人が携帯電話で話す比喩で説明された。一人がメタ水準を表わし，もう一人が対象水準を表わしている。聞き手が携帯電話のメッセージをコントロールできそうな方法をいろいろ挙げてみよう。さて，この比喩が実際には本当のメタ認知的システムを表わしていないのはなぜだろうか。では，あなたが友だちと話をしているときに，あなた自身の心の中でどのようなメタ認知的モニタリングやコントロールの過程が生じているのだろうか。あなたの内的なメタ認知的過程は，この対話の最中に友だちとどのようにやりとりをするかに対していったいどのような影響を与えているのだろうか。
2．次の文を読んで，どれほど確実に理解しているかをしばらく考えてみよう。"The horse raced past the barn fell." あなたがこの文を少しも理解できないと思っても，多くの他の人たちも似たり寄ったりである。不思議なことに，この文は文法的に正しい。この文をさらに明快にするために，次に言い換えを示す。"The horse that was raced past the barn fell." さて，この文の理解をモニターしてみよう。少しはよく理解できただろうか。つまり，文章を理解するために，人は理解をモニターするそれなりの能力をもっている。言い換えれば，進行中の理解の認知的過程を多少なりともモニターできるのである。モニターできないような認知過程を考えることができるだろうか。それはどうしてだろうか（今もなお the barn〔納屋〕のことが気にかかっているかもしれないので，念のために言うと，転倒したのは馬である）。

【概念の復習】

　次の質問と課題について別の用紙にできるだけ詳しく答えを書き出してみよう。その後で，この章の関連のあるところを読み直して，答えをチェックしてみよう（なぜこの方法がこれ

らの概念をどれほど正確に学習したかを評価するのに役立つのか，その理由については，Dunlosky, Rawson, & Middleton, 2005 を参照のこと）。

1．メタ認知とは何か。
2．メタ認知的知識とは何か。
3．メタ認知的モニタリングを説明し，そして，モニタリングの例をいくつか挙げてみよう。
4．メタ認知的コントロールを説明し，そして，コントロール過程の例をいくつか挙げてみよう。

第2章 メタ認知研究の歴史

> 汝自身を知れ——ギリシャ，デルフォイのアポロン神託所碑文
> 吟味されていない人生は生きるに値しない
> ——異端の罪を犯したとされたときのソクラテスの反論

　この有名な引用は内省や自己認識の重要性を告げており，メタ認知を個人の成長の頂点に置いている。そして，多くの人々は，おそらく誕生日とか，たまの大晦日以外には時間をとって自身の人生を真剣に反省することがなくても，人生のほとんど毎日，メタ認知を頼りにしている。その場合，一般的に，メタ認知は日常の問題に対処するための道具として利用される。たとえば，交通が大渋滞のときに携帯電話の電源を切るとか，何かを覚えておくことがこの上なく重要なときにメモをとるなどである。日々の生活をよくするためにメタ認知を用いることの大切さは，全然，現代の世界にだけ限られているわけはなく，古代にまで遡る。事実，記憶を向上するために心をうまくコントロールした成功例で最初に記録された例は，詩人シモーニデース（Simonides；紀元前557－468）に関する身の毛もよだつ話に始まる。その話は後にキケロー（Cicero, M. T.）の『弁論家について（*De Oratore*）』（Cicero, 2001）の中で語られている。

　キケロー（紀元前106－43）によると，有名なお雇い詩人シモーニデースが裕福な貴族スコーパスの催した宴会に列席していた。スコーパスを讃えて，シモーニデースは双子のカストールとポリュテウケースをも共に讃える詩を吟じた。ところが，この双子を一緒に讃えることがスコーパスの気を損ねた。スコーパスはシモーニデースに朗吟の報酬の半分だけを受け取れと告げた。その後，シモーニデースは，彼に面会を求めた二人の若者と会うために宴会から呼び出されたが，宴会場から外に出るとだれも見あたらなかった。外に出ると同時に，部屋が崩壊し，屋根が落ち，宴会参加者のすべてが見分けのつかないまでに押しつぶされた。二人の若者とはカストールとポリュテウケースであり，彼らがシモーニデースを絶体絶命の危機から救うことでシ

モーニデースの詩の中での彼らの賛美に報いたのだと言い伝えられている。この物語について最も重要な箇所は，埋葬にあたって後に残された家族の手助けをして愛する家族を同定するところである。「伝えられるところによると，埋葬にあたって，それぞれの者がテーブルについてくつろいでいた場所の回想から一人残らず同定したのはシモーニデースであった。この見聞がきっかけとなって，順序が記憶に何よりも光明をもたらすものであることを発見したのは彼だと言われている。なんと，彼は，自分の能力のこの部分を用いてみたい人は，複数の場所を選び，それから，記憶に蓄えたい物事の心的イメージを作り，それらのイメージをその選んだ場所に置かなくてはならないと断定した」(Cicero, 2001, p. 219)。

このように，この**場所法**を創案したのはシモーニデースであると思われる。この方法は記憶を向上するために用いられる強力な記憶方略ある。イエイツ (Yates, 1997) が指摘しているように，現代の世界とは大いに異なり，

> 印刷がなく，ノートを取ったり講義をタイプで打ったりする紙のない古代世界では，鍛えられた記憶が何よりも重要であった。そして，古代の記憶力は古代の世界の芸術や建築術を反映する技術によって鍛えられた。それは，強力な視覚的記銘の能力を頼りにしていたようである。(p. 20)

シモーニデースの物語は少なくとも次の2点においてメタ認知的な活動に関係している。第1に，場所法は，記憶をコントロールして高めるために，人が記憶に**働きかける**ことを伴う内的な記憶術である視覚化の技法を含んでいる。したがって，この心的な方略はメタ認知的な活動を反映しており，メタ認知の最新の枠組みの中に取り入れられてきた（たとえば，Nelson & Narens, 1990)。第2に，シモーニデースは自然のままの記憶は変わってしまうことを知っていたので，イメージを作り上げるのに時間をかけて記憶を鍛えていたということであれば，彼がメタ認知的知識をもっていることを彼自身が立証した。この物語（悲劇ではあるが）は，また，記憶がどのように働くのかということについて人々が比較的明敏なメタ認知的な知識を作り上げることができる一つの道筋を明らかにしている。

中世の記憶訓練は，たいていが，複雑な記憶術や外部の目印を頼りにしていた。一つの例証が，「大修道院記憶システム」（図2.1）である。ここでは，一連の事物（左パネル）が，記憶を高めるのを助けるために大修道院内の場所（右パネル）の中に記銘されることになっている。

こうした例は心をコントロールして記憶を向上させるために人が発見してきた数多くの心的技法の表面をちょっと引っかいているにすぎない。人は，そうすることで，記憶はどのように作用するのか，また，心的な記憶術でそれをどのように高められるのかといった，豊かなメタ認知的知識や信念を発展させ，心をコントロールするのにその知識を利用してきたのである。

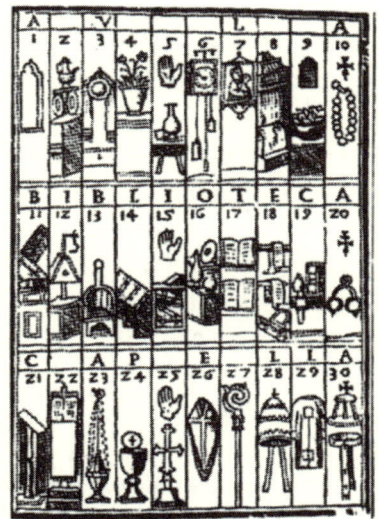

◐ 図2.1　大修道院記憶システム（出典：Romberch, 1553; Yates, 1997に転載）

第1節 コントのパラドックスと20世紀への変わり目の内観

　洗練されたメタ認知的知識は古代から文化の中にはっきりと表われていたが，研究者がメタ認知を系統的に詳しく調べ始めたのは，ほんのここ30年にすぎない。後にこの章で，人間の認知の驚くべき能力である認知自身について考え，それをコントロールする認知能力に分け入る実験の道を開いた何人かの開拓者を紹介する。しかしながら，その前に，人間のメタ認知ははたして本当に可能であるのかどうかを問う哲学的な議論を検討しなければならない。この議論はメタ認知的モニタリングと同義の心的行為である人間の内観の実在を認めていない。すなわち，実証主義の基礎を築いたフランスの哲学者オーギュスト・コント（Auguste Comte, 1798 – 1857）は次のように論じている。

> 知的な現象が生起している間にそれらを観察することはどうかというと，これは明らかに不可能である。考えている主体が自身を二つの部分，推論する部分とその推論を観察する部分に分けることはできない。この場合，観察し，かつ観察されている器官はまったく同じなので，観察はそもそもどのように行なわれるのか。観察はできそうにない。それ故に，［内観］が拠り所にしているまさにその原理が妥当でない。(Brentano, 1874/1995, p. 32)

　ネルソン（Nelson, 1996）はコントのパラドックスとしてこの議論に言及している。

「まったく同一の器官がいったいどうして観察する器官であり，観察される器官であり［得る］のか」（p. 104）。次の離れ業を思い描いてみよう。いったいどうすれば目で目を見ることができるのか。あるいはもっと関連のあるところでは，いったいどうすれば心が自身を顧みることができるのか。コントのパラドックスに答えなければ，メタ認知的なモニタリング，あるいは自己評価は単なる錯覚であり，ひょっとすると科学的な探究にかかわるようなものではないのではないかと思われる。

　このパラドックスを解決する手始めに，よく知られている手法である**訓練された内観**と呼ばれる手法をもっと綿密に吟味することは意味があるだろう。それは，1800年代後半および1900年代前半に心を調べるために使用された手法である。R. S. ウッドワース（Woodworth, 1921）が雄弁に語っているように，内観は「個人による自身の意識活動の観察である。……それは観察の一形態であり，過去の経験からの憶測とか推論ではないことに注意しよう。それは**事実の直接的観察**である」（p. 10，ゴチック部分は付加）。おそらく，ヴィルヘルム・ヴント（Wilhelm Wundt, 1832 – 1920）が内観法の最も有名な提唱者であろう。彼は，心理科学の対象は直接的経験であり，それは内観法から切り離すことができないと唱えている。「もし主題が直接的経験であるのなら，明らかに，その方法は直接に経験することである」（Boring, 1929, p. 327）。内観は心理学の唯一の方法ではない。多くの客観的な方法も採用されていて，ヴント自身でさえその実験の大部分において内観だけを使ったのはまれである。それでも，20世紀への変わり目の時代にいた多くの心理学者はもっぱら内観法に頼り，ヴントの最も有力な学生の一人である E. B. ティチェナー（Titchener）は内観を心理学の唯一の方法であると迎え入れた（詳細は，Bolles, 1993, pp. 126 – 128; Danziger, 1979 を参照のこと）。ヴントたちによって提唱された「直接に経験すること」，すなわち**同時的内観**はコントのパラドックスを完全に回避した。なぜなら，それには「心の目でちらっと」（Nelson, 1996, p. 104）間接的，受動的に心を観察する内観者が必要とされた。したがって，「内観は観察する器官と観察される器官が同一であるが故に起こりえない」というコントのパラドックスはまったくパラドックスではなかった。なぜなら，同時的内観が生起するには，心的器官のほんの一部が自身を振り返ってみることが必要とされたからである。この議論はコントのパラドックスについての最新の解答とまったく軌を一にしている。その解答は神経心理学の証拠に基づいている（論点 2.1 を参照のこと）。

●**論点 2.1　コントのパラドックスに関する現代の反証**

　確かに，コントのパラドックスは，心の概念を検討するのに内観を用いることに対して潜在的に深刻な打撃と思われた。心がそれ自身を観察できないのであれば，心のどのようなモニタリングもコントロールも幻想である。しかしながら，このパラドックスはもはや脅威ではないというのが私たちの見解である。問題が生じるのは，コントの暗黙の仮定，

すなわち，推論の器官（大脳）がさらには分割できない単一の物質であるという暗黙の仮定である。大脳について最新の（それほど最新でなくても）どんな教科書でもちょっと開いてみれば，大脳が一体となって働く多くの神経システムからなっていることは明らかである。

「地球のすべての大陸の名前を挙げなさい」といった重要な質問に対する完全な答えをすぐには再生できない場面を考えてみよう。あなたは，たとえば，北アメリカ，アジア，ヨーロッパ，南極など，いくつかの名前を見つけ出す。そうしながら，その他の大陸の名前をすぐに再生できなくても，あなたは自分の記憶について内観し，それらの名前を再認するのであればできるのではないかと考える。コントなら，この内観は極めて疑わしいと主張するだろう。なぜなら，自分の記憶について内観し，同時に記憶を検索することなど，いったいどうしてできるのか疑わしいと。この疑問の対する神経科学的な研究からの答えは，大脳の異なるシステムが内省と記憶検索に関与しているというものである。全体的な水準では，側頭葉が記憶そのものにとって重要であるのに対して，前頭前皮質は明らかに内省に重要な役割を果たしている。だから，混乱した側頭葉内側部の機能不全によって大脳のいくつかの葉の名前を検索できないことを，それでも，前頭前皮質の無傷の機能によって省みることができる。もちろん，内省と記憶の神経学的分析はもっと複雑である（詳細については，Tulving & Craik, 2000 を参照のこと）。もっと重要なことは，かつて1800年代後半に哲学者や心理学者にとって重大なパラドックスであったことが，脳の構造と機能の理解における最新の進歩によって容易に解決されるということである。

しかしながら，その時代の他の心理学者たちは，同時的内観（進行中の心的活動をそれが生起している**最中**に観察する）がたとえ可能であるとしても，それは不適切で誤っているのではないかと考えた。フランツ・ブレンターノ（Franz Brentano, 1838 - 1917）は，人はついかっとなって激しい情動が生じるときにそれを観察することができないのだから，同時的内観は不適切であり，また，内的な過程を観察する行為は内観を変えるかもしれないので，同時的内観は誤っていると主張した。ブレンターノにとって，同時的内観は問題外であった。彼は，同時的内観の代わりに**回想的内観**を提唱した。人は，回想的内観において，心的過程から生じる，記憶の中に貯蔵されていた出来事を再生することでその心的過程を観察しているのである。

この2種類の内観の違いを明確にするために，次の例を考えてみよう。軽い食事を探し求めて苦労をするが，結局のところ夕食にイタリア料理ではなく韓国料理を食べることにする。なぜあなたが韓国料理を選んだのかを探るには，この決定を下す最中にあなたの思考過程をモニターすること（同時的内観）もできるし，あるいは，まず決定をして，その後に，記憶に蓄えられている，その決定を下すために用いられた情報の残存にアクセスすること（回想的内観）もできる。このように，回想的内観の場合，おそらく，人は心の過程の**所産**にアクセスしている。このような回想的内観は，ジョン・ミル（John Mill, 1806 - 1873）によって指摘されたように，内観に対するコントの攻撃の力を大きく減じた。

事実は，それを知覚しているまさにその時ではなく，記憶を介してその後に調べられるのではないかとコント氏の心に浮かんだのかもしれない。それは，確かに，われわれの知的行為の最良の知識が一般的に得られる方法である。行為が過ぎ去った時，しかし記憶の中のその印象がなおも鮮明である時に，われわれは自分が行なっていたことを回顧しているのである。

(James, 1920, p. 189)

　言い換えるなら，ある人が自身の思考過程を観察するには，心が同時に観察者であり，かつ観察される者である必要はなく，むしろ，「心の目」が記憶に貯蔵されていた心の所産を振り返って見ているのである。

　現代の研究者には，コントのパラドックスに対するこの記憶による解答に満足しない者もいるであろう。なぜなら，最新の理論によれば，知覚表象も記憶表象も心理的現在において生起している心的な出来事である。記憶は過去についてではあるが，その記憶自身は現在において生起している。記憶（まさにそれはまるで知覚対象のようである）は意識，注意を占拠し，作動記憶において利用可能である。コスリンとその共同研究者ら（Kosslyn et al, 1993; Kosslyn & Thompson, 2000）によると，記憶表象は，同じ内容の知覚表象が活性化するのと同じ皮質領域を活性化していることさえ示されている。棒の回転を思い出していると，棒の回転を見ている時と同じ脳の領域が活性化されているのである。このように，人が知覚表象をモニターし，同時に知覚表象をもつことができることがパラドックスであるなら，同様に，人が記憶表象をモニターし，同時にその記憶表象をもつことができることもパラドックスである。

　このような問題をよそに，20世紀への変わり目では，コントのパラドックスが真の問題を提起しているとは考えられることもなく，同時的内観と回想的内観とが心を調べるのに一般に利用されていた。実際のところ，この本で話題にしている多くの現代の研究が，学生に自身の記憶を評価するように求めたり，ある特定の問題をどのように解いているかを報告するように求めたりしているときに，内観法を使っている。それにもかかわらず，世紀の変わり目の内観主義がメタ認知的なモニタリングを大いに頼りとしていたのに，当時の内観主義は，メタ認知の現代の諸原理に依拠する人間の思考と行為の理論を生み出すところにまで到達することはなかった。その理由を理解するために，内観をもっと詳細に分析することに立ち帰らなければならない。詳細に分析をすると，結局は内観が終焉にいたった欠点が明らかとなる。

第2節　内観主義のいくつかの欠点

　世紀の変わり目の内観主義が抱えていた最も重要な課題は，おそらく，その時代の科学者たちが心の構造や機能を発見する道具として内観を使ったことである。つまり，これらの科学者たちは人の内観自体を調べることにさほど興味をもたなかった。それよりはむしろ，彼らは内観を道具として，心への事実上の窓として利用した。方法の

道具として内観がどのように使われたのか，その使い方が，結局は，妥当な，もっと言えば矛盾のない心の記述を提供することで収められる最終的な成功を台無しにしたのである。

　まず，多くの場合，内観が心を正確に描きだすと信じられていた。すなわち，内観者は，適切に内観を使うことによって，刺激が生み出す感覚を報告するといったように心がどのように作用しているかについて，あるいは基礎をなす心的過程の進行中の機能について，おそらく正確にかつ完璧に報告したと思われる。ウッドワース（Woodworth, 1921）の先に示した定義は，内観が事実の直接的な観察に伴って生じるという当時認められていた見解を示している。また，ブレンターノ（Brentano, 1874/1995）でさえ，内観が回想的になされる時，そのような「内的知覚は絶対確実で，誤りの余地はない」（p. 35）と思い込んでいた。たとえ内観が絶対確実で，誤りの余地がないとしても，実験者が調べたい心的過程が内観に利用可能な心的イメージとか感覚を生み出さないのであれば，やはり内観はたいてい役に立たないであろう。すなわち，内観の焦点である感覚や心的過程は内観者が知覚しうる心的イメージを生み出さなければならない。イメージが必ずしも産出されないのであれば，内観はよくても不完全な（それ故に完全に正確であるというわけではない）思考の描写を産出できるにすぎない。たとえば，なぜ夕食に韓国料理を食べることにしたのかについて内観しようとしているところを想像してみよう。この決定に含まれるすべての内的過程が「あなたの内的な目で見る」ことができるイメージとしてあなたの心に立ち現われないと，内観はこうした内的な過程を同定する役に立たないであろう。

　このことが，思考の過程は内観法の焦点となりうるイメージとして立ち現われるのかという疑問を提起する。ここで，ヴントの学生の一人であるオスヴァルト・キュルペ（Oswald Külpe, 1862 – 1915）を登場させよう。キュルペは内観法の根っからの信奉者であった（内観論者の実験室の中をのぞき見るには論点2.2を参照のこと）。彼は，意思決定に含まれる過程とか，私があなたに6と7を加えるように言うと「13」を考えているあなたに関与している過程といった高次の心的過程に光をあてるために内観を用いたいと考えた。キュルペと彼の献身的な学生たちは高次の心的過程を理解するために内観を適用することに熱心に取り組み，そして絶えず窮地に陥った。1901年に報告されたカール・マルベ（Karl Marbe）の研究では，実験参加者は二つの重りを持ち上げてどちらが重いかを判断するようにと教示が与えられた。これは，精神物理学の標準的な課題である。実験参加者は，さらに，内観を用いて，この判断をする直前にどんな考えが頭の中に浮かぶかを報告した。実験参加者は重さを判断したが，しばしば内観に失敗した。どちらの重りの方が重いかの判断が不思議にもどこからもわいてこないように思われた。類似の実験がキュルペと彼の学生によって行なわれた。彼らは，多くの思考過程がイメージを伴わないことを繰り返し見いだした。こうした**無心像思考**が繰り返し示されたことは，同時的内観も回想的内観も，どちらの形式で

あれ，人間の心がどのように作用しているかについて明らかにできることに限界があることを意味した。

> ● 論点2.2　無心像思考とヴュルツブルグ学派
>
> 　1900年代の初期に内観を使う実験の参加者になることがどんなものであったのか。次の簡単な実演を最後まで行なえば，あなたは，内観アプローチを感じ取り，あなた自身の心について内観が教えるところを理解することができるであろう。以下にいくつかの単語（例：「犬」）を呈示するので，心に浮かぶ最初の単語（例：おそらくは「猫」）を言ってください。あなたは，また，この連想ゲームをしながら，反応直前に生じる感覚あるいはイメージを内観するために内なる目を使う必要もあります。たとえば，「犬」という単語読んで「猫」と応えるかもしれませんが，あなたの主要な目標は，「猫」と言う直前に心に浮かんだ感覚やイメージを報告することです。期待されていることは，あなたの内観が，与えられた刺激「犬」によって喚起され，それが次に反応「猫」を誘発することにかかわる心的過程を明らかにすることです。それぞれの反応をした直後に内観を書き留めてください。つまり，関心があるのは，あなたの反応そのものよりもそれを生み出す内的な感覚とイメージの方です。それでは，やってみましょう。よろしいですか。自由連想の最初の単語は「パーティー」です。そんなには難しくはなかったでしょう。それでは，あせらないでゆっくりとやって下さい。さらにもう少しの単語について自由連想をしながら内観の技能を使ってみてください。単語は，「コンピュータ」「フットボール」「椅子」です。内観を振り返ってみてください。内観は何を明らかにしましたか。反応を生み出す過程を同定するのは難しかったですか。
>
> 　この実演は，ドイツでヴュルツブルグ学派を打ち立てたキュルペとその学生が行なった実験にたいそうよく似ている。最初の実験のいくつかはキュルペの二人の学生マイヤー（Mayer）とオルト（Orth）によって1901年に報告された（ヴュルツブルグ学派の内観実験の詳細な記述については，Humphrey, 1951を参照のこと）。上述の実演のように，実験者が刺激語を声に出し，実験参加者は反応がなされるまで意識の中でわき上がることをすべて報告したのである。1,000以上の連想反応が得られた。おそらく，あなた同様，実験参加者は反応に先立つイメージや感覚を報告した。しかし，拒みようのないもう一つ別のデータ群が存在した。
>
> > 被験者たちは，明確なイメージとしても，さらに意志としてもまったくはっきりとは指摘できないある種の意識事象が経験されると報告した。たとえば，被験者マイヤーは，聴覚刺激語「韻律」に関連して，それ以上正確に特徴づけることができない奇妙な意識事象が介在し，その後に口頭反応がつづくことを観察した。(Mayer & Orth, 1901; Humphrey, 1951, p. 33 から引用)
>
> 　おそらくあなたがたもこれと同じ経験をしたのではないだろうか。つまり，「コンピュータ」に対する反応が浮かんでも，反応を引き起こしたいかなる内的なイメージも感

> 覚も意識になかった。この場合，あなたがたの反応あるいは思考は内的なイメージを伴わなかった。これが，行動主義者が内観を不適切で誤った方法と特徴づけることにもなった無心像思考である。無心像思考の存在にもかかわらず，ヴュルツブルグ学派は高次の思考を研究するためにもっぱら組織的内観に頼りつづけた。実際のところ，キュルペのもう一人の学生であるマルベは，6人の内観者のレポートを頼りに，いろいろな形式の無心像思考を分類した。初期のこれらの心理学者たちには内観の正確さはあまり問われることがなかったと言えば十分であろう。対照的に，現代のメタ認知研究者の間では，内観の正確さが疑問視され，客観的に測定される現象と内観を比較することによって，内観の正確さが系統的に検討されている。

　もちろん，内観法を退けるのは不公平であろう。というのは，退けることが心について私たちが提起するすべての疑問に答えることにはならないからである。不幸なことに，内観法のもう一つの落とし穴はもっと衝撃的でさえある。なぜなら，それは科学的方法の肝要な基準，すなわち，方法は信頼性があり，同一の実験条件下で同一の結果を生み出すことという基準を満たしていなかった。おそらく信頼性を確保するために，こうした研究の多くにおいて実験参加者は大いに訓練を受け，また，実験のすべての側面が注意深く統制された。徹底した訓練をもってしても，やはり，多くの場合，内観法が心について支持する結論は，同じ実験室の内部においても，異なる実験室の間でも互いに違っていた。内観は十分な信頼性を欠いていたので，多くの科学者は科学的方法としてその価値に疑問を持ち始めた。

　最もよく知られた辛口の内観批判者はジョン・B・ワトソン（John B. Watson, 1878 - 1958）であった。彼は行動主義を定義し，それを心理学の著名な学派として創設した。ワトソンがシカゴ大学の若き心理学者であったとき，実験心理学課程を教えていて，学生に内観法を使って自身の心を内観させた。しかし，彼の研究の情熱の中心は他にあった。すなわち，たとえ内観的な観念をもっていても，それを共有し得ない動物を研究することにあった。「［ワトソンの］ラットは話すことができるはずがなく，心の内容を内観して述べられるはずがない。ラットにできそうなことは行動することであった。ワトソンは，早くも1904年に，心理学は心よりも行動に関心をもつべきだと考え始めた」（Hothersall, 1995, p. 453）。ちょうどその9年後に，ワトソン（Watson, 1913）は「行動主義者から見た心理学（*Psychology as the Behaviorist Views It*）」と題する論文において行動主義を支持する明快な呼びかけを公表した。ワトソンは，彼の行動主義者の宣言にほんの三つの文を盛り込んで，内観を攻撃した。内観は，彼がその論文のいたるところで精力的に取り上げたテーマである。

> 行動主義者がみる心理学は自然科学の純粋に客観的で実験的な一部門である。その理論の目標は行動の予測とコントロールである。内観はその方法の不可欠な部分をなすものではなく，その方法によるデータの科学的価値は，意識による解釈に陥りやすい内観のたやすさに

　　　　左右されることもない。(Watson, 1913, p. 158)

　ワトソンは，意識は実験的に研究できないこと，したがって，内観法の必要はないことを強く主張した。彼は内観法を問題のある方法として批判した。このように，ワトソンは意識の心理学者と内観を通して意識を研究する方法とを一挙に排除しようとした。ワトソンは，意識と内観がこの研究領域の進歩をむしばむと信じた。意識と内観に他の心理学者が関心を向けることに対して示したワトソンの明白な侮蔑は，『行動主義(Behaviorism)』(1925) に関する彼の教科書の中にはっきりと表われている。

　　　　文字どおり，数十万のページが印刷され，「意識」と呼ばれる実体のないものの詳細な分析について出版されてきた。それでは，われわれはそれにどのように取り組み始めるのか。化学化合物を分析するようにそれを分析するのではないし，あるいは，植物が成長する仕方を分析するように分析するのでもない。そうだ，そうしたものは物質的なものである。意識と呼んでいるものは**内観**によって，私たちの内で起こっていることを覗いてみることによってのみ分析できるのである。
　　　　意識というようなものがあり，内観によってそれを分析できるという大前提の結果として，個々の心理学者と同じ数ほど多くの分析が見いだされる。そこには，心理学の問題を実験的に捉えて，それを解決し，また方法を標準化する方途がない。……
　　　　行動主義者は，主題における統一性と方法における統一性を手に入れるその最初の努力において，すべての古くさい考えを一蹴することで心理学の問題を自身で構築し始めた。行動主義者は，あらゆる主観的な用語を科学的な語彙から除外した。たとえば，感覚，知覚，イメージ，欲求，目的，そして思考や情動でさえ，それらが主観的に定義されているので，科学的な語彙から除外した。(pp. 5 - 6)

　メタ認知は1900年代の初期に使用された用語ではなかったものの，心理学から除外したことがワトソンの用語リストを短いものにしたと見なすのは行きすぎた誇張ではない。特に，多くのメタ認知的な過程が内観を頼りにしていることを考えれば，メタ認知が，ひょっとすると，一番最初に槍玉に挙げられる栄誉を得ることになっていたかもしれない。では，心がワトソンの行動主義の格好の話題でないのなら，何が心理科学の対象であるのか。ワトソンにとって，その対象は，行動の予測とコントロールに具体的につながる実験的な分析による観察可能な行動の研究であった。行動の研究としての心理学という定義は，ワトソンが「古くさい考え」の代わりとして提示したにもかかわらず，まったく新しいというわけではなかったが，彼のメッセージは明快であり，多くの心理学者が説き勧められ，行動主義者の考えるような心理学に従事した (Hothersall, 1995)。

　1920年代に，行動主義はその勢力を拡大した。多くの著名な心理学者が1900年代中期を通じて心的過程を探究し続けたが，結局のところ，行動主義がアメリカ心理学の最も有力な学派となり，中でもクラーク・ハル (Clark Hull)，B. F. スキナー (Skinner)，エドワード・トールマン (Edward Tolman) による革新的で影響力の大きな研究が行動主義を勢いづけた。実際のところ，現代のメタ認知研究は1960年代

を待たなければならなかった。1960年代に心への心理学者の関心の復興が起こり，そしてついには，現在，認知革命と考えられていることが起こった。私たちのここでの考察はまったく不十分で，この革命の完全な歴史を描き出すまでに至ってはいない（詳細な説明は，Lachman, Lachman, & Butterfield, 1979を参照のこと）。ハントとエリス（Hunt & Ellis, 2004）は，この革命をもっと適切に**認知ルネサンス**と呼んでいる。なぜなら，現代の認知心理学者も行動主義以前の心理学者も心的過程を探究したという点では，どちらの研究集団も研究テーマは同じであるからである。ここでは詳細な歴史ではなく，とりわけ際立った業績のいくつかに光をあてる。このルネサンスに関連していて，そして最も重要なことは，人間の思考と行動を理解するメタ認知的な取り組みへの関心の前兆となった業績に光をあてることである。

第3節　認知ルネサンス

　行動主義はほぼ40年間にわたって心理学を締め付け，ヒトとヒト以外の動物の両者がどのように行動するかに関連した豊富なデータと理論を生み出してきた。では，なぜ1960年代に非常に多くの心理学者が行動主義を見捨てたのだろうか。これには二つの要因がかかわっている。すなわち，①動物の行動を適切に説明する際に次第に高まってきた行動主義に対する不満と，②心的過程という観点から行動をどのように考えるかについての新たな取り組み，である（Hunt & Ellis, 2004）。前者に関して，行動主義は，強化を通して展開する刺激－反応の結合によって行動を説明する。ちょうど環境刺激（たとえば，目への空気のひと吹き）が筋肉反応（すなわち，瞬き）を引き起こす**反射弓**のように，刺激の存在が学習された反応を引き起こすと考えられていた。反射弓は行動の基本単位であり，新たな刺激－反応の反射は経験と強化を通して学習される。行動主義者は刺激－反応の結合，つまり反射弓を行動の構成単位と見なした。なぜなら，心的過程に頼らずにあらゆる行動を説明するのに，それが利用できるのではないか思われたからである。

　具体的にどれか一つの実験が原因となって，行動主義が心理学の主導的学派から転落したのではなかった。そうではなく，刺激－反応の結合だけでは行動が説明されない多くの事例が発見されたことによって，行動主義者の締め付けが次第に緩められていった。多数の著名な心理学者が弁明することもなく行動主義から認知研究に転向したのは1960年代を過ぎてからであったが，行動主義にとって厄介な発見は1920年代であっても簡単に手に入れられた（広範にわたる考察はTolman, 1932を参照のこと）。ティンクルポー（Tinklepaugh, 1928）はサルの忘却を調べる手続きを用いた。その手続きは，まったく了解可能だと思われるかもしれないが，忠実な行動主義者にはまったく説明しがたい行動を引き出した。お腹をすかしたサルが二つのカップの上を行ったり来たりしていて，その一つの下にバナナが置かれた。実験の後半で，サルは正し

いカップを選べばバナナを食べることができた。バナナが置かれた後に，サルが正しいカップを注視し続けているだけでそのカップを選ぶことができることのないように，サルとカップの間にスクリーンが置かれた。それからしばらくして，スクリーンが上がり，サルはおいしい報酬を獲得する機会が与えられた。ティンクルポーはこの手続きに斬新な仕掛けも加えた。いくつかの試行で，サルがカップを見るのをスクリーンで遮られる間に，バナナがレタス片に置き換えられた。この置き換え試行での一頭のサルについての彼の説明は著しく人間的である。そのサルは「食べ物をつかむのに手を差し出す。だが，彼女の手はそれに触れることもなく床に下がる。彼女はレタスを見ているが，よほどお腹が空いていなければ，それに手を出さなかった。……彼女は部屋にいる観察者の方をときどき振り返り，見た目にも明らかに怒りを込めて，観察者に向かって金切り声をあげた。……レタスには手が出されないままである」(Tolman, 1932, p. 73)。

たぶん，あなたはティンクルポーのサルにいくらか同情するであろう。サルたちはバナナを期待し，そこにないと腹をたてた。しかしながら，行動主義と折り合いをつけがたい点は，サルたちはレタスを味わい，それを手に入れようとすることである。彼らは断然レタスよりもバナナの方が好きなだけである。この実験を論じる際にトールマン（Tolman, 1932）が触れているように，ラットでさえ，もっとほしい食べ物がそれほどにはほしくない食べ物に置き換えられると，混乱する。ただ，「サルの場合，この行動がもっとおもしろいことに人間的な面持ちを示した」(p. 76) ことである。ここで重要なことは，サル，そしてラットでさえ必ずしも刺激－反応の結合（たとえば，その下に報酬のあるカップを取り上げる）を学習しているのではなく，反応から**期待する**ことを学習していたことである。こうした期待は直接には観察できない認知であり，それ故に，動物が期待をもち，そして紛れもなくそれに左右されると提案することは行動主義の厳格な教義の対極に位置した。

この種の実証によって，何人かの行動主義者とりわけE. C. トールマン（Tolman, 1886 - 1959）は，すべての行動が厳格な刺激－反応に基づく行動主義によって説明されるのではないと主張するに至った。トールマンによれば，動物の行動も報酬を得る動因や報酬を得る誘因といったモチベーションの要因に左右される。トールマンの見解は確かに随分と注目されたが，行動主義者を認知心理学者志望に転向させるのには直接的な影響がほとんどなかった。それでも，20世紀中期における多くの他の実証が行動主義の致命的な弱点を暴露し，最も有力な心理学学派からの転落に導いた。

B. F. スキナーとノーム・チョムスキー（Noam Chomsky）との論争は，行動主義の諸原理が人間のあらゆる行動を適切に説明するものではないという多くの心理学者の信念を強固なものにした点において歴史的な意義があった。B. F. スキナーは，その経歴の全体にわたって，行動主義の単純な原理が人間性に広い意義をもつ行動を説明し，コントロールするのにどのように用いられるのかを説得的に論じた。人が言語

をいかに獲得し，利用するのかを説明するのに強化の原理を使おうとした試みは，そのような議論の一例である（Skinner, 1957）。しかし，言語が刺激 – 反応の反射の集まりからだけで生じるのだろうか。多くの言語学者はそうとは信じなかった。そして，1957年に，チョムスキーは，スキナーの言語についての説明をまったくばかげているとは言わないまでも，役に立たないと強く非難した。一つの論拠が次の文例によって示されるであろう。"His cat, Sophie, often annoyed him when she tried to curl up on his pillow to sleep, except on cold winter nights when Sophie would help to keep him warm."（彼の猫ソフィーは，寒い冬の夜にソフィーが彼を暖かくしてくれるのに重宝するとき以外は，彼の枕の上で丸まって眠るので彼をしばしば悩ませた。）確かに，以前に聞いたことがなく，単語の連合によってその文を学習したことがなくても，その文は理解される。ところで，あなたの膨大な語彙を使って生み出すことができそうな計り知れない数の文を考えてみよう。作り出せるだけの文のすべてを産出するには，生涯をかけても足らないであろう。このような言語生成と言語理解の離れ業については，心的過程に訴えることが必要であり，心理言語学者は言語獲得，生成，理解の基礎である心的規則や統語法を主張し始めた（優れた概観として，Lachman et al., 1979 を参照のこと）。

　おそらく，行動主義の諸原理の説明力についての不満だけでは認知心理学の再出現には至らなかったであろう。確かに，心的過程に訴えることが動物の行動を説明するのに必要なのではないかと多くが信じたが，駆け出しの認知心理学者はこれらの心的過程をどのように表現し，研究しようとしていたのだろうか。この疑問への一つの答えがコンピュータ科学によってもたらされることになる。コンピュータ自身が心の優れたモデルとして受け入れられることになる。なぜなら，モデルとしてのコンピュータには可能性がいろいろあった。コンピュータはプログラムに大いに依存している。プログラムとは，望ましい結果を手に入れるのに記号がどのように操作されるかを述べる規則の集合である。このようにして，プログラムはコンピュータの働きを**コントロールしている**。それが人間の思考のメタ認知モデルの中核要素となったのである。コンピュータをモデルとして使用することは，また，認知心理学者が心を論じる際に用いる言語も提供した。それは情報処理モデルにおいて頂点に達した。ハントとエリス（Hunt & Ellis, 2004）は次のように記している。

> 情報処理モデルの場合，これからは，環境のエネルギーは刺激より情報と呼ばれてよいのではないか。知覚や理解の心理過程は，コンピュータへの入力を機械が使うことができる形式に変えるのに必要なコーディング操作に類したコーディングと考えられる。記憶は貯蔵と検索と記述できよう。理論は［コンピュータ］モデルと理論を検証する実験に基づいて提案されるであろう。(p. 21)

　復活した領域を導く新たなモデルとともに，1950年代後半と1960年代全期を通して，認知ルネサンスの始まりをはっきりと示す論文が現われはじめた。2，3の例を

挙げると，ブロードベント（Broadbent, 1958）が注意のボトルネック・モデルについて今や古典となっている書籍を出版し，ペイビオ（Paivio, 1969）がイメージの過程を研究し，また，マンドラー（Mandler, 1967）が記憶の体制化過程を探究した。ミラー（Miller, 1962）の『心理学：精神生活の科学（*Psychology: The Science of Mental Life*）』やアーリック・ナイサー（Ulric Neisser, 1967）の『認知心理学（*Cognitive Psychology*）』といった，精神生活を探索することに焦点を合わせた教科書が現われた。ナイサーの本は教師や新参の認知心理学者の間で認知への関心を育むのに多大な影響力をもった。これらは認知の復活に大いに寄与した多くの論文や書籍のほんの一部である。心的過程についての注目すべきいくつかの初期の理論には今日でも探究されているメタ認知過程が含まれているので，私たちの認知の歴史として，それらの理論を見ておこう。

　ミラー，ギャランターおよびプリブラム（Miller, Galanter, & Pribram, 1960）は，その著書『プランと行動の構造（*Plans and the Structure of Behavior*）』において，人間の刺激−反応の記述を，内的なイメージ間の関係と行動のコントロールにおけるプランの構成と使用に基礎を置く考えに置き換えようとした。これらの心理学者によると，「今日は何かをするつもりでいて，それに対処するプランを立てているところを**想像してみよう**。……有機体にとってのプランは，コンピュータにとってのプログラムと本質的に同じである」（pp. 6, 16）。ミラーら（Miller et al., 1960）の画期的な著書は今日でも読むに値する。その理由の一つは，著者たちが，イメージ，プラン，作動記憶といった最新の認知理論の中核をなす多くの概念を論じているからである。

　しかしながら，メタ認知のどの研究者にとっても特に密接な関係があるのは，ミラーら（Miller et al., 1960）の基本的な分析単位（行動主義の刺激−反応の反射に取って代わることになる単位）である。図2.2の左のパネルに図解されているように，**テストする−操作する−テストする−抜け出す**（test-operate-test-exit: TOTE）単位はフィードバック・ループである。このフィードバック・ループにおいて，テストの結果が，以下の情報を与える。①テストされる望ましい状態が存在している（適合）かどうか。適合している場合，そのループを抜け出し，関連する操作が終了する。あるいは，②テストされる望ましい状態が存在しない（不適合）かどうか。不適合である場合，操作は継続する。TOTEが一般的であるのは意図があってのことである。神経エネルギーとか情報とか，矢印に何が流れるか，それ次第で，TOTEは単純な神経反射の作用を反映したり，情報駆動型メカニズムの操作を反映したりする。「その最も弱い形で，TOTEは，有機体が遂行する操作が絶えずさまざまなテストの結果によって導かれることを主張しているだけである」（Miller et al., 1960, p. 29）。もっと具体的に，釘を打つことにTOTE単位を適用することを考えてみよう。それが図2.2の右側のパネルに示されている。間柱の上に乾式壁を打ちつけるには，釘の頭が乾式壁と同じ平面になるまで釘を打つことが目標となる。釘が同一平面上にあるかどうか調べる

ことによって釘がテストされる。同一平面上になければ（不適合），釘打ちの操作が続けられる。同一平面にあれば，釘打ちが終了する。もちろん，これは釘打ちをあまりにも単純化しすぎている。なぜなら，釘を打つには，金槌を持ち上げ，強く打ち下ろさなければならない。TOTE単位は釘打ちのこの局面をコントロールするように設計することもできる。図2.3に示されているように，釘を打つことは，TOTE単位の連結に基づく階層的なプランによって記述される。最も複雑な行動であっても，計画立案の段階（たとえば，新しい乾式壁をつるす）からその実行（たとえば，個々の釘を打ち込む）までの行動をコントロールするTOTE単位の階層によって説明することができる。

　釘を打ち付けること自体はメタ認知的な行為ではない。なぜなら，そのテストは**外部の刺激の状態**をモニターすることにかかわっているからである。それでも，TOTEのメカニズムは一般的であるので，メタ認知的な活動を含め，どのような人間の活動を分析するときにも，このメカニズムを同様にうまく適用できる。この主張を確かめるには，前の第1章を開いて，ネルソンとナレンズ（Nelson & Narens, 1990）によっ

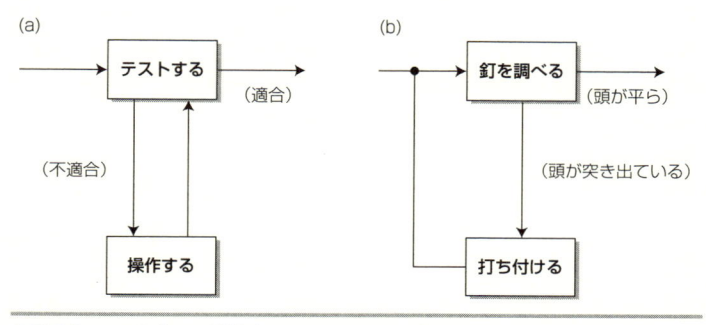

⬥ 図2.2　テストする－操作する－テストする－抜け出す（TOTE）単位
（出典：Miller, Galanter, & Pribram, 1960）

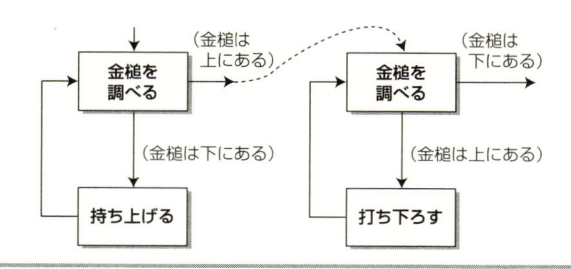

⬥ 図2.3　人間の複雑な行動は，テストする－操作する－テストする－抜け出す（TOTE）単位を二つ以上連結することによって説明できる。この図解では，二つのTOTE単位が釘を打つ操作をコントロールできるように連結されている。（出典：Miller, Galanter, & Pribram, 1960）

て導入された一般的なメタ認知モデル（図1.1）と比較してみよう。そのモデル自身，TOTEのメカニズムに着想を得ている。そのメタ認知モデルの場合，何らかの心の過程がモニターされる。それは，TOTEのメカニズムの場合，結果をテストすることに似ている。その後，そうしたモニタリングの結果がその過程を終了する（それはTOTEループを抜け出すことに似ている）か，それともある目標が達成されるまで続行するか（それはTOTEのメカニズムが携わる適切な操作を続けることに似ている）して思考をコントロールするのに役立てられる。

　ミラーら（Miller et al., 1960）のTOTE単位はこの本の中で説明される自己調整の多くのモデルをもたらした。しかしながら，人間の行動と思考をコントロールすることにメタ認知が果たす中心的な役割を結びつけたモデルは，認知ルネサンスの初期に現われたこのモデルが唯一だというわけではなかった。他の認知形態にかかわるメタ認知的な過程の説明例として役立つ二つの別のモデル，人間の記憶に関するモデルと問題解決に関するモデルを検討してみよう。

　1968年に，アトキンソン（Atkinson）とシフリン（Shiffrin）が，人間の記憶は一連の貯蔵からなるシステムであると提唱した。環境からの情報が感覚貯蔵に写し取られ，注意が向けられると，容量に限りがある短期貯蔵に転送される。この短期貯蔵は，今現在意識している情報，たとえば，この文の意味といった情報を維持することであると考えられる。情報が短期貯蔵内にあるときには，繰り返しその情報をリハーサルするとか意味のあるやり方で情報を精緻化するといったように，さまざまな**コントロールの過程**を使って情報に操作を加えることができる。ウェイターが飲み物の注文を書き留める機会があるまでその注文を頭の中で，つまり，「短期貯蔵」の中で繰り返す時のように，人は絶えずこうしたコントロールの過程を利用している。私たちの歴史にとって最も関連がある点は，こうしたコントロールの過程が本来メタ認知的であるということである。短期貯蔵にある情報（たとえば，バーでの飲み物の注文）は対象水準の認知であり，メタ水準の処理が，この情報に働きかけている。この例だと，短期貯蔵の情報が長期貯蔵に転送される可能性を増やすコントロールの過程（つまり，注文を反復する）を適用する。ウェイターの場合では，たとえば，ドライ・マティーニ，バド・ライト，アイリッシュ・ウィスキーといった飲み物の名前が短期貯蔵にあって，飲み物の名前を繰り返すことでウェイターはそれらをしっかりと保持することができ，しかも，後にまた思い出す機会を増やすことができる。

　ニューウェルとサイモン（Newell & Simon, 1972）は，『人間の問題解決（*Human Problem Solving*）』において，問題解決は「目的を達成するために一連の手段を組み合わせる情報の処理過程の集まり」（p. 91）として理解でき，一般にこれらの手段には，問題に適した目標を選び，解決をもたらす方法を選定し，その方法の結果を評価することが含まれていると主張している。これらの問題解決の過程は再帰的な性質をもっている。したがって，たとえば，ある方法が期待される結果を生み出さないこと

に気づけば，新たな方法が選択されて問題に適用されると考えられている。これらの過程が実際にある程度はメタ認知的であることは，すでに明らかなはずである。なぜなら，それらの過程は，問題をどのように解決するかについての決定を下すために，経過を評価し，そうした評価の結果を使うことにかかわっているからである。

初期の有力な認知理論において明らかにメタ認知的な過程に言及されているにもかかわらず，認知科学者の圧倒的な反応は，これらのモデルに組み込まれている認知の成分を詳細に調べることであった。たとえば，短期貯蔵の構造を探るとか，あるいは，問題を解決する際に人は問題をどのように表象しているのかを表現することであった。それにひきかえ，認知の過程をどのようにモニターし，コントロールしているのかといったような，メタ認知的過程の探究は概して無視された。推測ではあるが，モニタリングやコントロールを検討することに気がすすまなかった原因の一つは，行動主義者の影響が大きかったことにあったのかもしれない。行動主義者は，もっともらしくこれらの過程を研究するのに必要とされる内観法は実験的分析に信頼しうる妥当な手段を提供するようなものではないと主張したのである。

第4節 内観の復帰と心理学のメタ認知学派の台頭

リーバーマン（Lieberman, 1979）が，人間の思考や行為の分析において限定的に内観へ帰ることを雄弁に論じている。リーバーマンは，人間の思考や行動を理解する方法として内観には限界があることを認めているが，役には立たないと内観を完全に退ける行動主義者の方策を非難している。内観をまったく信頼性がなくて妥当性がないと拒むのではなく，科学的方法としてそれを使うかどうかを決める際に「唯一の理に適った基準は経験的な基準，すなわち，内観データが行動を理解するのに役立つかどうかである」（p. 320）と主張している。リーバーマンに従えば，内観データは，人間がどのように考えているかについて貴重な証拠を生み出すことができるので，この基準を満たしている。内観がこの経験的基準を満たしている例を二つ挙げておこう。まず，この章の始めに指摘したように，古代ギリシャに遡るが，場所法が記憶を高めるのに効果的な技であることが報告されている。こうした報告は内観的な報告であり，実験で立証されたことはなかった。1970年代初期に，数人の研究者が，学習すべき材料をどのように学ぶかについて教示を受けなかった場合とは対照的に，この記憶法を使った後の記憶成績が確かに優れていることを立証した。それにより，それまでの内観報告の妥当性が確認された。

第2に，心がどのように働いているかについてのモデルを評価するために，内観データがなるほどと思わせるように使われてきた。たとえば，アトキンソンとシフリン（Atkinson & Shiffrin, 1968）による記憶の段階モデルは，短期貯蔵内の情報をリハーサルするほど，情報が長期貯蔵に転送され，そしてそれ故に思い出される可能性

がますます大きくなると仮定している。この仮定を実験で検証するために、クロールとケリカット (Kroll & Kellicutt, 1972) は、3文字連を実験参加者に呈示し、後にその再生を求めた。重要なことはこの方法に内観が追加されたが、それは、実験参加者がリハーサルをする度にボタンを押すだけでどれだけリハーサルをしたかを報告することを求めるものであった。彼らのデータが図2.4に示されている。図ではいくつかの条件のそれぞれで報告されたリハーサル回数による再生の変化が描かれている。条件の効果（たとえば、図2.4の「X3」対「X7」、あるいは「視覚」対「聴覚」）は私たちの関心ではなく、私たちの問いは、むしろ、リハーサルの内観報告がアトキンソンとシフリンのモデルによって予測される通りに再生成績を本当に予測しているかどうかである。図2.4に示された結果は彼らの予測に一致している。なぜなら、4条件のそれぞれ（図では4つの記号と線で表わされている）において、リハーサルが頻繁に報告されているほど（0から6まで）、再生成績が着実に上がっている。目覚ましい点は、クロールとケリカット (Kroll & Kellicutt, 1972) が、再生成績は他のリハーサル測度よりもこの主観的なリハーサルの内観報告によるほうがうまく予測されることも見いだしたことである。明らかに、これらの結果とリーバーマン (Lieberman, 1979) によって示されたその他の結果とが内観報告の信頼性を確立した。もっとも、リーバーマンは、適切にも、次のように記している。「もちろん、内観報告は常にこんなに信頼性があるのだと主張するのはばかげている。内観報告がそうでないことは古典的な内観の歴史が明確に示してきた。しかしながら、同時に、その同じ歴史が、ある種の報告が有用**である**ことを明らかにもしている」(p. 328)。

　ニスベットとウィルソン (Nisbett & Wilson, 1977) の考えは一見したところリーバーマン (Lieberman, 1979) と食い違っている。彼らは、人は自身の認知過程を観察できないので、やはり「内観」として知られている言語報告は概して妥当でないと主張している。さらに、人がどのように、あるいはなぜそのように行動しているのかについて見たところでは、正確に報告している場合でさえ、その正確さは妥当な内観能力から生まれるのではない。それどころか、内観が見たところは妥当であっても、そう見える原因は、どのように行動しているかについての人の経験に基づく推量あるいは推論が正しいときもあるという事実にある。ニスベットとウィルソン (Nisbett & Wilson, 1977) は、「人が自身の認知過程について報告をしようとするとき、真の内観に基づいてそうしているのではない」(p. 231) という彼らの最も重要な主張を支持する多くの例を提示している。驚くべき例を簡単に実演することができる。その実例は、たいていの人は右に置かれたものを偏好するという事実を活用している。4足の**まったく同じ**ナイロン・ストッキングをつかみ取って、それから、それをテーブルの上に等間隔に並べてみよう。通りすがりの人に簡単な消費者調査に参加してもらおう。寄宿舎や大学構内の建物でやれば簡単である。それぞれの人にちょっと次の質問をしてみよう。「どのストッキングが一番好きですか。それはどうしてですか。」。

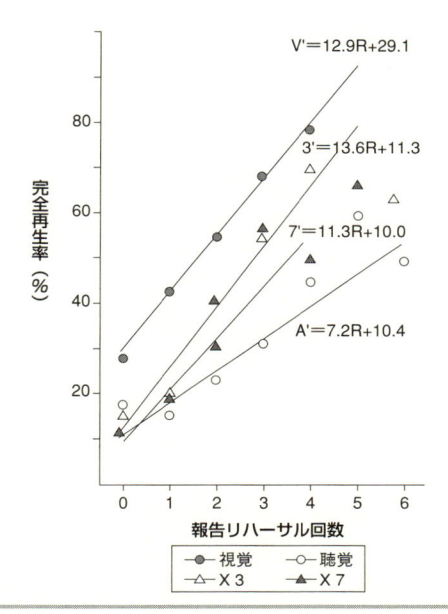

◯ 図2.4 実験参加者が報告したリハーサル回数による3文字連の正再生率の変化。4つの関数は4つの条件を表している。4つの条件が課題の全体的な難しさに影響している。条件に関係なく、参加者の内観報告が再生成績の実際の水準をよく予測していることに注目しよう。(出典：Kroll & Kellicutt, 1972)

ニスベットとウィルソン（Nisbett & Wilson, 1977）がこの簡単な実験をしたときに、大多数の人がテーブル上の右端にあるストッキングを選び、しかも、なんと、一人として、自分の選択理由がそのナイロン・ストッキングの位置に関連していることに触れないことを見いだした。

リーバーマン（Lieberman, 1979）とニスベットとウィルソン（Nisbett & Wilson, 1977）によって示された相反する結論はいったいどのように折り合いがつけられるだろうか。つまり、内観はどのようなときに妥当で、どのようなときに妥当でないのか。エリクソンとサイモン（Ericsson & Simon, 1980）は、そのよく知られた論文「データとしての言語報告（*Verbal Reports as Data*）」において、どのようなときに内観が妥当であり（Lieberman, 1979が述べた条件）、どのようなときに妥当でない（Nisbett & Wilson, 1977が述べた条件）のかを説明する内観報告あるいは言語報告の理論を提案している。その理論はあまりにも複雑で、完全に論じることはできないが、メタ認知研究の歴史に関するこの章としては、その概略で十分であろう。彼らの理論の中心にあるのは記憶の段階モデル（Atkinson & Shiffrin, 1968）である。具体的にいうと、人が認知のある側面について内観する時、認知のこの側面が内観中には短期貯蔵内にあるのかもしれないし、内観に先立つどこかの時点で短期貯蔵内にあったのか

もしれないし，あるいは短期貯蔵内にまったくなかったのかもしれない。エリクソンとサイモンの理論によると，人の内観は，現在短期貯蔵にある情報に焦点を合わせている時には妥当であるだろう。それにひきかえ，現在短期貯蔵内にない情報について内観することを求められるときには，たとえば，忘却により，目当ての情報にもはやアクセスできないであろうから，内観の妥当性は妨げられるかもしれない。最後に，目当ての情報がまったく短期貯蔵内にない場合，当然のことながら，内観はほとんど妥当でないだろうとモデルは予測している。もちろん，心の中で起こっていることが正しく推論されるのなら別である。

先に述べたクロールとケリカット（Kroll & Kellicutt, 1972）の実験によってこれらの異なる場合を検討してみよう。彼らの実験参加者は，もうすぐ受ける自由再生テストに備えて3文字連を学習しているときに，ボタンを押してそれぞれの項目をどれほどリハーサルしているかを報告しなければならなかった。文字を暗唱することは短期貯蔵内で起こっているということに注目しよう。そうすれば，実験参加者の内観が極めて妥当であることは驚くにあたらない。それにひきかえ，実験参加者が文字をリハーサルし，それから頑張ってそれを再生して，ようやくその後になって文字をどれほどリハーサルしたかを報告するように求められると，その内観報告は，実験参加者がそれぞれの項目をどれほどリハーサルしたかを忘れてしまっているかもしれないので，おそらくさほど妥当ではないだろう。そして最後に，クロールとケリカットが，それぞれの文字の呈示が脳の特定部位を活性化しているかどうかを参加者に報告するように求めても，脳の活動は短期貯蔵内に表象されていないので，その内観報告はまったく妥当性を欠いているであろう。エリクソンとサイモンの理論は内観報告の妥当性を十分に理解することに関連した他の特徴も備えているが，さしあたって大事な点は，人の内観報告は十分に特定される条件下では妥当であるということである（詳細は，Ericsson & Simon, 1984 を参照のこと）。

●論点2.3　内観主義復活へのジョセフ・T・ハートの貢献

「オーストラリアの首都は何という都市ですか」「『老人と海』という本の作者はだれですか」あなたはこれらの質問に対する答えを再生することができなくても，答えはほんのちょっとで心の届く範囲にあるという感じ，つまり「喉まで出かかっているのに出てこない」という感じをもつかもしれない。この「喉まで出かかっているのに出てこない（TOT）」現象はとてもよく起こるのでかなり以前から心理学者がこの現象に関心を示してきた（概観については Brown, 1991 を参照のこと）。ウィリアム・ジェームズ（William James）でさえもこのいらいらする記憶の衰退を認め，20世紀初期にこうした TOT 状態が調べられた。残念ながら，初期の研究は，TOT 状態が実在し，確かな根拠があると思い込んでいた。もちろん，問題は，そうした TOT 状態がまったく主観的で，内観報告に基づいていることである。だから，いったいどうして TOT 状態が当てになるだ

ろうか。つまり，オーストラリアの首都をまさしく検索しようとしているとあなたが言うからという理由だけで，あなたの TOT 状態が，記憶はもうちょっとで手のとどくところにあることを間違いなく示しているとどうして信じられるだろう。

　ジョセフ・T・ハート（Joseph T. Hart, 1965）が，現在のメタ認知研究の出現よりも前に遡る有名な論文の中でこうした疑問に答えた。この論文といくつかの他の論文（たとえば，Hart, 1966, 1967）は，メタ認知研究の発展に間違いなく欠かせないものであった。なぜなら，ハートは人のメタ認知的経験の正確さを実験的に調べるために革新的な方法を取り入れたのである。ハート（Hart, 1965）は，人がしばしば記憶から再生できる以上の答えを再認するという事実に彼の手法の基礎をおいた。この事実に基づいて，ハートは今ではよく知られている再生－判断－再認（RJR）法を開発した。まず，実験参加者は一般常識問題の答えを記憶から再生してみる。それから，再生できない答えについて正しい答えを再認できるかどうかを述べる。これらの判断を行なった後に，実験参加者は再認テストを受ける。テストでは，複数の選択肢と一緒に正しい答えが示される。知っている（がしかし再生できない）ことについての内観が正確であれば，再認できないと判断された答えよりも再認できると判断された答えについての方が再認成績は良いはずである。ハートは，幾度となく，実際のところ人々の判断は正確であることを立証した。この研究は彼の受賞学位論文に由来するのだが，多くの点で画期的であった。第 1 に，彼の知見は厄介な問いを投げかけた。実際には再生できない記憶についての何かをどうして知り得るのか。この疑問に対する答えは，「第 4 章：既知感と TOT 状態」において探究する。第 2 に，そして私たちの歴史に最も関連するのだが，人々の内観が妥当**あり得る**ということを確証することに加えて，ハートは科学者が自身の内観が妥当**であったか**どうかを実験的に検証することができるようにする厳密な手法を用意した。したがって，人の内観は心理学研究において，もはや額面通りに受け取る必要がなくなった。それどころか，科学者は人の内観のバイアスを系統立てて探索することができ，また，内観的な判断のバイアスを除くように意図して作られた手法，したがって心の仕組みをより正当に反映している手法を開発することができた。このような理由から，この本において論じられるメタ認知のモニタリングに関する研究の多くは，ジョセフ・T・ハートの独創性に富んだ研究に触発されて行なわれてきたのである。

　エリクソンとサイモン（Ericsson & Simon, 1980, 1984）は，内観法が少なくとも認知のいくつかの側面を妥当なやり方でどれほど明らかにするかを立証することによって，新しい心理学派である**メタ認知学派**の成長に欠かせない土台を提供した。この土台が築かれても，他の科学者たちが人間の思考や行動をよりいっそう深く理解する手立てとして，メタ認知的な諸原理によってもたらされた方法，分析，説明などを含め，メタ認知的な観点を採用するまでには，さらに他に必要なことがあった。メタ認知学派の出現がこの目的を達成したが，その出現は，この領域の何人かの指導者の

肩にかかっていた。彼らは人間の行動や発達を理解するのにメタ認知が重要な役割を果たすことを説得的に論じ、そうする際に、他の人たちが糾合するように、ひとそろいの定義、課題、問題を用意した。

間違いなく、その揺籃期における最も有力なメタ認知の唱道者はジョン・フラヴェル（John Flavell）であった。彼は、1970年にメタ記憶という用語を造りだした。その10年の間に、メタという語が論文や会議録に現われはじめ、この領域での多くの画期的な研究が行なわれた。たとえば、フラヴェルら（Flavell, Friedrichs, & Hoyt, 1970）は、就学前の幼児に、確かに全部を思い出すことができるまで項目を学習するように求めた。年少の園児の多くがテストを受ける準備ができたと言ったが、その時に実際にはリストの全項目を再生することができなかった。同じように、エレン・マークマン（Ellen Markman, 1977）は、小学生に一組の不備のある教示を聞かせて、それらの教示に理解しづらいところがあるかどうかを報告させた。子どもの多くは重大な誤りを発見できず、教示を理解したと主張した（詳細は、「第9章：メタ認知と教育」を参照のこと）。子どもの誤ったメタ認知についての他の事例も明らかにされてきた。1978年にアン・ブラウン（Ann Brown）が彼女の担当した章である「いつ、どこで、どのように思い出すかを知ること：メタ認知の一課題（*Knowing When, Where, and How to Remember: A Problem of Metacognition*）」において新しい研究領域の概観を発表した。彼女は、その章において、「知識とその知識の理解との区別は大きな発見の力を備えた妥当で重要な区別［である］」（p. 157）と結んでいる。

これらの刺激的な実証とメタ認知への関心の高まりがフラヴェル（Flavell, 1979）の「メタ認知と認知モニタリング：認知発達研究の新しい領域（*Metacognition and Cognitive Monitoring: A New Area of Cognitive-Developmental Inquiry*）」と題する『アメリカン・サイコロジスト誌（*American Psychologist*）』の論文の発端となった。メタ認知の重要性、とりわけ認知発達の理解についてその重要性を掲げたので影響力が極めて大きかった。フラヴェル（Flavell, 1979）はメタ認知を「認知現象についての知識と認知」（p. 906）と定義して、メタ認知的知識とメタ認知的経験など、認知のモニタリングとコントロールを構成する現象の種類を明記した。

ジョン・H・フラヴェル
(John H. Flavell)
現代のメタ認知研究の創始者。心の理論の理解に大いに貢献した。

第1章で定義されたように、メタ認知的知識とは、所与の認知課題の過程や結果に種々の要因がどのように影響するかについての宣言的知識あるいは信念である。フラヴェル（Flavell, 1979）は、メタ認知的知識をさらに三つのカテゴリーに分けた。そうすることで、3種類の知識、①情報をどのように処理するかについての知識（人カテゴリー）、たとえば、数学の問題を解くのは得意だが、化学の問題を解くのは得意ではないと思っているかどうかといった知識、②重要な特定の認知課題についての知

識（課題カテゴリー），たとえば，学級通信を書くのは難しいといったような知識，③どの方略が効果的かについての知識（方略カテゴリー），たとえば，単に何度も繰り返して情報を反復することよりも，イメージを使う方が多くの場合記憶に役立つといったような知識を人がもっているらしいという事実を反映するようにした。メタ認知的知識は，通常，この三つのカテゴリーのなんらかの組み合わせを含んでいる。フラヴェル（Flavell, 1979）が記しているように，「子どもが獲得する他のあらゆる知識と同様，［メタ認知的知識］は，不正確で，必要とされるときに活性化されず，活性化されてもあまり，あるいは少しも影響を及ぼすこともなく，影響があっても有益な効果あるいは適応的な効果をもたない可能性がある」（p. 980）。**メタ認知的経験**は人が認知課題を達成するときに生じる認知的あるいは感情的経験であり，第1章で定義されたようなメタ認知的モニタリングと緊密に連携している。フラヴェルの論文は，メタ認知の中核要素を定義していることの他にも，これらの要素が児童期を通してどのように発達するのか，そして次には，これらの要素が認知の発達そのものの成功や進歩にどのように影響するのかについて数々の検証可能な仮説を提案している点で大いに影響力があった。フラヴェル（Flavell, 1979）は，メタ認知ファンならだれであれ必読の論文である。

　フラヴェルとその共同研究者ら，とりわけヘンリ・ウェルマン（Henry Wellman）が1970年代にメタ認知的な取り組みを擁護し始めが，この取り組みの始まりは1960年代に遡ることができる。この時期にフラヴェル（Flavell, 1963）は画期的な書籍である『ジャン・ピアジェの発達心理学（*The Developmental Psychology of Jean Piaget*）』において子どもの発達についてのジャン・ピアジェ（Jean Piaget）の理論を消化，吸収している。子どもが思考についての思考をもっているという考えがはっきりと現われたのは，ピアジェとその共同研究者らの理論的研究においてであった。これらの「思考についての思考」は，それが形式的操作の存在を意味しているので，子どもの発達の頂点と考えられた。フラヴェル（Flavell, 1963）は，その思考を「知的発達の最高の達成，知的進化が乳児期以来向かってきた最終的な均衡状態」と見事に表現している。続けて，フラヴェルは，「形式的操作の思考の最も重要な一般的性質，ピアジェがそこからすべての他の性質を導き出している性質（Inhelder & Piaget, 1958, pp. 254 – 255）は，**現実のもの**対**可能なもの**に関係している。……形式的思考は何よりも**命題的思考**である。青年がその推論において操作している重要な実体は，もはや生の現実データそのものではなく，それらのデータを『包含する』主張あるいは陳述すなわち命題である」（pp. 204 – 205）。ピアジェとその共同研究者らによる理論化がフラヴェルを刺激して，彼が初期の子どもの発達にとって「思考についての思考」の重要性をさらに深く検討するようになった直接の原因であったのではないかと考えられる。

　このようにして，1970年代に，主に発達心理学における実証研究と理論構築から心理学のメタ認知学派が出現した。心理学者たちはメタ認知と見なされるものを洗練

し続け (Brown, 1978; Flavell, 1979; Kluwe, 1982), 実に, 人間の行動を理解する際のこれらの定義の実用性を論じることもした (Cavanaugh & Perlmutter, 1982)。それ以来, メタ認知的な取り組みは, 社会, 認知, 教育, 子どもと大人の発達, 臨床を含む心理学の多くの領域の研究者に採用されてきた。これらの領域のそれぞれでのメタ認知研究の成長は独自の歴史をもっている。そのうちのいくつかの歴史は, 心理学のメタ認知学派の出現の時期とほぼ同じくして始まった認知心理学や教育心理学の場合のように, たいそう長きにわたっている。他の領域では, メタ認知過程の組織的な探究がまさに今人気を博している。ここで, それぞれの領域について歴史上の画期的な出来事をたどる余裕はないが, ある意味では, この本の残る部分がメタ認知研究のその後の歴史と見なすことができる。1970年代におけるその種子の発芽から生長と拡大へのメタ認知学派の跡を心理学的研究を通してたどることができるように, それぞれの章において, ある領域あるいは特定の研究領域内での最も初期の画期的な論文に光をあてるつもりである。

○○○ 要約

　メタ認知の歴史は古代にまで遡ることができ, シモーニデースが記憶をコントロールするための場所法の力を喧伝した。メタ認知的な過程が19世紀後期と20世紀初期の心理学者たちにとって著しく重要な役割を果たした。彼らは, 心の内部の仕組みを見つける道具として内観を使った。不幸にも, 20世紀への変わり目では, 内観法はいささか不適切で誤っていると思われた。その知見は実験室を超えて常に再現されるわけではなく, また, 多くの内的な過程は, イメージを生み出さなかったので, 内観によって明らかにすることができなかった。ワトソンは, 随分と精力的に心理学から内観を消し去り, また, 心理学的探究の営みとして意識研究を消し去り, そして彼は代わりに行動主義を提唱した。

　数十年後に, 多くの心理学者が, 次々と, 行動主義が不適切であること気づき, 今一度心的過程に依拠する行動のモデルを展開し始めた。最も初期の認知モデルでさえメタ認知的な過程を含んでいた。にもかかわらず, メタ認知そのものは1960年代後半および1970年代初期まで系統立てた研究の対象にはならなかった。そして, その時期に, ジョセフ・ハートが内観の妥当性を吟味する方法を私たちにもたらし, そして, ジョン・フラヴェルがメタ認知過程は子どもの発達に, そして人間の行動全般に不可欠であることを説得力をもって主張した。

【討論問題】

1．近づく試験に備えて，この歴史の章について勉強するところを思い浮かべてみよう。知っての通り，あなたは，いくつかの多肢選択の問題といくつかの論文式の問題に答えなければならない。あなたは大変よい成績を取りたいとも思っているとしよう。あなたは，試験勉強にどのように取り組むだろうか。勉強に含まれるどの過程がメタ認知的で，どの過程が認知的だろうか。重要な点は，ミラー，ギャランターおよびプリブラム（Miller, Galanter, & Pribram, 1960）のTOTEメカニズムが，学習目標に向かう経過をどのように説明していたかである。

【概念の復習】

次の質問について別の用紙にできるだけ詳しく答えを書き出してみよう。その後で，この章の関連のあるところを読み直して，答えをチェックしてみよう。

1．ヴントやその他の人たちよって利用された初期の内観主義を現代のメタ認知の方法における内観主義の利用と比較，対照してみよう。ジョセフ・ハートによってなされた内観的な研究の大きな進歩とは何だったか。
2．無心像思考とは何か。また，心を探究するために内観を使うことについてなぜ無心像思考が問題となったのか。
3．たいていの人は自分の決定が食料品店の棚の商品の位置といった，無関連な刺激の影響を受けるとは思ってもいない。エリクソンとサイモンによれば，そのような位置効果について正確に内観することができないのはどうしてだろうか。

第1部　基本的なメタ認知判断

第3章　メタ認知研究の方法と分析

　メタ認知の研究は，なぜこれほどに注目を浴びるのだろうか。一つの答えは，メタ認知の研究が，人間とその他多くの動物とを区別する人間の特質（自らの思考について考察する能力，そして，自らの思考や行動をコントロールするためにこの考察力を利用する能力）を明らかにし，理解しようとしているからである。これらの能力は，人間が（そして，おそらくは人間以外の何種類かの動物も（Terrace & Metcalfe, 2005）），自分の心をどのようにモニターし，コントロールしているかに特に関係している。第1部の各章では，人間のメタ認知のこれらの核となる能力についての最も基本的な疑問のいくつかをメタ記憶の研究の文脈で考えてみたい。メタ記憶の研究は，人の記憶についての知識と，記憶の過程（すなわち，新しい材料の学習から，後で思い出す検索までの過程）のモニタリングとコントロールに関連している。

　メタ記憶を議論するのに多くの時間を費やすのには数々の理由がある。メタ記憶は心理学の研究において長い歴史があり，1960年代のジョセフ・ハート（Joseph Hart）の既知感判断に関する独創的な研究に始まる。実際に「メタ記憶」の用語が使われる以前から，タルヴィングとマディガン（Tulving & Madigan, 1970）が，有名な文章の中でメタ記憶の過程を研究することを熱心に推奨している。

> 人間の記憶の他に類を見ない特徴の一つである「自分自身の知識についての知識」を実験的に研究し，記憶の理論やモデルに組み込む方法を探し始めてはどうだろう。もし記憶の心理学的研究に真の突破口があるとすれば，その突破口とは，何よりも，個人の記憶に蓄えられた知識を，その知識についての当人の知識に結びつけることであるだろうと考えざるを得ない。(p. 477)

　この30年間に多くの真の突破口（飛躍的前進）があり，メタ記憶に関する体系的研究は人がいかに記憶をモニターし，コントロールしているかについての洗練された仮説の展開を支えてきた。メタ記憶を探究する際に，研究者たちはその複雑な性質を明らかにする数多くの方法も考案してきた。さらに，これらの方法は，他の研究領域

におけるメタ認知的な過程を探究するのに応用されてきた。他の研究領域とは，たとえば，生涯にわたってメタ認知がどのように変化するのか，学生が学ぶ際のメタ認知の役割は何か，などである。したがって，メタ記憶研究を理解することによって，この本の多くの章で紹介される測定方法，研究方法，そして理論についての基礎が学べるであろう。

この章では，メタ記憶研究の基本的な性質を捉えた上で，メタ記憶に関するこの後の章を十分に理解するのに欠かせない一般的な概念や研究方法を議論する。そこでは，主に記憶のモニタリングと記憶のコントロールに焦点をあてる。確かに，メタ記憶の**知識**についての研究がこの分野の大部分を占めるが，この種の研究はこれまで主として発達にかかわる問題に取り組んできた。したがって，メタ記憶の知識についての議論は「第3部：メタ認知の生涯発達」で取り扱うことにし，本章では「第1部：基本的なメタ認知的判断」の各章で繰り返し登場するモニタリングとコントロールに関連する基本的な問題を議論する。この章で取り扱う概念はメタ認知の専門家ならよく知っているであろう。しかし，重要なことは，これらの概念は，専門的な知識を得ようとする学生であれば，だれもが習得できるということである。

この章では今から，メタ記憶研究のいくつかの基本事項を道案内していこう。基本事項には次の三つが含まれる。①記憶のモニタリングとコントロールを測定するための標準的な方法，②記憶のモニタリングとコントロールに関する研究を推進するいくつかの主要な疑問，③これらの疑問に答えるために利用されるメタ記憶のデータ分析，である。

第1節　メタ記憶の測度と疑問

今度のテストに向けて勉強している場面を想像してみよう。たとえば，フランス語の授業の中間テストの対策をしているとしよう。あなたは自分の学習の進行状況に沿って学習と検索をモニターし，コントロールすることができる。あなたは，フランス語の単語の学習をモニターするために，「今度のテストに向けて，"*chateau*（城）"の意味をどの程度覚えただろうか？」と単純に自らに質問するかもしれない。あるいは，練習問題を解きながら，自身の検索をモニターするために，"*garçon*"の意味を検索し，最終的に「男の子」という答えを検索できると，「『男の子』が"*garçon*"の正しい答えだろうか？」と自らに質問するかもしれない。学習時にこれらの質問について実験参加者に答えさせるのがメタ記憶研究の主要な方法である。すなわち，人の記憶モニタリングを研究するために，研究者は実験参加者に彼らの記憶と検索を判断させるのである。

ハート（Hart, 1965）の独創的な研究以来，研究者は多くの記憶過程についてのモニタリングを調査するために主観的な判断を利用してきた。しかし，1980年代の後半まではこの種の研究の多くはそれぞれ個別的に行なわれていた。ある研究者は学習判断に焦点をあて，別の研究者は検索判断に焦点をあてるといった具合である。メタ

記憶研究は散逸的であったと言える。1990年にネルソンとナレンズ（Nelson & Narens, 1990）が，見かけ上は異なるこれらの研究領域を統合するために，メタ記憶に関する一つの枠組みを発表した。彼らの枠組みによって，個々の研究者はメタ記憶のある側面に関する自分の研究をより大きな研究領域に容易にあてはめることができるようになった。このような理由から，この枠組みはメタ認知の下位領域において，大きな影響力があり，かつ，歴史的な意義をもつ。

彼らの枠組みでは，種々のモニタリング判断とコントロールの測度が三つの学習段階（獲得，保持，検索）ごとにまとめられている。その測度を図3.1に示す（Nelson & Narens, 1990 より改変）。また，それに対応する用語の定義を表3.1に示す（Dunlosky, Serra, & Baker, 2007 より改変）。メタ記憶研究の標準的な手続き場面でこれらの判断を順次説明してみよう。この例では，図3.1に示された測度の多くを紹介するが，よほどの例外を除いて，通常の場合，どのような実験でもそれぞれ一つの測度だけが検討されている。最初に，この研究の方法にかかわる基本的な**記憶**の構成要素について考えてみよう。これには，獲得（学習）と検索（テスト）が含まれる。具体的には，研究の参加者が，"*chateau* – castle"や"*garçon* – boy"のような16個のフランス語－英語の同義語の単語対の学習を求められているとしよう。すべての単語対を学習したのち，手がかり語だけ（たとえば，"*chateau* – ?"）が呈示される再生テストが行なわれ，実験参加者は対応する反応語（すなわち，"castle"）を再生しなければならない。すべての再生試行が終了後，再生テストで正しく答えられなかったすべての単語対を再認するように教示される。

さて，メタ記憶の測度を検討してみよう。人がいかに記憶をモニターしているかを測定するために（図3.1の上部と表3.1の上部の行），それぞれの実験参加者は記憶の特定の側面に関して各単語対を実験者にわかる形で判断する。たとえば，"*chateau* – castle"を学習した後，実験参加者は次の再生テストで正しい反応語を再生できる見込みを判断する**学習判断**を行なうかもしれない。テストの際に，参加者は自分の再生した反応語が正しいかどうかの確信度を口にするかもしれない。これは，**回想的確信度判断**と呼ばれる。実験参加者が正しく反応語を再生できないときには，そのうちに思い出せそうかどうか，すなわち，その時点で正しい答えが**喉まで出かかっているのに出てこない**だけなのかどうかの判断を求められるかもしれない。さらに，実験参加者は，これらの再生できなかった単語対について，後で正しい答えを再認できる見込みを判断する**既知感判断**も行なうかもしれない。**ソース・モニタリング判断**では，実験参加者は最初にどこでその単語対を学習したか（たとえば，教科書で見たのか，あるいは，授業中に先生が話していたのか）の判断を要求されるかもしれない。これらの判断はそ

トーマス・O・ネルソン
(Thomas O. Nelson)
(1942 – 2005)
ルイス・ナーレンズ（Louis Nares）と共に以前は散逸していたメタ認知的研究の領域を関連させ，一つの研究領域として統一した。

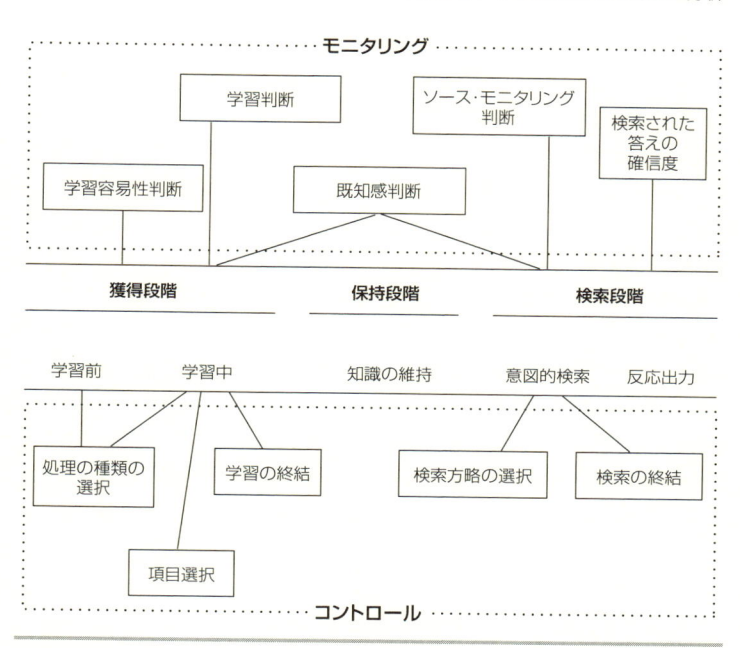

○ 図3.1 モニタリング判断とコントロール過程，そして，これらと学習の3つの段階との関係（出典：Nelson, & Narens, 1990 より改変）

○ 表3.1 メタ認知判断（モニタリング）とコントロール過程の名称と一般的な定義

名称	定義
〈メタ認知判断〉	
学習容易性判断	ある項目の学習がどの程度容易か，あるいは難しいかの判断
学習判断	● 今度のテストで最近学習した項目を思い出す確率の判断 ● 直後学習判断：学習直後に判断する ● 遅延学習判断：学習後しばらくしてから判断する
既知感判断	今度のテストで現在思い出せない答えを再認できる確率の判断
ソース・モニタリング判断	ある記憶の情報源（ソース）に関する基準テストでの判断
検索した答えの確信度	あるテストの答えが正しい確率の判断（回想的確信度判断とも呼ばれる）
〈コントロール過程〉	
処理の種類の選択	学習項目を記憶に関連させるときに利用する方略の選択
項目選択	今度のテストでその項目を学習するかどうかの決定
学習の終結	現在学習している項目の学習を終了するかどうかの決定
検索方略の選択	テストで答えを出すための特定の方略の選択
検索の終結	記憶の中で答えを探す検索の終了決定

（出典：Dunlosky, Serra, & Baker, 2007 より改変）

れぞれ，学習や検索の異なる段階で行なわれており，いずれも日常生活において人が行なっているさまざまな判断に密接に対応しているということに注意してほしい。

図3.1に示したように，これらの判断は，学習や検索のコントロールにどのように影響するかに関しても，互いに異なっている。より具体的に言うと，学習判断は現在進行中の学習の終結や学習の継続の決定に密接に結びついており，既知感判断は検索時の探索のコントロールに密接に結びついている。ここでの考え方は，モニタリングが学習と記憶のさまざまな側面をコントロールするために利用されているというものである。モニタリングとコントロールの過程の間の全般的な動的関係についてはすでに図1.1で紹介した。この図は，モニタリングとコントロールのもっと具体的な例を説明するのにも使うことができる。たとえば，図3.2は学習の終結について，仮説上の構成概念と測度との関係を示している。このモニタリングとコントロールの動的関係を理解するために，たとえば「メタ認知」の定義のような新しい概念を学習するという場面を想像してみよう。図3.2によれば，その定義の学習を続けるかどうかの判断は，すでにどの程度その定義を学習したかの学習判断によって情報が与えられる。たとえば，この定義を学習したと思えば，そこで学習を止めるであろう。もちろん，図3.2のモデルはさほど精密なものではない。なぜなら，このモデルは，学習判断が学習時間に関係していることを予想しているが，モニタリングの測度とコントロールの測度がどのように（あるいは，どの程度）関係しているのかを正確には特定しないからである。このあとのいくつかの章において，図3.1の下半分に示されているコントロール機能の多くについて，より詳細なモデルを説明する。

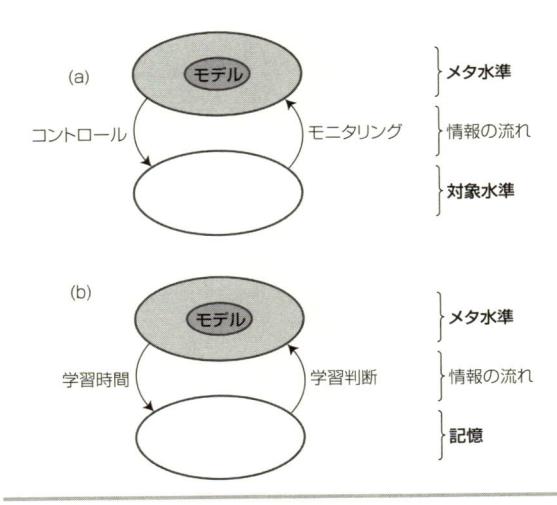

⬆図3.2 (a) モニタリングとコントロールの関係の一般モデル
(b) 学習時間の制御に関連する上記モデルの具体的な例
（出典：Dunlosky, Serra, & Baker, 2007 より改変）

○ 表3.2　成人の認知についての研究から導き出されたモニタリングと
　　　　　コントロールの核となる疑問

- 人々はどのように記憶をモニターするのか。
- 記憶モニタリングはどれくらい正確なのか。
- モニタリングの正確さは向上できるのか。
- モニタリングはコントロールにどのように利用されているのか。

(出典：Dunlosky, Serra, & Baker, 2007)

　図3.1で示された主要な判断とコントロールの機能をめぐって数多くの論文が報告されている。これらの論文は互いに独立して展開されたものが多いにもかかわらず，研究を駆りたてる疑問はあまり多いわけではなく，領域を超えて比較的一貫している。これらの疑問のいくつかを表3.2に挙げておいた。これらの疑問は，メタ認知の研究の動機となっているすべての疑問を網羅しているわけではないが，過去30年以上にわたって基礎的な理論研究が答えようとしてきた主要な疑問を代表している。最初の疑問「人は記憶をどのようにモニターするのか」を考えてみよう。記憶モニタリングの各領域で，研究者は適切なメタ認知的判断を研究することによってこの疑問を追求してきた。図3.1に示したように，もし研究者が，人が現在進行中の学習をどのようにモニターしているのかに興味があるのなら，どのように学習判断をしているのかの検討に焦点をあてるであろう。もし人がどのように検索をモニターしているのかに興味があるのなら，回想的確信度判断や既知感判断に注目するであろう。

　第1部の各章では，これらの疑問のそれぞれに対する心理科学者の最良の答えについて吟味していこう。各章では，これまでに十分な関心を集め，それぞれの疑問に対して比較的洗練された答えがもたらされてきた一つのメタ認知的判断に焦点をあてる。これらの章を読むときには，学習判断や既知感判断といった種々の判断全体で横断的に上記の疑問に対する答えを比べてみる努力をしてほしい。後からわかるように，各論文はメタ記憶の特定の側面に焦点をあてているが，表3.2に挙げられた核となる疑問に対する答えは，種々の判断の間で驚くほどよく似ている。特定の論文に夢中になる前に，まず記憶のモニタリングとコントロールを調べるために研究者が用いた方法を理解する必要がある。したがって，この章の残りの部分では，メタ記憶の実験から実験心理学者が一般にどのようにデータを集め，分析し，解釈してきたかをわかりやすく説明していく。

第2節　メタ記憶のデータの収集，分析，解釈

　先に述べたように，人のモニタリングとコントロールの過程を研究する際に，多くの場合は，単純に自分の記憶を判断させることによってモニタリングを測定し，記憶課題の時間配分を思いどおりにさせることによってコントロールを測定する。この分

野で使われる標準的な方法を用いてもう少し詳しく考えてみよう。第1部の残りの章を読み進めると明らかになるように、この方法は研究者によって独創的な改良がなされてきた結果、表3.2に挙げた核となる疑問に対していっそう洗練された答えを提供するようになってきた。したがって、この標準的な方法と分析を十分に理解すれば、後の章で議論されるより複雑ないくつかの方法はずっと容易に理解できるだろう。

あなたがメタ記憶実験の実験参加者になったとしよう。コンピュータの前に座り、12個のフランス語−英語の同じ意味をもつ単語対を学習するように言われたとする。ちょうど外国語の試験の準備をするような感じである。この実験の最初の試行では、フランス語−英語の単語対のそれぞれが、一定の速度で、たとえば8秒間隔で呈示される。それぞれの対（たとえば、*cerveau* − brain）が呈示されたすぐ後に、次のような学習判断が求められる。「今度のテストでフランス語の単語に対してその英語訳を再生できる見込みはどれくらいですか？」これに対し、0から100までの数値で答える。0は再生の可能性がまったくない、20は20％の可能性、そして、100は必ず正しく答えられることを意味する。この最初の試行で、あなたはフランス語−英語の各単語対を学習し、各単語対について学習判断も行なう。この試行は、図3.3では左端の列に示されている。

この最初の試行の後、あなたは再び各単語対を学習するように教示される。しかし、この自己ペースの試行では、あなたは各単語対を好きなだけ学習できる。各単語対が再度一つひとつ呈示されるが、この試行では、あなたは次の単語対に進もうと決めるまでそれぞれの単語対を学習し、コンピュータのリターン・キーを押して次に進めと指示する。コンピュータは、あなたが各単語対をどれだけの時間をかけて学習したかを記録し、これが学習時間の終結の測度となる。この自己ペース試行の結果（項目あたりの学習の秒数）が、表3.3の3列目に示されている。

次に、あらかじめ知らされていた通り、あなたは記憶テストを受ける。それぞれのフランス語だけが呈示され（例：*cerveau* − ?）、正しい英語訳を検索しなければならない。この再生試行の後、自分が答えを正しく再生できなかったフランス語について既知感判断が求められる。たとえば、"cerveau" に対して "brain" を検索しなかった場合、「その単語が他の選択肢と一緒に呈示されるとき、正しい反応語を再認できる見込みはどれくらいですか？」と尋ねられる。既知感判断の評定尺度は当て推量による正解を反映するように作成されていることが多い。たとえば、再認テストで、「"*cerveau*" に対する正しい答えは、"petal" か "brain" か？」というように、正しい答えがもう一つ別の選択肢と一緒に呈示されたとしよう。もし答えを知らなくても、当て推量で正解になる確率は50％である。この再認テストでは、既知感の尺度は50％（正しく再認できなくて当て推量で答えている）から100％（絶対正しい反応語を再認できたと確信している）までの範囲になる。最後に、再認テストでは、自分の答えが正しいかどうかの確信度を尋ねられるかもしれない。この回想的確信度判断は、先

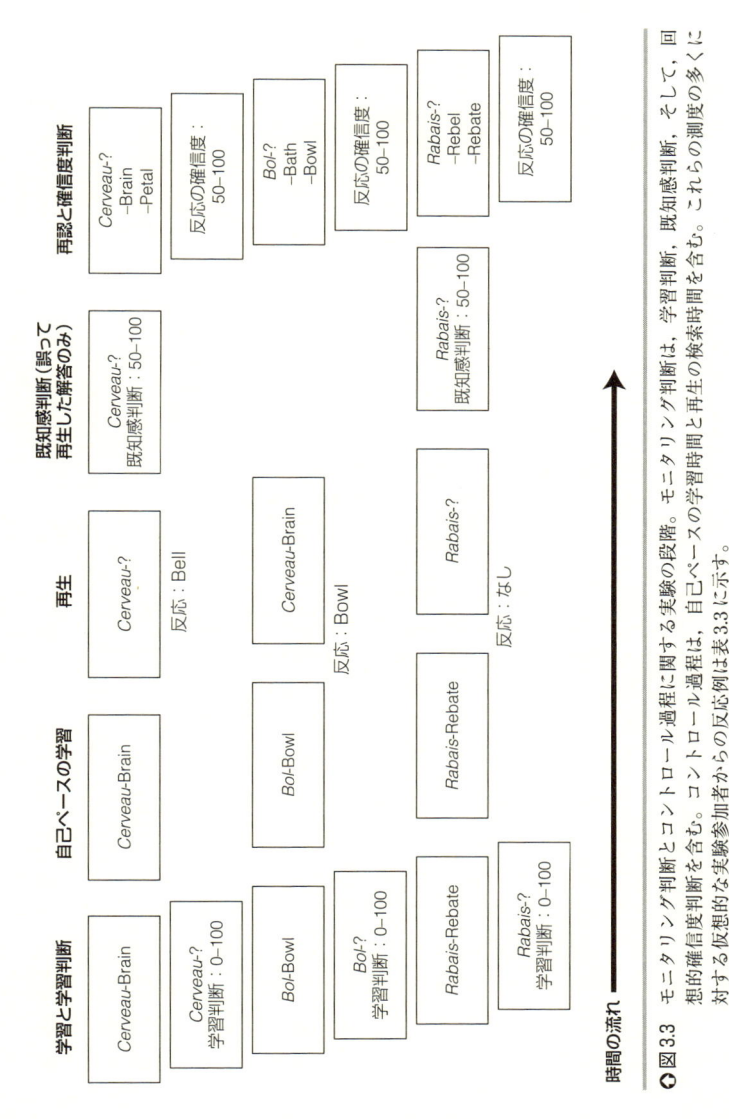

第3章 メタ認知研究の方法と分析

学習と学習判断	自己ペースの学習	再生	既知感判断(誤って再生した解答のみ)	再認と確信度判断
Cerveau-Brain	*Cerveau-Brain*	*Cerveau?* 反応：Bell	*Cerveau?* 既知感判断：50-100	*Cerveau?* -Brain -Petal
Cerveau? 学習判断：0-100				反応の確信度：50-100
Bol-Bowl	*Bol-Bowl*	*Cerveau-Brain* 反応：Bowl		*Bol?* -Bath -Bowl
Bol? 学習判断：0-100				反応の確信度：50-100
Rabais-Rebate	*Rabais-Rebate*	*Rabais?* 反応：なし	*Rabais?* 既知感判断：50-100	*Rabais?* -Rebel -Rebate
Rabais? 学習判断：0-100				反応の確信度：50-100

時間の流れ →

● 図3.3 モニタリング判断とコントロール過程に関する実験の段階。モニタリング判断は、学習判断、既知感判断、そして、回想的確信度判断を含む。コントロール過程は、自己ペースの学習時間と再生の検索時間を含む。これらの測度の多くに対する仮想的な実験参加者からの反応例は表3.3に示す。

ほどと同じように測定される。つまり、当て推量を意味する50％から絶対正解であると確信する100％までである。（回想的確信度は、それに先立つ記憶テストの成績について行なわれるいかなる判断にもあてはまることに注意しよう。図3.3でいえば、実験参加者が再生テストの自分の答えが正しい見込みを判断するように求められることもある。）実験でのこの段階は図3.3の右側の二つの列に示されている。この単純な手続きが、データの宝庫となり、表3.2に挙げられた疑問のほとんどに答えてくれる。

● 表3.3　ある実験参加者のデータと正確さの測定尺度

実験参加者のデータ

項目	学習判断	自己ペースの学習 (秒/項目数)	再生	既知感判断	再認	確信度
arcade – arcade	100	2.6	1	—	1	100
bol – bowl	40	3.2	1	—	1	100
caque – keg	60	2.8	1	—	1	80
parti – party	80	1.6	1	—	1	90
citron – lemon	20	5.4	1	—	1	80
glande – gland	80	2.8	0	80	0	90
cerveau – brain	60	4.2	0	60	1	80
chemin – path	0	5.8	0	50	0	60
rebais – rebate	40	6.0	0	70	0	60
singe – monkey	20	3.2	0	60	0	80
signe – sign	80	4.0	0	100	1	100
marc – mark	60	1.8	0	80	1	100
平均	53%	3.6	42%	71%	75%	85%

被験者のデータに対する正確さの測定尺度

判断の種類	基準テスト	相対的正確度	キャリブレーション
学習判断	再生	.24	11
既知感判断	再認	.27	-4
回想的確信度判断	再認	.69	10

注：再生，1＝正解，0＝不正解。相対的正確度＝該当する基準テストのモニタリング判断と成績の間のガンマ相関。キャリブレーション（バイアス）＝判断の平均値と基準テストの成績の平均値との符号のついた差の得点。判断の正確さの他の測定尺度については本文を参照のこと。

　さて，基本的な実験手続きについてわかってきたところで，標準的な分析方法と，これらの分析方法が核となる疑問にどのように関連しているかを説明しよう。個々の研究の実験参加者のデータを扱うことから分析が始まる。そこで，表3.3の上部にある参加者の仮想プロトコルを示した。このプロトコルでは，それぞれの単語対が，学習判断，自己ペースの学習時間，既知感判断などのいくつかの従属変数と組み合わされている。たとえば，"*cerveau* – brain" の対では，この参加者は次のテストで正しく再生できる確率は60％と主張し（学習判断），自己ペースの学習試行に4.2秒費やしており，再生テストでは結局 "brain" と正しく答えられなかった（再生の欄の数字0で示されている）。続いて，この項目についての既知感判断では60％と答え，再認テストでは最終的に "*cerveau*" に対する正しい単語を再認した。メタ認知的モニタリングとコントロールの過程について表3.2で挙げられている核となる疑問に答えるために，これらのデータがどのように利用されるのかについて次に説明していこう。

1．人はどのように記憶をモニターしているか

　この疑問に答えるためにデータを分析する方法の一つは，課題で操作された任意の独立変数について，判断の中心傾向の尺度を計算する方法である。たとえば，表3.3

に示された外国語の語彙を詳しく見てほしい。項目の6つが同じ語源のものである（「*bol – bowl*」のように，手がかり語と反応語が同じ綴りをもつ）が，残りの項目は語源が同じではない。この場合，学習判断の平均が同語源（平均値73）と，非同語源（平均値33）について計算できる。これらの平均値は，実験に参加したすべての人について計算される。それから，これらの数値が標準的な統計的分析の対象となる。たとえば，参加者全員の値の平均値の計算や，学習判断が同じ語源の対とそうでない対で有意な差があるかどうかを評価するための推測検定などの統計分析である。この場合，学習判断は同じ語源の対の方がそうでない対よりも高いようである（Metcalfe & Kornell, 2003）。これは，「人はどのように記憶をモニターしているか」という私たちの疑問に対する一つの答えとなる。すなわち，人は，ある情報が他の情報よりも覚えやすいということを示唆する手がかり（この場合は，単語どうしの物理的な類似性）を探して自身の記憶を判断しているのであろう（Koriat, 1997）。この例はあまり重要でないように思われるかもしれない。しかし，このあとのいくつかの章において，このような直接的な分析が人が種々のメタ認知的判断をどのように行なっているのかについて示唆を与えてくれた，数々の研究からの証拠を紹介する。

2．記憶のモニタリングはどれくらい正確か

　第2章で，初期の内観主義とは違って，人の内観的な判断は申しぶんなく有効で正確であるとはもはや仮定できないことを学んだ。その代わりに，研究者は，判断の歪みを体系的に図示したり，自分の記憶を判断する正確さを高めることができるように判断の偏りを修正する技術を開発したりすることによって判断の正確さを調べている。これらの目的のために，基本的な手続きを使って集められたデータを用いて，研究者たちは判断の正確さを推定し，正確さを向上する条件を検討することができる。

　最も一般的な水準では，判断の正確さを分析するのに，適切な基準となる課題における成績とその人の判断とが比較される。たとえば，学習判断（先の例では，再生成績の予想）が実際の再生成績と比較される。また，既知感判断（先の例では，再認成績の予想）が実際の再認成績と比較される。判断の正確さの分析をやや難しくする理由は，相対的正確度とキャリブレーションという2種類の正確さがあり，また，それぞれの正確さを計算する複数の方法があるからである。まず，2種類の正確さを比較し，それぞれに関するいくつかの測度について考えてみたい。

　相対的正確度は，レゾリューションとしても知られる。これは，ある項目が別の項目と比べて正解である確率がどれほどであるかを，個人のメタ認知的判断が予想する度合いのことである。相対的正確度は，「学習項目が再生できる可能性が低いと判断したときよりも高いと判断したときの方が，これらの項目が最終テストで正確に再生される確率が高くなるか？」という疑問に関連している。別の言い方をすれば，「各項目それぞれについての判断がテストで正解する見込みと正の相関関係にあるか？」

ということである。表3.3では，学習判断が0から100％に上昇するにつれて，正しい答えが再生される傾向が高かった。したがって，この実験参加者の学習判断は良好な相対的正確度を示している。

キャリブレーションは，**絶対的正確度**としても知られる。これは，判断の評定の水準が実際の成績の水準に一致している程度のことである。たとえば，項目全体の60％が再生できると予想して実際に60％の項目が再生できたというように，ある人の判断の水準が実際の成績の水準と一致していたら，その人は完璧なキャリブレーションができているということになる。私たちの仮想の実験参加者は，平均して項目全体の53％が再生できると予想したが（つまり，学習判断の平均値），実際には42％しか再生できなかった。この場合，実験参加者の学習判断の絶対値は11％の過剰確信であるということになる。

相対的正確度は，項目の覚えやすさの違いを**弁別**できるかどうかであるが，キャリブレーションはテスト成績の**実際の水準**を評価できるかどうかを意味する。したがって，相対的正確度を調べるには，何らかの単調増加の評定尺度上で判断が求められる。ここでは，尺度の値が増すことは，記憶の確信度が増加することを示す。たとえば，私たちの例では，学習判断は0から100％までの範囲だが，これは1（再生可能性が低い）から6（再生可能性が高い）までの尺度でもよいし，主観的な確率に応じて尺度値が増加するその他の単調増加尺度でもよい。他方，キャリブレーションを評価するには，実験参加者はテスト成績に使用される評価尺度（たとえば，再生率）と直接比較できる尺度（たとえば，予想した再生率）で判断しなければならない。もし実験参加者が1（低い）から6（高い）の評定尺度で判断しているのなら，キャリブレーションを計算したり，解釈したりするべきでない。なぜなら，どの再生率が2とか3の判断（あるいは，その他の値）に対応するのかがわからないからである。したがって，キャリブレーションを調べる実験を計画するときは，記憶成績を測定する方法に直接対応する評定尺度上で実験参加者が成績を予想することを，必ず確かめておかなければならない。

相対的正確度を計算する際の標準的な方法は，**個々の実験参加者の判断**と，項目全体のその人のテスト成績との相関を分析する。相関係数は－1.0から＋1.0までの値をとる。相関係数0は，ある項目の成績と他の項目の成績とを正確に弁別できないということである。相関係数が0から＋1.0に増加するにつれて，判断の正確さも向上する。私たちの仮想データでは，判断とテスト成績の相関を計算するのに，ノンパラメトリックのグッドマン＝クラスカル（Goodman-Kruskal）のガンマ係数を用いた。この理由の一つは，この分野ではこのガンマ相関が標準的だからである（ガンマ係数を使う詳細な根拠については Nelson, 1984を参照のこと）。実際，この本では相対的正確度に関する結果を示す際には，ほとんどの場合，ガンマ相関に基づいている。もちろん，たとえばピアソンのr相関や現在開発されているその他の測度のように，相

対的正確度は各実験参加者の判断と再生の間のその他の相関を計算して予想することもできる（ガンマを利用する限界についての高度な議論や相対的正確度のその他の尺度については，Benjamin & Diaz, 2008; Gonzalez & Nelson, 1996; Masson & Rotello, 2008 を参照のこと）。ここで明記すべき非常に重要な点は，相対的正確度を予想するためにどのような尺度を選んでも，**個々の実験参加者の判断とテスト成績を全部合わせて計算しなければならない**ということである。私たちの仮想データ（表3.3）では，この人の学習判断の相対的正確度は .24 で，回想的確信度判断の相対的正確度は .69 だった。実験で各参加者について相関係数が計算されると，これら個人の相関係数が標準的な統計的分析に用いられる。たとえば，実験参加者全体の平均の計算や，各グループの相関係数が有意に 0 以上（これは，偶然以上の確率を意味する）であるかどうかを評価するための推測検定などである。

キャリブレーションはさまざまな方法で推定できる。バイアスの測度である符号のついた**差の得点**は議論の余地はあるものの最も直観的な尺度であり，各実験参加者の判断の値とそれに対応するテスト成績の値の計算が必要である。次に，判断の値からテスト成績の値を引き算する。負の値（テスト成績よりも判断の値が低い）は過小確信を意味し，正の値（テスト成績よりも判断の値が高い）は過剰確信を意味する。私たちの仮想の実験参加者は，学習判断では過剰確信である（53％ − 42％ = 11％）が，既知感判断ではやや過小確信（71％ − 75％ = − 4％）ということになる。

分析のもう一つの標準的な方法はキャリブレーション曲線を描くことである。ここでは，テスト成績の平均水準を判断の大きさのさまざまな水準に応じて描く。表3.3 の仮想データから学習判断のキャリブレーション曲線を描いてみよう。まず，0％，20％，40％という具合に，学習判断の各水準について，正確に再生された項目の割合を計算してみよう。たとえば，この参加者は "chemin − path" という項目に対して 0％の学習判断をし，その後で再生もできなかった。したがって，学習判断の大きさ 0 に対する正答率は，実際 0 である。二つの項目に対して 20％の学習判断をし，そのうち一つは正しく再生しているので，学習判断 20 の大きさに対する正答率は 50％になる。すべての学習判断の評定値について再生の正答率を引き続き計算しよう。計算し終わったら，学習判断の評定値を X 軸にとり，再生率を Y 軸にとってグラフを描いてみよう。その図を，実際の仮想の実験参加者のキャリブレーション曲線（図 3.4 に示す）と比較してみよう。

キャリブレーション曲線がほとんどの場合 X 軸上に判断が示されているとすると（なぜなら Y 軸上に実際の成績を予想しているので），完璧なキャリブレーションや過剰確信，過小確信がグラフ上ではどのように示されるのかを理解することが重要である。どのようなキャリブレーション曲線でも，完璧なキャリブレーションは図 3.4 の対角線のように表示される（つまり，テスト成績の水準と判断の値が正確に一致している）。この対角線よりも上の値は，実際の成績よりも判断した値が低い状況を示

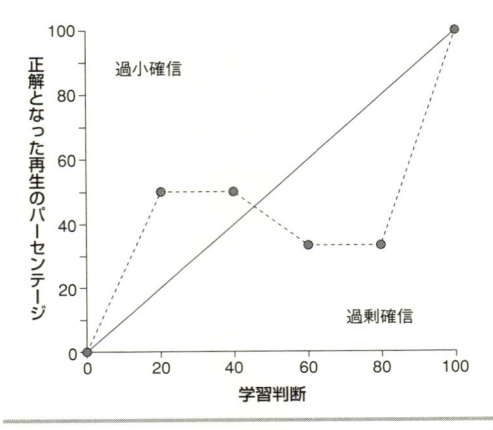

図3.4 表3.3のデータに基づくキャリブレーション曲線。実線斜線が完璧なキャリブレーションを表す。

すので、**過小確信**を表わしている。たとえば、あなたが20％という学習判断をした項目で、実際の成績が20％**以上**だったら、それはあなたが過小確信だったことを示している。逆に、対角線よりも下の値は**過剰確信**を意味している。たとえば、あなたが20％という学習判断をした項目で、実際の成績が20％**以下**だったら、それはあなたが過剰確信だったことを示している。このように、キャリブレーション曲線の解釈は少しわかりにくいかもしれない。なぜなら、過小確信は完璧なキャリブレーション曲線よりも上の値によって表わされ、過剰確信は完璧なキャリブレーション曲線よりも下の値によって表わされているからである。最後に、私たちの仮想の実験参加者について考えてみよう。彼はもちろん完璧なキャリブレーションを示していない。次に見るように、このキャリブレーション曲線は、この分野で報告された実際のキャリブレーション曲線の代表的なものである。

回想的確信度判断の典型的なキャリブレーション曲線が図3.5に示されている（Gigerenzer, Hoffrage, & Kleinbölting, 1991から引用）。一人だけの実験参加者の曲線を描いた図3.4と違って、今度のキャリブレーション曲線は多くの実験参加者のデータを平均した結果である。非常に重要なことは、差の得点よりも、キャリブレーション曲線によるほうがずっと多くの情報が得られるという点である。特に、差の得点は、どのように判断が偏っているのかの推測はすべての項目をまとめ合わせたものである。これに対して、キャリブレーション曲線を使うと、判断尺度の全範囲にわたって人々が過剰確信なのか、過小確信なのかを評価することができる。図3.5に示されているように、回想的確信度判断のキャリブレーション曲線は、人々は低い判断をする時は過少確信であるが高い判断をするときは過剰確信であることを示していることが多い。この現象は、**難易効果**と呼ばれている。

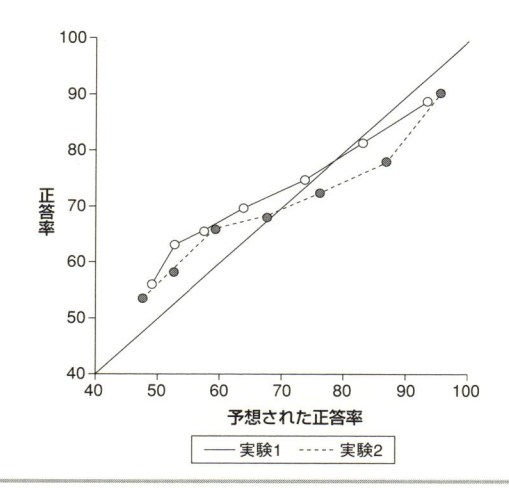

○図3.5　回想的確信度判断のキャリブレーション曲線
（出典：Gigerenzer, Hoffrage, & Kleinbölting, 1991）

キャリブレーション曲線が示される場合，研究者はキャリブレーション指標を報告してもよい（キャリブレーションのさまざまな指標の比較については，Keren, 1991; Lichtenstein & Fischhoff, 1977; Wallsten, 1996を参照のこと）。これらの指標は，判断の予測がどれほどうまく行なわれているかについて，単一の量的な推定値を与えてくれる。たとえば，あるキャリブレーション指標では，各判断水準に対する判断の値とそれに対応する水準のテスト成績との差が水準ごとに計算される。おのおのの差の絶対値を計算し，これらの値にセルごとの観測数によって重みづけを行なう。具体的には，以下の公式で示される。

$$1/N \sum_{t=1}^{T} n_t |r_t - c_t|$$

ここで，Nは全体の観測数，Tは判断する評定値の数，r_tは所与の判断評定値，n_tはある人がr_tの判断を行なった回数，c_tはr_tと判断されたすべての項目についての正答率である。私たちの仮想の実験参加者は，N = 12，T = 6（すなわち0, 20, 40, 60, 80, 100の6つの異なる評定値）である。したがって，t = 1に対しては，n_t = 1，r_t = 0，c_t = 0，となり，t = 2では，n_t = 2，r_t = 20，c_t = 50というようになる。この特定の実験参加者の学習判断のキャリブレーション指標は25.2である。この値はキャリブレーション曲線と完璧なキャリブレーション直線との平均の重みづけられた差を表わし，値が大きいほどキャリブレーションが悪いことを表わしている。

もちろん，相対的正確度であれ，キャリブレーションであれ，どちらの判断の正確

さに関しても、私たちはそれが集団の間で違うのかどうかを知りたいと思うことが多い。なぜなら、正確さの集団による違いは、二つの集団がどれくらいうまく記憶のモニターができるかに違いがあることを意味するからである。たとえば、次の章で議論するように、健康な実験参加者に比べ、前頭葉に損傷のある患者は相対的な既知感判断の正確さに問題がある（Janowsky, Shimamura, & Squire, 1989）。この興味深い結果は、これらの患者は記憶モニタリングに障害があることを示唆する。さらに、いっそう興味をそそられるのは、前頭葉は人にとって記憶を正確にモニターするのに極めて重要であることを示唆していることである。この結論は理に適っているが、推定された正確さにおける集団の差が、モニタリング能力の差そのものを示していると明確に解釈することができるかもしれない研究を行なうときには、いくつかの落とし穴がある。これらの落とし穴のいくつかについては、論点3.1で取り上げる。この論点は、判断の正確さが集団や個人の差であると解釈する前に、（研究計画を入念に調べることによって）よく考えるべきだということを警告している。

●論点3.1　一歩進んだ問題：判断の正確さの違いを判断する前にもう一度よく考えよう

　判断の正確さを研究する際、私たちはそれが個人によって違うのか（あるいは、個人が所属する集団によって違うのか）にしばしば興味をもつ。なぜなら、これらの差は個人間の（あるいは、集団間の）モニタリング能力の差を反映しているかもしれないからである。たとえば、コルサコフ病の患者は、そうでない人よりも相対的な既知感判断の正確さが低いことがわかるかもしれない。あるいは、論文のメタ分析を行なって、既知感判断を練習するにつれて判断のキャリブレーションは大きくなる傾向があることを見いだすかもしれない。重要な問題は、コルサコフ病患者は記憶モニタリングに問題があり、記憶判断の練習は記憶モニタリングを向上させると断定してもよいかである。

　うまく計画された実験が行なわれたときには、これらの質問への答えは「はい」である。そしてこの本では、そのような例をたくさん扱っている。しかし、ある場合には答えははっきり「いいえ」である。なぜなら、あまり目立たない方法論の問題が判断の正確さに見られる差の解釈を非常に難しくすることがあるからである。シュワルツとメトカルフェ（Schwartz & Metcalfe, 1994）は、これらの潜在的なさまざまな問題を説明したが、私たちは二つの問題について少し詳しく考察してみたい。

　第1に、キャリブレーションや相対的正確度における集団間の差を解釈するとき、それらの集団は記憶成績が同等であることが不可欠である。成績を同じにする理由は、記憶成績が判断の正確さの計算に関係するからである。だから、もし集団間の記憶成績が違っていたら、判断の正確さのいかなる差もモニタリングに由来するのではなく、記憶の差の違いに起因するかもしれない。記憶成績をそろえておかないと、キャリブレーションの集団間の差を解釈する際に非常に大きな問題となる。たとえば、成人期の加齢に関する初期の研究は、学習判断のキャリブレーションは20代よりも70代の人のほうが低いので、加齢がモニタリングの正確さを低下させることを示唆した。衰えた記憶力と自分の記憶が衰

えているという信念とは大いに異なり，高齢者の判断が実際にはかなり過剰確信のようにみえた。けれども，困ったことに，これらの研究では成人の若齢者よりも高齢者の記憶成績が一貫してかなり低かったのである。両年齢群を記憶の成績でそろえると，キャリブレーションに見られた加齢による機能低下は消えてしまった（Connor, Dunlosky, & Herzog, 1997）。これは，この分野で初期に報告された年齢差は，モニタリング能力の年齢による真の機能低下を反映していたわけではなかったことを示している。

　第2の問題も記憶成績に関することである。しかしこの場合は，記憶を測定するのに使われる基準となるテストの形式に関することである。ここで覚えておいてほしいのは，二つの集団の正確さの違いは，もし基準となるテストが集団間で違う場合には明確に解釈することはできないということである。この点をより深く理解するために，シードとダンロスキー（Thiede & Dunlosky, 1994）による研究を取り上げてみよう。彼らは，学生が再生テストと再認テストの成績をどれくらい正確に予測できるかに関心があった。学生は連合対（たとえば，「犬－スプーン」）で学習判断を行ない，それから再生テスト（たとえば，「『犬－？』について，正しい反応語を再生しなさい」）か，再認テスト（たとえば，「どちらのペアが正しいですか？　『犬－カーペット』ですか？　または，『犬－スプーン』ですか？」）が課された。再認を予想するよりも再生を予想するほうが，学習判断の正確さは高かった。しかし，これは項目が再認できるかどうかを判断するよりも，再生できるかどうかを判断するときのほうが，モニタリングが良いことを示しているのだろうか。もちろん，その可能性はあるが，再認テストで当て推量をすると正確さが低下するという別の解釈もある。例を挙げてみると，ある学生が，自分は「犬－スプーン」を正確には思い出せないとした判断が実際に正確だったとしよう。再生テスト（「犬－？」）では予想どおり，その学生は「スプーン」を答えられない。しかし，再認テストでは正しい単語対を思い出せなくても，当て推量による偶然の正答率は50％である。当て推量による偶然の正答が無意識のうちに正確さを低下させるという可能性に一致する結果が示されている。シードとダンロスキー（Thiede & Dunlosky, 1994）が，基準となるテストから当て推量による偶然の正答のデータを除外すると，再生の成績と再認の成績の予想について判断の正確さの差はなくなった。

　同じように印象的なのは，既知感判断の評論において，シュワルツとメトカルフェ（Schwartz & Metcalfe, 1994）は，相対的な既知感判断の正確さに再認テストの選択肢の数がどのように影響するのかを調べた。上記の例では，選択肢が二つあったので，当て推量による偶然の正答率は50％である。選択肢が増えると，当て推量による偶然の正答率は低下し，判断の正確さは選択肢の数とともに上昇する。彼らの結果が多数の研究にわたってまとめられ，図3.6に示されている。図では既知感判断の相対的正確度（ガンマ相関）が基準となる再認テストの選択肢の数に応じて表わされている。図3.6の各点は異なる研究の結果を示している。ここで示されているように，テストの選択肢の数が増えるにつれて相対的正確度が上昇する。さらに，基準となるテストが再生のとき（図3.6の一番右側），正確さは最も高い。これはおそらく，再生テストでは当て推量による偶然の正答が起こりにくいからだろう。図3.6から導かれる結論は，各研究でみられた相対的正確度の違いのすべてがモニタリング能力の実際の差を示しているわけではないということである。そうではなくて，これらの違いは基準となるテストで当て推量による偶然の正答の影

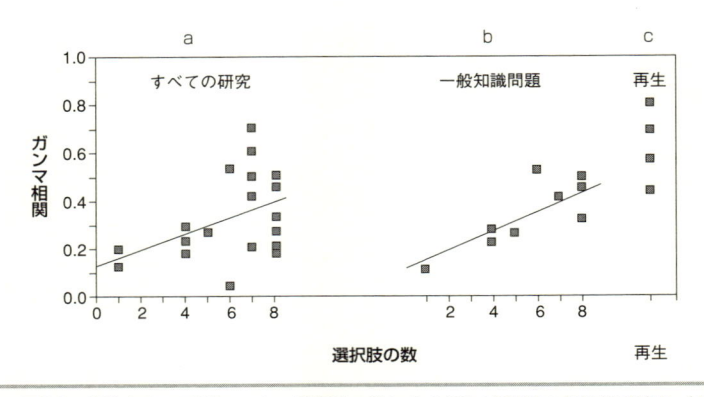

○ **図3.6** 基準となる再認テストの選択肢の数による既知感判断の相対的正確さ（ガンマ相関によって予想されたもの）。(a) このメタ分析にすべての研究を含んだ場合，(b) 質問項目として一般知識問題を用いた研究の場合，(c) 基準テストが再生である研究の場合。(出典：Schwartz & Metcalfe, 1994)

響を受ける相対的正確度の測定方法に原因があると考えることができる。

　この「一歩進んだ問題」の論点で取り上げられた点は，肝に銘じておく必要がある。すなわち，判断の正確さに関するいかなる測度の意味を考えているときにも，次のことを思い出してほしい。集団間の違いを見つけても，集団間の記憶モニタリングが違うと結論づける前に集団の記憶成績が違わないことを確認すべきであるということである。さらに，ある集団の記憶モニタリングが非常に悪いと主張する前によく考えてみてほしい。もしかすると彼らのモニタリングは非常に良いのだが，たとえば，頻繁に当て推量を行なうと偶然の正答を許すような記憶の基準となるテストそのものが彼らのモニタリングを見かけ上悪くしているかもしれないのである。

　2種類の正確度は，図3.1に示したほとんどすべてのメタ認知判断の正確さを調べるために使われてきたが，ある一つの判断に関する研究は1種類の正確度だけをもっぱら重視することが多い。たとえば，学習判断や既知感判断に関する多くの研究は相対的正確度に注目してきた。他方，回想的確信度判断についてはキャリブレーションが検討されることがほとんどである。人が自分自身の記憶をどれくらいうまくモニターし，評価しているかについてこれら二つの測度がまったく違うことを示すので，章を読み進める際には，どちらの測度が議論されているかに特に注意を払ってほしい。

　表3.2の三つめの核となる疑問である「モニタリングの正確さは向上できるのか」に関して，研究者たちは，人のモニタリング判断の相対的正確度やキャリブレーションを向上させようとさまざまな実験操作や技術を利用してきた。第1部の各章で，人が学習や検索をより正確にモニターできるように手助けすることに最も着実に成功している実験操作について簡単に触れたい。

3．モニタリングはコントロールにどのように利用されるか

　モニタリングが記憶過程のコントロールにどのように利用されるのかを調べるために，研究者は所与のメタ認知的判断とそれに対応するコントロールの測度との関係をたびたび取り上げてきた。たとえば，図3.1に示されているように，学習時の学習判断はある項目を再び学習するかどうかを人がどのように決定しているのかに関連するし，再生テスト後の既知感判断は探している答えを検索する努力をどれくらい長く続けるのかに関連する。自己ペースの学習をコントロールするのに学習判断が果たしているだろう役割に注目してみよう。一つの典型的な分析方法は，実験参加者の判断と後続の自己ペースの学習との相関を見るやり方である。私たちの仮想データ（表3.3）では，この相関係数は負の値（−.57）であった。これは，この人が判断を利用して，学習できていると判断した項目よりもあまり学習できていないと判断した項目に対して長い学習時間を割り当てて学習をコントロールしたことを意味している。この結果は，ある人の（メタ認知的判断によって測定されるような）モニタリングが，どのように記憶をコントロールするかに影響していることを示唆している。このような相関分析は直接的ではあるが，章を読み進めるにつれて気がつくように，そうした分析がメタ認知的なコントロール過程の複雑な性質をうまく説明してきたのである。

第3節　基本的なメタ認知判断についての今後の章の概観

　このあとに続く4つの章では，学習と検索について最もよく研究されているいくつかの判断に関する数多くの論文を概観する。概観される判断は，既知感判断，学習判断，回想的確信度判断，そして，ソース・モニタリング判断である。各判断について，表3.2に挙げた疑問に対する最新の答えのいくつかを取り上げる。その一方で，私たちの理解の溝にも言及する。ある場合には，これらの溝は，たとえば「人は自分の学習時間をコントロールするためにどのように学習判断を利用しているのか」といった特定の疑問に対してどのように答えるかについての激しい議論や意見の相違があることを意味している。しかし，他の場合には，これらの溝は，特定の疑問についての実証的な研究が相対的に欠落していることを表わしている。このように，私たちの目的は，成人が自分の記憶をどのようにモニターし，コントロールしているのかについて現在わかっていることを明らかにするとともに，私たちの現在の知識の限界も示し，将来の研究における詳細な調査の必要性も明らかにすることである。

【討論問題】

1．多くの心理科学者，そして一般に多くの人も，認知能力の発達に何が影響しているのか

に関心がある。たとえば，6歳児よりも12歳児の方がなぜ記憶課題の成績がよいのだろうか。一つの仮説は，発達に伴いわれわれのメタ認知的モニタリングとコントロールの過程が向上し，さらに，学習能力も発達するというものである。個人が，連合対のリストを覚えようとしている際に行なっている学習のモニタリングについて，この仮説を評価するための調査をあなたはどのように計画するだろうか。どのような測定尺度を使うだろうか。そして，どのような結果が，子どもの発達につれて学習のモニタリングが向上することを示す証拠となるだろうか。どのような結果が，子どもの発達につれて学習のコントロールが向上することを示す証拠となるだろうか（ヒント：これらの質問に対する発達研究からのいくつかの解答は，第10章を参照のこと）。

【概念の復習】

以下の質問と練習問題に対して，できるだけ詳しく解答を書き出してみよう。その後，この章の関連あるところを読み直してチェックしてみよう。

1．方法論のどのような側面が，さまざまなメタ認知的判断（たとえば，学習判断と既知感判断と学習容易性判断）を区別するのか。
2．なぜさまざまなメタ認知的判断がコントロールの異なる側面と密接に関連しているのか。すなわち，なぜ学習判断は自己ペースの学習と関連する一方で，既知感判断は検索と関連しているのか。
3．人々の判断の相対的正確度とキャリブレーションの違いを比較・対照しなさい。
4．学習判断を6点尺度（例：1＝再生できない〜6＝絶対に再生できる）で判断させる場合，相対的正確度の度合いを解釈できるだろうか。キャリブレーションの度合いを解釈できるだろうか。
5．1つの図の中に三つのキャリブレーション曲線を描きなさい。1本目は完全に正確なキャリブレーション，2本目は過小確信，3本目は過剰確信を示しなさい。

第4章 既知感とTOT状態

　さまざまなメタ認知的判断の中でも厳密な実験的検討が最初になされたのは，**既知感判断**である。ジョセフ・ハートはスタンフォード大学に通う一人の大学院生であったが，1965年に既知感判断に関する新しい研究方法を考案し，「**再生－判断－再認法**」（略してRJR法）と名づけた。このパラダイムでは，実験参加者一人ひとりに「月面に最初に降り立った人の名前は何ですか？」といった一般知識問題がいくつか与えられた。実験参加者が正しく答えた問題には，それ以上検討が加えられることはなかった。しかし，実験参加者が誤った答えを返したり，何も答えられなかったりした問題については，既知感判断を行なうよう求められた。既知感判断とは，多肢選択式の質問形式において正しい答えを選べるかどうかを予測することである。実験参加者は，正しく答えることのできなかった問題のすべてについて既知感判断を行なった。そのあと，多肢選択式の再認テストが行なわれ，既知感判断の正確さが推定された。要するに，実験参加者は，①まず最初に答えの**再生**を試み，②そのあと，誤って再生された答えに対して，その正答を再認できるかどうかを**判断**し，③最後に，正しい答えの**再認**を試みた。したがって，「再生－判断－再認法」（RJR法）と呼ばれるのである。その結果，当時としては，興味深く驚くような実験結果が得られた。すなわち，実験参加者が多くの問題に対して答えが出てこないと言った場合であっても，その答えを後で再認できるかどうかについては実験参加者自身が正確に予測することができたのである。具体的には，実験参加者が正しい答えを再認できないと予測した場合に比べて，再認できると予測した場合の方が再認成績が高かった。

　驚くべきことに，人は，たとえ答えを再生できないときでも，その答えが記憶の中にあるかどうかを正確に判断することができる。では，私たちはどうしてこのようなことができるのだろうか。こうした疑問は一つの難問として提起され，人間のメタ認知に関する数多くの研究を生み出した。ここでのメタ認知とは，自らが何を知っていて何を知らないかを知る能力であり，極めて重要な内省的な過程に関するものである。

本章では，人がどのように既知感判断を行なっているかについて，いくつかの最新の理論を検討する。それらの理論はそれぞれに，なぜ人間の既知感が相対的正確度においてチャンスレベル（偶然確率）以上に正確であるのかを明らかにしている（「相対的正確度」の意味を思い出すには第3章を参照のこと）。私たちはまた，これに関連した一つの現象として，日常生活の中でほとんど毎日のように経験してイライラさせられる「喉まで出かかっているのに出てこない状態（**TOT状態**）」についても検討する。そして，既知感が生起する脳内システムを取り上げた後，本章の最後に，記憶方略の選択と記憶検索のコントロールにとって既知感がどのような役割を果たしているのかについて考えていきたい。

第1節｜既知感判断に関する理論

次の二つの節では，心理学者が既知感の謎（人は，ある一つの記憶を再生できないときに，その記憶が利用できるかどうかをどのようにして知ることができるのか）を解き明かそうとして，これまでに取り組んできた研究の成果について検討する。まず最初に，ジョセフ・ハートによって初めて提唱された「ターゲット強度による説明」を紹介し，次に，最近の「ヒューリスティックに基づく説明」について述べる。

1．ターゲット強度による説明

ハート（Hart, 1965）によれば，既知感判断は，一つのターゲットが記憶の中でどれくらい強く活性化されているかに直接関係している。たとえば，もしも「エレキギターを最初に商業目的で生産して成功を収めた人物はだれですか？」という問題に対して答え（ターゲット）を再生できないとしたら，答えを求められた時点でターゲット（この場合，「フェンダー」）に関する神経表象がどれくらい強く活性化されたかによって既知感は直接決まる。このような説明によれば，ターゲットの強度が再生の閾には及ばないが既知感の閾を超えているというときに，人はターゲットの答えを「知っている」と判断するだろう。もしも記憶の中のターゲットの答えの強度が既知感の閾にも達していないのなら，人はそのターゲットを「再認できない」と判断するだろう。したがって，既知感判断は記憶の中のターゲットの実際の強度に直接関係しているので，既知感判断は高い水準の相対的正確度を示すはずである。

このターゲット強度による説明は，確かに歴史的には重要であるが，その後の研究において多くの支持を集めているとは言えない。コナーら（Connor, Balota, & Neely, 1992）は，次のような方法を用いて，これに関する実験結果を示している（Jameson, Narens, Goldfarb, & Nelson, 1990も参照のこと）。まず最初に，コナーら（Connor et al., 1992）は，ヤニブとメイヤー（Yaniv & Meyer, 1987）による興味深い実験結果を再現した。実験参加者は，たとえば，「上半身が人で，下半身が馬である神話上の生

き物は何ですか？」のように，単語の定義に対してそのターゲットを答えるように求められた。この場合，ターゲットは「ケンタウロス（centaur）」である。そのあと，実験参加者は再生できなかったターゲットのそれぞれに対して既知感判断を行なった。この記憶検索判断の後，実験参加者は語彙決定課題が与えられた。語彙決定課題では，定義問題の正解（「ケンタウロス」）と非単語（「ガンティーン（gantean）」）が混ぜ合わされ，実験参加者はこれらの文字列が呈示されると，できるだけすばやくそれぞれが単語であるか非単語であるかを判断することが求められた。コナーら（Connor et al., 1992）は，ヤニブとメイヤー（Yaniv & Meyer, 1987）と同様の結果を見いだした。つまり，ターゲットが再生されなかった場合に，高い既知感判断の示されたターゲットよりも，低い既知感判断の示されたターゲットの方が，語彙決定の誤りが多かった。一見したところ，この実験結果は，ターゲット強度（直接アクセス）による説明を支持しているように思われる。すなわち，定義に関する問題（「上半身が人で，下半身が馬である神話上の生き物は何ですか？」）が呈示されることによって記憶の中でいくつかのターゲットが活性化される（その他のターゲットは活性化されない）。それにより，活性化されたターゲットの記憶強度が増強される。この増強された活性化がターゲットに関する高い既知感をもたらし，ターゲットの語彙決定の正確さを押し上げることにつながったと考えられる（Yaniv & Meyer, 1987）。

　しかしながら，コナーら（1992）は，追試実験を通じてこのような解釈が適切でないことを明らかにした。実験参加者は最初に語彙決定課題を行なった後，1週間後に再び実験室を訪れて問題に答え，既知感判断を行なった。この場合，語彙決定課題は問題が呈示される前に行なわれるために，語彙決定に対してプライミングの効果が生じることはないと考えられるので，語彙決定は既知感に関連しないはずである。しかし，驚くべきことに，コナーらは，再生されなかったターゲットについて，高い既知感の示された場合よりも低い既知感の示された場合の方が語彙決定の誤りが多いことを再び見いだした。ターゲット強度による説明ではこのデータを解釈できない。なぜなら，定義に関する問題は，語彙決定課題よりも後に呈示されており，高い既知断の示されたターゲットの活性化を促進することはあり得ないからである。コナーら（1992）は次のように説明している。「既知感の推定は，ある一つの話題について，その時点で実験参加者がもっている専門知識の水準に関する自己評価を表わしている。そのため，語彙決定課題での高成績は単に，一つの項目が実験参加者の熟知しているカテゴリーに含まれていることをいかにすばやく再認するかを反映しているにすぎない」(p. 553)。すなわち，既知感判断は，特定のターゲットの強度に直接関係しているのではなく，ある特定の話題の領域に関する専門知識（あるいは熟知性）に基づいているのである。こうした領域熟知性仮説は，現在では既知感判断に関するヒューリスティックに基づく説明として主流になってきている。次にこれについて詳しく見てみよう。

2．ヒューリスティックに基づく説明

　ヒューリスティックに基づく説明では，ターゲット強度（直接アクセス）による説明とは異なり，個人の既知感が基礎的なターゲットの活性化に直接関係するとは考えない。そうではなく，「知っている」という感じが生じるのはなんらかの関連要因（たとえば，問題の手がかりに関する熟知性）に基づいてターゲットの存在について**推論**が行なわれているからであると考える。そのような既知感判断は，「**ヒューリスティックに基づいている**」と言われる。なぜなら，手がかりの熟知性を利用することによって，自分が正しい答えを再認できるかどうかについての一つの便利で使いやすいルール（すなわち，ヒューリスティック）を手にすることができるからである。次に，そのようなヒューリスティックを教えてくれる二つの手がかり（すなわち，手がかりの熟知性とターゲットのアクセス可能性）を取り上げ，それらが正確な既知感判断をどのように支えているかについて見てみよう。

(1) 手がかり熟知性

　多くの研究から，人は既知感判断を行なう際に，検索手がかりの熟知性をすばやく評価し，それに基づいて判断していることが示唆されている。次のような二つの状況を考えてみよう。一つは，ある問題に対して答えを即座に検索できないという状況である。もう一つは，ある知り合いの名前を検索できないという状況である。たとえば，前者では，「『肩をすくめるアトラス（*Atlas Shrugged*）』という本の作者はだれですか？」という問題が与えられたときに答えられないという状況が考えられる。後者の例は，町で知りあいを見かけたときに，その人の名前が出てこないというような状況である。しかしながら，これらの状況ではいずれも，作者名や知り合いの名前を再認できると確実に思うかもしれない。前者の例では，**手がかり**はこの問題そのもの（「『肩をすくめるアトラス』という本の作者はだれですか？」）である。後者の例では，**手がかり**は知り合いの顔である。手がかり熟知性仮説によれば，手がかりそれ自体を熟知していれば既知感が生じる。すなわち，高い既知感は，目当てのターゲットが検索できるかどうかに基づくのではなく，むしろ，①手がかりの領域の熟知性（たとえば，多くの文学作品を読んでいて作者名をたくさん知っている），②手がかりの知覚的，あるいは概念的熟知性（たとえば，最近になって「肩をすくめる」や「アトラス」といった単語をよく見かける，町でその知り合いに何度も出会うのにその度に名前が思い出せない，など），この二つのいずれかに基づいていると考えられる。

　このような手がかりの熟知性は，後で何を再認できるかに役立つ場合が多いので，このヒューリスティックが正確な既知感をもたらすのだろう。真に手がかりの熟知性という点で言えば，もしもある人が手がかりの単語（あるいは人物の顔）を熟知していると思うなら，その人はその単語（あるいは人物）に関するなんらかの過去の経験をもっている可能性が高い。もちろん，一つの問題の中の単語は答えとともに思い浮

かぶことが多く（「肩をすくめるアトラス」という単語を見るときに，同時に「アイン・ランド（Ayn Rand）」という作者名を見ることが多い），人物の顔も名前とともに現われていることが多い（過去にその人に会ったときに，おそらく何度もその名前を耳にしているはずである）。ここでの考え方は，目当てのターゲットを再生できないときでも私たちがその手がかりを熟知しているという事実から，実際のターゲットは記憶の表面のすぐ下に潜んでいて検索を待っていることが示唆されるというものである。こうした場合，手がかり熟知性が高いときは，高い既知感判断につながり，ターゲットを正しく再認できる確率が高くなる。逆に，手がかり熟知性が低いと，既知感判断も低くなり，正しく再認されにくくなる。

　次に，領域の熟知性について考えてみよう。たとえば，トルコの首都の名前をすぐに検索できないという場合，頻繁に海外旅行をしている人は，そうでない人に比べて，既知感に関して高い評定値を与えるにちがいない。頻繁に海外旅行に行く人は，そうでない人に比べて，いくつかの選択肢（たとえば，ブルサ，リヤド，イスタンブール，アンカラ，アシガバード，ジェッダ，メッカ，タブリーズ，マナマ，マスカット）の中から正しい答えを容易に見つけることができるだろう。しかし，頻繁に海外旅行に行く人が必ずしも美術愛好家であるとは限らないため，「『二人のタヒチの女（Two Tahichian Women）』という絵を描いた画家はだれですか？」という問題の答えを検索できないときに，手がかり熟知性のヒューリスティックによって既知感は低くなるはずである（そして，実際にいくつかの選択肢が与えられてもターゲットを正しく選択できないであろう）。つまり，もしも問題の領域について熟知しているならば，誤った答えを容易に消去することができ，自らがそうできることを知っているはずだということである。逆に，もしもその領域について熟知していないならば，そうしたことはさほどうまくいかないだろう。すなわち，人はわずかなメタ認知的知性によって，自分が熟知していない領域については不得意であり，熟知している領域についてはうまく対処できることを知っている。このように，既知感判断を行なうための一つのヒューリスティックとして，手がかりの熟知性を用いるか，あるいはその手がかりが含まれる領域の熟知性を用いることが，しばしば正確な既知感判断を支えているのであろう。

　この手がかり熟知性仮説は，多くの実験的証拠によって支持されている。たとえば，問題に対する答えを最初に検索しようと試みるときに，さまざまな種類の誤り（エラー）が生じる。その中には，オミッション・エラー（何も再生されない）もあれば，コミッション・エラー（誤った答えを再生する；たとえば，「アイン・ランド」と答えるべきところを，誤って「マーガレット・アトウッド（Margaret Atwood）」と答える）もある。RJR法では，通常の場合，実験参加者はこのような2種類のエラーを犯すと，その後で既知感判断を行なうよう求められる。そして，実験者は，実験参加者が既知感判断を行なう前に，実験参加者に対して実際に答えがエラーであったこと

を教える。そこで，既知感判断がこういったエラーの種類とどのように関連しているのかを調べたところ，実験参加者は自らの既知感判断を手がかりの熟知性に基づいて行なっていることが示唆された。具体的に，クリンスキーとネルソン（Krinsky & Nelson, 1985）の実験では，コミッション・エラーに対する既知感判断の評定値は，オミッション・エラーに対する既知感判断の評定値よりも高かった。コミッション・エラーは，オミッション・エラーに比べて，より熟知している領域で生じる傾向にある（Butterfield & Mangels, 2003; Koriat, 1993）。したがって，個人がコミッション・エラーを生み出す場合であっても，その領域自体の熟知性の高さが，正しい答えを再認する確率の高いことを示唆しているのかもしれない。もちろん，この証拠は間接的なものでしかない。その他の関連した証拠も領域熟知性が影響を及ぼすことを示唆しているが（Connor et al., 1992; Costermans, Lories, & Ansay, 1992; Marquié & Huet, 2000），現時点では，直接の実験的証拠（領域熟知性を一つの独立変数として操作された実験において）が得られていない。その理由は，一つには，領域の熟知性が「疑似実験変数」であるからである。したがって，領域熟知性が既知感判断に及ぼす影響を詳細に検討するには，さらなる実験的研究が必要である。

　リン・リーダー（Lynne Reder）は，手がかり熟知性仮説をより強力に支持する実験的証拠を報告している（Reder, 1987, 1988）。彼女は，既知感判断の過程におけるこの手がかりの重要性を示したという点で，学界の指導者的な役割を果たした。彼女の主張によれば，もしも既知感判断が意図的に検索された情報に基づくのなら，既知感判断を行なう際に必要な時間は情報の検索に必要な時間と少なくとも同じくらいの長さである（または，検索に要する時間よりも長い）と予想される。リーダーとその共同研究者らは，この予想に反して，既知感判断の反応時間は検索の潜時よりも短いことを見いだした。リーダーはまた，手がかり熟知性仮説に最も関連の深い実験の中で，次のようなやり方で手がかりの熟知性を実験的に操作した。まず最初に，実験参加者は単語の長いリスト（そのうちのいくつかのリストでは単語が対にして呈示される）を読むように言われ，現実生活においてそれらの単語対を見たり聞いたりするような場面を考えて，実際にどれくらいの頻度でそれらの単語対が一緒に見かけられるかを評定することが求められた。これらの**プライミング**を受けた単語は，その後の再生－判断段階での一般知識問題の半数で使用された。たとえば，「ぶどう」と「ワイン」という単語が同時に呈示され，評定が求められた後に，「フランスのタヴェル地方で生産されるワインは主に何という種類のぶどうから作られますか？」といった一般知識問題に出てくるようになっていた。これらの単語にプライミングを与えることによって，おそらく手がかり（この場合，問題）の熟知性が高まり，実験参加者の既知感判断が高まるであろう。リーダー（Reder, 1987）は，この予想の通り，プライミングを受けた単語対を含む問題についての既知感判断がそうでない問題についての既知感判断に比べて高くなることを見いだした（Schwartz & Metcalfe, 1992 も参照の

こと)。

　メトカルフェら(Metcalfe, Schwartz, & Joaquim, 1993)もまた，いくつかの試行において同一の手がかりを繰り返し呈示するか(ターゲットの検索を促進しない)か，あるいはターゲットを繰り返し呈示する実験手続きを用いている。より詳しく説明すると，実験参加者は連合対の二つのリストを学習した(たとえば，「ピクルス－幸運」という単語対が与えられると，最初の「ピクルス」が手がかりで，後の「幸運」がターゲットになる)。表4.1に示すように，連合対の最初の第1リストは実験群によって異なっていたが，第2リストの方は全実験参加者で同一のものであった。この表の左端の列は，二つのリストの全体の関係を表わしている。「AB→AB」という実験群では，両方のリストで同一の単語対が呈示されることを示している。一方，「AD→AB」という実験群では，二つのリストで手がかりは同じAであるが，ターゲットは二つのリストで異なることを表わしている。ここで最も重要な点は，この二つの実験群においていずれも手がかりは同一の単語が繰り返し呈示されるのに対して，「CD→AB」という第3の実験群では二つのリストで異なる手がかりが呈示されるということである。したがって，既知感判断に際して手がかり(つまり，「幸運－？」)が呈示されたときに，手がかり熟知性は，手がかりが繰り返し呈示される条件の方がそうでない条件よりも高いはずである。この場合，手がかり熟知性仮説から予想されることは，既知感判断の大きさについては「AB→AB」群と「AD→AB」群が「CD→AB」群よりも高くなるだろうということである。実験を行なったところ，まさしくこの予想どおりの結果が得られた(表4.1の右端の列を参照のこと)。

　以上のように，多くの実験結果から，人は既知感判断を行なう際に手がかりの熟知性を利用していることが示されている。このヒューリスティックに基づく説明は，なぜ既知感判断が偶然確率以上の相対的正確度を示すのかという私たちの主要な問いに

◯ 表 4.1　第1リストで呈示された単語対に関する再生率と既知感判断

実験群	第1リスト	第2リスト	再生率(%)	既知感判断の大きさ
AB→AB	ピクルス－幸運 机－絵 バター－精神	ピクルス－幸運 机－絵 バター－精神	39	48
AD→AB	ピクルス－カーペット 机－かえで バター－サンダル	ピクルス－幸運 机－絵 バター－精神	17	49
CD→AB	シングル－カーペット 芳香－かえで 大理石－サンダル	ピクルス－幸運 机－絵 バター－精神	19	38

(出典：Metcalfe, Schwartz, & Joaquim, 1993より改変)
注：既知感判断の大きさとは，ある一つの群での単語対ごとの既知感判断の平均値のこと。既知感判断は，「1＝正しい反応語がまったく思い浮かばない」から「100＝正しい答えをたしかに再認できる」までの100点の尺度で行われた。再認成績の平均のパターンは，再生成績のパターンと同じであった。

対して一つの答えを提供してくれる。すなわち、私たちが手がかりを熟知している（したがって、高い既知感判断を示す）ときには、多くの場合、過去においてその手がかりとターゲットに同時に出会ったことがある。そのため、手がかりを熟知していれば、おそらく同じようにターゲットに関するなんらかの記憶が残っていて、後の再認テストではそのターゲットを正しく答えることができるのであろう。一方、私たちが手がかりを熟知していない（したがって、低い既知感判断を示す）ときには、過去において手がかりにもターゲットにもほとんど出会ったことがないために、ターゲットを正しく再認できないのであろう。しかしながら、ここで注意しなければならないのは、通常の場合、相対的正確度は偶然確率以上（既知感判断と再認成績との相関が0以上）になるとしても、決して完全には一致せず、一般に相関係数は.50以下にとどまるということである。このような相対的正確度に関して、中程度以下の相関係数が示されることもまた、一つのヒューリスティックが適用されていることと一貫している。なぜなら、メトカルフェら（Metcalfe et al., 1993）が説明するように、「私たちの予測能力は思ったよりも低いことが多い。このことは、ターゲットそのものに対して直接的な評価を行なっているのではなく、ヒューリスティックに基づいて判断を行なっていると考えるならば、十分に予想されることである」(p. 860)。

(2) ターゲットのアクセス可能性

既知感判断についてのもう一つのヒューリスティックの基礎は、目当てのターゲットに関連する情報を検索する（アクセスする）ことに関係している。その考え方は、既知感判断を行なう際に、目当てのターゲットを検索しようと試みているうちになんらかの情報が検索されるのではないかというものである。この**アクセス可能性**仮説によれば、既知感判断を行なう際に、ターゲットについてより多くの情報を検索すること（しかも、よりすばやく情報にアクセスすること）が後続の再認テストで「正しく答えられる」という確信度の向上につながると考えられる（Koriat, 1993, 1995）。アッシャー・コリアット（Asher Koriat, 1993）が主張するように、「既知感の計算は、ターゲットを検索しようとする試みに関連した過程に基づくものであり、適切な情報のアクセス可能性に依存している」(p. 609)。すなわち、既知感判断は、目当てのターゲットの発見を目指す検索過程の、いわば副産物として生み出されるというのである。たとえば、「『肩をすくめるアトラス』という本の作者はだれですか？」という問題に対して既知感判断を求められたときに、作者の姓が「R」で始まり、しかも作者が女性であることを容易に検索できるかもしれない。それとは対照的に、「エレキギターを最初に商業目的で生産して成功を収めた人物はだれですか？」という問題については、答えを探そうとしても何も検索できないかもしれない。こうした場合、この仮説によれば、ターゲットを正しく再認することについて、最初の問題の方が、後の問題よりも、既知感判断の評定値は高くなるだろう。この検索過程が成功するかどうかは、記憶の中のターゲットの強度によって決まるだろうが、この仮説は、別の形

のターゲット強度（直接アクセス）による説明というのではない。ターゲット強度による説明では，人はターゲット強度について直接的な知識をもっているとされている。しかし，アクセス可能性仮説では，人はターゲット強度に関する推論のためのヒューリスティックとして検索の産物を利用すると仮定している。

このアクセス可能性仮説に関連した実験結果についてはすでに述べている。メトカルフェら（Metcalfe et al., 1993）による実験データをもう一度見てみよう（表4.1）。それぞれの単語対を2回ずつ学習した実験参加者（つまり，「AB→AB」群）は再生テスト（既知感判断の前に行なわれる）では他の二つの実験群よりも成績が良かった。したがって，全体として「AB→AB」群におけるターゲットへのアクセスは他の二つの実験群よりも優れていると言えるので，この実験群での既知感が最も高いと予想される。しかしながら，この予想に反して，既知感の大きさはターゲットのアクセスの程度にしたがって変化するのではなく，手がかりの熟知性にしたがって変化した。このことは，少なくとも状況によっては手がかりの熟知性が既知感判断の主要な基礎になっていることを示している。しかしながら，ここで注意しておきたいのは，既知感判断に関するこうした二つのヒューリスティック（手がかり熟知性とアクセス可能性）に基づく説明は必ずしも相互に排他的なものではなく，両方が結びついてともに既知感判断に影響を及ぼしているということである。そして，次に見るように，アクセス可能性は既知感判断に重要な影響を及ぼしていると考えられる。

コリアットのアクセス可能性仮説（Koriat, 1993；Schacter & Worling, 1985も参照のこと）によれば，既知感判断は，ターゲットについて検索された情報が正しいか正しくないかということに関係なく，単にそうした情報の総量に基づいて行なわれる。ある人がたくさん再生すればするほど，たとえ検索された情報がすべて正しくなくても，既知感は高くなる。つまり，人は既知感判断に先だってすばやく検索された情報の質を評価するのが不得意であるために，すべての情報に基づいてひとまとめに既知感を生み出すということである。注目すべきことは，この説明ならば，既知感判断において偶然確率以上の相対的正確度が示されることが無理なく説明できるという点である。とりわけ，正しいターゲットについて部分的な情報を検索できるとすれば，なんらかの正しい情報にアクセスできることは（それらの情報をアクセスできない場合とは異なり），正しいターゲットが記憶の中で利用可能であるが再生できないだけであるということを意味しているのである。

アッシャー・コリアットは，数多くの実験結果を報告し，この提案を支持している（優れた概観として，Koriat, 1994を参照のこと）。一つの実験において実験参加者はあまりなじみのない一連の4文字連（KDRやRFSCなど）を学習した（Koriat, 1993, 実験1）。実験参加者は，一つの4文字連（FKDR）を1秒間学習した後，妨害課題を19秒間行ない，最後にその4文字連の再生を行なった。また実験参加者は，各試行において一つの文字を再生するごとに1点が与えられるが，1文字でも誤って再生

するとまったく点数が与えられないと教示された。この文字再生の後，その4文字連に関する既知感判断が行なわれた。さらに，こうした再生－判断の試行が終了した後で，既知感判断の正確度を評価するための再認テストが行なわれた。

アクセス可能性仮説から次の二つの疑問が浮かびあがってくる。①既知感の大きさは，アクセスされた文字の数にしたがって増加するのだろうか。そして，さらに重要な疑問であるが，②既知感の大きさは，アクセスされた文字が正しくても正しくなくても，そのことに関係なく，ただ文字の数にしたがって増加するのだろうか。この実験の結果は，図4.1に示されている。この図の中で既知感の大きさは，アクセスされた部分情報（PI：すなわち，一つの4文字連から再生された文字の数であり，正しく再生された場合（C）と，誤って再生された場合（W）がある）の関数として描かれている。最初に，この図の左面を見てみよう。左上のすみに位置するデータは，4文字がすべて誤って再生されたとき（PI－W＝4）の既知感評定値の平均を表わしている。この値を同じ左面の右端の値（4文字がすべて正しくアクセスされた場合：PI－C＝4）と比較してみよう。この二つの条件で既知感の大きさはいずれも高く，ほぼ同じ値になっている。こうした比較をはじめ，この図においていくつかの条件の値を比較すると，人は4つの文字が再生されれば，それらの文字が正しいか正しくないかに関係なく，答えの4文字連を知っていると判断していることが明らかである。さらに，この図の左右両面を見てみると，明らかに全体として文字が多く再生されるほど既知感の大きさも増大している。つまり，PI－CおよびPI－Wが0から4へと大きくなるにしたがって，既知感は高まっている。ここで重要なことは，実験参加者が既知感判断を行なう前に正しい情報をアクセスしているときには（PI－C），既知感の相対的正確度は偶然確率以上になっているという点である。それに対して，誤った情報がアクセスされたときには（PI－W），既知感判断はまったく正確でなかった。このようにコリアットの研究（Koriat, 1993, 1995）では，別の実験結果を含め，ター

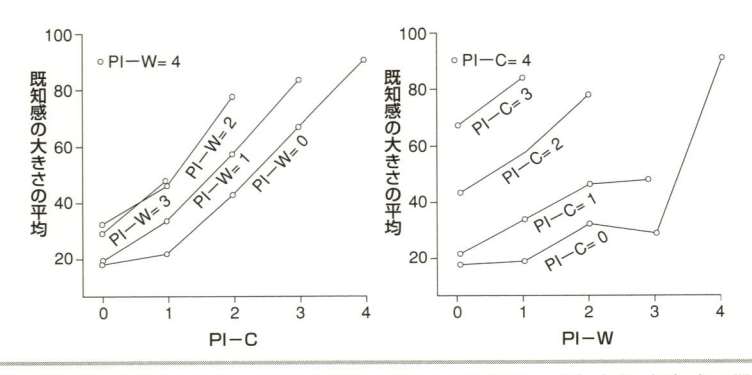

○ 図4.1　既知感の大きさとアクセスされた情報の量および情報の正（C）と誤（W）との関係（出典：Koriat, 1993）

ゲットのアクセス可能性仮説を支持する実験的証拠が示されている。

この時点で読者は，手がかり熟知性とアクセス可能性ではどちらの方が既知感判断により大きな影響を及ぼしているのかという疑問を抱くかもしれない。このような疑問は当然であり，実際のところ，既知感判断に関する初期の研究を促進した（議論の対立については Koriat, 1994 および Miner & Reder, 1994 を参照のこと）。しかしながら，この疑問は，人は既知感判断を行なうときに手がかり熟知性とアクセス可能性という二つの要因の両方に基づいてモニタリングを行なっているという事実を考慮に入れていないと言える。そこで，私たちは論点4.1で，人が既知感判断をどのように行なっているかに関する最先端の疑問を挙げてみた。このような疑問に触発されて，将来，刺激的な研究が行なわれることを期待したい。

●論点4.1 人は既知感判断を行なうときに複数の手がかりをモニターしているのか

本文の中では既知感判断の基礎として三つの可能性（ターゲット強度，手がかり熟知性，ターゲットのアクセス可能性）だけに注目したが，それら以外にも多くの可能性が検討されている。実際に，ネルソンら（Nelson, Gerler, & Narens, 1984）は，既知感判断に影響を及ぼし得る12の要因を列挙している。その中には，本文で述べた要因以外に，社会的望ましさ（例：馬鹿者だと思われないために答えを知っていると言っておく）や保険統計的情報（例：標準的に見ればその問題はやさしいと思われるので答えを知っていると言っておく）といったものが含まれている。おそらく，これらの変数がいずれも原則として既知感判断に影響すると考えるのは理にかなっているように思われ，将来の研究が解決すべき一連の謎につながっている。

人の既知感判断に関する関心は次第に高まってきたが，そうした関心は一般に，次の二つの問題を検討した実験の結果に基づいている。すなわち，①ある要因が単独でどのように影響しているかという問題，②ある条件のもとで二つの変数（手がかり熟知性とアクセス可能性，など）のいずれがより大きな影響を及ぼすのかという問題，である。しかしながら，もし二つ以上の要因が既知感判断に影響を及ぼすとしたら，人は既知感判断を行なう際にどのように複数の要因を結びつけて利用しているのかを理解することがとりわけ重要であると考えられる。こうした試みは，既知感判断が自らの記憶のモニタリングをどのように反映しているかということを正確に理解したいのならば，特に重要である。そうした研究では，モニタリングの過程を反映しない要因（社会的望ましさなど）を切り離して考える必要があるだろう。現在もなお，十分な答えの出ていない疑問が多く残されている。たとえば，既知感判断を行なうのに，二つかそれ以上の要因が組み合わされるとどの程度正確になるのか。ある要因（たとえば，ターゲットへのアクセス）が利用可能であるなら，それが，既知感の正確さを向上させるような他の要因（たとえば，数理統計的情報）の影響を弱めるのか。また，三つ以上の要因が既知感判断に影響を及ぼしているときに，既知感判断に及ぼすそれぞれの要因ごとの影響はどのように推定することができるのか。

これらの疑問に答えようとする研究は，まだほとんど着手されていない。注目すべき例

外的な研究として，コリアットとレビィ＝サダト（Koriat & Levy-Sadot, 2001）は，二つの手がかり（手がかり熟知性とターゲットのアクセス可能性）がどのように組み合わされるのかについて検討している（Benjamin, 2005 も参照のこと）。彼らの相互作用仮説によれば，人はある問題（例：「世界で最も大きなカワセミの名前は何ですか？」）が出されたときに，最初に，手がかりの熟知性に基づいて初期のすばやい予備的な感覚をもつ（Miner & Reder, 1994 など）。もしもその手がかりになじみがなければ，記憶は探索したとしてもすぐに終わるだろう。その場合には，ターゲットへの探索は行なわれないので，ターゲットのアクセス可能性は既知感に影響しないだろう。もしもすぐに手がかりを熟知していることがわかれば，目当てのターゲットについていっそう徹底した探索がなされるだろう。探索の最中に，ターゲットについての情報にアクセスできるかもしれない。そして，その際に，正しいターゲットが再認できるのではないかと思うだろう。したがって，手がかりを熟知している場合にのみ，ターゲットの探索が持続され，ターゲットのアクセス可能性が既知感判断に影響を及ぼす。コリアットとレビィ＝サダト（Koriat & Levy-Sadot, 2001）は，三つの実験を通して，この相互作用仮説を支持する予備的な実験的証拠を示した。

　コリアットとレビィ＝サダト（Koriat & Levy-Sadot, 2001）の考え方と実験は，既知感判断研究のための魅力的な新しい手法に光をあてたと言えよう。なぜなら，私たちは個々の要因のどれが既知感に影響を及ぼすのかについては多くの知見を得ているが，それらが組み合わさって既知感にどのような影響を及ぼすかについては，まだほとんど何もわかっていないからである。第5章以降のその他のメタ認知的判断についての文献を概観するとわかると思うが，それらの判断に対するさまざまな要因の複合効果に焦点をあてた研究もまだほとんどない。人が自らの記憶を判断するときに，どのように複数の要因に注目し，選択し，組み合わせているのかという謎を解くためには，新たな研究のうねりが確かに必要である。

第2節 ┃ 喉まで出かかっているのに出てこない状態（TOT状態）

　もしもあなたが「トリビアル・パスート（*Trivial Pursuit*）」というゲーム（これに限らず，雑学を問うゲーム）を楽しんだことがあるなら，過去に起きた出来事や現在起きている出来事について自分が覚えているかどうかを試すのが好きな多くの人たちの一人と言えるだろう。このゲームでは，たとえば，「月面に最初に降り立った人の名前は何ですか？」とか「サッカーのワールドカップで最も多く優勝したチームはどこですか？」といった問題が与えられて，その答えを考える。もちろん，これらの多くの問題に対して，あなたは正しい答えを即座に検索できるかもしれない。しかし，問題によっては，答えが心の中に浮かびあがってきて絶対に「知っている」と思うのに，答えを言えずに苦しい思いをすることがある。あなたが「トリビアル・パスート」をしたことがなくても，「知っている」と確信している事柄（たとえば，人名など）

について，もう少しで思い出せそうなのに思い出せずにイライラしたことがあるだろう。実際に，ほとんどの人はよく「**喉まで出かかっているのに出てこない（TOT）**」という状態に陥ってしまう。だれかの名前を思い出そうとするときにこのような状態になることが多い。しかも，年齢が増すにつれて TOT 状態に陥ることがますます多くなっていく。

この TOT 状態はだれにでも起こり得るものであり，多くの場合，感情面での苦痛を引き起こす。したがって，かなり以前から心理学者が TOT 状態に関心を示して理解しようと努めてきたとしても，なんら不思議なことではない。ウィリアム・ジェームズ（William James）は，その古典的な教科書である『心理学の原理（*The Principles of Psychology*）』（1920）の中で，TOT 状態について次のように述べており，これまでによく引用されてきた。

> 忘れた人の名前を思い出そうとしているとしよう。このときの意識状態は独特である。そこには一つの空隙がある。しかし単なる空隙ではない。非常に活動的な空隙である。その中には名前の亡霊のようなものがあって，ある方向に手招きしており，ある瞬間にはすぐ近いところまできた感じでぞくぞくさせるかと思えば，次の瞬間には望みのことばが得られないでがっかりさせられてしまう。もし違った名前が示されれば，この不思議に確定的な空隙がたちどころに活動してこれを否定する。その名前はしっくりこないのである。(p. 251)

ジェームズの表現は見事で，TOT 状態がわずらわしい性質を含んでいるという点を強調している。つまり，TOT 状態は，あたかも「亡霊」のように，何かを思い出せないけれども記憶にあるという気持ちにさせるのである。さらに，また別の一つの単語（研究者によっては妨害語とか「醜い義姉妹」と呼ぶ）がしつこく心に浮かんできて，それに苦しむこともある（さらに，妨害語については論点 4.2 を参照のこと）。このようなイライラする経験はだれにも覚えのあることである。ブラウン（Brown, A.S., 1991）はこれまでの主要な研究を論評し，日誌的研究に基づいて次のような結論をまとめている。すなわち，TOT 状態は通常の場合，若齢の成人において週に 1 回か 2 回の割合で発生するが，高齢者ではそのほぼ 2 倍の割合で起きる。

●**論点 4.2　妨害語は本当に目当ての記憶へのアクセスを妨害しているのか**

そう，あなたは今，片想いのとてもすてきなクラスメートのことをぼんやり考えているとしよう。そして，コーヒーの代金を支払おうとレジに並んでいるときに，なんと彼女が一人でいるではないか。あなたは，彼女の立っている地面にキスをせんばかりに，どうにかして彼女に自分のことを印象づけたいと思う。いや，今はダメだ。あなたは TOT 状態にいるからだ。もちろん，彼女の名前は知っている。しかし，それを検索できないだけなのだ。さらに悪いことに，その TOT 状態は妨害されている。心に浮かぶのは「アンジェリーナ」という名前だけ。その名前はあなたを苦しめ，どうしようもない愚か者に変えてしまう。しかし，あなたは彼女の名前がアンジェリーナでないことははっきりわかっている。けれども，彼女の名前が何だったのか，まさにあなたの舌の先で火花が飛んでいる。

あなたは，教授が彼女の名前を口にしていたことを思い出す。さらに悪いことに，昨日キャンパスを散歩していたときは，口笛を吹きながら，彼女の名前を繰り返していた。しかし，今日は思い出せない。彼女が近づいてきた。自分に興味を示している。あなたの名前を，とてもかわいいハスキーな声でささやく（いや，最悪だ）。「やあ，元気？　……，あ…あのぉ……」。

さてここで，難解な知的疑問は，気の毒なのは昔なじみのアンジェリーナであり，彼女は本当に責められるべきなのかということである。心に一つの妨害語が思い浮かぶことはTOT状態の解消に実際に干渉するのだろうか。妨害仮説（妨害語の検索が悪影響を及ぼす）は広く受け入れられており，研究者によってはTOTと妨害語を同義語のように用いている者もいる。コーネルとメトカルフェ（Kornell & Metcalfe, 2006）は，妨害語が本当に妨害しているのかどうかという疑問に答えるために，実験的にTOT状態を誘導しやすい単語の定義文を呈示したあとで，実験参加者に，妨害されていないTOT状態であるのか，あるいは妨害されたTOT状態であるかについて尋ねた。実験参加者が妨害されたTOT状態にあると言ったときは，本当にそうであることを確かめるために，その妨害語が何であるかについても尋ねた。その場合，実験参加者はそれについて容易に答えた。しかも，実験参加者はそうした妨害語が答えとして誤っていることを完全に知っていた。実験参加者は妨害語にいらだち，取り払おうと努めた。

スミスとブランケンシップ（Smith & Blankenship, 1989）は，実験参加者自身が生成した妨害語ではなく，実験者の作成した妨害語を実験参加者に与えたところ，正しい答えを想起する能力に干渉することを示した。しかし，おそらく実験者が与える干渉語と実験参加者自身の内的な妨害語とは異なっている。コーネルとメトカルフェ（Kornell & Metcalfe, 2006）は，もしも妨害語が本当に妨害しているならば，それらの悪影響を除く手だてはしばらくの時間をおくことであろうと考えた。心の中から妨害語を追い払えば，もう一度問題に取り組める。一度離れて何か別のことをする（言い換えれば，孵化する）という考え方は，洞察を要する問題を解こうと夢中になっているときに役立つ方法として，よく思い浮かぶものである。その場合と同様に，もしも妨害されているとしたら，現在の行き詰まった（妨害された）思考から遠ざかる孵化期間が役に立つであろう。

コーネルとメトカルフェ（Kornell & Metcalfe, 2006）は，妨害語が心から離れるのを待つことによって，妨害されたTOT状態の解消が促進されるかどうかを調べた。すなわち，実験参加者が妨害されているTOTであると思われる項目の半数と，妨害されなかったTOTであると思われる項目の半数をコンピュータによって選び出し，その直後に実験参加者は選ばれた項目についてもう一度考えた。それぞれのカテゴリーの残りの半数は取り出して，のちほど呈示された。そして実験参加者は孵化期間を置いたあとで，同じ長さの時間が与えられて答えを言うよう求められた。もしも本当に妨害語が積極的にターゲット語のアクセスを退けているのなら，待ち時間によってその妨害は取り除かれるはずである（なぜなら，待ち時間の間に妨害語は忘れられ，妨害するものがまったくないからである）。妨害されたTOTは，もともと妨害されていないTOTよりも孵化期間からより多くの恩恵を受けるはずである。なぜなら，もともと妨害されていないTOTは，最初からその答えを抑制するものがないからである。こうした予想に反して，孵化期間は実験参加者が目当てのターゲットのいくつかを検索するのに役に立ったものの，もともと妨害されて

いない TOT の場合も妨害されていた TOT の場合も，答えを得るのに役立つ時間の長さは同じだった。明らかに，いわゆる妨害語は記憶を妨害していなかった。したがって，ウィリアム・ジェイムズ（James, 1920）が観察した事柄と一致するが，妨害された TOT のジレンマはイライラするようなものであっても，アンジェリーナを責めてはいけない。それはともかく，そのクラスメートが本当にあなたに好意をもってくれているのなら，とりあえず，彼女に素直に名前を尋ねてみてはどうだろうか。結局，だれかの助けを借りることは TOT 状態を解消する良い手段なのである。

あいにく日誌的研究では，研究者は「TOT 状態がどうして起きるのか」という重要な問題に対して明確な答えが得られるような方法で TOT 状態を実験的に調べることができない（しかし，Burke, MacKay, Worthley, & Wade, 1991 を参照のこと）。このような問題に答えるには，TOT 状態を誘導するような実験室的研究が必要である。ブラウンとマクニール（Brown & McNeill, 1966）は，最初にそのような実験的研究を行なったが，TOT 現象を調べるための彼らの実験方法はその後も何度も改良されていった。具体的には，実験参加者にふだんはあまり目にしない単語の定義文を呈示し，その単語を再生するよう求めた。さらに実験参加者に，その単語を探索しながら TOT 状態に陥ったら，そのことを報告するよう求めた。この場合，TOT 状態とは，単語を検索することができないが，「その単語は知っているので，もうしばらくすれば再生できるかもしれない」という感じをもつことであると説明された。この手続きによっていくつもの TOT 状態がうまく引き起こされた。さらに，実験参加者が TOT 状態に陥っているときに，目当ての単語に含まれるいくつかの文字を正確に再生できたり，ときにはその単語がいくつの音節からなるのかを再生できたりすることもあった。このような実験的証拠から，TOT 状態は正確であり，人が自分は目当てのターゲットをまさに再生しかかっていると思うときには確かにターゲットは記憶の中では利用できそうなのだが，ただその時点ではアクセスできないだけであるということが明らかになった。

さらに，シュワルツ（Schwartz, 1999, 2002）は TOT の正確さに関する実験的証拠について議論している。彼は，既知感を調べるための RJR 法を手本にした実験方法を示している。その実験で，実験参加者は最初に，目当てのターゲットを再生できないときに自分が TOT 状態にあるのかないのかについて報告した。この判断の試行のあと，再認テストが行なわれ，TOT の正確さが推定された。さまざまな研究室での多くの実験で，実験参加者が TOT 状態であるときの方がそうでないときよりも再認テストの成績が良かった（さらに詳しく知りたいときは Schwartz, 2002 を参照のこと）。さらに，これらの実験結果から，実験参加者が TOT 状態であることを不満げに訴えるときには，TOT 状態ではないときよりも実際のターゲットが記憶の中で利用可能であることが多いということが示された。このことから次の二つの疑問が浮かびあ

がってくる。すなわち，①このイライラするもどかしい状態の原因は何か，②TOT現象の生起に関する説明はその正確さについてどのように説明するのか，という二つの疑問である。

　この二つの疑問に対して多くの答えが出された。人がどのように既知感判断を行なっているかという問題に関する仮説の場合と同様に，これらの答えは大きく二つのまとまりに分けて考えることができる。一つは，目当てのターゲットの記憶強度に直接アクセスすることを示唆する答えである。もう一つは，もともとTOTは推論によるものであることを示唆する答えである。TOT状態に陥っている場合，人は不確かながらターゲットの強度に直接アクセスしているので，直接アクセスによる説明はTOTの正確さを容易に説明する。たとえば，目当てのターゲットが検索できないときに，意味的表象（すなわち，ターゲットの意味）の神経活性化に対して直接モニタリングを行なっていると考えられる（Burke et al., 1991など）。バークら（Burke et al., 1991）の主張によれば，人がTOT状態に陥っているときに，少なくとも何度かは，単語の概念的な意味へのアクセスは実質的に完了しているのに単語の音や音素の表象を検索するまでには至っていないという場合が考えられる。より一般的に言えば，語彙のアクセスには，二つかそれ以上の処理水準が含まれており，そうした水準は連続しているか，あるいはおそらく水準間での相互作用が見られる。第1段階では，意味的にも統語的にも特定化された表象がアクセスされる。第2段階では，音韻的表象がアクセスされる。つまり，第1水準へのアクセスが完了しているのでTOT状態に陥っているという感じが生じるが，第2水準でのなんらかの障害，妨害，あるいは問題があるので，その人はやはりその単語を生成できなくなっているという考え方である。もしもそうであるならば，人は意味的で統語的なアクセスは完了したが，まだターゲットを再生できないでいると報告するかもしれない。このモデルは，高齢者においてTOT状態が頻繁に生起することを説明する際に最も重要であると考えられるが，場合によっては若齢者にも適用できるだろう。

　ジェームズとバーク（James & Burke, 2000）は，そもそもTOT状態は音韻的な問題であるという見方を支持するために，実験参加者に対して，TOT状態を引き起こしやすい単語の定義文を与える前に，いくつかの音韻を共有するプライム刺激を口頭で呈示した。たとえば，TOT状態を引き起こす問題が「王位継承権を正式に放棄することを一言で何と言いますか？」であるとしよう。この問題が呈示される前に口頭で呈示される単語が「abstract」であれば，実験参加者はこの問題に正しく答えることが多く（正答は「abdicate」），TOT状態に陥ることも少なかった。このことは，少なくともいくつかのTOT状態は，意味的なものではなく，適切な音韻的表象にアクセスできなかったことから生じるものであることが示唆される。ミオッツォとカラマッツァ（Miozzo & Caramazza, 1997）は，イタリア語には統語との関係で男性詞と女性詞があるということを利用した。そして，イタリア語の話者である実験参加者が，

ある単語をまったく知らないという場合に比べて，TOT状態にある場合には，当該の単語が男性詞であるか女性詞であるかを偶然確率以上の正確度で回答できることを示した。つまり，統語についてはアクセスされていたと考えられる。

ファネルら (Funnel, Metcalfe, & Tsapkini, 1996) による研究は，「TOT状態によっては探索中の語彙項目の意味に実質的には完全にアクセスできているが，概念的な処理水準と音韻的な出力とが結びついていない」という考え方をさらに支持する事例を報告している。彼女らの報告した一人の患者は，「産出性失名辞」という障害をもっており，常にTOT状態であるかのように見受けられた。このH.W.というイニシャルで呼ばれる患者に対して，150の単語（名詞，形容詞，動詞がそれぞれ50語ずつ）の名前についてのテストが行なわれた。このテストでは，答えは一つの単語で表わせるように特別に工夫されていた。一例を挙げると，「When a person brushes butter on a turkey while it is cooking they are said to _____ the turkey（七面鳥の調理中に肉にバターを塗るとき，七面鳥に_____すると言います）」という問題があり，うまくあてはまる唯一の答えは「baste（バターをかける）」である。こうした問題に対してH.W.は，150問中にたった1問しか答えが思い浮かばなかった。しかし，再認テストで選択肢の中から正しく答えを選ぶように求められると，彼はダートマス大学の学生よりも成績が良かった。この患者は（おそらくTOT状態にある人の多くも），TOT状態であるときに基本的に当該の単語への意味的アクセスは完了しているが，適切な音韻にアクセスできていないと思われる。

このようにいくつかの例では，TOT状態にある人はターゲット項目の意味的アクセスが完了していると考えられる。しかしながら，別の理由でTOT状態が生じることを示す研究もある。つまり，TOTの判断がヒューリスティック（たとえば，手がかりの熟知性や，ターゲットの単語についての情報への部分的で不完全なアクセス）に基づいて行なわれると考えるものである。メトカルフェら (Metcalfe et al., 1993) は，記憶の手がかりを熟知していることがTOT状態を引き起こすかどうかを検討している。その際用いられた方法は，すでに述べたとおりである。実験参加者は，2回の学習・テスト試行において対連合の単語対のリストを学習した。ある条件では，刺激語と反応語は二つのリストで同一のものが繰り返して呈示された（AB→AB）。別の条件では刺激語だけが繰り返して呈示された（AD→AB）。さらに別の条件では，二つのリストでどちらの単語も同一のものが呈示されなかった（CD→AB）（あらためて表4.1を参照のこと）。その結果，既知感判断の場合とまったく同様に，正しいターゲット語の強度が呈示の繰り返しによって高められた条件ではTOT状態の生起率は上がらなかった。このことはターゲット強度による説明では容易に説明できない。それとは対照的に，手がかりが繰り返して呈示された条件（AB→ABとAD→AB）では，そうでない条件（CD→AB）に比べて，TOT状態がより頻繁に生起した。したがって，TOT状態は，ある程度，手がかり熟知性のヒューリスティックによって

生起すると考えられる。

アクセス可能性仮説によれば，ターゲットそれ自体の探索が進むにしたがってなんらかの情報（たとえ部分的な情報であっても）が検索されると，ターゲットの存在が推論される。ターゲットについて検索される情報が多くなるにつれて，TOT状態が生起する可能性は高くなる。もしもあなたが「『オール・ブルー・アイズ（*Ol' Blue Eyes*）』という曲で知られる歌手はだれですか？」という問題の答えを思い出せないでいるときに，その歌手が男性で，映画『オーシャンと十一人の仲間（*Ocean's Eleven*）』（『オーシャンズ11』のオリジナル版）に主演し，「ラット・パック（Rat Pack）」という音楽グループのメンバーで，その姓が「T」で始まることを思い出すかもしれない。多くの情報がアクセスされると（その情報が正しいかどうかに関係なく），「自分はその答えを知っている」と強く確信する状態につながっていくだろう。ただし，こうした検索の試みによって何かが生み出されたということは，通常の場合，正しい答えが記憶の中に貯蔵されていることを意味する。したがって，TOT状態は正しい答え（この問題では，「フランク・シナトラ（Frank Sinatra）」）が記憶のどこかに潜んでいて，探し出されるのを待っているということを正確に示していることが多い（その際，検索された情報の中に正しくないものがあっても関係しない。たとえば，前述の問題で，彼の名前が「T」で始まるという情報は正しくない）。

シュワルツとスミス（Schwartz & Smith, 1997）は，このアクセス可能性による説明を検討するために，スミスら（Smith, Brown, & Balfour, 1991）によって開発された，自然物を模した刺激材料を実験に用いた。その刺激材料は架空の動物の絵がその名前や大きさ，生息地，主食とともに示される。そういったいくつかの「**TOT動物（ToTimal）**」と，実験に用いられたさまざまな条件の様式を図4.2に示す。あるTOT動物については，名前と生息地だけが呈示された（最小情報条件）。別のTOT動物は，名前と生息地に加えて絵も呈示された（中間情報条件），さらにまた別のTOT動物では，名前と生息地に加え，絵とその主食と大きさが呈示された（最大情報条件）。実験参加者は，12のTOT動物について，それぞれ15秒ずつ学習した。そのあとのテストでは，それぞれのTOT動物の生息地（いずれのTOT動物も生息地が同じものはなかった）が手がかりとして呈示され，実験参加者は，それに対応するTOT動物の名前を答えるよう求められた。実験参加者がTOT動物の名前を再生できない場合には，TOT状態であるかどうかを報告し，そのTOT動物について思い出せることは何でも報告するよう求められた。アクセス可能性仮説によれば，再生できないターゲットについてより多くの情報が検索されたときほど，実験参加者はより頻繁にTOT状態にあることを報告すると予測される。さらに，最大情報条件と中間情報条件は，最小情報条件に比べて，高い水準のアクセスをもたらすと考えられるので，TOT状態はより頻繁に生起すると予測される。実験結果は，これらの予測と一致した（Schwartz & Smith, 1997, 実験3）。

最大情報条件

パナマ（生息地）－イエルキー（名前）
2（大きさ）
いちご（主食）

中間情報条件

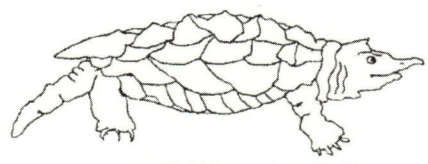

フランス（生息地）－リトル（名前）

最小情報条件
インド（生息地）－マーリング（名前）

◯ 図4.2　シュワルツとスミスが用いた全3条件におけるTOT動物の例
（出典：Schwarts & Smith, 1997）

　要約すると，TOT状態は，以下の場合に生起しやすい。すなわち，①目当てのターゲットをアクセスできているが音声化できないとき，あるいは，②目当てのターゲットをまだ再生できないが，(a)ターゲットの手がかり（問題そのもの）にたいへんなじみがあると思ったとき（熟知性のヒューリスティックによって）や，(b)ターゲットに関する他の情報が容易に心に浮かんだ（アクセス可能性のヒューリスティックによって）ときである。なぜTOT状態が生起するのかという問題をさらによく理解するための研究努力は，間違いなく今後も引き続き行なわれるだろう。今後の研究のもう一つの方向としては，人がTOT状態を解決するのに役立つ技法（すなわち，目当てのターゲットを思い出せないときにうまく検索するための技法）を明らかにすることが挙げられる。厄介なTOT状態の解決について，より詳しくは論点4.3を見てもらいたい。

●論点4.3　私は今TOT状態である。どうすれば治せるのか

　だれでもときどき自分がTOT状態であることに気づく。TOT状態はごく自然に起こり，広く認められるものである。ベネット・シュワルツ（Bennett Schwartz）は実際に，51の異なる言語をそれぞれ母語として話す人たちに，英語の話者が「それは舌の先にある」と言うときと同じ意味の表現を示すように求めた。すると，45の異なる言語の話者は英語の話者と同じような比喩を用いていたが，アイルランド人とセルビア人は「舌の上に」という表現を用い，韓国人の中には「舌の端っこできらめいている」といった色彩豊かな表現を用いる人もいた（詳しくはSchwartz, 1999, 2002を参照のこと）。音声言語を用いる人たちはこのような表現を用いるが，それと同じく，アメリカ手話言語を用いる人にとっては，トンプソンら（Thompson, Emmorey, & Gollan, 2005）によると「指先」状態である。また，香りの名前を検索できないときにも，同じようなイライラする感じを経験するようである（Jönsson & Olsson, 2003）。このことは，「鼻の頭」現象と呼ばれている。

　TOTが本当に広く認められる問題であり，地球上のいたるところで人々をイライラさせているとするならば，治療や介入の何らかの方法があるように思われる。こうしたTOT状態はどのようにすれば解消できるのだろうか。TOTの解消に関する研究は比較的少ない。現在のところ，まだだれも体系的な研究を行なっておらず，想起できない記憶をイライラしながら検索するための「失敗しない」方法は開発されていない。ただし，ごくわずかであるが，どのようにすればTOT状態の解消の機会を増やせるのかについて，いくつかの示唆を与えてくれる研究がある。ビーティーとコフラン（Beattie & Coughlan, 1999）による研究から，そうした一つの示唆が得られている。すなわち，手で自由にジェスチャーができる場合の方が，両手を組むように教示された場合よりもTOT状態が解消されやすい（なぜジェスチャーがTOT状態の解消に役立つのかについての説明はSchwartz, 2002, p. 93を参照のこと）。したがって，TOT状態になったときは，ポケットから手を出して，手に何かを語らせることである。

　ブリーネンら（Brennen, Baguley, Bright, & Bruce, 1990）による実験では，実験参加者は，有名人の名前に関する一般知識問題に答えるよう求められた。実験参加者がTOT状態になったときは，その名前の人物の写真かイニシャルかのいずれかが示された。イニシャルが呈示されることによって，その名前が検索される可能性が高くなった。このことは，探し求めている単語の正しい最初の文字が見つかるのではないかと期待して，アルファベットを一つずつ調べていくという方略が単語全体の検索の引き金となることを示唆している。TOT状態のときに記憶を探索するのに，そのようなアルファベット方略を多くの人たちがすでに用いていることは疑いようがない。

　もちろん，TOT状態を解消するためのもう一つの優れた方法は，単純に他のだれかに自分が思い出せない記憶を思い出させてくれるよう助けてもらうことである。ごく最近のことだが，本書の著者の一人は，"*Where Is My Mind?*（私の心はどこに）" を作曲した歌手の名前を思い出せなかった。少しイライラしたあとで，彼は隣の研究室に行なって，友人に尋ねたところ，すぐに「ピクシーズ（*Pixies*）のフランク・ブラック（Frank Black）」だと教えてくれた。したがって，イライラから解放され，思い出せない記憶を見つけだそうとするときに，外的補助（友人やインターネット，適切なその他の情報源）

に頼ることは十分価値のあることだろう。

　最後に，TOT状態のときは，あまりイライラしすぎないようにしてほしい。なぜなら，日誌的研究によれば，ほとんどのTOT状態は，一部は上記の技法のいくつかを用いることによって，結局は解消されることが示されているからである。たとえば，ブルクら（Burke et al., 1991）は，年代の異なる三つのグループにおけるTOT状態の解消について検討した。参加者は，日記に，いつTOT状態になったか，そして，最終的に目当ての記憶を探しあてたかどうかを報告した。TOT状態が解消される割合は，大学に通う若齢成人では92％，中年成人では95％，高齢成人では97％であった。その他の日誌的研究によっても楽観的な見方ができる余地が残されている。すなわち，TOT状態の解消は，たいていの場合，30分以内に生じることが示されている（これらの概観については，Schwartz, 2002 を参照のこと）。したがって，TOT状態の餌食になったときには，心配したりイライラしすぎたりしないことである。その記憶はおそらく思い浮かんでくるだろう。

第3節　既知感判断の脳基盤

　記憶モニタリングを支える神経回路の性質については，現在もまだよくわかっていない。多くの研究者はメタ認知的モニタリングが主として前頭葉の働きによるものであることを示唆しているが，モニタリングにとってこの脳の部位が重要な役割を果たしていることを明らかにした研究はまだごくわずかしかない。ここではいくつかの独創的な研究を見ていくとともに，人が既知感判断を行なうときの脳機能の画像化を試みた最近の研究を取り上げる。

　シマムラとスクアイヤーの研究（Shimamura & Squire, 1986）は，RJR法を用いた古典的研究の一つとされているが，さまざまな健忘症の種類によって記憶と記憶モニタリング（既知感の正確さによって検討される）に異なる影響が現われることを示している。健忘症患者はほとんどの場合，重度の記憶障害を示す一方で，既知感の相対的正確度については**健常**である。すなわち，健忘症患者は，たとえ再生で著しい障害を示していても，読者や筆者と同じくらい正確に既知感判断を行なうことができる。シマムラとスクアイヤー（1986）は，コルサコフ症候群（アルコール依存に伴うチアミン欠乏によって発症する）の患者についても調べている。コルサコフ症候群の患者は記憶に障害が見られるだけでなく，既知感についても相対的正確度に障害が見られる。

　メタ認知的モニタリングが前頭葉においてコントロールされているという仮説をもとに，コルサコフ症候群の患者には前頭葉の損傷があるが，他の記憶障害者には前頭葉損傷が見られないのではないかと考える研究者もいる。メトカルフェ（Metcalfe, 1993）はコルサコフ症候群の患者における記憶と記憶モニタリングの困難について説

明している。彼女は，きちんとした記憶モデル（コンピュータ・シミュレーションによって個別事例に対応する）を初めて提唱し，その中で記憶モニタリングを取り上げ，既知感判断の正確さを説明しようとした。このモデルでは，ある特定の記憶手がかり（たとえば，「オーストラリアの首都はどこですか？」という問題）が呈示されると，手がかりの熟知性が即座に計算され，その熟知性に直接基づいて判断がなされる。このように，メトカルフェ（Metcalfe, 1993, 1994）は，リーダーによって提唱された理論（たとえば，Miner & Reder, 1994; Reder, 1987を参照のこと）と同じように，システムが記憶手がかりの新奇性について予備的に熟知性のチェックを行なうことで既知感判断が生み出されると主張した。もしもこの手がかりが記憶の中に貯えられている別の情報と非常によく一致していれば，即座にその答えについて「知っている」という感じをもつ。逆に，もしもこの手がかりが記憶の中の別の情報とあまりよく一致しないようであれば，「知っている」という感じをもたない。メトカルフェ（Metcalfe, 1993）は，この新奇性モニタリング装置が記憶の神経モデルをコントロールするのにいかに重要であるかを示した。最も関連が深いこととしては，コルサコフ症候群が記憶手がかりの熟知性（あるいは新奇性）のモニタリング能力を選択的に混乱させると仮定すれば，コルサコフ症候群患者が示す記憶障害のシミュレーションを行なうことができるのである（詳しくはMetcalfe, 1993を参照のこと）。

あいにくコルサコフ症候群の場合，記憶能力の減退とメタ記憶の障害とは密接に関係している。すなわち，記憶の機能と既知感判断の正確さとはほとんどつねに結びついている。したがって，そうした患者においては，既知感判断を行なう際に利用できる記憶情報をほとんどもっていないために，既知感判断の相対的正確度が低いのか，それとも**判断過程**そのものへの損傷が問題なのかを決定できない。ジャノウスキーら（Janowsky et al., 1989）は，この問題をうまく回避している。彼らは，次の三つの群からなる実験参加者を対象に，既知感判断の正確度について検討した。すなわち，①前頭葉に損傷のある患者，②側頭葉に損傷のある患者，③統制条件となる健常者，である。実験では，実験参加者は最初にいくつかの文を学習したあと，それぞれの文の最後の単語が欠落したものを再び見せられた。そして，最後の単語を再生するよう求められた。再生できないときには既知感判断を行なうよう求められた。ジャノウスキーら（Janowsky et al., 1989）は，この三つの群の間で全体の記憶成績が等しくなるように，各群で文を学習する時点と既知感判断を行なう時点との時間間隔を操作した（なぜ記憶成績を等しくする必要があるかについては，論点3.1を参照のこと）。その結果，三つの群は記憶成績が等しいにもかかわらず，やはり既知感判断の正確さは前頭葉損傷患者の群だけが低かった。このように，記憶障害そのものは患者の既知感判断の正確さが低いことを説明できない。そうではなく，障害のある患者による実験的証拠から，既知感判断の基礎にあるメタ認知的モニタリングにとって前頭葉機能が重要であるという結論に集約できるだろう（さらに詳しく実験結果を知りたいときは，

Souchay, Isingrini, & Espagnet, 2000 を参照のこと)。

　最近では，ある研究者グループ（Schnyer et al., 2004）が前頭葉の特定部位に損傷をもつ患者らに既知感判断課題を与えて検討している。その実験結果は驚くべきもので，前頭葉が一つの重要な決定要因として既知感判断の正確さに関与していることが指摘された。彼らは，エピソード記憶課題の成績に関する正確な既知感判断において前頭前皮質が一つの重要な役割を果たしているという仮説を設定した。広範囲にわたって前頭葉に損傷の見られる14名の患者とそれに対応した統制条件の患者がいくつかの文を読み，そのあと再生記憶がテストされ，さらに既知感判断を行なった（Janowsky et al., 1989 と同様）。前頭葉損傷の患者は再生テストでも再認テストでも成績が低く，全体として既知感判断の正確さに顕著な障害が見られた。既知感判断の正確さに深刻な問題がある前頭葉損傷患者の病変部位を分析したところ，右内側前頭前皮質における損傷部位が患者間で重複していることが明らかになった。

　これらの研究結果は，機能的磁気共鳴画像法（fMRI）を用いて健常者を対象に行なわれた次の二つの研究からも確認されている。一つめの研究（Maril, Simons, Mitchell, Schartz, & Schacter, 2003）は，人が「知っている」という感じをもつことに重要なのは左中部外側前頭前皮質であると指摘している。もう一つの研究（Kikyo, Ohki, & Miyashita, 2002）も前頭葉の領野を指摘しているが，より広範な領野にわたっていると主張している。既知感の正確さと再生レベルとが関連していることが多いということから，キキョウら（Kikyo et al., 2002）の研究の利点は，記憶機能とは分離して既知感の機能を局在化しようと試みたというところにある。この研究では，実験参加者が一種のRJR法を遂行している間の脳の活動が測定された。そのあと実験者は，既知感の神経関連部位を，再生の際に活性化される神経領野と重複する領野と重複しない領野とに分解した。予測された通り，この分解手続きによって，既知感の神経関連部位と再生の神経関連部位における実質的な重複部分が図4.3（カラー口絵参照）の中央の3コマのように明らかになった。最も重要なことは，左下前頭回）と右下前頭回は再生そのものには関与せず，実験参加者の既知感に関与していることが示された点である（図4.3の左端の図）。これらの領野は，記憶過程ではなく，あくまでメタ認知過程において特殊な役割を果たしているのだろう。

　要約すると，現在のところ，最先端の脳画像法を用いて既知感の生起メカニズムの脳基盤を検討している研究はごくわずかしかない（TOT状態の脳基盤に関する論評については，Shimamura, 2008 を参照のこと）。既知感判断が行なわれる際に脳内のどの領野が関与しているかについては議論が分かれるとはいえ，脳画像法に基づく実験的証拠はこの分野の行動研究の結果と同じ結論に向かいつつある。すなわち，パニューとカズニアック（Pannu & Kaszniak, 2005）が広範な論評をもとに得た結論を繰り返すことになるが，「神経学的な研究対象者から得られた結果は，正確な既知感判断を行なう際に前頭葉が中心的な役割を果たしているという結論とつねに一致して

いる」(p. 122) ということである。

第4節 既知感の機能

あなたが教科書を読んでいて「bucolic」という単語を目にしたときに，とっさにその意味が思い出せなくて読むのがつかえてしまったとしよう。あなたはどうするだろうか。すぐにこの単語をまったく知らないと思ったら，辞書でこの単語の意味を調べるかもしれない。それに対して，その単語についてなじみがあるような感じを最初にもったら，ウェブスターの英語の辞書をパラパラめくるのではなく，少し時間をかけてその単語の意味について記憶を探索するだろう。いずれの場合も，記憶の手がかり（この場合，「bucolic」という単語）についての初期段階での熟知性が一つの方略（辞書を調べる，あるいは記憶を探索する）を選択する際に利用される。あなたの既知感は，一つの答えについてどれくらい長く記憶を探索するかにも影響を及ぼすかもしれない。もしもあなたが記憶を探索することを選び，自らがTOT状態に陥っていたり，あるいはその単語の意味について高い既知感が生じていたりしたら，記憶の探索を続行するだろう。逆に，既知感が低くなれば，記憶の探索を終結するだろう。

いずれの場合にせよ，「『bucolic』の意味は何か？」という問題への答えを探索する際に既知感は一つの機能的な役割を担っている。最初の例では，初期の既知感が方略選択を導き，第2の例では，進行中の既知感が検索の終結を導いている。次の二つの項では，これらの既知感の機能を取り上げた研究について検討してみよう。

1．方略選択

リン・リーダーとその共同研究者らは，上記の例のように，予備的な既知感が方略選択を導くのかどうかを検討するための画期的な方法を開発した（概説についてはReder, 1988を参照のこと）。ここでの考え方によれば，私たちは一つの問題が与えられたときにすぐさま「知っている」（あるいは「知らない」）という感じをもつが，そうした経験は答えを探索し始める前に生じる。このような検索前の既知感は，その後の，本格的に答えの探索を行なうのか，あるいは他の方略を用いて答えを得るのかという決定に利用される。

リーダーは初期の研究（Reder, 1987）で「早押しクイズ法」を開発した。この方法では，実験参加者は一つの問題が与えられると，それに答えるのではなく，その答えを知っているかどうかをできるだけすばやく反応することが求められた。これは，テレビの人気クイズ番組『ジョパディ（*Jeopardy*）』や『家族の争い（*Family Feud*）』の早押しクイ

リン・M・リーダー
(Lynne M. Reder)
既知感判断の基礎を体系的に検討するための独創的な方法を開発した。

ズとよく似ている。実験参加者は，すばやく既知感判断を行なったあと，問題に答える時間が与えられ，その既知感判断の正確さが調べられた。統制条件の実験参加者にも同じ問題が与えられたが，既知感判断は行なわれず，問題が呈示されたらすぐにできるだけすばやく答えることが求められた。そうすると，いくつかの注目すべき実験結果が得られた。第1に，こうしたテレビ番組を見たことがある人（あるいは，このようなゲームに興じたことのある人）なら何の不思議もないのだが，問題に答えるのに要する時間よりも，自分が問題の答えを知っているかどうかを判断するのに要する時間の方が短かった。さらに，初期の既知感は，その答えが実際に検索されるかどうかを予測するという点で正確であった。したがって，正確な既知感判断は，すばやく，かつ答えが検索される以前に行なわれるものであると考えられる。このことは，予備的な既知感が答えを検索すべきかどうかの決定に影響を及ぼすであろうことを示している。おそらく最も印象深いことは，実験参加者が既知感判断を行なうのに要する時間と問題に答えるのに要する時間の全体が，統制条件群における答えの検索に要する時間と等しかったことである。この結果は，統制条件群の実験参加者（明確に既知感判断を行なうことを求められてはいなかった）であっても，問題に答える以前に予備的な既知感の段階を経ていたということである。

　もう一つの可能性として，実際に，問題への答えが記憶の中に貯蔵されているかどうかについての非常にすばやい評価に基づいて検索に関する決定が行なわれていると考えることもできる。たとえば，（アクセス可能性仮説にしたがって）おそらく人は正しい答えの一部をすばやく再生したあとに，それによって初期の既知感が生成される。これはあくまで一つの可能性ではあったが，リーダーとリッター（Reder & Ritter, 1992）は，一種の早押しクイズ法を用いてこの可能性を排除し，さらに，方略選択を導く際に予備的な熟知性に基づいた既知感が重要であることを明らかにした。彼女らは実験参加者に「28 × 16 = ?」のような目新しい算数問題を解くように求めた。この実験手続きは，図4.4に示すように，早押しクイズ法に似ている。すなわち，コンピュータの画面に一つの問題が呈示される。そのあと，実験参加者は正しい答えにたどりつくのに二つの方略のどちらを用いるか，すなわち，正しい答えを記憶の中から検索するのか（検索方略），計算によって求めるのか（計算方略）をすばやく決めなければならない。実験参加者はすばやく決定した後に，答えを検索するか，あるいは計算を行なった。

　もちろん，実験参加者は，一度も練習しなければ正しい答えがわからないので，計算の方略を選択せざるをえないだろう。実験参加者は何百試行も行ない（図4.4は1回の試行だけを示している），その中で多くの問題が別の試行でも繰り返し呈示された。ここで重要なのは，実験参加者が練習試行中にいくつかの答えを記銘するにしたがって，検索方略に切り替えていくかどうかということである。具体的には，問題に対する実験参加者の熟知性が高まって正しい答えが学習されていくにしたがって，実

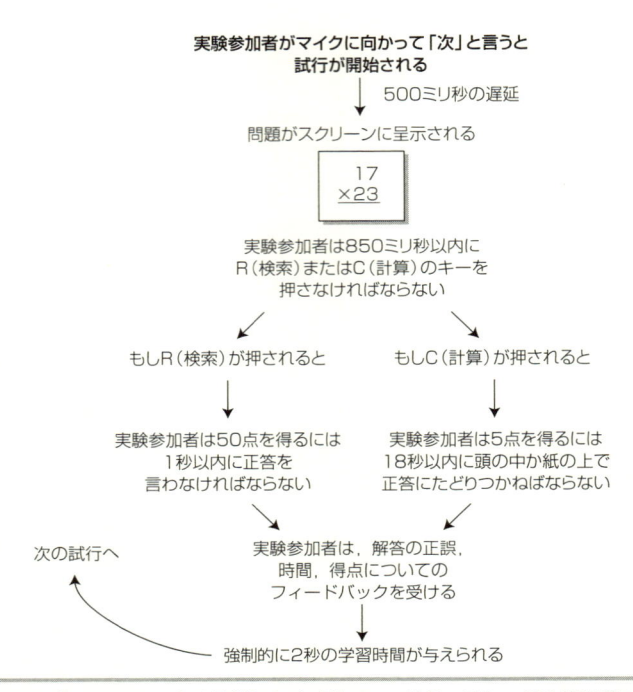

```
実験参加者がマイクに向かって「次」と言うと
試行が開始される
          ↓     500ミリ秒の遅延
問題がスクリーンに呈示される
     ┌─────┐
     │  17 │
     │ ×23 │
     └─────┘
実験参加者は850ミリ秒以内に
R（検索）またはC（計算）のキーを
    押さなければならない
    ↓                    ↓
もしR（検索）が押されると    もしC（計算）が押されると
    ↓                    ↓
実験参加者は50点を得るには   実験参加者は5点を得るには
   1秒以内に正答を         18秒以内に頭の中か紙の上で
   言わなければならない      正答にたどりつかねばならない
          ↓        ↓
次の試行へ  実験参加者は，解答の正誤，
           時間，得点についての
           フィードバックを受ける
     ↑              ↓
     └──── 強制的に2秒の学習時間が与えられる
```

◯ 図4.4 リーダーとリッターによる早押しクイズ法での1試行の流れ。掛け算問題の条件では足し算問題の条件よりも多くの時間が与えられた。（出典：Reder & Ritter, 1992）

験参加者は使用する方略を計算方略から検索方略に変えるはずである。重要な実験結果が図4.5に示されている。この図では，実験参加者が検索方略の使用を決めた試行回数のパーセントを縦軸にとり，一つの問題がどのくらい繰り返されるかを横軸にとってある。最初に，▲で結ばれたデータ（訓練問題複写条件）を見てみよう。このデータはまったく同じ数式の形で問題が繰り返される場合である（「28 × 16 =」という問題であれば，その同じ問題が複数の試行で呈示される）。この条件では問題の呈示回数が増えれば増えるほど，実験参加者が検索方略を選択する割合が高くなっていくことに注目してほしい。

　すでに述べたように，この結果は予想された通りであるが，二つの異なるメカニズムによって説明することができる。すなわち，①検索を行なうかどうかという初期の決定は，問題の熟知性（すなわち，手がかり熟知性）によって得られた予備的な既知感に基づいて行なわれる，②検索するかどうかという決定は，実際の答えに対するすばやい検索に基づいて行なわれる，という二つの仮説が考えられる。リーダーとリッター（Reder & Ritter, 1992）はこの二つの競合する仮説を区別するために，この方法に画期的な工夫を加えた。具体的には，問題が最後に呈示される際に，いくつかの問

第4章 既知感とTOT状態

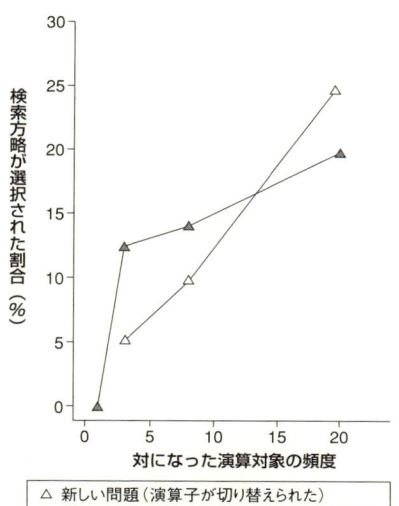

[図: 検索方略が選択された割合(%) を縦軸、対になった演算対象の頻度を横軸にとったグラフ。△ 新しい問題(演算子が切り替えられた)、▲ 訓練時と同じ形の問題(演算子は以前のまま)]

○図4.5 試行を通じて問題が提示された頻度と実験参加者が答えを検索しようと試みた試行の割合との関係(出典:Reder & Ritter, 1992)

題の一部を変えたのである。たとえば,「32 + 14 = 」という問題が最初の方の試行で8回呈示されたとする。しかし,その最終試行では演算子(加減乗除の記号)が切り替えられた。つまり,「32 + 14 = 」という足し算が呈示されるのではなく,「32 × 14 = 」という掛け算の問題が呈示された。この「演算子の切り替え」が行なわれた問題はまったく新しく,実験参加者はそれまでに見ていなかった問題であるために,正しい答えを知らない(検索できない)。したがって,もしも実験参加者が一つの答えの初期の検索に基づいて方略の決定を行なっているのならば,実験参加者は答えを知らないので,答えを計算によって求めるはずである。逆に,もしも実験参加者が方略の決定を手がかりの全体的な熟知性に基づいて行なっているのならば,間違いなく問題になじみがあるようにみえるので,実験参加者は実際に答えを検索することを選ぶだろう。実験データでは,図4.5に示されるように,演算子の切り替えが行なわれた問題については,切り替えがなされる前に何度も最初の同じ形のままで問題が呈示された(たとえば,32 + 14 = ?)。そのため,実験参加者は切り替え前の答えをそのまま検索することが多かった。こうした実験結果は,方略選択を導く予備的な既知感は実際の反応へのアクセスに基づいているのではなく,手がかりの熟知性に基づいているということの確かな証拠になっている(概説については Miner & Reder, 1994 を参照のこと)。

2. 検索の終結

　第1章のメタ認知の歴史に関連した，次のような問題にがんばって答えてみてほしい。①「心理学の研究において『メタ認知』という用語を広めた心理学者はだれですか？」，②「記憶術の場所法を開発したことで知られる古代ギリシャ時代の有名な雄弁家はだれですか？」。あなたは，この二つの問題のどちらにも正しい答えを思い出せなかったかもしれない。しかし，その際，「フラヴェル」を思い出すのをあきらめるには長い時間がかかったのに，「シモーニデース」について判断するのにはごく短い時間しかかからなかったかもしれない。

　答えを検索できないときに，どれくらい長く答えを探すかは何によって決まるのだろうか。もちろん，この問いに対する一つの答えとして，どれくらいあきらめずに答えを検索し続けるかを決定するのに，正答に関する既知感が利用されるということができる。このことを説明するために，直観的にわかりやすい理由を挙げてみよう。問題によっては，「その答えは知らない」と即座に確信することがある。たとえば，あなたに「有名な歌手のブリトニー・スピアーズ（Britney Spears）の電話番号は何番ですか？」と尋ねたとしよう。あなたは自分が以前にその電話番号を知っていたとは考えにくいので，おそらくその電話番号について自らの記憶を探索することなく，「知らない」と即座に答えるだろう（Kolers & Palef, 1976）。このように，即座に「知らない」という感じをもつことは探索のすばやい終結につながる。一方，「『指輪物語（ロード・オブ・ザ・リング，*The Lord of the Rings*）』の作者はだれですか？」という問題であれば，たとえすぐに答えが思い出せないときでも，原作の3部作を読んでいたり，映画を見に行ったりしていたら，「自分は知っている」という感じをもつだろう。

　こうした例に見られるように，既知感と探索の持続時間との間に正の相関関係があり，既知感が高ければ，記憶から答えを探索するために費やされる時間が長くなると予想できる。この研究分野では，これまで既知感と探索時間との関係についてはあまり注目されてこなかったが，既知感は記憶探索に用いられる時間の長さに影響するという仮説を支持する実験的証拠が現在までに報告されている（Nelson et al., 1984; Reder, 1987）。ネルソンら（Nelson et al., 1984）はRJR法を用いて，実験参加者に一般知識問題を与えて，答えられない問題が21問になった時点で（実験1），あるいは12問になった時点で（実験2），問題の呈示を終了した。その際，実験参加者が問題を解くのをあきらめるまでにどれくらい長く答えの探索に時間をかけるのかの指標として，「わからない」という答えが出るまでの反応潜時が記録された。その後実験参加者は問題に対して既知感判断を行ない，さまざまな基準テスト（多肢選択式の再認テストなど）が行なわれた。ネルソンら（Nelson et al., 1984）は，実験1と2の両方で，再生できないときの反応潜時（実験参加者が「わからない」と反応するのに要す

る時間）と，基準テストの成績や既知感判断などを含むさまざまな指標とが相関しているかどうかを調べた。実験の結果，興味深いことに，再生されないときの反応潜時と，基準テストの成績のような記憶の客観的な指標との間に相関が見られなかった。それに対して，両方の実験ともに，再生できないときの反応潜時と既知感判断との間の相関係数を実験参加者ごとに個別的に計算して，その平均値を求めると+.35を超えた。したがって，ネルソンら（Nelson et al., 1984）の結論と同様，これらの実験結果から「再生できない答えを探索する時間の長さは，個人が実際に何を知っているのかによって決まるのではなく，個人が自分は何を知っていると思うかによって決まるようである」(p. 292)。

○○○ 要約

ハート（Hart, 1965）が既知感に関する独創的な研究を行なって以来，多くの研究者が人間の既知感判断に関するさまざまな重要な疑問に答えようとしてきた。そうした疑問とは，「なぜ既知感判断は一般的に偶然確率以上の相対的正確度をもつのか？」や，人間の思考や行為をコントロールする際に既知感はどのような機能的役割を果たしているのか？」などであった。この最初の疑問に関しては，ハートによって提唱された直接アクセス説はもはや有力ではなくなってきている。すなわち，人間は記憶の中で項目の強度に直接アクセスすることはできない。そうではなく，手がかりの熟知性やアクセス可能性のように，人間はさまざまなヒューリスティックを用いることによって，再生できない項目に関する記憶が実際に利用可能であるかどうかについて推論を行なっているらしい。あとの章で示されるように，そのようなヒューリスティックに基づく説明は広く認められ，既知感の正確さと他のメタ記憶判断のバイアスの両方を理解するのに有効である。

既知感判断はまた，人が方略選択や検索を行なう際に，一つの機能的役割を果たしていると考えられる。方略選択については，次のような見方がよく知られている。すなわち，一つの問題が示されて解くように求められたときに，問題に対する熟知性に基づいて即座に既知感が生じ，それによって記憶から答えを検索すべきか，あるいは計算によってその答えを得るべきかを判断することができる。検索については，すぐに答えが思い浮かばないときに，目当ての答えを検索しようと長い時間をかけるようである。その極端な場合として，ある項目に対してTOT状態になったときに，人はかなり長い探索時間を費やす。そして，それに伴うフラストレーションからのがれるために，外的な補助手段（たとえば，インターネットを調べたり，友人に尋ねたりする）の助けを借りることもあるだろう。

【討論問題】

1. あなたは女性の友人とともにハリウッドにいて，有名人たちが行きかう場所を探して歩いているとしよう。しばらく慎重に探しまわったが，さしたる幸運にめぐり会うこともなかったところに，友人があなたのシャツの袖を引っ張り，通りの向こうにいる40代くらいの，一人のかっこいい男性を静かに指差した。その男性は，高価な服を着ているように見えた。友人が小声で「向こうにいるあの人は映画に出ていたわ。でも名前が出てこないの。あの人の名前を知っている？」と言った。このような場面において，あなたの友人が得たすべてのメタ認知的経験（モニタリングとコントロールの両方とも）について説明してみよう。また，見かけた男性が有名人ではなかったと仮定して，なぜ友人はその男性の名前に対して強い既知感をもったのだろうか。

2. ある一人の人物は記憶能力が健常である（つまり，対象水準での記憶に何の問題も認められない）としよう。しかし，その人は，既知感に関連したメタ認知的経験をもっていないと仮定しよう。すると，その人は何かを再生できないときに，思い出せないということ以外に何の経験ももたないことになる。こうしたメタ認知的な自覚がないことは，他者との人間関係にどのような影響を及ぼすだろうか。その人は「トリビアル・パスート」や「ジョパディ」のようなクイズは得意だろうか。なぜ得意なのか，あるいは，なぜ得意ではないのだろうか。その人の記憶システムが健常であっても，通常と同じ記憶能力をもっているように見えるだろうか。あなたは，その人の場合，ふつうの人のようにたまにTOT状態に陥るというときよりも，TOT状態に陥らないことの方がイライラすると思うか。

【概念の復習】

次の質問と課題について別の用紙にできるだけ詳しく答えを書き出してみよう。その後で，この章の関連のあるところを読み直して，答えをチェックしてみよう。

1. 科学者はどのように既知感判断を調べたのか，既知感の相対的正確度はどのように計算するのか，について説明しよう。
2. 既知感判断が，①手がかりの熟知性，および，②ターゲットのアクセス可能性に基づくことを示す実験的証拠について説明しよう。
3. 科学者が既知感の経験に関係していると考えている脳の領野は，どこか。それらは，記憶そのものに関係する領野とは分かれているか。
4. 喉まで出かかっているのに出てこない（TOT）という経験とはどのようなものか。実際にTOTの状態になったときに，何かを思い出すための二つの方略について説明しよう。
5. 既知感の機能について説明しよう。

第5章 学習判断

　第4章では，人がどのように既知感判断を行なっているのか，そして，なぜ既知感判断を偶然確率以上の正確さで行なうことができるのかという問題について詳しく見てきた。既知感そのものについては，ほとんど説明の必要がないだろう。なぜなら，目当ての人の名前を知っていると思うのに思い出せなくて苦労するときのように，既知感は日常でよく起きるからである。その名前を記憶の中でいくら探索しても，喉まで出かかっているのに出てこないという状態が続くと，非常にイライラしてくる。既知感に比べて，その他のメタ認知的判断は日常生活の中でさほど頻繁に行なわれるわけでも刺激的なわけでもない。しかしながら，それでも，既知感以外のメタ認知的判断は多くの重要な場面で自らの記憶内容を利用する際に不可欠であると考えられる。このことを理解するために，次のような教室場面について考えてみよう。この場面では，一人の学生が試験にそなえて新しい教材を暗記しようとしている様子に焦点があてられている。

　　　デイビッドは以前から，もう一つ別の言語を学びたいと考えていた。そして，フランス語の初級コースに登録することにした。そのフランス語のクラスに入って数週間が経った頃，教材のいくつかの章に出てくる単語（たとえば，「cheval－馬」）に関する試験を受けることになった。デイビッドは，試験勉強を行なう際に，最初にすべての教材を調べて，学習するのがどれくらい難しいかを判断しようとした。この判断は，**学習容易性判断**と呼ばれている。デイビッドは，名詞よりも動詞の方が覚えにくいだろうと判断し，名詞よりも動詞を学習するのに多くの時間をかけようと決めた。デイビッドはまた，学習しながら，学習の進み具合を判断しようとした（モニタリングを行なおうとした）。そして，フランス語の単語とその訳語を学習したあとで，試験のときにきちんと思い出せるほど十分に学習したかどうかを単純に判断した。そのあとデイビッドは，このような**学習判断**を用いて，いつ学習を終えるかを決めた。デイビッドは一つの単語を十分に学習したと判断したら，その単語の学習を終えた。しかし，まだ学習できていないと思われる単語については学習を続けた。しかし，あいにく自分が学習したかどうかについて判断を誤ることが多かった。言い換えれば，デイビッドの学習判断はさほど正確ではなかった。したがって，彼は，まだ学習する必要のある多くの単

語の学習に対して，十分な時間を費やさないままに試験勉強を終えたのである。

　この教室での様子から，学習容易性判断と学習判断という二つのメタ認知的判断に関するいくつかの重要な疑問が浮かびあがってくる。第1の疑問は，人は学習にどれくらいの時間をあてるのかを決めるのにこうした判断を用いているのか，というものである。上記のデイビッドの場合，この疑問に対して「はい，用いています」という答えが得られるだろう。なぜなら，彼は学習が最も不十分であると判断した項目に一番多くの学習時間をあてたからである。このことは直観的に良いことのように思われる。第2の疑問は，こうした判断がどれくらい正確に行なわれるのかというものである。デイビッドの学習判断はさほど正確ではなく，そのことで彼の勉強の効果は薄らいでしまう。デイビッドのように，人が自らの学習について判断するとき，そうした判断は正確でないことが多い。そして，このことは一つの重要な実用的な疑問につながってくる。すなわち，こうした判断の正確さは向上させることができるのかという疑問である。

　この章では，こうした疑問の一つひとつについて，関連した実験的証拠を見ていきたい。これらの疑問はすべて，私たちはいったん記憶を作り上げるときに実際に記憶に対してどれくらいうまくモニタリングを行なっているかという問題と直接に結びついている。モニタリングが正確であると仮定すると，おそらく，このモニタリング技能は有用なのであろう。そこで，既知感判断と学習判断を簡単に比較したあと，学習判断の正確度に多大な影響を及ぼす二つの要因（現在，この分野で精力的に研究が進められている）を取りあげる。重要なこととして，人がどのようにこうした判断を行なっているかについてのさまざまな仮説についても批判的に検討する。最後に，私たちが自らの学習時間をコントロールするために学習へのモニタリングをどのように利用しているのかについて議論し，この章を締めくくる。

第1節　すべてのモニタリング判断は同一の情報に基づいているか

　ハート（Hart, 1965）が既知感判断に関する独創的な研究を行なってから，まもなく，学習容易性の研究（Underwood, 1966）や学習判断の研究（Arbucle & Cuddy, 1969）が始まった。それ以来，既知感判断を正確に行なうことができるという人間の不思議な能力は多くの注目を集めたが，学習容易性判断を理解することに継続的な努力がなされることは少なく，ほとんど何も明らかにされていなかった。しかしながら，ここ20年ほどの間に，学習判断はメタ認知的判断の中でも最も盛んに研究されるテーマの一つになった。したがって，この章では学習容易性判断に関するいくつかの興味深い実験結果も見ていくが，この章の大部分を学習判断の理解がどのように進んできたのか，その進展が学習の調整にどのように利用されているのかについての説明

にあてる。

　学習判断に関する研究について深く掘り下げる前に，これまでに取りあげた三つの判断（学習容易性判断，学習判断，既知感判断）を比較してみよう。このような比較が必要である理由は極めて明快である。すなわち，こうした三つの判断が互いに強く関連しているのなら，これらの判断は，同一の基礎過程に支えられ，同一の情報に基づいているのかもしれない。もしそうであるなら，第4章で私たちが既知感判断について勉強した事柄はすべて，あと二つのメタ認知的判断にも容易に一般化して適用することができるだろう。この可能性を評価するために，レオネジオとネルソン（Leonesio & Nelson, 1990）は，大学生に20個の連合対（たとえば，「机－湖」）を学習し，これら三つの判断をすべて行なうよう求めた。実験参加者は単語対を学習する前に，それぞれの項目に対して「非常に学習しやすい」から「非常に学習しにくい」までの評定を行なう形で学習容易性判断を行なった。次に，それぞれの項目が学習のために一つずつ呈示されたあと，テストでは，各刺激語が呈示され，実験参加者は正しく反応語を検索することが求められた（たとえば，「机－？」）。この学習－テストの系列は，実験参加者が学習項目によって異なる基準を達成するまで繰り返された。すなわち，項目の半数は，実験参加者が正しく反応語を1回再生するまで学習された（「**学習された項目**」と呼ぶ）。残りの半数の項目は，実験参加者が正しく反応語を4回再生するまで学習された（「**過剰に学習された項目**」と呼ぶ）。ある項目がその基準に達したら，その学習－テスト系列から除かれた。すべての項目の学習が終了したあと，実験参加者は，項目が「まったく学習されなかった」から「最もよく学習された」までの範囲で学習判断の評定を行なうように求められた。そして，実験の最終段階が行なわれるまでに4週間の保持期間が設けられた。この最終段階では，実験参加者は基準となる再生テストを受け，そこで再生されなかった項目のそれぞれについて既知感判断が行なわれたあと，再生されなかった項目ごとに基準となる再認テストが行なわれた。

　このような実験手続を用いることによって，レオネジオとネルソン（Leonesio & Nelson, 1990）は，それぞれの実験参加者が三つの判断をすべて行なったので，それらの判断の結果を直接比較することができた。ここで最も重要な指標は，これら三つの判断結果の間の相関である。すべての相関係数が＋1.0に近ければ，そうした判断は同じ基礎過程に基づいていると考えられる。実際にはそうではなくて，再生されなかった項目について判断結果の間の相関係数を求め，その平均を計算すると，学習容易性判断と学習判断との間の相関係数は＋.19，学習容易性判断と既知感判断との間の相関係数は＋.12，学習判断と既知感判断との間の相関係数は＋.17であった。このようにいずれも低い相関係数が示されたことから，これらの判断はやや異なる過程に基づいているか，あるいは，異なる種類の情報を受けていることが示唆される。しかしながら，現在のところ，これらの実験結果は，第4章で取り上げた既知感に関する

いくつかの結論が必ずしも学習判断にそのまま一般化できるわけではないことを示している。

第2節　学習判断の正確度に影響を及ぼす変数

　学習試行数と判断の時期という二つの要因は，学習判断の正確度に非常に大きな効果を及ぼすので，この研究分野ではこれまでに多くの注目を集めてきた。以下の二つの節では，この二つの要因について見ていく。その他の多くの要因についてもこれまで検討されてきたが，ここでは特に，理論化や議論を促した頑健な効果について取り上げたい。二つの要因について詳しく見ていく前に，いくつかの初期の学習判断研究を紹介しよう。それらの研究は，人が新たに学習された刺激材料についての記憶を正確に判断できることを最初に示したものである。

　アーバクルとカディ（Arbuckle & Cuddy, 1969）は，学習判断に関する画期的な研究を行なったが，その中で，もしも単語の対連合によって「呈示直後の連想強度に差があるのなら，実験参加者は，何か他の入力信号の刺激強度の差を検出できるのとまったく同じように，連想強度の差を検出できるにちがいない」(p. 126) と述べている。彼女らは，大学生の実験参加者に連合対の短いリストを学習するよう求めた。そして，それぞれの項目の学習を終えた直後に，それらの項目があとで再生されるかどうかを判断するよう教示した。その結果，実験参加者が「再生されないだろう」と判断した項目よりも「再生されるだろう」と判断した項目の方が，実際に後で再生される確率が高かった。このことから，大学生は項目が再生されるかどうかを偶然確率以上の正確さで予測できることが明らかになった。その7年後に，グロニンガー（Groninger, 1976）は個々の項目が再認されるかどうかの予測も正確に行なわれることを報告している。その後の10年ほどの間に，人間（多くの場合，大学生）が自らの記憶テストの成績を正確に予測できることを示す研究があいついで報告された（King, Zechmeister, & Shaughnessy, 1980; Lovelace, 1984 など）。

　しかしながら，こうした初期の研究の多くは，学習判断がどの程度正確であるのかを示すための正確さの測度を用いていなかった。ネルソンは1984年に，既知感判断の相対的正確度を示す測度としてガンマ係数を用いることを提唱した（Nelson, 1984）。その後，この相関指標は，あらゆるメタ認知的判断の相対的正確度を示すための標準的な測度となった。相対的正確度とは，ある人の判断がある項目の記憶成績を別の項目の記憶成績と比べて予測している度合いに関連していることを忘れないでいてもらいたい。ガンマ係数が0であることは，相対的正確度が偶然確率であることを示している。この場合，その人は一つの項目が再生されるかどうかを，ちょうど硬貨を投げて決めるようなやり方で予測している。ガンマ係数が0から+1.0に近づくにしたがって，相対的正確度は高まっていく。究極的には，学習判断の相対的正確度がほぼ

完璧なレベルに達すると（ガンマ係数がほぼ + 1.0 になると），人は自分が何を学習したか（逆に言えば，何を学習しなかったか）を極めて正確に判断できているということになる。

では，実際に，人間の学習判断はどれくらい正確なのだろうか。前述のレオネジオとネルソンの研究（Leonesio & Nelson, 1990）では，さまざまなメタ認知的判断の正確度が示されており，学習判断と基準となる再生成績との相関係数の平均はおよそ + .30 であった。この数値は確かに 0 以上である。別の研究も 1980 年代の半ば以降，相対的正確度の指標を用いた結果を報告しているが，いずれも同じような中程度の相関を示した（Begg, Duft, Lalonde, Melnick, & Sanvito, 1989; Vesonder & Voss, 1985 など）。これらの実験的研究の結果は，楽観的な見方と悲観的な見方のどちらにおいても明快である。すなわち，連合対のような単純な記銘材料については正確に予測できるが，その予測の正確さについてはまだまだ改善の余地が残されている。

学習判断の正確度はかなり低いことが多いが，二つの要因が学習判断の正確度に影響を及ぼすことが明らかにされている。以下で取りあげる第 1 の要因は，学習ーテストの試行数を増やすことである。この要因は実質的に，キャリブレーションと相対的正確度に対して異なる効果をもたらす。これに対して，第 2 の要因である学習判断の時期は，キャリブレーションと相対的正確度の両方を劇的に向上させる。

1．学習ーテストの試行数と練習による過小確信効果

勉強すればするほど勉強している事柄をよく覚えるということはだれでも知っている。記憶に関するこの明らかな法則について認知心理学者はいくつかの興味深い例外があることを見いだしてきた。しかし，学習判断の研究は，過剰な学習が記憶を向上させるときの文脈に焦点を当ててきた。ここで中心となる問題は，記憶を向上させることが人の記憶モニタリングの向上にもつながるのか，というものである。

まず最初に，相対的正確度について考えてみよう。コリアット（Koriat, 1997）は，学習判断の正確度に対して複数回の学習ーテスト試行が影響を及ぼすことについて検討した。その実験では，実験参加者はいくつかの項目を学習し，学習判断を行なったあとで，それらの項目についてテストが行なわれる。この「学習ー学習判断ーテスト」という手続きが同一の項目について繰り返される。予想されたとおり，テストの成績は試行を重ねるごとに良くなっていき，学習判断の正確度も同様に上がっていった。つまり，第 1 試行での正確度よりも第 2 試行での正確度の方が高かった。こうした正確度の向上の原因は単純明快である。実験参加者は，第 1 試行の学習を終えて自らの成績を予測する際に，明らかにそれに先立つテスト試行で検索を試みた結果に基づいて学習判断を行なうはずである。つまり，先行のテスト試行での検索結果が，次の試行での成績に関する一つの潜在的な予測指標になっている（Finn & Metcalfe, 2007; Vesonder & Voss, 1985 など）。

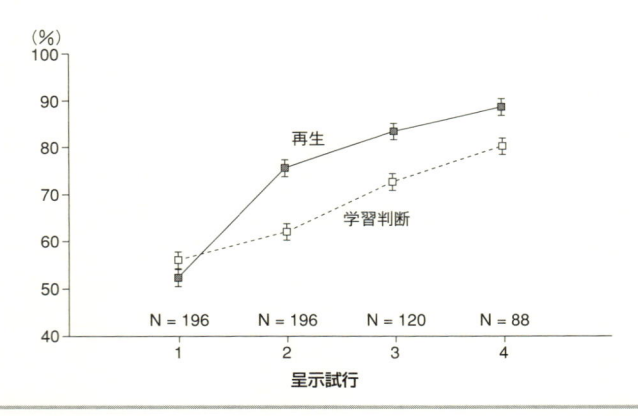

◯ 図5.1　練習による過小確信効果。学習呈示試行数と正再生率（実線）および予想再生率（点線）との関係。数値は11の実験のデータを込みにして算出した（出典：Koriat, Sheffer, & Ma'ayan, 2002）

　驚くべきことに，テストの経験は試行を重ねるごとに相対的正確度を高めるにもかかわらず，そのような経験はキャリブレーションに対しては異なる効果をもたらす。特に，コリアットら（Koriat, Sheffer, & Ma'ayan, 2002）は，同一の項目に関する複数回の学習－テスト試行中に実験参加者が学習判断を行なった11の実験について分析した。その結果，コリアット（Koriat, 1997）の場合と同様に，学習判断の相対的正確度は試行の経過とともに向上した。さらに，学習判断の大きさも試行の経過とともに増加し，学習判断が学習に対して敏感であることを示した。しかしながら，最も興味深いのは，学習判断の大きさが試行の経過とともに学習速度を過小評価したことである（図5.1を参照のこと）。実験参加者は第1試行（呈示1）ではわずかながら過剰確信を示している。つまり，学習判断の値は再生成績よりもやや高い。しかし，そのあとの試行では，学習判断において過小確信が示されている。コリアットら（Koriat et al., 2002）はこのことを「**練習による過小確信効果**」と呼んだ。この効果は，さまざまな条件のもとで確かに認められる。たとえば，実験参加者がテスト中に答えの正誤に関するフィードバックを受ける条件のもとでも，この練習による過小確信効果が確認されている。

　要約すれば，多くの実験的証拠から，挿入されたテスト試行からの自己フィードバックは学習判断の相対的正確度を高める働きをすることが示されている。したがって，検索の練習を重ねることが学習判断にとって一つの重要な基礎になっている。このことは，のちほど学習判断の時期に関する議論を行なうときに，もう一度取りあげるテーマでもある。それでもやはり，直観に反する「練習による過小確信効果」に示されるように，検索の練習は完璧に敏感な学習判断にはつながらないのである。この効果は繰り返し再現されているが（Meeter & Nelson, 2003），学習判断におけるこの

●論点5.1　全体的判断：あなたがどれくらい想起できるかを予測する

　学習判断に関する多くの研究は，他のメタ認知的判断に関する研究の場合と同様に，個々の単語であれ，連合対であれ，文章材料であれ，いずれも項目ごとに評定を行なうように実験参加者に求めている。しかしながら，現実世界の状況では，個人はすべての項目にわたる全体的な成績に大きな関心があり，特定の項目の成績にはさほど関心がないことがある。たとえば，学生は期末試験の準備をするときに，ある成績評価（たとえば，B 以上）を得ようと努力している。このような状況では，学生は全体的な（総括的な）判断と呼ばれるものを行なおうとしている。それは，来たるべき試験において正しく答えることのできる項目の割合を予測することに関係している。メタ認知研究ではこうした全体的判断にしだいに注目が集まるようになってきた。そして，研究者によっては，項目ごとの学習判断とともに全体的な学習判断の正確度も当たり前のように検討している。

　もちろん，それぞれの実験参加者は一般的に一度の全体的判断しか行なわないために，それらの判断の相対的正確度を推定することができない。その代わりに，実際の成績（正答率）から全体的判断（予測率）を減じることで，ここでのキャリブレーションが計算できる。項目ごとの学習判断が単一の試行ではしばしば過剰確信を示すことを思い出してほしい。それとは対照的に，マッツォーニとネルソン（Mazzoni & Nelson, 1995）は，学生の全体的判断が，単一試行のあとでは過小確信を示すことを見いだした。このことはおそらく，項目リストを学習したあとで，実験参加者は長いリストから多くの項目を想起できないと実感するからだろう。さらにコリアットら（Koriat et al., 2002）は，全体的判断でも，「練習による過小確信効果」を示すかどうかを検討した。実験参加者はリストの 60 個の項目を学習したあとに，60 項目のうち何項目が正しく再生されるかについて全体的判断を行なった。実験参加者は，同一のリストに対する 4 つの学習-テスト試行を通じて学習判断と全体的判断の両方を行なった。その結果，学習判断は前述のとおり，「練習による過小確信効果」が示されたが，それだけでなく，全体的判断も試行の経過とともに過小確信がもっと進むことが示された。

　もちろん，これらの実験における全体的判断は，学生がほとんど経験したことのない方法であった。それとは逆に，ハッカーら（Hacker, Bol, Horgan, & Rakow, 2000）は，大学生が実際の授業のテスト成績を予測する際に全体的判断をどの程度正確に行なうのかを検討した。彼らは特に，学期が進むにつれて学生が全体的判断をどれほど正確に行なうようになっていくかに注目した。クラスで最も成績の良い学生は，教室での試験を受けるという経験を積むにしたがって予測の正確度が向上していった。あいにく，最も成績の低い学生は予測において，全学期を通じて顕著な過剰確信を示した。このことから，ハッカーら（Hacker et al., 2000）は結論として次のように述べている。「成績の低い学生が試験準備行動の自己調整をうまく行なうようになるのを助けるには，知識の不足に対する注意と同じくらいの注意を『全体的な学習判断』に対しても向ける必要がある」（p. 169）。こうした研究については，学生の学ぶ力に直接関係するものとして，第 9 章の教育のところでさらに議論を深めることにしよう。

興味深いバイアスの原因については，今もなお詳細に検討されている。一つの有力な仮説がフィンとメトカルフェ（Finn & Metcalfe, 2007）から提起されている。彼らは，第2試行での学習判断は第1試行での再生成績の記憶に基づいていると考えた。たとえば，人は第2試行では，第1試行で正しく再生された項目に対して極めて高い学習判断の値を示すだろう。それとは逆に，第1試行で正しく再生されなかった項目に対しては，おそらく極めて低い学習判断の値を示すだろう。ここで一つ難しい問題が起きる。というのも，人は，誤って再生した項目について低い学習判断を行なう場合，これらの項目のいくつかが第2試行で学習されることをまったく考慮に入れないからである。したがって，過小確信が生じるのである。

さらに，フィンとメトカルフェ（Finn & Metcalfe, 2007）は，実験参加者が第1試行のテストで特定の項目をうまく学習し，第2試行での成績と等しくなるように操作したところ，第2試行での学習判断は第2試行での成績ではなく，第1試行での成績に従うものであった。どのような操作かと言えば，いくつかの項目については1回しか呈示が繰り返されず，別の項目については5回も呈示が繰り返されたために，項目によって第1試行でのテスト成績に差が生じた。第1試行で5回の反復を受けた項目は，（そのため再生成績は良かったが，）第2試行では1回の反復しか受けなかった。逆に，第1試行で1回の反復しか受けなかった項目は，（そのため再生成績は低かったが，）第2試行では5回の反復を受けた。したがって，実験参加者は第2試行で学習判断を行なうまでに，記憶成績は等しくなっていた。しかし，実験の結果，実験参加者はなおも，第1試行のテストで特定の項目がどのような成績であったかに基づいて学習判断を行なっていた。すなわち，実験参加者は，第1試行で再生成績の低かった項目に対しては低い学習判断の値を与え，同じく第1試行で再生成績の高かった項目に対しては高い学習判断の値を与えた。フィンとメトカルフェ（Finn & Metcalfe, 2007）による「練習による過小確信の効果」に関する説明は，直観的には納得のいくもので，現時点での実験的証拠にもうまくあてはまっている。しかし，この「練習による過小確信効果」の研究はまだ始まったばかりで，こうしたメタ認知の錯誤に何がかかわっているのかについて多くの議論が今後活発に行なわれるだろう。おそらく，「練習による過小確信効果」の原因を明らかにすることは，この分野にとって一つの重要な課題と言えるだろう。

2．学習判断の時期と遅延学習判断効果

この章の冒頭で一つの具体例を示したが，その中でも示唆されたように，学習判断の正確度は，人が再学習の際にどのように効果的に学習時間を配分することができるかという問題にとって重要である。したがって，この分野での研究の一つの目標は，

学習判断の正確度を向上させるための技法を明らかにすることである。ネルソンとダンロスキーは1991年に，学習判断の正確度を確実に高めるために，比較的簡単でわかりやすい技法を報告している（Nelson & Dunlosky, 1991）。彼らは，学習判断を調べる実験のほとんどが実験参加者に学習の直後に学習判断を行なうよう求めている点に注目した。前節で述べた結論はすべて，こうした**直後学習判断**に基づいている。しかし，ネルソンとダンロスキーは，図5.2に示すように，直後学習判断と**遅延学習判断**を比較した。彼らは，これらの学習判断の相対的正確度を推定するために，大学生に60項目の連合対（たとえば，「イヌ－スプーン」）を学習するよう求めた。これらの項目のうち半数については直後学習判断が行なわれた。あとの半数の項目については，項目が学習されてから遅延学習判断が行なわれるまでに数分間の遅延時間が設けられた。この遅延期間には，別の項目の学習が行なわれた。すべての学習判断は，項目の刺激語だけが呈示されて行なわれた。たとえば，「イヌ－スプーン」が学習される場合，「『イヌ－?』について項目の反応語を思い出せる可能性はどれくらいですか？」という形で学習判断が求められた。すべての項目が学習され，学習判断が行なわれたあとで，対連合の再生テストが行なわれた。そのテストにおいてすべての刺激語（例：「イヌ－?」など）が再び呈示され，実験参加者はそれに対応した反応語を答えるよう求められた。

以前の研究と同じように，直後学習判断の相対的正確度は低いか中程度であった（実験参加者の個人ごとの相関の平均は＋.38）。それとは対照的に，学習と学習判断

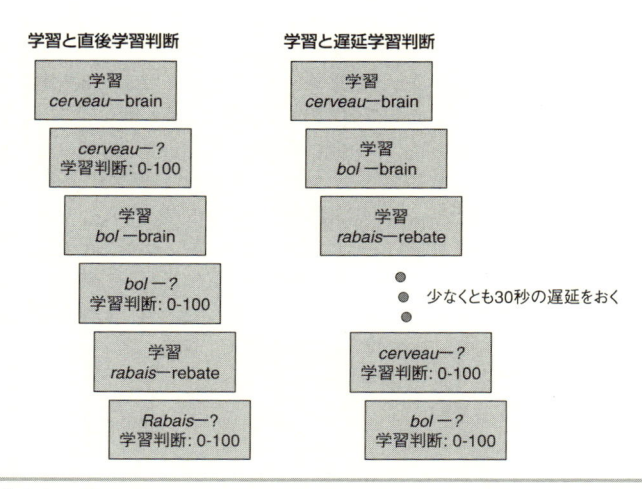

○ 図5.2　直後学習判断と遅延学習判断の例。遅延学習判断の場合，通常は各項目において学習と判断の間に30秒（またはそれ以上）の遅延がおかれた。この図では項目の学習と遅延学習判断との間の時間には他の項目の学習が行なわれる（図には示されていない）。直後学習判断も遅延学習判断もともにすべての項目の学習と判断がなされたあとにテスト（通常は連合対の再生，たとえば「bol -?」）が行なわれる。

との間に短い遅延時間を入れただけで，学習判断の相対的正確度は押し上げられて，+.90になった（Nelson & Dunlosky, 1991）。この遅延学習判断効果は大学生を対象とした実験において何度も再現されている。おそらく，さらに印象深いことは，**遅延学習判断効果**がさまざまな条件のもとで，しかも多くの母集団において生じることである。この効果は，子どもや高齢者でも確認されているし（Connor et al., 1997; Schneider, 1998），外傷性脳損傷の成人でも（Kennedy, Carney, & Peters, 2003），酒に酔った成人でも認められている（薬物による学習判断への影響についてさらに詳しく知るには，論点5.2を参照のこと）。実際に個人的に遅延学習判断を経験するには，この章の末尾にある遅延学習判断効果についての演習課題を試みてほしい。

●**論点5.2　薬物は学習判断の正確度を低下させるのか**

　よくある多くの嗜好品は意識に対して顕著で期待どおりの効果をもたらす。アルコールは，控えめにたしなむ程度でも，暖かみの感じを生み出し，抑制を低下させ，また，判断力を損なわせもするであろう。亜酸化窒素は，それがなければかなり不愉快な歯医者へ訪問の際の痛みや記憶を抑制するために投与されることが多く，軽度の幻聴や幻視とともに，夢を見ているような状態を生み出す。亜酸化窒素はまた，人間の感覚と知覚とを分離する傾向がある。ロラゼパムのようなベンゾジアゼピン系の安定剤は，不安や不眠を低下させるために広く用いられている。それとは逆に，カフェインは質的に異なる心理的効果をもたらし，その中には意識の高揚や用心深さといった感覚が含まれる。これらの薬物はそれぞれ，認知課題の成績にも影響を及ぼす。アルコールや亜酸化窒素，ベンゾジアゼピンは人間の学習に有害な影響を及ぼすが，カフェインは望ましい影響を及ぼすこともある。

　これらの薬物は進行中の経験についての現象に明らかに影響を及ぼすが，薬物を摂取した状態で学習判断にはどのようなことが起きるのだろうか。アルコールや亜酸化窒素，ベンゾジアゼピンが推定されているように感覚を鈍らせるのであれば，それらは学習のモニタリングを行なう能力をも鈍らせてしまうのだろうか。カフェインはそれとは逆の効果をもつのか。研究者は学習判断に関するデータを集めるのに標準的な方法を用い，薬物の影響を受けている実験参加者とそうでない実験参加者（すなわち，なんらかの偽薬が与えられた実験参加者）において学習判断の正確度がどのように異なるかを比較することによってこのような問題に取り組んできた。おそらく驚くことに，これらの薬物（アルコールや亜酸化窒素，ベンゾジアゼピン，カフェインなど）は予想どおり，記憶成績には影響を及ぼすものの，学習判断の正確度には影響を及ぼさないのである（Dunlosky et al., 1998; Izaute & Bacon, 2005; Keleman & Creeley, 2001; Nelson et al., 1998）。このように学習判断に対して薬物の効果が認められないことから，人間の認知が変化する場合でもメタ認知は良い状態が持続されることが示される。

　遅延学習判断効果は頑健な効果であるが，いくつかの境界条件のもとでは生起しない。このことはなぜ遅延学習判断効果が生じるかについての見通しを与えてくれる。それらの境界条件の一つを取りあげる前に，少し時間をとって次のような疑問に対し

て直観的に答えを思い浮かべてほしい。すなわち，遅延学習判断効果は何によって引き起こされるのだろうか。あるいは，人は遅延学習判断を行なうときに，いったい何をしているのだろうか。こういった疑問に答えるのに，参考までに，遅延学習判断のデータを集めるときの手続き（図 5.2）をもう一度見て見てみよう。一つの答えは，次のようなものである。すなわち，実験参加者は，学習判断のための「促進手がかり」として単語対の刺激語が呈示されたときに，正しい反応語を検索しようと試み，遅延学習判断に基づいて検索を試みたその結果を利用するのである。おそらく実験参加者は，反応語を検索できたときに，高い学習判断の値を示し，逆にそれを検索できなかったときに低い学習判断の値を示す。この考え方は，記憶について人がもつ知識（メタ記憶の一つの側面）の中に「もしも今それを手に入れているなら，後になってもそれを手に入れられるはずだ」という信念が含まれていて，遅延学習判断の際に利用されるというものである。

　さて，ここで，遅延学習判断効果に関するこの素朴な説明によってこの効果が得られなかった例をどのように解釈できるか見てみよう。ダンロスキーとネルソン（Dunlosky & Nelson, 1992）は，学習判断の際の促進手がかりの種類を操作した。彼らの最初の研究と同様に，実験参加者はすべて，対連合を学習し，直後学習判断と遅延学習判断の両方を行なった。実験参加者の一部には，刺激語だけが促進手がかりとして与えられて学習判断が求められた。この刺激語だけが呈示される学習判断条件では，たとえば「ネコ－陪審員」という単語対の促進手がかりは，「あとでテストされるときに，『ネコ』と対になっていた単語を思い出せる可能性はどれくらいですか？」というものであった。別の実験参加者には，単語対の刺激語と反応語の両方が促進手がかりとして用いられた。たとえば，「イヌ－スプーン」という単語対の促進手がかりは，「あとでテストされるときに，『イヌ－スプーン』を思い出せる可能性はどれくらいですか？」というものであった。図 5.3 に示すように，遅延学習判断効果は，促進手がかりとして刺激語だけが呈示される条件では大きかったが，刺激語と反応語を促進手がかりとする条件ではまったく認められなかった。この場合，促進手がかりとして刺激語と反応語の両方を呈示したことによって，反応語の検索を試みるという実験参加者の能力に悪影響を及ぼし，そのために遅延学習判断効果が見られなかったと考えられる。

　遅延学習判断効果は何によって引き起こされるのだろうか。上記の実験的証拠から，また直観的にも，あとになって目当ての反応語を検索しようと試みることが遅延学習判断効果にとって重要であることがわかる。実際のところ，遅延学習判断効果に関する仮説の多くは，この**モニタリング検索**仮定に基づいている。たとえば，後で述べる二重記憶モニタリング仮説と自己充足予言仮説はともに，学習判断が行なわれる前に検索の試みがなされるために遅延学習判断効果が生じると仮定している。この二つの仮説の違いは，そうした検索の試みがなぜ遅延学習判断を向上させるのかという点だ

(%)

縦軸: 一定水準の学習判断の正確度に達した実験参加者の累積的割合

横軸: 学習判断の正確度 (+.9, +.8, +.7, +.6, +.5, +.5未満)

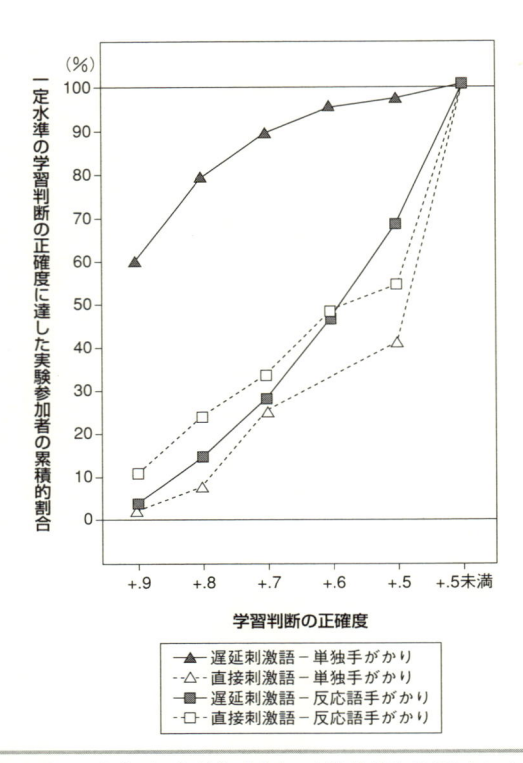

凡例:
- ▲ 遅延刺激語 - 単独手がかり
- △ 直接刺激語 - 単独手がかり
- ■ 遅延刺激語 - 反応語手がかり
- □ 直接刺激語 - 反応語手がかり

○ 図5.3　学習判断に関する4条件別の相対的正確度。刺激後単独手がかりによる遅延学習判断が高い正確度を示している（出典：Dunlosky & Nelson, 1992）

けである。この重要な疑問は基本的に一つの論争につながっており，以下の議論の中で何度も取り上げられるテーマになっている。すなわち，遅延学習判断の相対的正確度が向上するのは，基礎にある項目の記憶が変化するからなのか，あるいは，実際に**判断の過程**そのものが改善されて，すでに学習された項目とあまり学習されていない項目とを弁別できるようになるからなのか，という議論である。そこで，まず最初に，それぞれの仮説について簡単に述べたあと，ここ10年ほどの間に実験的に詳細に検討された研究結果をふまえてあらためてこれらの仮説について考えてみる。

ネルソンとダンロスキー（Nelson & Dunlosky, 1991）は，**二重記憶モニタリング仮説**を提唱した。この仮説は，記憶の段階モデル（Atkinson & Shiffrin, 1968）の影響を受けたものである。個人は学習判断を行なう際に，判断すべき項目に関する検索情報のモニタリングを行なうが，その項目情報は短期記憶と長期記憶の両方に貯蔵されていると考えられている。直後学習判断の場合，判断すべき項目の情報はまだ短期記憶にあるために，その項目が長期記憶に貯蔵されているかどうかに関するモニタリン

グを行なう際に短期記憶の情報からの干渉を受ける。遅延学習判断を行なう時点では，判断すべき項目の情報はもはや短期記憶にはなく，その項目が長期記憶からどのくらいアクセス可能であるかについてモニタリングを行なうことができる。基準となるテストの成績は主として長期記憶からアクセスできた項目情報に基づいているために遅延学習判断の相対的正確度は高くなるのである。

二重記憶モニタリング仮説とは対照的に，スペルマンとビヨーク（Spellman & Bjork, 1992）は，遅延学習判断効果は本来，一種の記憶現象であると主張した。彼らの**自己充足予言仮説**は，記憶に及ぼす検索の練習効果に基づいている。対連合の反応語の検索に成功すると，あとでその反応語を検索するときにも成功する可能性が高くなる。重要なことは，そのような検索の練習効果は学習の直後では最も小さいが（すべての反応語は検索されやすいから），学習のあとに遅延時間がおかれると，検索の練習は長期記憶に非常に大きな影響を及ぼす。このように，実験参加者が学習判断を行なうときに反応語の検索を試みていると仮定すると，検索に成功することは，直後学習判断よりも遅延学習判断に関する最終再生テストの成績を予測する優れた指標であり，またその原因ともなるのである。ここでの考え方は，遅延学習判断を行なうという行為それ自体が検索された項目の記憶強度を増強し（高い学習判断にもつながり），したがって，人為的に学習判断の正確度の向上がもたらされるということである。このように，遅延学習判断の正確度が高いというのは，一種の自己充足予言であると言える。

(1) 二重記憶モニタリング仮説と自己充足予言仮説の評価に関連した実験的証拠

二重記憶モニタリング仮説と自己充足予言仮説はともに遅延学習判断効果の生起を説明するだけでなく，それぞれの単語対の刺激語と反応語がともに促進手がかりとして与えられたときには遅延学習判断効果が生起しないことも説明する。二重記憶モニタリング仮説によれば，実験参加者のモニタリングが時間遅延によって向上するのは，長期記憶に何が貯蔵されているかのモニタリングに対して短期記憶の情報が干渉しないためである。一方，自己充足予言仮説では，遅延学習判断効果はなによりも記憶現象の一種であると考えられている。したがって，判断過程を向上させても遅延学習判断効果には影響せず，たとえ影響があったとしてもごくわずかであるとされている（Kimball & Metcalfe, 2003）。これら二つの仮説は，新たな実験的証拠に照らしてどのように評価されるのだろうか。

あいにく，この競合する二つの仮説をきちんとした形で評価する研究はまだ行なわれていない。しかし，この研究分野における現在までの実験的証拠からは，遅延学習判断効果についていずれの研究も完璧には説明していないことが示唆される。キンボールとメトカルフェ（Kimball & Metcalfe, 2003）は，自己充足予言仮説に関連して，学習判断のあとに付加的に学習試行の回数を増やすと，学習判断の正確度は低下することを示した。したがって，自己充足予言仮説に一致する形で，学習判断の正確度は

記憶の変化（たとえば，付加的な学習による変化や，学習判断を行なったことによる変化）の影響を受けた。しかし，そのような記憶に基づく影響は遅延学習判断効果のすべてを説明することにはならないだろう（これに関連した実験的証拠および遅延学習判断効果の公式モデルについては Silkström & Jönsson, 2005 を参照のこと）。

ケルメンとウィーバー（Kelemen & Weaver, 1997）による実験的証拠は，二重記憶モニタリング仮説に異議を唱えるものである。この仮説からの予想は，項目がどれくらい急速に短期記憶からアクセスできなくなるのかということに基づいている。具体的には，項目を学習した直後にその項目の再生に成功する確率はほとんど100％に近い。そして，項目の学習のあとに20秒ほどの遅延をおくと，その項目の再生に成功する確率は次第に低下していく。このことは，一定の短い時間の範囲を超えると，短期記憶からの項目のアクセス可能性に損失が現われることを示している。二重記憶モニタリング仮説によれば，直後学習判断がかなり不正確であるのは，短期記憶からの入力情報が長期記憶の内容のモニタリングに干渉するからである。したがって，短期記憶からの干渉が低下するにしたがって，学習判断の正確度は向上していくはずである。

ケルメンとウィーバー（Kelemen & Weaver, 1997）は，この予想を確かめるために，学習と刺激語だけが呈示されるときの学習判断との間に遅延時間を設けた。遅延時間を0秒から最長で数分まで変化させると，次第に短期記憶からの干渉効果は小さくなっていくはずである。彼らは次のような遅延時間の条件を設定した。遅延なし（直後学習判断の場合と同じく干渉効果は最大），5秒，15秒，30秒，数分の時間遅延，である。実験参加者にはすべての遅延時間中に妨害課題が与えられるか，または別の項目の学習が行なわれた。その結果，図5.4に示されるように，学習判断の正確度は，二重記憶モニタリング仮説の予測どおりに遅延時間の増加とともに一貫して向上することはなかった。たとえば，学習判断の正確度は，5秒の遅延の後よりも30秒の遅延の後の方が高いということはなかった。おそらく，最も興味深いのは，30秒の遅延学習判断では（短期記憶からの干渉がごくわずかしか生じない），最大の遅延学習判断効果が生じなかったということである。ケルメンとウィーバー（Keleman & Weaver, 1997）は，この実験的証拠に基づいて，二重記憶モニタリング仮説を遅延学習判断効果全体を適切に説明するものではないとして棄却した。しかしながら，短い遅延時間が一貫して学習判断の正確度を向上させたと見れば（たとえば，5秒の遅延と遅延なしとの比較），「明らかに短期記憶による妨害は，学習判断の正確度に対して相当な促進効果をもたらす」（p.1404）という結論が得られる。

遅延学習判断効果に関する特定の仮説を評価するために，数多くの研究が行なわれてきた。しかし，現在までのところ明らかに，いずれかの仮説が特に明確な支持を得ているという結論には至っていない。しかしながら，二重記憶モニタリング仮説と自己充足予言仮説とは相互に排他的なものではなく，遅延学習判断効果を完全に説明す

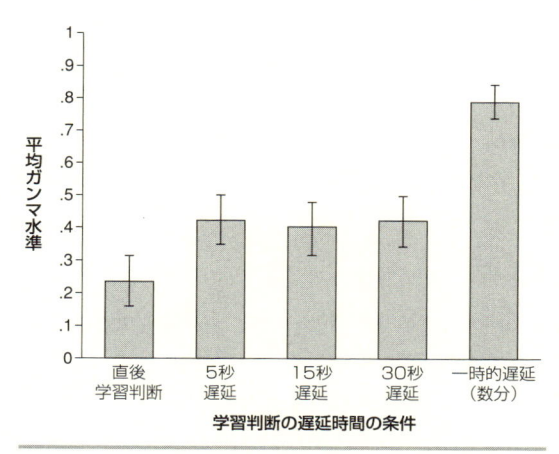

○ 図5.4　学習と学習判断との間の遅延による学習判断の相対的正確度の違い（出典：Kelemen & Weaver, 1997）

るには，学習判断を行なうときの短期的干渉の効果と反応性の効果の両方を含める必要があるのかもしれない。遅延学習判断効果を最終的にどのように説明するのかは別にして，遅延学習判断において高い正確度が示されることは学生の学力向上を含む応用への可能性が期待できるとだれもが考えている。この可能性については，本章の後の節で学習判断の機能を取り上げ，そこでさらに詳しく見ていきたい。

第3節　学習判断の理論

　前述の仮説は，学習判断の正確度を説明するために考え出されたものであるが，主に遅延学習判断効果を理解するのに利用されてきた。皮肉なことに，遅延学習判断効果だけに注目しすぎると，学習判断の正確度に関する実験データ全体を説明する際にこれらの仮説が非常に有効であるということを見逃してしまいかねない。モニタリング検索仮定は，対連合の刺激語だけが呈示されたときの学習判断は反応語を検索しようと試みた結果に基づいているというものであるが，これには難しい問題がある。近年，ソンとメトカルフェ（Son & Metcalfe, 2005）は，このモニタリング検索仮定に対して疑問を呈している。彼女らは，実験参加者が自分は反応語を再生できないと予測するときに，非常にすばやく学習判断が行なわれることを示した。こうした学習判断は，非常にすばやく行なわれるので，検索の試みに基づくのではなく，学習判断の際の促進手がかりを再認できなかったことによるのではないかと考えられる（Benjamin, 2005も参照のこと）。しかし，実験参加者が学習判断を行なう際に主として検索の試みに頼っていると仮定しても，検索だけでは実験参加者が学習判断を行な

うことのできる方法や、実際に行なっている方法の多様性を捉えきれない。

したがって、次の項では、どのように学習判断が行なわれるかという問題に関連したいくつかの仮説について述べる（ここで取り上げない仮説に関する議論については McGuire & Maki, 2001 を参照のこと）。これらの仮説に関する論評の中で、これまでにすでに述べたいくつかの実験結果だけでなく、これらの仮説を評価するために用いられた別の実験結果についても紹介する。

1. 処理容易性仮説

ベッグら（Begg et al., 1989）は、学習判断はその直前に行なわれる項目処理の容易性に基づいているという仮説を提唱した。ここで中心となる考え方は、このような学習判断の基礎はヒューリスティック（あるときには妥当であるが、うまくいかないときもあるようなルール）であるというものである。たとえば、あなたはフランス語と英語の単語を学習する際に、同じ意味をもつ二つの単語を結びつけるために記憶術を用いることをと思いつくかもしれない。たとえば、あなたは「*singe* – monkey」（サル）という単語を学習する際に、すぐさまサルが歌を歌っている様子を想像するかもしれない。しかし、「*cerveau* – brain」（脳）の場合は、この二つの単語を関連づけるためのイメージを思い浮かべるのに四苦八苦するだろう。最初の単語対はあとの単語対よりも学習時に処理を行ないやすいと考えると、処理容易性仮説にしたがって、学習判断は「*singe* – monkey」の方が「*cerveau* – brain」よりも高くなるはずである。この場合、処理の容易性を用いることが、比較的正確な学習判断につながるだろう。しかし、たとえそうであったとしても、処理の容易性はときには誤りを導くこともある。なぜなら、処理が容易である項目は、ときには思い出しにくいこともあるからである。ベッグらは、実験参加者に非常にありふれた単語（たとえば、paper）とめずらしい単語（たとえば、bucolic）の両方の学習を求めることで、処理の容易性に関するこうした直観に反する性質を強調した。その実験操作の根拠は、めずらしい単語よりもありふれた単語の方が処理が容易であるだろうというものであった。その結果、予想されたとおり、学習判断はありふれた単語において高いことが示された。しかしながら、再認テストでの基準成績は、実際にはめずらしい単語の方がありふれた単語よりも良かった。この結果は、学習判断について予測された成績とはまったく逆のパターンであった。この場合、処理の容易性は明らかに実験参加者の学習判断を誤りに導いたのである。

ベッグら（Begg et al., 1989）のもともとの実験では、処理の容易性を直接測定していない。したがって、おそらくいくつかの未知の第3の変数がこの効果に関与していたのかもしれない。そこで、ヘルツォグら（Hertzog, Dunlosky, Robinson, & Kidder, 2003）はさらに、処理の容易性を直接測定することによってこの処理容易性仮説を評価した。彼らはそのために、実験参加者に相互作用的イメージを用いて対連

合を学習するよう教示した。たとえば，実験参加者は「花－医者」という項目に対して，医者が花を食べているイメージを思い浮かべるかもしれない。実験参加者は学習しながら，項目に対してイメージを生成したらすぐにコンピュータのキーを押すように教示された。学習項目の呈示と実験参加者によるキー押しとの間の反応潜時がその項目への処理容易性の測定指標として用いられた。反応潜時が短いほど処理が容易であることが示される。三つの実験を通して，学習判断とイメージ生成の反応潜時との間に負の相関が見られた。すなわち，実験参加者はすばやくイメージを生成したときに，その単語対をより良く思い出せると予測した。このように，学習時の処理の容易性は明らかに人の学習判断にとって一つの有効な手がかりを提供している。

2．検索流暢性仮説

検索流暢性仮説もまた，人の学習判断は本来ヒューリスティックであると仮定している。この仮説では，反応語についての流暢な検索が項目の記憶が良いことの一つの前兆になると考えられている。ベンジャミンとビヨーク（Benjamin & Bjork, 1996）は，検索の流暢性に関するいくつかの側面について述べている。たとえば，検索は以下のような場合に，より流暢になる。①目当ての情報がゆっくり検索されるときに比べて，それがすばやく検索されるとき。②検索される情報が少ないときよりも多いとき。この仮説は，既知感判断に関するコリアットのアクセス可能性仮説（Koriat, 1993）とよく似ている（Morris, 1990 も参照のこと）。なぜなら，この二つの仮説はともに，目当ての反応語について多くの情報にすばやくアクセスできることがその記憶に関するより高い確信度をもたらすと仮定しているからである。

学習判断に及ぼす検索流暢性の効果は，ベンジャミンら（Benjamin, Bjork, & Schwartz, 1998）によって示された。彼らが用いた実験方法は，もとはガーディナーら（Gardiner, Craik, & Bleasdale, 1973）が意味記憶とエピソード記憶との関係を調べるために用いたものである。実験の中で，大学生が比較的簡単な雑学問題（たとえば，「赤い色をした宝石は何ですか？」）に答えた。この問題は，正解に関する意味記憶をテストするためのものである。実験参加者は，それぞれの問題に答えたあと，その解答を約20分後に自由に再生できる可能性を予測した。言い換えれば，実験参加者は解答を自由に再生することについての学習判断を行なったわけで，解答に関するエピソード記憶がテストされたのである。重要な結果は図5.5に示されている。検索流暢性仮説の予想どおりに，学習判断は最もすばやく検索された答えに対して最も高かった。それとは対照的に，実際に，すばやく検索された答えよりもゆっくり検索された答えの方が自由再生は良かった。では，なぜこのように見たところ直観に反する結果が生じたのだろうか。おそらく，実験参加者は最終テストで手がかりが与えられると思っていたのかもしれない。そして，もしも手がかりが与えられていたら，学習判断はもっと正確になったのであろう。しかし，手がかりは与えられなかったので，すば

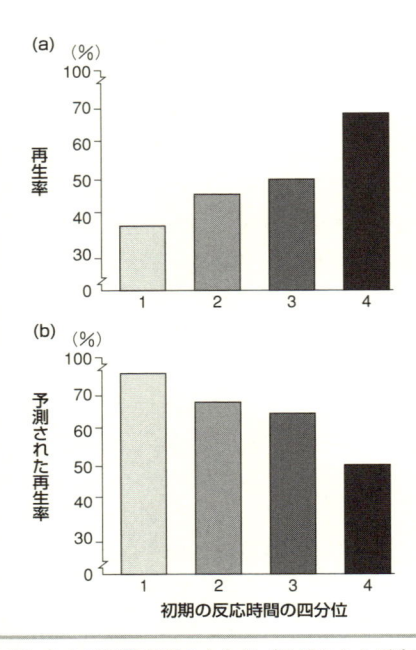

○ 図5.5　自由再生（再生率）および学習判断の大きさ（予測された再生率）と手がかり再生の反応潜時との関係。反応潜時（反応時間）の四分位）は「最も速い」(1) から「最も遅い」(4) までの範囲で示されている。（出典：Benjamin, Bjork, & Schwartz, 1998）

やく検索された答えはあまり注目されず，したがって，結果として手がかりなしの再生（自由再生）が良くなかったのであろう。このような状況では，学習判断の根拠に流暢性のヒューリスティックを用いることは実際には相対的正確度の低下につながる。事実，学習判断と自由再生との間の相関は偶然確率と差がなかったのである。

3．学習判断への手がかり利用アプローチ

　前述の仮説はそれぞれに，学習判断にかかわるいくつかの効果だけを説明するものであり，いずれもこれまで取り上げた効果の全体を説明するものではない。たとえば，処理容易性仮説は，「練習による過小確信効果」を容易に説明できない。もちろん，前述の仮説はいずれも学習判断を全般的に説明するために考え出されたものではないので，関心のある特定の領域を超えてさまざまな効果が説明できると期待することには無理がある。しかし，いくつかの共通したテーマがあることは明らかであり，とりわけそのうちの一つは，コリアット（Koriat, 1997）による手がかり利用アプローチの基礎になっている。このアプローチは，学習判断について最初に全般的な説明を試みたものである。そのテーマはすでに学習判断と既知感判断の両方で紹介されている。

すなわち，メタ認知的判断はもともと推論によるものであり，項目を想起する可能性についてのヒューリスティックやルールに基づいて行なわれると仮定されている。学習判断に関する手がかり利用アプローチによれば，人はさまざまな手がかり（たとえば，項目の関連度や学習試行数など）を用いて，項目が想起されるかどうかの推論を行なっている。その場合，学習判断の正確度が高い水準になるという保証はない。そうではなく，学習判断の正確度は，学習判断を行なうときに用いられる手がかりと基準テストでの成績との間の相関から生み出されると考えられている。

　学習判断に関する一般的な説明はいずれも，学習判断に及ぼすさまざまな変数の効果を解釈できるはずである。では，そうした効果のいくつかについて簡単に見てみよう。第一に，項目の関連度は学習判断の大きさに実質的な影響を及ぼすが，実際にその影響は基準となるテストの成績に及ぼす効果にほぼ匹敵するくらいである（Dunlosky & Matvey, 2001）。この場合，無関連な単語対（「イヌ－椅子」など）よりも関連のある単語対（「コショウ－塩」など）の方が学習判断の値は大きい。これに対して，学習試行数は学習判断に影響を及ぼすが，学習試行数の効果は基準となるテストの成績よりも学習判断に対するほうが小さい。つまり，練習による過小確信効果が生じる。言い換えれば，テスト成績に及ぼす学習試行の効果は，学習判断では割り引かれてしまう。最後に，挿入されるテスト試行や学習判断の遅延といったさまざまな変数も学習判断の相対的正確度に影響を及ぼす。

アッシャー・コリアット
(Asher Koriat)
符号化および検索におけるモニタリングとコントロールについて影響力のある理論を発展させた。

　コリアット（Koriat, 1997）は，これらの効果やそれ以外の効果をも説明するために，手がかりに関する一つの分類法を提唱し，それぞれの手がかりの種類が学習判断に対してどのような影響を及ぼすかを示した。手がかりは，内在手がかり，外在手がかり，記憶手がかりに分類される。**内在手がかり**とは，「学習にあたって項目がもともともっている容易性あるいは困難性を明らかに示していると知覚される」（p. 350）ような項目の特徴をさす。内在手がかりの顕著な一例が項目の関連性である。**外在手がかり**は符号化の操作や，項目には内在しない他の学習条件にかかわる手がかりである。その顕著な一例は，対連合を学習するのに相互作用的イメージを用いることである。最後に，**記憶手がかり**は，主観的経験に基づく内的な指標であり，項目が想起されることを示唆するものである。これには，項目を容易に処理できたり，テスト時に反応語を流暢に検索できるといった主観的経験をもつことが含まれる。この手がかり利用アプローチによれば，人の学習判断は手がかりによって異なる敏感さを示す。たとえば，コリアット（Koriat, 1997）は，学習判断は内在手がかりの効果よりも外在手がかりの効果に対して敏感さが低いのではないかとしている。すなわち，外在手がかりと内在手がかりはともに記憶成績に対しては実質的な影響を及ぼすことが多い。

その一方で、外在手がかりは学習判断に対してほとんど影響を及ぼさないが、内在手がかりは学習判断に実質的な影響を及ぼすだろう。学習判断に関する文献からの証拠は、この予想とおおむね一致する。項目の関連性は、内在手がかりであるが、学習判断の大きさにも再生成績にも確かな影響力をもっている。それとは対照的に、さまざまな符号化条件（イメージの利用や処理水準の操作など）やその他の学習条件（複数回の学習試行など）は、学習判断の大きさに対して、たとえ効果があったとしても、かなり小さい効果しかもたない。実際のところ、「練習による過小確信効果」は、外在手がかりの効果が学習判断によって割り引かれていることを示すもう一つの例であると考えられる。

●論点5.3　なぜメタ理解の正確さはそれほど低いのか

　文章材料に対して自らの理解や記憶を評価する際に、自分はどのくらいうまく評価していると思っているか。そのような質問をしてみると、自分が読んだものをどれほどよく理解できているかについての判断では、非常に優れていると思っている人が多い。しかし、この自己評価は思い込みなのか。私たちは自らの理解を判断するのは得意なのか。これらの興味深い疑問について、この章で述べたほとんどの研究では的確に取り上げられていない。この章では、比較的単純な材料（主に連合対）を学習する場合の学習判断に限定していたからである。対連合学習の研究によって、人が学習に対してどのようにモニタリングを行なっているのかについて理解が深まった。しかし、学校やその他の自然文脈では難しい文章材料の学習や理解が求められるので、単純な材料だけに焦点をあてると、自然文脈における多くの課題に対する取り組みを誤ってしまう。1980年代の初頭、このギャップを埋めるための新しい研究分野が現われた。グレンバーグら（Glenberg, Wilkinson, & Epstein, 1982）およびマキとベリー（Maki & Berry, 1984）は、学生が文章材料に関する自らの学習をどのように評価しているかについて検討し始めた。この研究分野は、**メタ理解**と呼ばれている。メタ理解の研究は、他の種類のメタ認知的判断に用いられる方法とほぼ同じ方法で行なわれている。実験参加者はさまざまな話題に関する複数の文章を学習する。そして、一つの文章の学習が終わったあとに、メタ理解の判断を行なうよう求められる。この判断はふつう、文章の内容に関するテスト成績の水準を予測するものである。もちろん、実験参加者は最終的にテストを受けて、相対的正確度の測度が計算される。この場合、相対的正確度は、それぞれの実験参加者のメタ理解判断の値と実際のテスト成績との相関によって測定される。

　それでは、人間のメタ理解はどのくらい正確なのか。メタ理解研究が始められた頃から、文章材料に関する記憶と理解を正確に判断する能力については非常に詳しく検討されてきた（概説については、Lin & Zabrucky, 1998; Maki & McGuire, 2002を参照のこと）。そのような詳細な検討は、当初、一見不可解な謎に立ち向かおうとした。その謎とは、私たちは、読んでいる内容を理解しているかどうかを正確に判断できているという直観に反するように思われた。具体的に言うと、人間のメタ理解判断の正確度はたいてい低く、判断の値とテスト成績との相関は、通常の場合、+.40以下で、0に近いことも多い。ある

分野の熟達者でも（たとえば，物理学専攻の大学院生が物理学のテキストを読んで理解する場合でも）メタ理解の正確度は低い水準にとどまっていることが示されている（Glenberg & Epstein, 1987）。メタ理解の正確度を向上させるために何かできることはないのか。

マキ（Maki, 1998）は，メタ理解判断を遅らせることによって正確度を向上させようと試みた。この手法は，連合対に関する学習判断の正確度を大いに向上させる単純な技法である。しかし，遅延学習判断効果の場合とは対照的に，メタ理解判断を遅延させてもその正確度の向上にはつながらなかった。わずかに，もう一度読み返す，要約を作成する，といった技法がメタ理解の正確度を顕著に向上させることが見いだされた（概説については，Dunlosky & Lipko, 2007 を参照のこと）。なぜこういった技法が有効であるのかは，今のところ，まだよくわかっていない。さらに，なぜメタ理解の正確度が低いことが多いのかという問題が一つの重要な謎として残されている。すなわち，この謎が解けたときには，学生がテキストを学習したり理解したりするのをうまく促進できるという望みが出てくる。

手がかり利用アプローチは，学習判断に関する統一的な理論的枠組みを提供するものであり，これまでの数多くの研究をうまくまとめるのに役立つであろう。その際に，その説明の弱点を示すような効果が今後発見されていくにちがいない。たとえば，外在手がかりの中には，テスト成績に及ぼす効果とまったく同じくらいの効果を学習判断に及ぼすものがある（Begg, Vinchi, Frankovich, & Holgate, 1991; Dunlosky & Matvey, 2001）。このことは外在手がかりの効果が必ずしも学習判断によって割り引かれるわけではないことを示している。しかしながら，これらの実験結果がコリアットの手がかり利用アプローチにとってささいな例外にすぎないのか，あるいは人の学習判断を理解するために新たなアプローチが必要であることを予告するものであるのかについては，現時点ではまだわからない。

第4節 学習判断の機能

1. 学習判断の機能的役割

モニタリングのもつ本質的な機能は行動を調整することである。それぞれの種類のモニタリングは，学習や検索の特定の側面をコントロールするのに特に重要な役割を果たしている。第4章で取り上げたように，既知感判断は検索をコントロールするのに役立っている。たとえば，あなたはTOT状態に陥ったときに，その人の名前を探索するのに長い時間をかけるだろう。人は強い既知感をもつと，特に長い時間をかけて目当ての反応語を探索することが多い。学習判断の機能的役割は学習のコントロールにあり，人はどの項目を学習するか，また，どの項目にどれくらい長い時間をかけ

て学習するかを決めるのに，明らかに学習モニタリングからの出力を用いている。マズアらの研究（Masur, McIntyre, & Flavell, 1973）は，こうしたモニタリングの機能に関する初期の研究の一つである。彼らは，大学生が，以前の学習試行で再生できなかった項目に対して，再生できた項目よりも多くの時間を配分することを報告した（この文献についての歴史的な概説については Son & Kornell, 2008 を参照のこと）。ネルソンとレオネジオ（Nelson & Leonesio, 1988）は学習容易性判断とその後の自己ペース学習の時間との関係を調べることで，より直接に，学習のコントロールに及ぼすモニタリングの潜在的影響を検討した。その結果，学習容易性判断と自己ペース学習時間との間に負の相関が認められた。このことから，大学生の実験参加者は覚えやすいと判断した項目よりも覚えにくいと判断した項目により多くの学習時間を費やしていることがわかる。ソンとメトカルフェ（Son & Metcalfe, 2000）は，この文献に関する論評の中で，これまでの数多くの実験結果はこのパターンと同じく，やさしい項目よりも難しい項目に多くの学習時間が費やされることを示していると報告している。すなわち，第3章「メタ認知研究の方法と分析」で議論した私たちの仮説的な実験参加者の場合とまったく同じように，学習判断と学習時間とは負の相関が示されることが多い。

　学習判断と学習時間が負の相関を示すことについては，あとの自己調整学習のところでもう一度取り上げることにする。ここでは，学習のコントロールにとってモニタリングの正確度がいかに重要であるかについて見てみよう。原則として，メタ認知的モニタリングが学習のコントロールに用いられているとするならば，モニタリングの相対的正確さは効果的な自己ペース学習にとって必要不可欠である。実際，学習判断のコントロール機能は，学習判断の正確度を向上させるための技法を開発するための最も重要な根拠の一つになっている。なぜなら，学習判断が正確であればあるほど，より効果的に自らの学習をコントロールできるかもしれないからである。なぜそうなのかを理解するために，この章の冒頭で示した学生の様子を再び見てみよう。デイビッドは，学習判断がかなり不正確であった。つまり，彼がしっかり学習したと判断した単語の中には，まったく学習されていなかったものが含まれていたし，その逆に，あまり学習されていないと判断した単語の中にすでに学習されたものが含まれていた。したがって，どの単語をもう一度学習し直すかを決めるときに（一種のコントロール過程），彼はすでによく学習されている項目にたくさんの時間をかけすぎ，さらに悪いことに，まだ学習されていない項目にほとんど時間をかけないことになるだろう。デイビッドは自らの学習を評価するのに，直後学習判断を用いるのではなく，極めて正確である遅延学習判断を用いたとしよう。その場合には，彼は本当に学習の必要な単語に学習時間を集中させることができるので，単語の学習はもっと効果が上がったであろう。

　この仮説的な例はかなり直観的なものである。なぜなら，何を思い出せるか（そし

て，何を忘れるか）の判断を行なえることが学習時間をより効果的に用いるのに役立つというのは理にかなっているからである。重要なことは，この直観が最近の実験的証拠と合致していることである。たとえば，シード（Thiede, 1999）は，大学生に複数回の学習－テスト試行において連合対を学習するよう求めた。それぞれの単語対が学習されたあと，それぞれについての再生テストが行なわれた。そして，そのあと同一の単語対のセットが再び学習され，テストが行なわれた。こうした同一の単語対について学習－テスト試行が複数回繰り返された。それぞれの学習試行において大学生の実験参加者は，そのときに呈示されている単語対に好きなだけ時間をかけて学習してもかまわないと教示された。一つの項目の学習が終われば，コンピュータのキーを押して次の項目の学習に移った。さらに，実験参加者は，試行ごとに学習判断を行なった。この種の自己ペース学習を含む多試行実験は，非常に豊かなデータが得られるので，多くの研究者はこれを利用して学習のコントロールを検討してきた。ここでは，学習判断の正確度が学習に関連しているかどうかに関心がある。シード（Thiede, 1999）は，この問題を明らかにするために，それぞれの学習試行ごとに個別的に各実験参加者の学習判断と再生成績とを比較することによって学習判断の相対的正確度を計算した。学習判断の正確度が最も高い水準にある実験参加者は，全体を通して最優秀の学習者であった。このことから，学習判断の正確度が高いほど，より効果的に自己ペース学習を支えることが示唆される。

　学習判断に関する最後の節を紹介するにあたって，次の二つの一般的な結論に注目したい。①学習判断の機能，あるいは学習中の記憶モニタリングの機能は学習を導くことである，②この機能は，学習判断の正確度が高い水準にあるほど，より効果的に働く。次の節では，自己調整学習の理論を論評することによって学習判断の機能をさらに詳しく検討する。自己調整学習の理論は，人が学習のペース配分の際にどのように記憶モニタリングを用いているかについて正確に説明しようと試みてきた。

2．自己調整学習の理論

　学生は，新しい教材を学習しようとするときに，なんらかの目標を設定することが多い。たとえば，あなたは「スペイン語」の授業はさほど重要ではないと考えて，どうにか単位さえ取れればよいという目標を設定するかもしれない。一方，「コンピュータ科学」の授業は卒業後の就職に欠かせないので，授業で使われる教材や用語をすべてきちんと習得しようと決意するかもしれない。ルニら（Le Ny, Denhière, & Le Taillanter, 1972）はこのような目標を**学習の基準**と呼んでいるが，明らかに学習基準はどれくらいの時間を学習に費やすかに影響を及ぼしていると思われる。前述の例では，あなたの学習基準は「コンピュータ科学」の授業については「スペイン語」の授業よりもはるかに高い。そして，この学習基準以外の点がすべて等しかったら，「コンピュータ科学」を学習するのにより長い時間をかけるだろう。おそらくさほど

驚くことではないが，現在の実験的証拠は，学習基準が学習時間に影響しているという仮説におおむね一致している。たとえば，前述のネルソンとレオネジオ（Nelson & Leonesio, 1988）が行なった研究では，実験に先立って，大学生の実験参加者に対して二つの教示のいずれかが与えられた。**正確さが強調される**条件には，すべての項目を正しく再生できると絶対的な確信をもてるまで学習を継続するようにという教示が与えられた。一方，**速度が強調される**条件では，それぞれの項目を学習するのに必要な分だけの時間をかけて学習するようにという教示が与えられた。正確さを要求する教示はより高い学習基準につながると予想されたが，実際に，正確さが強調される条件の実験参加者は，速度が強調される条件の実験参加者よりも，かなり長く学習した。

学習基準は，自己調整学習に関するほとんどの理論の中核となる構成要素である。しかし，なぜ人は学習が容易であると捉えた項目よりも学習が困難であると捉えた項目に長い学習時間を費やすのかという問題に関して，個人の目標だけではうまく説明することができない。学生が材料によって異なった学習時間を配分するということを十分に理解するには，もっと複雑な仮説が必要なのであろう。

(1) ズレ低減モデル

ズレ低減仮説によれば，人間の学習時間は，ある程度，学習に対するオンラインのモニタリングと学習基準との間の相互作用に基づいている。より正確に言えば，人はある項目に関する現在の学習についてモニタリングを行ない，その学習の程度と学習基準とを比較する。学習の程度が学習基準に達したか，あるいは学習基準よりも上回ったと認めるまで学習が続けられる。この考え方は単に，人は自らが捉えたその時点での学習の程度と学習基準との間のズレをできる限り小さくしようとしているというものである（Dunlosky & Thiede, 1998）。このモデルは，当然のことながら，学習困難な項目により多くの学習時間を費やすというよくある結果を説明する。なぜなら，たいていの場合，学習が困難な項目の方が学習が容易な項目よりも，こうしたズレを低減させるにはより多くの時間が必要だからである。

しかしながら，シードとダンロスキー（Thiede & Dunlosky, 1999）やサンとメトカルフェ（Son & Metcalfe, 2000）は，ズレの低減によって具体化される機械的な説明よりも，もっと洗練された形で学生が学習時間の配分を行なっているという実験的証拠を示した。たとえば，学生が試験前に，夜になってから勉強を始めようとするという状況を考えてみよう。これは，あいにく，よくある試験勉強の方略である（Taraban, Maki, & Rynearson, 1999を参照のこと）。この場合，すべての教材を学習し終えるのに十分な時間が残っていないので，教材の最も難しい部分にまでとても手が回らないかもしれない。すなわち，限られた残り時間のほとんどは，最もやさしい部分を学習するのにあてられるかもしれない。なぜなら，学生は，この部分だけなら試験前に学習できるだろうと考えるからである。その結果，こうした学生は学習の困

難な項目よりも容易な項目に多くの時間を費やすだろう。これは，ズレ低減モデルから予想されることとまったく逆である。シードとダンロスキー（Thiede & Dunlosky, 1999）およびサンとメトカルフェ（Son & Metcalfe, 2000）の両研究チームはともに，この可能性をそれぞれ独自に評価し，学生が困難な項目よりも容易な項目により多くの時間を費やして学習しようとするという状況を見いだした。たとえば，シードとダンロスキー（Thiede & Dunlosky, 1999）は学生に対して，項目の再学習に際して非常に限られた時間しか与えないで，再学習を行なう項目を選択するよう求めた。この状況は，夜になってから試験勉強を始める学生の様子とよく似ている。その結果，無制限の学習時間を与えられた学生は再学習のために学習の困難な項目を選択したのに対して，時間的に切迫した学生は再学習のために学習の容易な項目を選択した。

この**学習容易材料移行効果**はさまざまな材料で生じることが示され，学生が効率の良いやり方で再学習の時間を用いようとして学習計画を展開するためであると考えられてきた（Dunlosky & Thiede, 2004）。したがって，学習容易材料移行効果はズレ低減モデルでは説明できず，学習時間の配分の最中に行なわれる適応的な意思決定を反映しているのである。

(2) 最近接学習領域仮説

メトカルフェ（Metcalfe, 2002）もまた，人が学習時間を配分するのにどのようにモニタリングを用いているかという問題に対してズレ低減モデルは適切に説明していないと主張している。さらに，もしもズレ低減のメカニズムが学習をコントロールしていれば，このメカニズムに支配されている学生は，学習される機会の乏しかった項目に多くの時間をかけすぎるために，効果的でない学習を行なってしまうだろう。すなわち，学生は学習の最も困難な材料にいたずらに多くの時間をかけすぎるであろう。最も学習が困難な材料はズレが最も大きいからである。そこで，メトカルフェ（Metcalfe, 2002）は，もう一つ別の仮説として，**最近接学習領域仮説**を提唱した。この仮説は，「学習者の理解の水準をわずかに超えて，かつ学習を最も受け入れやすい」（p. 350）という領域にある学習材料に学習時間が配分されるとしている。ズレ低減モデルによれば，学習された時点で最もズレの大きい項目に対して多くの時間が費やされることになる。それに対して，学習最近接領域仮説によれば，すでに自分が知っていると思った項目を除いたあと，最初により容易な項目（学習の最近接領域にある）を学習し，そのあとでもしも時間があれば困難な項目の学習に移る。

この最近接学習領域仮説は，メトカルフェ（Metcalfe, 2002; Metcalfe & Kornell, 2005）の報告した多くの実験の結果から支持されている。一つの実験の例を挙げると，スペイン語の熟達度の異なる学生に，スペイン語と英語の対応する単語について難易度を変化させた学習を行なわせた。すでにスペイン語の経験をもつ学生は，やさしい項目よりも難しい項目をより長く学習した。なぜなら，難しい項目は最近接学習領域に入っているが，やさしい項目はすでに知っているからである。ここで重要なことは，

スペイン語の経験をほとんどもたない初心者はやさしい項目をより長く学習したという点である。一つの自然な説明として，学生はそれぞれの特定の最近接学習領域にしたがって学習時間を配分したのであろう。その際，最近接学習領域には，熟達者であれば難しい単語が，初心者であればやさしい単語が含まれると考えられる。

　これまでに述べた，ズレ低減仮説と最近接学習領域仮説という二つの仮説は，個人が自らの学習選択や学習時間の配分をコントロールするのにオンラインの学習モニタリングをどのように利用しているかにかかわるものである。モニタリングとコントロールとの関係を理解することは，中核的な認知心理学の文献における学習の調節に関する研究にとって中心的な課題であり，今後もこの分野での論争や探究の原動力となっていくだろう。それにもかかわらず，自己効力感に関する個人個人の感覚や，学習材料への個人の関心，仲間との社会的相互作用など，他の多くの要因もまた，人間の学習時間の配分に大きな影響を及ぼしているかもしれない。人は新しい材料を学習する際に，学習の有効性に影響を及ぼすような，その他さまざまな選択を行なう。たとえば，人は学習中にどのような方略を用いるかを決めたり，学習を時間的にどのように分散させるかを決めたりする（Benjamin & Bird, 2006 などを参照のこと）。これらの要因の多くは，認知心理学や教育心理学において詳細に検討されており，自己調整学習の理論にとって中心的な役割を果たしている（Nelson & Narens, 1990; Winne & Hadwin, 1998; Zimmerman & Schunk, 2001 など）。これからの重要な課題の一つは，こういった要因やその他の要因が複合して人間の学習時間の配分や個人ごとの学習目標の達成の成否にどのような影響を及ぼすかについて一般理論を発展させる試みを続けていくことである。

○○○　要約

　アーバクルとカディ（Arbuckle & Cuddy, 1969）が学習判断に関する画期的な研究を行なって以来，人がどのように自らの学習に対してモニタリングを行なっているのかについて研究が進められてきた。目当ての情報が記憶からどのようにうまく検索できるかについて個人がモニタリングを行なうことができる条件（たとえば，遅延学習判断効果）は，学習判断の正確度を向上させることに最も大きな期待を抱かせる。これらの効果やまたそれ以外の効果もさまざまな仮説によって説明することができる。これらの仮説の中には対立し競合するものもあるが，こうした仮説の多くが共通基盤としている仮定が一つある。それは，人は新しい情報をいかにうまく学習したかを，さまざまな外的手がかりや内的手がかりから推論しており，そうした推論の質によって学習判断の正確度に大いに影響されるという仮定である。

　学習判断は学習時間のコントロールにも役立っている。学習時間のコントロールには，どの項目を学習するかを決めることと，その項目をどれくらい長く学習するかを

決めることが含まれる。人は，あまり学習できていないと判断した項目に長い学習時間をあてることが多い。すなわち，学習が困難な項目に長い時間をかけて学習する傾向がある。しかし，学習のために許される時間があまり長くないような状況では，これとは別の方略が用いられ，学習が容易な項目に多くの学習時間が配分される。現在のところ，こうした関係によって，臨機応変なやり方で学習をコントロールしている学習者の姿が描かれており，最新の理論は学習時間の適応的性質を捉えようとしている（Son & Sethi, 2006; Thiede & Dunlosky, 1999）。それにもかかわらず，この分野における理論の構築はまだ始まったばかりであり，将来の新たな発見や議論が学習時間の調整に関する強力で包括的な理論を生み出すのではないかと期待される。

【討論問題】

1. ケルメン（Kelemen, 2000）は，大学生に，関連のある事例からなるカテゴリー（たとえば，燃料の種類：アルコール，石油，ブタンガスなど）を学習するように求めた。学習にあたって，カテゴリー名（燃料の種類など）が事例とともに呈示された。学習判断を求めるために，カテゴリー名だけが単独に呈示され（「燃料の種類は？」），大学生は，そのカテゴリーの事例を再生できるかどうか予測するように求められた。学生は，直後学習判断と遅延学習判断の両方を行なった。すると，驚くべきことに，遅延学習判断効果が生じなかった。すなわち，学習判断の相対的正確度において，直後学習判断よりも遅延学習判断の方が高くはなかった。モニタリング検索仮定にしたがって，遅延学習判断において高い相対的正確度が示されなかったことの理由について考えてみることはできるか。その他の文脈で，遅延学習判断の正確度が低い水準になるような場合について考えられるか。
2. あなたが何か新しい事柄（授業の教材や，人の名前，あるいは職業技能でも）を学習しようとするときに，自らの学習に対してモニタリングを行なっているだろうか。もしも行なっているのなら，どのように行なっているだろうか。現時点での証拠に基づいて，自分のモニタリングは正確だろうか。あるいは誤っているだろうか。どのようにすれば，自分のモニタリング技能は向上するだろうか。ふだん学習しながら自分の学習状態に対してモニタリングを行なっていないなら，最も正確なやり方で自分の学習状態のモニタリングに取りかかるにはどうすればよいだろうか。

【演習課題：遅延学習判断効果】

遅延学習判断効果は非常に頑健な効果であるので，簡単にデモンストレーションを行なうことができる。少し時間をとって次のような課題を試してみよう。以下に示す単語対について，それぞれ4秒の割合ですばやく学習する（学習時間をきちんと守るために近くの友人に手助けを頼むとよい）。それぞれの単語対について学習した直後に，単語対の前の単語（左側の単語）が示されたときに後の単語（右側の単語）を再生できるかどうかの学習判断を行なう。その単語を思い出せると思ったら，それぞれの単語対の横のカッコ内の空欄に○をつけ，

思い出せないと思ったら，その空欄に×をつける。

　腕－市場　　　[　　]
　旗－尼僧　　　[　　]
　キャンディ－草原　[　　]
　芝生－本　　　[　　]
　綿－人形　　　[　　]
　刑務所－コーヒー　[　　]
　草－クジラ　　[　　]
　毛皮－脳　　　[　　]
　ネコ－陪審　　[　　]
　森－あご　　　[　　]
　ピストン－ハト　[　　]
　貯蔵庫－ひじ　　[　　]

次に30秒待って，もう一度，下のリストに○か×をつけてみよう。これが遅延学習判断である。

　腕－　　　　　[　　]
　旗－　　　　　[　　]
　キャンディ－　　[　　]
　芝生－　　　　[　　]
　綿－　　　　　[　　]
　刑務所－　　　[　　]
　草－　　　　　[　　]
　毛皮－　　　　[　　]
　ネコ－　　　　[　　]
　森－　　　　　[　　]
　ピストン－　　[　　]
　貯蔵庫－　　　[　　]

　ここで，両方ともそろった単語対を見返してはいけない。そして，次に進む前に少しの間（5分くらい）休憩をとる。このときに，あとの「概念の復習」などを行なうとよいだろう。休憩のあと，両方ともそろった単語対をまだ隠したままの状態で，最初の単語だけが書かれたリストに返って，それぞれの単語対の後の単語を下線部に書く。最後に，自分の○×の答えと正しく再生できた単語を見比べていくつ合っているかを数える。

　あなたはいくつの単語を正しく再生できただろうか。ここでさらに重要なことは，遅延学習判断効果が見られたかどうかである。このことを確認するために，直後学習判断で○をつけたときよりも遅延学習判断で○をつけたときの方が，正しく再生された単語の数が多いかどうかを調べてみよう。そして，×のついた単語については，直後学習判断で×をつけたと

郵便はがき

料金受取人払

京都北局承認
4143

差出有効期間
平成22年11月
30日まで

切手は不要です。
このままポストへ
お入れ下さい。

6038789

028
京都市北区紫野
十二坊町十二―八

北大路書房
編集部 行

（今後出版してほしい本などのご意見がありましたら，ご記入下さい。）

《愛読者カード》

書 名	

購入日　　　年　　　月　　　日

おところ	(〒　　－　　　)

(tel　　－　　－　　)

お名前（フリガナ）	

男・女　　　歳

あなたのご職業は？　〇印をおつけ下さい

(ア)会社員　(イ)公務員　(ウ)教員　(エ)主婦　(オ)学生　(カ)研究者　(キ)その他

お買い上げ書店名　都道府県名(　　　　　)

書店

本書をお知りになったのは？　〇印をおつけ下さい

(ア)新聞・雑誌名(　　　　　)　(イ)書店　(ウ)人から聞いて
(エ)献本されて　(オ)図書目録　(カ)DM　(キ)当社HP　(ク)インターネット
(ケ)これから出る本　(コ)書店から紹介　(サ)他の本を読んで　(シ)その他

本書をご購入いただいた理由は？　〇印をおつけ下さい

(ア)教材　(イ)研究用　(ウ)テーマに関心　(エ)著者に関心
(オ)タイトルが良かった　(カ)装丁が良かった　(キ)書評を見て
(ク)広告を見て　(ケ)その他

本書についてのご意見（表面もご利用下さい）

このカードは今後の出版の参考にさせていただきます。ご記入いただいたご意見は無記名で新聞・ホームページ上で掲載させていただく場合がございます。
お送りいただいた方には当社の出版案内をお送りいたします。

※ご記入いただいた個人情報は、当社が取り扱う商品のご案内、サービス等のご案内および社内資料の作成のみにご利用させていただきます。

きよりも遅延学習判断で×をつけたときの方が，正しく再生された単語の数が少ないかどうかも調べよう。遅延学習判断を行なったときの経験はどうだったか。どの単語が正しく再生できるだろうと予測した際に遅延学習判断の方がより正確であると思ったか。そう思ったのなら，それはなぜだろうか。

【概念の復習】

　次の質問と課題について別の用紙にできるだけ詳しく答えを書き出してみよう。その後で，この章の関連のあるところを読み直して，答えをチェックしてみよう。

1．学習判断と既知感判断が同一の情報に基づいていないことを示唆する実験的証拠を述べなさい。
2．人は学習判断を行なう際に，たとえば，処理しやすい材料に対して高い学習判断評定値を与えるなど，さまざまな手がかりを利用している。人が学習判断を行なうときに利用する三つの手がかりとは何か。そして，それらの手がかりを利用することは実際に学習判断の正確度をどのように低下させるのか。
3．学習を効果的にコントロールするために，なぜモニタリングの正確さが高い水準にあることが重要なのか。
4．自己ペース学習のモデルの中には，人が学習時間をコントロールするために自らのモニタリングをどのように利用しているかを説明しているものがある。ズレ低減モデルと最近接学習領域仮説との相違点（および類似点）は何か。

第6章　確信度判断

　あなたが最近，何かの質問に答えたときのことを思い出してみてほしい。もしかするとそれは，授業でテストを受けたときかもしれないし，「トリビアル・パスート (*Trivial Pursuit*)」ゲームで遊んでいたときかもしれないし，あるいは，ちょうど自分のお気に入りの地元レストランの場所を新しい友人に教えていたときかもしれない。こうした場合の多くで，私たちは答えを考えると同時に，それが正しいかどうかの確信度を判断する。このような判断は回想的確信度判断と呼ばれ，この章で取り上げる多くの研究では，人に自分の答えがどの程度正しいかの見込みを評定させている。他のメタ記憶判断のように回想的確信度判断は記憶の調整にも役立つ。なぜなら，私たちの信念や知識の確信度は，出した答えを他人が信じるかどうかに加え，自分の心の中に答えをとどめておくか，あるいは人に伝えるかにおいても重要な役割を果たしているということがわかってきたからである。裁判所では，被告人についての自分の記憶にかなり自信がある目撃者に陪審員が説得されることが多い。「被告人がその罪を犯したことは絶対に確かです」と陳述する目撃者の方が，被告人が有罪であることを「たぶんそう思う」とだけ陳述する目撃者よりも明らかに影響力があるだろう。

　残念ながら，記憶の確信度がまったく正しくない場合があり，しかも，ある記憶についての過度の確信が誤っていることにまったく気づかないこともある。ロフタスとケッチャム (Loftus & Ketcham, 1991) によって記述されたハワード・ハウプトの事件を考えてみよう。ロフタスとケッチャムは，犯罪に対する目撃者による過剰確信について，これ以外に興味深い事例も報告している。ハウプトは1987年の11月にホテルから7歳の男の子を誘拐したとして起訴された。誘拐には数名の目撃者がいたが，そのうちの一人，犯罪発生時にホテルで働いていたジョン・ピカに注目してみよう。誘拐のすぐあと，警察はさまざまな容疑者の写真を含んだ面通し用の写真を作成した。このとき，ハウプトはその中に入っていなかった。この面通しから，ピカはスペンドラブを選んだ。彼もホテルで働いていたが，のちにアリバイによって容疑が晴れた。

第6章 確信度判断

数日後，ピカは別の人（これもハウプトではない）を同定し，この被疑者が犯人であることについて90％確信があると主張した。およそ2か月後，ジョン・ピカは別の面通し用の写真を見せられ，今回はハウプトの写真が含まれていた。ハウプトは誘拐発生時にホテルにいて，目撃者の最初の証言にいくらか似ている風貌だった。今度は，ジョン・ピカはハウプトを犯人と同定した。しかし，彼はすでに容疑者の多くの写真を見ているので，自分の判断には自信がないと言った。1か月後，ピカはハウプトが働いている場所に連れて行かれて，彼をじかに目にした。次にピカが面通し用の写真を見たときには，彼はかなり高い確信度でハウプトが犯人だと同定した（1から10までの評定尺度で9であった）。ピカの不適切な確信はめずらしいことではない。その理由は，ロフタスとケッチャム（Loftus & Ketcham, 1991）によって以下のように説明されている。

> この事件のおのおのの目撃者は，当初ハワード・ハウプト以外の人を犯人とした。時間が過ぎ，目撃者がハウプトの写真を何度も見せられるにつれて，彼らはハウプトを男の子といっしょにいた男であると最終的に同定した。面通しが続くにつれ彼らはいっそう確信を強めた。（中略）。裁判で検察官が目撃者の［最終的な］自信の程度を強調し，陪審員に目撃者は常に自信をもっていると信じさせ，こうして，目撃者の同定の重みが増すのであろう。(p. 171)

ジョン・ピカの極端な確信度は，一つには，明らかにハウプトの写真を繰り返し見せられたことによって作り出された。ハウプトは，公判記録によれば，12人の陪審員による3日と20時間の審理ののち，「無罪」となった。この特定の事件は多くの興味深い疑問を投げかける。たとえば，「目撃者に自分自身の記憶を過度に信じさせてしまう要因は何か」，また，当然ながら，「目撃者の確信度のバイアスを低減する方法はあるのか」といった疑問である。これらの疑問やその他の興味深い疑問に対するいくつかの答えについては第8章で取り上げる。

この章では，メタ認知的モニタリングの理論に関連するいくつかの核となる疑問をもう一度考えてみたい。前のいくつかの章と同じように，回想的確信度判断の正確さに影響する要因を説明する。既知感判断や学習判断に関する研究と異なり，回想的確信度判断の研究は相対的正確度をあまり強調しない。その代わり，これらの判断が多くの場合，なぜ低いキャリブレーションになるのかを調べてきた。にもかかわらず，似かよった一式の重要な疑問が確信度判断に関する研究の推進を促している。たとえば，「人々の回想的確信度判断がなぜあまり正確でないことが多いのか」，「回想的確信度判断の正確さは向上させることができるのか」，「回想的確信度判断は記憶の調整にどのような機能を果たしているのか」，などの疑問である。

第 1 節　回想的確信度判断の正確さに影響する要因

　次のそれぞれの項で，種々の要因が回想的確信度判断の正確さにどの程度影響するかを議論する。そのあと，なぜこれらの判断が低いキャリブレーションを示すことが多いのかを説明しようとする主要な理論を概観しよう。キャリブレーションは一連の答えに対する判断の絶対水準が実際の成績水準とどれくらい一致しているかを意味していることを思い出してほしい（復習したい人は，第 3 章を参照のこと）。たとえば，今あなたは，既知感判断についての第 4 章の章末にある概念の復習の問題に答えているとしよう。それぞれの問題に答えたあと，回想的確信度判断を行ない，すべての答えの確信度の平均が 80％だったとしよう。回想的確信度判断のキャリブレーションは，もし実際にあなたが質問の 80％を正しく答えていれば完璧である。もし 80％より少ない質問にしか正しく答えられていないと，あなたの回想的確信度判断は過剰確信，もし 80％より多い質問に正しく答えられていれば過小確信ということになる。

　すでに発表されている文献をほんのわずか一読するだけで，人の回想的確信度判断が完璧であることはほとんどないことがわかる。それよりむしろ，回想的確信度判断は一貫して過剰か過小かのどちらかに歪んでいることが多い。特に，過剰確信効果と難易効果という二つの効果は，研究者の興味をそそり，回想的確信度判断の正確さを低下させる要因は何かについて活発な議論が行なわれてきた。人は自分の記憶の性質を判断するのが実に苦手であるという信念（すなわち，自らの判断能力は歪んでいるという信念）は，回想的確信度判断を向上させることを目指す小さな事業を生み出すまでにいたっている。以下では，これらの二つの効果について説明し，引き続いて，人が回想的確信度判断のキャリブレーションを改善する手助けになる研究成果について説明する。

1．過剰確信効果と難易効果

　リヒテンシュタインら（Lichtenstein, Fischhoff, & Phillips, 1982）は，確信度研究についての重要な概説である『確率のキャリブレーション：1980 年までの到達水準 (*Calibration of Probability: The State of the Art to 1980*)』の中で，この分野の典型的な結果を例証する 4 つの初期の研究からのデータを報告した（他の概説としては，Keren, 1991; McClelland & Bolger, 1994 を参照のこと）。これらの研究では，参加者は「干したぶどうのことは何と言いますか？　①レーズン，②プルーン」といった一般常識の問題に答え，各々の答えに対して確信度判断を行なった。これらの研究から得られたキャリブレーション曲線を図 6.1 に示す。この図から明らかなように，参加者は自分の答えの正確さを過剰確信している。たとえば，極端な確信度を引き起こすような答え（すなわち，参加者の反応が 1.0）に対して，それに対応する成績水準は

0.85以下である。これらの結果や他の結果に基づいて，リヒテンシュテインらは，「最近の研究からの最も一般的な知見は，人は一般常識問題では過剰確信であるということである」(p. 314) と結論づけた。

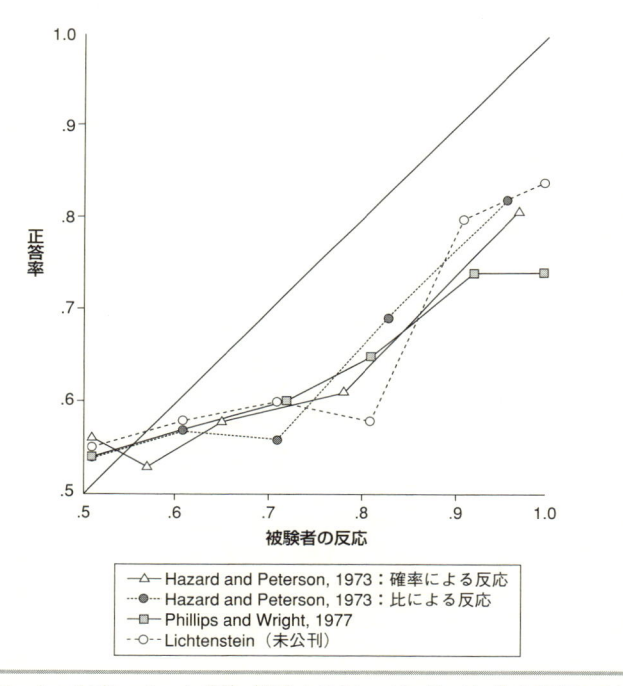

◎ 図6.1 キャリブレーション曲線（出典：Lichtenstein, Fischhoff, & Phillips, 1982）

●論点6.1 うつ状態は正確な自己評価を促進するか

　ほとんどすべての人は，少なくとも時々は，落ち込むことがある。しかし，あなたが落ち込んでいる時，ちょっと憂うつな時が，自分がだれなのかを最も正確に理解する時なのだろうか。人はうつ状態の時，あまり能力がないと感じ，ほとんどすべてについてうまくいかないと考える。実際，うつ状態でない人に比較して，うつ状態の人はいろいろな課題で成績が悪いとしばしば思い込んでしまう。もちろん，これらの興味深い結果は「人がうつ状態のときの自分自身についての信念は正確なのか」という疑問を投げかける。彼らは課題がうまくできないと判断するかもしれないが，これらの判断は現実的なのだろうか。うつ状態の人はそうでない人よりもより現実的であるという，うつ状態現実主義仮説に従えば，この疑問の答えは「はい」である。この仮説は，うつ状態でない人はどうしても過剰確信で，非現実的な自己認識をもっているとする。この仮説はこの章で説明された多くの研究結果によって支持されている。さらに，「うつ状態の人の自分に関連する出来事に

ついての知覚や推論は，他に比べて正確で現実的である，すなわち，彼らは出来事の主観的確率を過度にも，過小にも評価しない傾向がある」ことを，この仮説は提唱している (Fu, Koutstaal, Fu, Poon, & Cleare, 2005, p. 243)。このようにうつ状態現実主義仮説は，人々の確信度判断の正確さは，うつ状態の人とそうでない人では同じか，おそらくうつ状態の人の方がより正確である，と予想する。

　フーら (Fu et al., 2005) は，これと競合するもう一つの仮説についても説明している。その仮説は，うつ状態の人は一般的に自分の経験の否定的な面に注目し，自分自身のことをうつ状態でない人よりも否定的に判断するとしている。しかし，この選択的処理仮説は，うつ状態でない人が過剰確信になる一方で，なぜうつ状態の人は自分の成績の判断でより正確にみえることが多いのかを，どのように説明するのだろうか。この質問に対する答えは，記憶課題でうつ状態でない人とうつ状態の人が同じくらい良い成績を修めるという事実に基づいている。たとえば，うつ状態でない人の回想的確信度判断が過剰確信（たとえば，平均回想的確信度判断＝75％，平均成績＝50％）であれば，うつ状態の人はかなり正確にみえる（たとえば，平均回想的確信度判断＝55％，平均成績＝50％）。この場合，うつ状態の人もそうでない人も50％の正答率に達しているが，うつ状態の人の判断の方がより正確である。おそらくこれは，彼らがより現実的な信念をもっているからではなく，彼らの期待がより低いからである。

　フーら (Fu et al., 2005) は，(うつ状態現実主義仮説にあるように) うつ状態の人は現実的であるのか，あるいは (選択的処理仮説にあるように) 自分の能力にただ一貫して自信がないだけなのかを調べるための画期的な方法を開発した。彼らは，臨床的にうつ状態の人とうつ状態でない人にいくつかの課題，たとえば，一般常識問題や線の長さの評価などの課題を行なってもらった。最も大事なことは，実験参加者が課題を行なった後に，自分の答えがいくつ正解であるかを予想してもらった。つまり，実験参加者は各課題の成績について全体的な回想的確信度判断を行なった。この方法の斬新な点は，うつ状態でない人の全体的な判断が非常に正確であることを示したことである。この事実は二つの仮説の比較を可能にしてくれる。具体的には，うつ状態現実主義仮説は，うつ状態でない人が高いキャリブレーションを示した場合でも，うつ状態の人は少なくともそれと同じくらい良い成績であると予想する。逆に，選択的処理仮説は，うつ状態でない人の判断が過剰確信ではなく正確なとき（例：平均回想的確信度判断＝45％，平均成績＝50％），うつ状態の人の判断は過小確信で，不正確であるはずである（例：平均回想的確信度判断＝30％，平均成績＝50％）と予想する。

　種々の課題を通して，課題の成績は，うつ状態でない人が少しだけ良かったが，うつ状態の人とそうでない人のどちらも同じくらいであることがわかった。両群の全体的な予想は課題の成績をやや過小に評価していた。最も重要な点は，両群の成績の差よって測定されたキャリブレーションである。うつ状態でない人よりも，うつ状態の人の方が（有意ではないが）やや低かった（平均差＝－21％）。これらの結果から，フーら (Fu et al., 2005) は次のように結んでいる。「うつ状態現実主義説に反して，臨床的なうつ病患者が自分の成績についてより現実的な予想をするという証拠は何もなかった。実際，もしあるとすれば，[うつ状態でない参加者] に比べてうつ病の患者は過小評価の傾向が（明らかに弱くではなく）強くなっていた」(p. 249)。これらの結果や他の研究結果 (Hancock,

Moffoot, & O'Carroll, 1996) は，うつ状態は，少なくとも記憶モニタリングの領域では，正確な自己評価を促進しないということを明らかに示唆している。

しかし，ここで重要なのは，リヒテンシュタインら（Lichtenstein et al., 1982）は過剰確信が生じない条件についても説明していることである。特に，難しい問題（あるいは，テスト）では過剰確信は容易に生じるけれども，問題（あるいは，テスト）が比較的やさしいときには回想的確信度判断は過小確信であることがよくある。この難易効果は「第3章：メタ認知研究の方法と分析」の図3.5に示されている。

何が過剰確信効果や難易効果を引き起こすのだろうか。人は質問に対する自分たちの答えが正しいかどうかの見込みを判断するのが本当に苦手なのだろうか。もちろん，多くの別の領域でも人は過剰確信を示す。そのことは，私たちが自分の知識，信念，決定において過剰確信になりがちであることを示唆している。この場合，おそらく認知的なバイアスは系統的に人の判断を歪めているにちがいない。もう一つの別の見方では，人は回想的確信度判断においてかなり正確であり得るし，実際に正確であるとする。この楽観的な見方によれば，人の判断が過剰確信になることがよくあるという事実は判断が下手だからではなく，認知心理学者が実験をどのように計画しているかに原因がある。この場合，過剰確信効果や難易効果は実験方法の人為的な副産物であり，それが人をもてあそび，見かけ上，過剰確信になるということである。こうした二つの見方には，「これらの判断を調べるために使われた方法は，実際以上に人の判断を悪く見せるのか」，あるいは「認知的バイアスが人の不正確な判断を招くのか」といった疑問が生じる。これらの疑問に答えることが，回想的確信度判断を理論化するときの中心となっている。この章の「第2節：回想的確信度に関する理論」を議論する際に，これらの疑問に対するいくつかの主要な答えを考察する。

2．回想的確信度判断における過剰確信のバイアス修正

確信度判断の一般的な理論について考える前に，判断のキャリブレーションを向上させるいくつかの試みについて取り上げたい。バイアス修正の方法は，おそらく次の二つの種類に区別して考えることが重要であろう（Keren, 1990）。そうした方法の一つの種類は，判断者が判断の基礎となる適切な情報をどのように処理し，表現するかを変えることによって，回想的確信度判断のバイアスを修正しようと試みるというものである。このような**過程指向的な修正**は，より現実的な回想的確信度判断を促進する方法で，判断された出来事（たとえば，一般常識問題に対する答え）の内的な処理を変えようとする。もう一種類の方法は，判断者がある課題に関する評定尺度をどのように利用するかに直接影響を与えることによって回想的確信度判断のバイアスを修正することを試みる。たとえば，もし一貫して20％過剰確信していたら，20％判断を下げるように指導する。このような**反応指向的な修正**は，人に過剰確信のバイアス

を警告したり，答えが絶対に正しいと確信しない限り，高い評定値を与えないように（たとえば，「評定尺度上の100％は使わないようにしなさい」というように）指示する。ケレン（Keren, 1990）がこのような反応指向的な修正について警告したように，判断する人は，「問題の内的な構造やバイアスの根源を必ずしも強制的に理解させられているのではない」（p. 527）ので，修正効果は限定的なものかもしれない。

　いくつかのバイアス修正法が詳しく検討され，これらの多くが人々の回想的確信度判断の過剰確信を修正することにいくらかは成功することが示されてきた（バイアス修正に関する論文の概説としては，Arkes, 1991; Fischhoff, 1982を参照のこと）。以下では，過剰確信の修正に有望であるとして人気がある二つの方法について述べる。最初は，過程指向的な修正の方法例である。実験参加者は回想的確信度判断の前に，自分の答えの理由を考えるように求められ，このことが，参加者参加者が課題に関連する情報の処理方法を修正し，判断のバイアスを修正するのである。第2は，反応指向的な修正の方法例である。ここでは，彼らの回想的確信度判断の過剰確信について参加者に直接情報を与えるフィードバックが提供される。

(1) 答えの理由を考える：それで過剰確信が低下するか

　コリアットら（Koriat, Lichtenstein, & Fischhoff, 1980）は，回想的確信度判断のとき，自分の答えがまちがっている根拠よりも，自分の答えが正しい理由（あるいは論拠）を考える傾向があると主張した。彼らは，自分自身の答えを確証する方向へのバイアスが過剰確信の実質的な原因であろうと仮定した。この考えを評価するために，コリアットら（Koriat et al., 1980）は，実験参加者に標準的な二者択一の一般常識問題を答えさせた。たとえば，「サビーニ人は，①古代インド人，②古代ローマ人，のどちらに属するか？」といった質問である。答えに対する回想的確信度判断の前に，一つの実験群の参加者は，自分の答えを支持する論拠を考えるように教示された。もう一つの実験群は，自分の答えに対する反論を考えるよう教示された。もし人が自然に自分の答えを支持する論拠を考える傾向があるのなら，前者の群では回想的確信度判断の正確さが向上することはないだろう。逆に，人が自分の答えに対する反論を考えた場合は，自分の知識についてより現実的になり，正確さは向上するだろう。論拠を明らかにする教示を受けなかった標準的な統制群に比べ，自分の答えを支持する論拠を考えることは回想的確信度判断の正確さにまったく影響がなかった。他方，自分の答えに対する反論を考えることによって過剰確信は低下する傾向が見られた。

　これらの結果は回想的確信度判断のキャリブレーションは向上させることができるという楽観的な見方をもたらすが，より最近の研究は自分の答えに対する反論が必ずしも正確さに特に強い影響を与えるわけではないことを示唆している。第1に，将来の出来事の予想に対する反論を考えることは，判断の正確さにほとんど影響を与えないという証拠がある（Fischhoff & MacGregor, 1982）。第2に，（そして，回想的確信度判断にとってより密接な関係があるが），オールウッドとグランハグ（Allwood &

Granhag, 1996）は参加者に一連の二者択一の一般常識問題の質問を行ない，各質問に対する回想的確信度判断を求めた。質問に答えた後，参加者は以下の3群に振り分けられた。①回想的確信度判断のみを行なう（統制条件），②質問に対する反論を考える（生成条件：コリアットら（Koriat et al., 1980）が使用した方法と類似した条件），③質問に対する反論を与えられる（付与条件），である。自分の答えに対する反論が与えられる場合，反論はもっともらしい専門家（実験者）によって用意されたものであり，また，自分が考えたものよりも説得力があると考える傾向があるので，正確さは向上するのではないかと仮定された。

しかし，図6.2に示されているキャリブレーション曲線は，どちらの実験条件も統制条件とキャリブレーションに差がなかったことを明らかにしている。自分の答えに対して反論を考えること（あるいは，反論を与えられること）は，過剰確信効果を低下させなかったのである。オールウッドとグランハグ（Allwood & Granhag, 1996）は，「選択された答えに対する反論を呈示するのは直接すぎるため，自分の答えを支持する論拠や感情を持ちやすい状況に被験者を追いやるのではないか」（p. 118）と推測した。このような推測が検証できれば，論拠を考えることについてのより多くの研究がこの効果が及ぶ範囲を理解するうえで役に立つ可能性がある。ともかく，論拠を考えることは明らかに過剰確信を低下させる万能薬ではない。

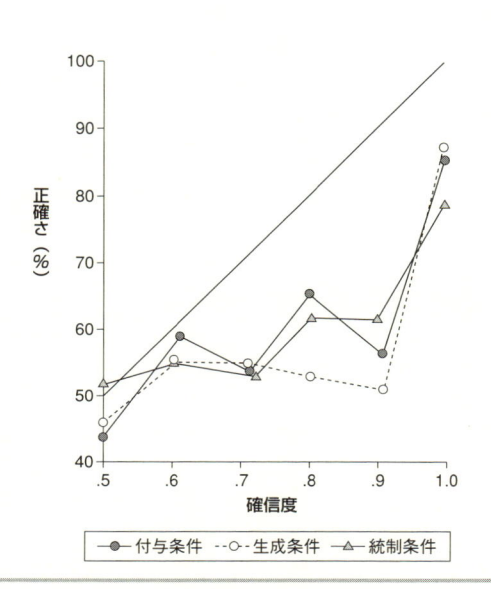

○ 図6.2　キャリブレーション曲線（出典：Allwood & Granhag, 1996）

(2) フィードバックと回想的確信度判断のバイアス修正

　フィードバックにはさまざまな種類があり，どの種類も少しずつ違う方法で人の回想的確信度判断を修正する（Stone & Opel, 2000）。ある種の修正法は，人の判断の全般的な正確さについて直接フィードバックを与えるので，**成績フィードバック**と呼ばれている。たとえば，一連の一般常識問題を終了したあと，あなたの回想的確信度判断がかなり自信過剰であると言われたら，あなたは別の問題を解くときに自分の確信度を下げ，自らの判断のバイアスを修正するだろう。

　リヒテンシュタインとフィッシュホフ（Lichtenstein & Fischhoff, 1980）は，成績フィードバックが人の回想的確信度判断のバイアスを修正するかどうかを評価するために意欲的な訓練プログラムを実施した。12人の被験者が1時間のテストセッションを11回受けた。各セッションで，参加者は200問の一般常識問題に答えた。各質問には二者択一の選択肢が用意されていた。どちらかの選択肢を選んだのち，回想的確信度判断が行なわれ，その選択が正しいと思うかを 0.50 から 1.00 までの確率で評価した。最初のテストセッションで200問の質問に答えたあと，実験参加者は大量の成績フィードバックを受けた。フィードバックにはいろいろなキャリブレーションの数値も含まれていた。最初のセッションの結果を分析すると，実験参加者の多くが回想的確信度判断で過剰確信を示していた。しかし，続くテストセッションでは，大部分の参加者が過剰確信をほとんどまったく示さなかった。つまり，たった1回の訓練セッションで回想的確信度判断の修正に対する成績フィードバックの効果があったのだ。追実験でも，過剰確信はたった1回の訓練ののち有意に改善された。著者のことばによれば，「これら二つの実験は，集中的な成績フィードバックが用意された200項目1回のセッションが，キャリブレーションが最初はうまくできなかった人をうまくできるように指導するのに十分であることを示した」（Lichtenstein & Fischhoff, 1980, p. 167）のである。キャリブレーションに関する成績フィードバックのバイアス修正効果は他の領域でも示されている（Adams & Adams, 1958; Stone & Opel, 2000 など）。

●**論点 6.2　集団の確信度：3人よれば文殊の知恵か**

　夜遅く仲間たちと3人組みの二つのチームに分かれて，「トリビアル・パスート」ゲームで遊んでいるとしよう。あなたのチームのだれかが「オーストラリアの首都の名前は何か？」という簡単な質問のカードを引く。正しい答えは何かを議論し，皆があなたの答えは正しいと確信する。すでに検討した研究から，一般常識問題に答えるような課題に個人が取り組む場合，回想的確信度判断は過剰確信になることが多いことを学んだ。しかし，このゲームに取り組む場合，何人かで知恵を寄せ合うことが過剰確信を軽減し，全体としてより正確な判断につながるのだろうか。すなわち，答えの正確さを判断する時に，「3人よれば文殊の知恵」になるのだろうか。正しく答えられる質問の数の点でも，回想的確信度判断の正確さの点でも，直観的には集団の方が個人よりも成績が良いように思える。

回想的確信度判断の正確さを考えると，集団はより高い正確さを促進する活動，たとえば，別の答えを思いついたり，なぜある答えがまちがっているかの理由を考えたりするような活動を行なうので，正確さは向上するだろうと思われる。

　これらの問題を検討するために，パンコチャーとフォックス（Puncochar & Fox, 2004）は，教室で個人と集団を競わせた。11週間の各週で，大学生は正誤問題か多肢選択問題からなるクイズに取り組んだ。与えられたどのクイズについても，まずはそれぞれの学生が単独で問題を解き，その答えに対して回想的確信度判断を行なった。判断は0から100の尺度で行ない，偶然の水準が各尺度上に示されていた（例：4つの選択肢の多肢選択問題では，25％が回想的確信度判断の偶然水準として記されている）。学生がこの課題を完了したのち，教師が参加者を3人か4人の集団にまとめた。それから，これらの集団が先ほどと同じ問題を解き，答えに対してグループの確信度判断も行なった。これらの3回目のセッションに続いて，教師がフィードバックを与えた。フィードバックの内容は，正しい答えを教え，判断が過剰確信だったか過小確信だったかを知らせるものであった。したがって，フィードバックは最初の三つのクイズの成績に影響しない。

　予想したように，クイズの成績は個人よりもグループの方が，たった6％ではあるが，確かに良かった。しかし，最も大切なのは，パンコチャーら（Puncochar & Fox, 2004）の重要な疑問である。すなわち，個人が単独で行なうのに比べて，集団は正解に対して確信度がより高く，まちがった答えに対しては確信度がより低いのかという疑問である。彼らの主な結果は図6.3に示されている。ここでは回想的確信度判断の大きさ（確信度のパーセント）が，正答と誤答について描かれている。集団は正しく答えたときにはより自信があるが，もっと驚いたことに，まちがって答えたときにも自信があった。追実験でも，パンコチャーとフォックスはこれらの結果を再現し，学生はメタ記憶，過剰確信，キャリブレーションについて広く読んで学んでも（あなたがこの教科書を読んでいるように），集団の方が過剰確信であることを見いだした。したがって，これらの実験では，答えの正確さの判断に限って言えば，「3人よれば文殊の知恵ではない」。これらの結果の一つの解釈は，集団の構成員がそれぞれに同じ答えに達したときに，それがまちがっているか正しいかにかかわらず，「皆で同じ答えを思いついたのだからまちがっているはずがない」という直感に基づいて確信度を引き上げるのではないかというものである。たとえば，この論点の最初の例にあるように，ほとんどの人が「シドニー」がオーストラリアの首都である（実際にはこれはまちがっている）と言い，正解は「キャンベラ」と異議を唱える者がいないと，その集団はシドニーが正解であると余計に過剰確信してしまうかもしれない。パンコチャーとフォックスの知見に対する解釈はともかく，肝に銘じておかなければならないことは明らかである。すなわち，集団思考は最終的な成績を良くすることがあるけれども，集団で考えたことがまちがっている場合は過信を引き起こすかもしれないということである。

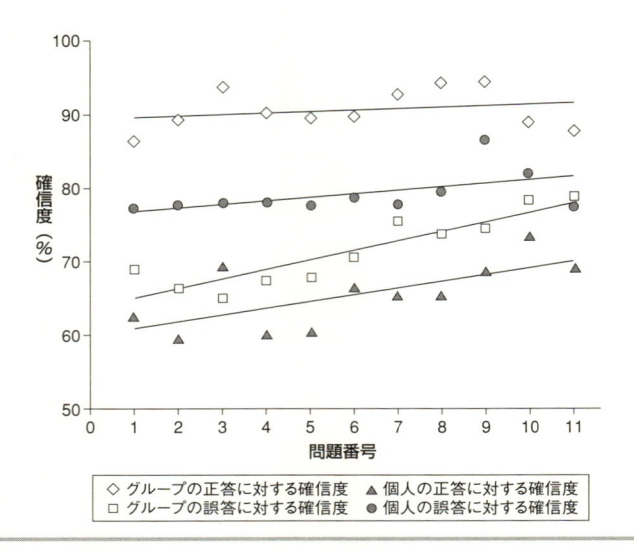

○ 図6.3 正答と誤答に対するグループの平均確信度（白抜きの記号）と個人の平均確信度（塗りつぶしの記号）（出典：Puncochar & Fox, 2004 より改変）

第2節 回想的確信度に関する理論

　私たちは自分の知識の質を判断するときに，なぜ過剰確信になることが多いのだろうか。この疑問は当初，研究の小規模な事業化を促進し，相対的にみて対極にある二つの考えを生み出した。二つの考えは，自分自信の判断の正確さが乏しいことに対して人がどの程度非難されるべきかという点で異なっている（Jungermann, 1983）。悲観主義者によれば，人は自己の状態を判断することがもともと苦手で，そのせいで過剰確信や過小確信であるということになる。逆に，楽観主義者は，人はこれらの判断が実際には得意なのだが，心理実験の設定によって判断が苦手なように見えるのだと主張する。これらの二つの意見は，回想的確信度判断のさまざまな理論によって検証されている。悲観的意見の代表例は，トゥバスキーとカーネマン（Tversky & Kahneman, 1974）のヒューリスティック・アプローチである。この説は，人々の意思決定は系統的に判断を歪めるヒューリスティックに基づいているので非論理的であると主張する。楽観的意見の代表例はギーゲレンツァー（Gigerenzer）の確率的メンタルモデル理論である。この説は，実験者による引っかけ問題が正確な判断者を不正確であるように見せていると主張する。

　不正確な回想的確信度判断に関する理論は他にもたくさんある。たとえば，イレブら（Erev, Wallsten, & Budescu, 1994）の錯誤モデル，フェレルとマックゴーイ

(Ferrell & McGoey, 1980) の区分モデル（優れた評論として，Dougherty, 2001; McClelland & Bolger, 1994 を参照のこと）。次項では，悲観的意見と楽観的意見の中から最も重要な理論を詳しく検討し，そのあと判断の正確さについての統一された理論の中にこの二つの意見が合体したアプローチを簡単に見ていこう。

1. ヒューリスティックとバイアス

次の文章を読んでみてほしい。そして，その文章についてのいくつかの判断をしてみてほしい（Tversky & Kahneman, 1982 から引用）。

> リンダは31歳，独身，自分の意見をはっきり言い，非常に聡明である。彼女は哲学を専攻した。学生のとき人種差別や社会的正義の問題に非常に関心があり，反核のデモにも参加した。(p. 92)

さて，以下の文について，それぞれどれくらいの可能性があるかを「1＝非常に可能性が高い」から，「8＝ほとんど可能性がない」までの8段階のいずれかで答えてほしい（Tversky & Kahneman, 1982, p. 92 から引用）。

①リンダは小学校の先生である。＿＿＿＿
②リンダは書店に勤め，ヨガのクラスに通っている。＿＿＿＿
③リンダは女性運動で活動している。＿＿＿＿
④リンダは精神保健福祉士である。＿＿＿＿
⑤リンダは「女性有権者連盟」のメンバーである。＿＿＿＿
⑥リンダは銀行の窓口業務をしている。＿＿＿＿
⑦リンダは保険外交員である。＿＿＿＿
⑧リンダは銀行の窓口業務をしていて，かつ，女性運動で活動している。＿＿＿＿

もしあなたが多くの人と同じなら，おそらく文⑥よりも文⑧の可能性の方が高いとしただろう。すなわち多くの人は，リンダが「銀行の窓口業務をしている」確率よりも，「銀行の窓口業務をしていて，かつ，女性運動で活動している」確率の方が高いとしている。この結果は，人がどのようにあいまいな出来事を判断するかについていくつかの示唆を与えてくれる。ここでは，二つの示唆について考えてみよう。まず，確率の法則にもとづいて合理的な判断をするのに比べると，この順序づけは不合理である。具体的には，確率の法則にしたがえば，あるAという事象が起こる確率は，常に，Aが別の事象Bとともに起こる確率と少なくとも同じかそれ以上である。言い換えると，AとBが同時に起こる確率は，Aのみが起こる確率よりも低いか同じである。すなわち，$p(A\&B) \leq p(A)$。人が文⑧を文⑥よりも可能性が高いとするとき，彼らの判断はこの確率の法則と食い違うことになる。なぜなら，二つの事象の連言（窓口業務をしていて，かつ，女性運動で活動している）は一つの事象（窓口業務をしている）よりも起こりやすいと主張しているからだ。トゥバスキーとカーネマ

ンは，医学的判断，スポーツの結果予測，そして自然災害の予想など，数多くの領域で，人は**連言の誤謬**を犯すことを証明した。連言の誤謬（すなわち，p（A & B）が p（A）よりも可能性が高いと判断すること）は統計的な合理性に反するけれども，専門家でさえその専門分野でこの過ちを犯すことがあると知ると，あなたは驚くかもしれない。

　第2の示唆は，あいまいな状況で判断を下す際のヒューリスティックの役割に関連する。トゥバスキーとカーネマン（Tversky & Kahneman, 1974）は，人の判断は**代表性ヒューリスティック**によって歪められると主張した。この説は，ある母集団やパターンに対する類似性に基づいて確率を特徴づけている。先の文章では，よく読んでみるとリンダの説明は活動的な女性運動家に類似（もしくは活動的な女性運動家を代表）しており，銀行の窓口業務をする人を代表していない。だから，リンダが窓口業務をしていることはありそうにないと思うが，彼女がフェミニストである可能性が確率の式に加わると，その文章の確率が上がったように思うのである。

　あいまいな状況での人間の判断に影響しそうな他のヒューリスティックについても，精力的に研究されてきた（Gilovich, Griffin, & Kahneman, 2002）。その中には，**利用可能性ヒューリスティック**や**係留と調整のヒューリスティック**がある。利用可能性ヒューリスティックでは，ある出来事に関する例を容易に思い出すことができれば，そうした出来事はより起こりやすいと判断される。このヒューリスティックは正確な判断を導くことも多いが，検索のしやすさが出来事の実際の生起確率を反映していないときには組織的なバイアスを生み出す。たとえば，ちょっと次の質問に答えてみてほしい。もしあなたが（3文字以上の単語の）辞書から単語をでたらめに選ぶなら，その単語が，kの文字を3番目に含むよりも，kで始まる単語である場合の方が多いと思うだろうか。kで始まる単語を思い出すほうが簡単なので，人はkの文字を3番目に含むよりも，kから始まる単語である場合の方が多いと判断してしまう。もちろんこれはまちがっている（この例や他の例については，Tversky & Kahneman, 1974 を参照のこと）。このような利用可能性ヒューリスティックの利用はメタ認知的判断の正確さのところですでに示した。要するに，既知感判断に関するアクセス可能性仮説は利用可能性ヒューリスティックの特別版なのである。

　係留と調整のヒューリスティックは，人がある出来事の確率を最初の評価値によって判断し，この係留点から調整して判断を展開する状況を指す。係留と調整の印象深い例がトゥバスキーとカーネマン（Tversky & Kahneman, 1974）によって紹介されている。彼らは「国連の中でアフリカの国々が占める割合はどれだけか？」というような質問にどれぐらい答えられるかを予想させた。係留点（最初の値）を得るために，研究者が0％から100％までの数値の記された輪を回した。係留点が決まったら，参加者は①実際の割合は輪の数値よりも高いか低いかを尋ねられ，それから②実際の割合を予想した。輪は参加者によって異なる数値（係留点）のところで止まった。そし

てこれらの最初の，もちろん任意の数値が人の予想に顕著な影響を与えた。たとえば，国連の中のアフリカの国の割合は，係留の値が10であった参加者は25，65の参加者は45と予想したのである。

　私たちがここで注目したいのは，係留と調整のヒューリスティックは，回想的確信度判断のキャリブレーションで見られたバイアスを直観的に納得できるように説明してくれるということである。図3.5で示された難易効果を考えてみよう。ケレン（Keren, 1991）によれば，実験者が課題をひどく簡単にしたり，難しくしたりすることはないだろうということから，回想的確信度判断の際，人は尺度の中央付近を係留点として判断を始めると思われる。簡単な項目のときは，実験参加者は自分の判断を上方に調整し，より難しい項目のときは，判断を下方に調整する。このような調整は多くの場合，不十分であるとすると（おそらく，参加者は反応尺度の極端な値は使いたくないので），この場合，係留と調整のヒューリスティックによって簡単な項目については過小確信，難しい項目については過剰確信になってしまうのだろう。

　要約すると，トゥバスキーとカーネマン（Tversky & Kahneman, 1974）に代表されるようなヒューリスティックに基づくアプローチはかなりの影響を与えてきた。もちろん，これについて批判がないわけではない。ヒューリスティックに基づくアプローチは，バイアス（すなわち，認知に基づく錯覚）に注目しているので，悲観的すぎると攻撃されてきた。なぜなら，人はこれらの実験で見られたほど非合理的であるとは信じがたいからである。実際，判断や決定の過程について前の章ですでに議論したように，多くの場合，人は細かな判断や決定を行なっており，ヒューリスティック・アプローチは否定的すぎるかもしれない。しかし，この批判はヒューリスティック・アプローチの重要な点を見逃している（他の批判や反論の詳細はGilovich et al., 2002を参照のこと）。なぜなら，ヒューリスティック・アプローチの支持者は人の判断が良い場合もあることを否定しているわけではないからである。人はさまざまな領域でたいていすばやく正解に判断できるので，ヒューリスティックを利用している。多数のバイアスが論文で強調されているからといって，判断が常に，多くは，あるいは，ときどき，まずいということではない。むしろ，バイアスが強調されるのは，人の判断の礎となっている過程がうまく働いていないときにその過程が最も容易に解明されるという事実によっている。言い換えれば，あることがうまくいっているときよりもうまくいっていないときこそ，いかにそれが機能しているかが理解しやすくなることが多い。それゆえ，ヒューリスティック・アプローチの妥当性を検討している研究者は人間の判断のバイアスを誇張するような方法を選ぶことが多い。このように，ヒューリスティックに基づくアプローチは，悲観的な立場に属する理論の重要な例と見ることができるが，このアプローチの支持者は人間の判断が非常に正確であることを否定しているわけではないだろう。つまり，私たちが判断や決定をどのように下すのかを理解するために，これらの不正確さが非常に有益であるということである。

2. 生態学的アプローチ

　楽観主義者は，確信度判断のキャリブレーションが低いのは科学者が実験計画を設定した方法に原因があると主張する。科学者は性格が悪いと見られるべきでないが，科学者は優れた判断者を見かけ上悪く見えるように無意識に実験を設定していると楽観主義者は主張する。生態学的アプローチによれば，人は賢い直観的な統計学者である。こうした実験は，現実世界において人が不確定な出来事を自然に判断している仕方についても，人が日常生活でいつも出くわすさまざまな質問にも一致していないので，人の見かけ上の判断のまずさが表に現われてくる。私たちは，最も正確な判断者でさえ不合理に見せるような，従来の実験のこれら両側面（判断の仕方と実験材料）について考えてみたい。

(1) 確率判断と頻度判断

　人が判断の正確さのまずさを示す一つの理由は，彼らがたった一つの出来事の確率を判断するように求められているという点にある。たとえば，「オーストラリアの首都はどこですか？」という問題に「シドニー」と答え，このたった一つの答えが正しい確率を75％と判断する。しかし，いかなる出来事も，あっているか，まちがっているか（あるいは，起きたか，起きなかったか）なのだから，一つの出来事が生じる確率を（0％か100％以外で）答えるのは不適切だと思われる。おそらく，人はこれまでの長期にわたる出来事の生起**頻度**に敏感である。たとえば，「これまでに何度，あなたは国の首都についてのトリビアル・パスートの問題に正しく答えたか？」といった質問に敏感である場合である。これはたとえば，「今日のゴルフでパーを取るだろうか」といった質問に人が適切な判断をした場合，これらの判断は過去における出来事の頻度についての記憶（たとえば，「今日のような日に自分がパーを取ったことが何度あったか」）に基づいていると考えるのは理にかなっているだろうということだ。判断材料としてこのような頻度の情報を利用することは生起確率を貯えておくことに優るたくさんの利点がある。たとえば，もしだれかが出来事の確率を貯えている場合（たとえば，「私はこのような日に成功したのは40％である」），新しい情報（たとえば，「3回続けて失敗した」）が手に入ったときに確率を更新することは難しい。もし頻度の情報が貯蔵されていれば（たとえば，「今日のような日におよそ10回に4回成功したことがある」），自分の知識を更新することはかなり容易である（たとえば，「現在13回中4回成功している」）。このような論理によってコスミデスとトービー（Cosmides & Tooby, 1996）は，以下のような大胆な主張をした。

> 　進化の過程で，人間は，世の中の確率的な性質を考慮すれば成功率を上げられるような決断が常に必要だった。人間は，主に，あるいは，もしかすると頻度の形式のみで，大量の確率情報にアクセスしてきた。この情報は意思決定を向上するために利用するのに役立つ豊富な情報源となった。（中略）結果的に，頻度を入力とする仕組みを進化させた。(p. 17)

このような主張は，人間の判断を理解することに対して重要な意味をもっている。私たちにとって最も重要なのは，もし人が判断のために頻度を自然に利用しているとすると，判断が確率ではなく頻度を参照していれば，判断の正確さは改善するはずである。たとえば，リンダ問題をもう一度考えてみよう。この問題は最初確率の形式で出題されていた。フィードラー（Fiedler, 1988）は当初の問題を修正し，一つだけの出来事の確率の代わりに，長い期間での出来事の頻度に焦点を当てた。トゥバスキーとカーネマン（Tversky & Kahneman, 1974）の最初の実験のように，単一の出来事を含むリンダ問題を出された参加者の約75％が連言の誤謬を犯した。それにひきかえ，生起頻度型の問題では，参加者のたった25％程度しかこの誤りを示さなかった。リンダ問題と同様に，この研究についてのギーゲレンツァーの評論（Gigerenzer, 1991, 1994）では，人間の推論の多くの問題となる誤り（間違いやすいヒューリスティックの利用が原因とされる）は，問題を頻度の形式にすると明らかに消失してしまうことが確かめられている（Brase, Cosmides, & Tooby, 1998も参照のこと）。これらの研究結果は印象的ではあるが，最近の研究は頻度の形式がいつも人の判断を向上させるわけではない（そして，ときには妨害する）ことを示唆している（Griffin & Buehler, 1999など）。このように，人が自然に頻度を利用しているかどうかは，今もなお解明されなければならない謎である。

(2) 実験材料の生態学的妥当性

人が自然に頻度を利用しているかどうかはよくわからないとしても，判断と決定の生態学的アプローチ（出来事が周囲で自然に生じるのに応じて，人はその出来事の頻度に注意を向けているというアプローチ）は，人の回想的確信度判断の不正確さを直観的に説明してくれる。具体的には，ギーゲレンツァーら（Gigerenzer et al., 1991）は，「次の2つの都市のうち，人口が多い都市はどちらですか？ ①ジョージア州アトランタ，②テキサス州エルパソ」といった一般常識問題の確信度判断をどのように行なうかについて**確率的メンタルモデル理論**を提唱した。この問題に答え，自分の答えについて50％（当てずっぽうである）から100％（絶対に確かである）までで，回想的確信度判断をしてほしい。確率的メンタルモデル理論によれば，人の答えの確信度は二つの異なるモデルから生じると考えられている。局所メンタルモデルは，一つの選択肢を考慮したり，もう一方の選択肢をはずしたりするといったように，人が質問についてある知識を生成するときに構成される。たとえば，あなたがエルパソの人口がアトランタよりも多いとちょうどラジオで聞いたといったようなときに構成される。答えをすぐに生成できるとき，確信度は100％となる。

より興味深いのは，局所メンタルモデルを生み出せず，正しい答えを推論しなければならない場合である。この場合は，確率的メンタルモデルが作り出される。そこでは，潜在的に関連のある手がかりが生み出され，最も妥当性の高い手がかりが人の確信度を導く。たとえば，アトランタはプロのバスケットボールチームがあるが，エル

パソはないということを思い出すかもしれない。この手がかり（プロのバスケットボールチームがあるという手がかり）の妥当性は，ある都市にはプロバスケットのチームがあり，もう一方の都市にはないので，ある都市の人口はもう一つの都市よりも多いという確率である。より大きな都市を予想するのに，「バスケットボールのチームがある」という手がかりの妥当性は比較的高い。具体的には，アメリカ最大の50都市をみると，バスケットボールのチームがある都市は，ない都市よりも大きいという確率は73％である。確率的メンタルモデルによると，この場合，もしあなたが思い出した最良の手がかりが「バスケットボールのチームがある」なら，あなたはアトランタを回答として選択し，確信度は73％と評定するであろう。つまり，正しい答えを推論するために利用した手がかりの妥当性が，その人の確信度になる。人が確率的メンタルモデルを生み出すとき，確信度は現実社会で出来事に出くわす頻度と同程度の頻度を反映している。たとえば，ある都市にはバスケットボールチームがあり，もう一つの都市にはないならば，どのくらいの頻度で，ある都市がもう一つの都市よりも大きいかというような場合である。

　ギーゲレンツァーら（Gigerenzer et al., 1991）が指摘したように，回想的確信度判断の正確さを評価するために実験者によって使われている一般常識問題は，しばしば誤解を招くことがある。なぜなら，これらの問題は難しいがゆえに選択されているからである。実際に使われている一連の質問は，日常生活で起こるような領域を代表しているわけではないので，誤解を招く恐れがある。今の例で，「バスケットボール」を手がかりとして利用し続けたとしよう。しかし，実験者はアメリカの大都市50の中から，たとえば「アトランタとエルパソ」や「テネシー州メンフィスとカリフォルニア州サンホセ」といったように，「ひっかけ」対を選び続けるとする。どちらの場合も，比較的高い確信度で，あなたはまちがった答え（アトランタとメンフィス）を選ぶであろう。なぜなら両都市にはバスケットボールチームはあるが，エルパソとサンホセにはないからだ。つまり，あなたの回想的確信度判断は過剰確信を示すと予想されるが，多くの「ひっかけ」問題を含んだ先行研究では，これは一般的な結果である。逆に，もし実験者が50の大都市のリストからランダムに二つの都市の対を選んだ場合には，あなたの手がかり（バスケットボールチームがある都市を選ぶ）ではおよそ73％が正解となり，これはあなたの確信度水準と一致するであろう。このように，代表的な質問が確信度の実験に使われた時には人々は素晴らしいキャリブレーションを示すだろうというのが確率的メンタルモデル理論からの重要な予測である。

　この予測を検証するために，ギーゲレンツァーら（Gigerenzer et al., 1991）は，2組の質問を考案した。一つは，「ドイツの（大都市65のうちの）二つの都市のどちらの都市の人口が多いか？」のような問題群である。そして，もう一つは先行研究で使われたような，典型的な質問から選択された問題群である。たとえば，「次の二人のうちどちらが先に生まれましたか？　①ブッダ，②アリストテレス」のような問題で

ある。キャリブレーションは後者の選択された問題群よりも，前者の代表的な問題群の方が良いと予想される。キャリブレーション曲線は（図6.4）はこの予測に一致している。さらに，曲線の差は内容の差によるものではないことを示すために，ギーゲレンツァーら（Gigerenzer et al., 1991）は，代表的な問題群から，選択された問題群に難易度が一致する問題を選択した。予想どおり，この難易度が一致した問題群（もはや代表的ではない）のキャリブレーションも良くなかった。このように，人は必ずしも不得手な判断者ではない。そして，これまでの研究で示された低いキャリブレーションのいくつかは，実験手続きの人為的な副産物なのである（Juslin, 1993 も参照のこと）。

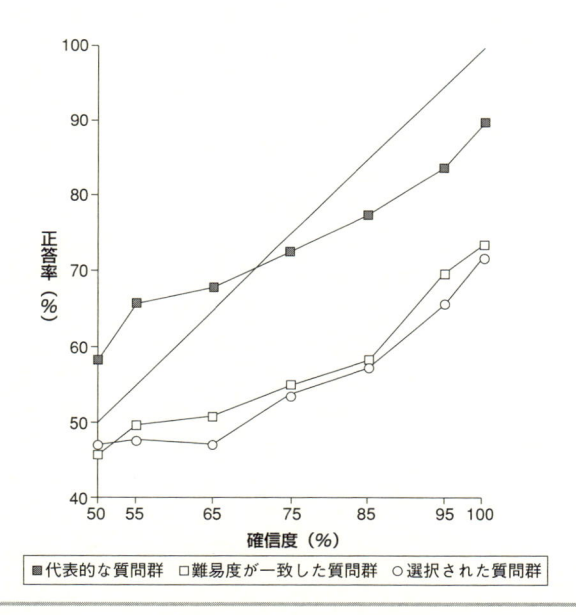

○ 図6.4　キャリブレーション曲線（出典：Gigerenzer, Hoffrage, & Kleinbölting, 1991）

●論点6.3　確信度判断の理論に「メタ」を付け加える

　人がどのように回想的確信度判断をし，なぜこれらの判断が不正確になりうるのかを理解しようとするとき，この本で説明された種々の理論は，メタ認知の研究での一般的な説明の形式に頼っている。たとえば，判断とはそもそも推論に基づいている，あるいは，判断される題材の性質によって判断は重大な影響を受ける，といった具合だ。だが，驚くほど欠落していることは，自分たちの認知についての認知に特に関係しているという，メタ認知への明確な関連づけである。しかし，ウィリアム・ブルーワー（William Brewer）と彼の共同研究者らによる研究は確信度判断についての理論の中に「メタ」を直接組み込ん

でいる。彼らは次のような提案をしている。回想的確信度判断をする際，「記憶の確信度を生成するために，人は手に入る情報源（たとえば，つい今さっき行なったばかりの記憶過程の産物）を利用する。そして，それは，これらの情報源と記憶の正確さとの関係についてのメタ記憶的信念と一緒に利用される」（Brewer & Sampaio, 2006, p541）。彼らの研究（Brewer, Sampaio, & Barlow, 2005も参照のこと）で詳しく検討されたのは，人がテストされているとき，もし彼らがある項目と最初に出会ったエピソードを思い出せば，その項目は実際に学習したと強く確信するだろうという信念である。

　この命題を評価するために，ブルーワーとサンパイオ（Brewer & Sampaio, 2006）は，参加者に実験的なトリックを仕掛けた。具体的には，彼らは参加者に一連の文（たとえば，「その弾丸が的に命中した」）を学習させた。そのあと，これらの文が再認テストと回想的確信度判断のために呈示された。すなわち，参加者は「その弾丸が的に命中した」という文を見せられて，最初に呈示された文かどうかを答え，どれくらいその答えに自信があるかを答えた。トリックは，実験の再認－確信度判断のときのいくつかの新しい文（これは学習時には呈示されていない）である。これは，偽りのひっかけの文であり，その文は元の文の要点に関係していた。この例では，偽りのひっかけ文は「弾丸が的にぶち当たった」という具合である。ここでは，学習した文にあった「命中した（hit）」が，「ぶち当たった（struck）」に置き換えられた。ブルーワーとサンパイオは次のような予想をたてた。テスト時に，「弾丸が的にぶち当たった」という文を見ると，参加者は「ぶち当たった」の代わりに「命中した」を再生する可能性がある。だとすると，この再構成された記憶が実際に間違いのない記憶であると誤って信じてしまうだろうと予想した。この場合，おそらく参加者は「その弾丸が的に命中した」という文を最初に読んだときに作り出されたイメージまで再生するかもしれない。したがって，参加者が「弾丸が的にぶち当たった」という文を学習したことがなくても，学習時のイメージや最初の文の要点を思い出し，偽りのひっかけ文を実際に最初に学習したという反応の確信度が上がってしまうのではないだろうか。

　この予想を調べるために，参加者は先に見せられた（古い）文とひっかけ文に対して確信度判断を求められた。彼らの再認判断に対する理由も答えてもらった（たとえば，「なぜあなたは『弾丸が的にぶち当たった』の文章が学習項目だと言ったのですか？」）。いくつかの結果が注目に値する。まず，参加者が頻繁に（そして誤って）ひっかけ項目は実際に学習したものだと答えた。次に，同様に重要なのだが，「ひっかけ項目が実際にはなかった」と言うよりも，「ひっかけ項目を覚えている」と断言したときの方が，再認決定の回想的確信度判断が高かった（つまり，確信度が高かった）。さらに，参加者が「文は学習した」というとき，文がひっかけでもひっかけでなくても，学習エピソードから文章を再生したと報告したときに最も確信度も高かった。これらの結果は，ある項目についての以前の情報を再生するのは，人がその項目を学習したからにちがいないという信念をもっているという，ブルーワーのメタ記憶仮説を支持する。このような再生が，誤りで人に過去を誤って再構成させてしまう「誤った思い込み」の結果を生じるとき，残念なことに，この信念は人の判断を歪めてしまうのである。

(3) 確信度の正確さを理解するための複合的アプローチ

　生態学的アプローチは人間の判断について楽観的である。なぜなら，知識が人の現実世界の経験を適切に反映していることを検証するために質問が利用されている限り，人は自分の知識の質についてのすばらしい判断者になりうることを生態学的アプローチが示しているからである。このような楽観主義をもってしても，人の判断は常に絶対にまちがうことはないと考えるのは合理的でないと思われる。したがって，何人かの研究者は生態学的アプローチと人の判断の誤りを説明するモデルとを統合した，確信度の正確さのモデルを提唱している（Juslin, Olsson, & Björkman, 1997; Soll, 1996 など）。ドゥーラティ（Dougherty, 2001）のアプローチはかなり印象深い。なぜなら，彼のモデルは上記のアプローチを組み込んでいるだけでなく，それを記憶の正式なモデルの文脈内で組み込んでいるからである。このように，彼のモデルは記憶の正式な理論と説得力のある判断の理論とを統合しており，メタ記憶の論文の中でも比較的独創的なモデルである。

　これらの複合モデルは，少なくとも確信度判断の低いキャリブレーションのいくつかは，不完全な認知プロセスに起因することを示唆しているが，非難されるべき過程は欠点のあるヒューリスティックにあるのではない。むしろ，複合モデルは，低いキャリブレーションは人の判断に影響している**ランダムな誤り**に部分的には起因することを示唆する（詳しくは，Erev et al., 1994を参照のこと）。それにもかかわらず，これらの複合モデルは楽観主義者と悲観主義者の意見の最も説得力のある前提条件を組み合わせているので，これらの複合モデルが低いキャリブレーションを上手に説明できるのは驚くにあたらない。

(4) 確信度についての考察の収束と発散

　ヒューリスティックに基づくアプローチと生態学的アプローチのどちらが人間の判断の成功と失敗の両方をうまく説明できるのかについて議論が続いているが，二つの見解はまったく相容れないわけではない。生態学的アプローチでさえ，ヒューリスティックが人間の判断を部分的に動かしていると仮定している。たとえば，ギーゲレンツァーら（Gigerenzer et al., 1991）によって提唱された確率的メンタルモデルによれば，人はおそらく最も生態学的妥当性の高い手がかりに基づいて確信度判断を行なっているのであろう。それは，判断過程を簡素化し（なぜなら多くの考えられる手がかりから，ただ一つだけが判断を構成する際に使われるからである），しばしば卓越したキャリブレーションを導く強力なヒューリスティック（「最善の策を講じる」ヒューリスティックと呼ばれる）である（Gigerenzer, Todd, & ABC Research Group, 1999）。そうは言うものの，人の過剰確信や不適切な推論が，間違いやすいヒューリスティックや実験計画に起因するのかどうかは，これからも継続的に研究されていくことだろう。

第3節　回想的判断の機能

　メタ認知についての大学の講義のテストを受けるとしよう。テストは，「既知感判断の正確さについて最初に実験を行なった人として知られているのはだれですか？」といった短答問題と，「学習の判断の相対的正確度を向上するとされる要因は次のうちのどれですか？　①即断させる，②学習後の判断を遅延させる，③判断すべき項目を忘れた理由を考えさせる」といった多肢選択問題，で構成されている。どちらの場合にも，質問に答えるかどうか，解答するのにどれだけの時間をかけるかについて，あなたはかなりコントロールすることができる。後者に関しては，第4章で，探索を終結する前に解答にどれだけの時間をかけるかに既知感がどのように影響しているかについて検討した。

　この節では，主に前者について考えてみたい。すなわち，あなたが特定の反応を実際にするかどうかについてである。たとえば，短答問題ではさまざまな答え（たとえば，ハート，フラヴェル，ブラウン）を思い浮かべるかもしれない。そのとき，どの答えにするかをどのように決定するのだろうか。そして，もっと重要なのは，誤答に対して罰がある場合に，あなたは浮かんだ名前のうちのどれか一つを答えようとするだろうか。多肢選択問題で，考えられる答えが用意されたとき，どれを選ぶかをどのように決めるのだろうか。自分の答えを見直して，答えを変えたとしよう。なぜ答えを変えるのだろうか。多肢選択問題の答えを変えれば，実際に成績が上がるのだろうか。この節と「第9章：メタ認知と教育」では，これらの疑問のいくつかに対する最新の回答について触れるつもりである。予告しておくと，さまざまな反応の確信度は，あなたが自発的に答えるかどうかを決定する際に重要な役割を果たしている。すなわち，回想的確信度判断の一つの機能は自分が答えたり，意見を述べたりしないといけないときや，答えないときを決定するのに，どうやら役立っているらしい。

　コリアットとゴールドスミス（Koriat & Goldsmith, 1996）は，研究室で行なわれる記憶実験において実験参加者はしばしばリストからできるだけ多くの情報を再生するように求められることを指摘した。つまり，あなたが20単語のリスト（夢，ソファ，枕，ベット，など）を学習し，それから「できるだけ多くの単語を思い出して下さい」と教示されることが多いということである。研究者が明らかにしようとしているのは，記憶に蓄えられた（そして，のちにアクセスできる）情報量である。しかし，多くの現実の状況では，思い出す情報の量だけが重要なわけではなく，情報の質も重要である。たとえば，陪審員の前で証言する目撃者はある出来事について知っていることすべてを確実に提示しなければならないが，彼らの再生の正確さも大切である。すなわち，彼らは「すべての真実を，そして真実だけを述べる」必要があるのである。

　記憶報告の自己調整についての最も有力な理論の一つが，コリアットとゴールドス

ミス (Koriat & Goldsmith, 1996) の研究である。彼らは，正確な記憶モニタリングと効果的なコントロールが人の報告の質にとって最も重要であると考えた。これらのメタ記憶過程の重要性を理解するには，彼らのモデルをもう少し詳しく考察するのが役立つであろう。図6.5に示されたように，コリアットとゴールドスミスは，人は質問された（「問題の入力」）あとに，長期記憶から解答候補の検索を試みると考えた。「最初に既知感判断の研究をしたのはだれですか？」という上記の問題で，たぶんあなたは「ハート」「ネルソン」「フラヴェル」を検索したであろう。解答候補が検索されたら，各解答候補について主観的確信度判断を行なうことによって，おそらく各候補の質を評価するだろう。「ハート」が正しい確率は.60，「ネルソン」が正しい確率は.30，「フラヴェル」が正しい確率は.10であろうと考えたとしよう。これらの値が，モデルでの評価された確率（Pa）である。もしその他の解答候補を思い出さなければ，再生した解答から最良の解答，この場合は「ハート」を選ぶだろう。しかし，この時点で「ハート」と必ずしも答えなくてもよい。なぜなら，このモデルによれば，まず評価された確率（Pa = .60）をモデルの反応基準（Prc：反応基準の確率）に照らし合わせるからだ。Prcは閾値で，誤答を答えるときに生じる損益に比べて，正答を答える場合の成績の利益を最大化するように設定されているはずだ。あなたが受けているテストは，正答に対する利益が低く，誤答に対する損失が高いとしよう。この場合，あなたは，Prcを.70に設定するかもしれない。この場合，このモデルで示されるように，あなたはPaとPrcを比較し，Pa（.60）＜ Prc（.70）なので，「ハート」と答えないと決定する。残念なことに，実際には正しく回答しないことになるので，

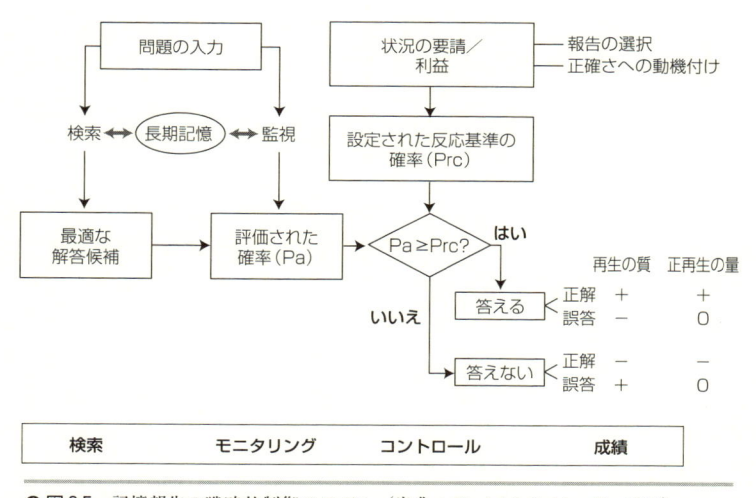

○ 図6.5　記憶報告の戦略的制御のモデル（出典：Koriat & Goldsmith, 1996）

あなたの再生出力の全体的な質は低下する（再生の質がマイナスの符号になる）。

このモデル自身は単純だが，モデルにはいくつかの意味が含まれている。ここでは重要な意味合いの一つを考えてみよう。具体的には，人の回想的確信度判断の相対的正確度は答えの質に影響すると予想される。たとえば，Prc が比較的低い（.30）場合を想像してほしい。ここでは，Pa > .30 であるいかなる答えの候補もすすんで答えることになる。上記の例では，「ハート」と答え，この場合は正しい。さらに，正答である「ハート」は他の二つの誤った解答候補より高い Pa を与えられているので，あなたの判断の相対的正確度はすばらしいということになる。逆に，「ネルソン」が正しい確率が .90 であると考えたとすると，あなたの回想的確信度判断は低い相対的正確度を示すので，「ネルソン」とまちがって答えるだろう。

コリアットとゴールドスミス（Koriat & Goldsmith, 1996）は，相対的正確度が優れているほど反応の質が高くなる，という予想を次の方法で検証した。まず，実験参加者は一般常識問題に答えるように強制された。そして，各解答に対して回想的確信度判断を行なった。各質問に対して各実験参加者の最善の答えが何かを実験者がわかるように，実験参加者は答えることを強制された。回想的確信度判断は各実験参加者が各反応に対して評価した確率（Pa）として利用された。次に，実験参加者は再び質問に答えたが，今度は答えなくてもよかった。すなわち，答えることを要求されていない。誤って反応したときの損失や正しく反応したときの利益，といった種々の要因が操作されたときにこのモデルが予想する結果を評価するためにこの手続きは利用される。相対的正確度の役割を調べるために，コリアットとゴールドスミス（Koriat & Goldsmith, 1996, 実験2）は2組の一般常識問題を作成した。ひと組は，標準的で，高い相対的正確度が得られる問題である。もうひと組は，間違いやすい問題を含んでいた。この間違いやすい問題は高い確信度で誤った反応を誘発するので，相対的正確度は低いと予想される。たとえば，「オーストラリアの首都はどこですか？」と尋ねられたとき，多くの人は自信をもって「シドニー」と答えてしまう（もちろん，この場合，キャンベラが首都である）。

当然のことながら，強制報告の成績は，標準問題（27.9％）の方が間違いやすい問題（11.8％）よりも高かった。これは単純に，後者の問題が実際に間違いやすいということを示している。しかし，より重要なことは，これらの差が自由報告になるとその再生の質に応じて消失するかどうかである。このモデルによれば，人が報告を強制されないときにはまちがった解答をしないことができるため，解答された正答率は強制されたときよりも向上するだろうと予想される。予想どおり，標準問題の自由報告に対する再生の正答率は75％で，期待された改善を示した。逆に，間違いやすい問題に対する自由報告の正答率はたったの21％で，強制報告に比べてほとんど正答率が向上していないことを示した。もちろん，間違いやすい問題を答えるのは難しく，その難しさによって，確信度判断は不正確になり，高い確信度で，誤った反応をしな

いことに失敗してしまうのである。

○○○ 要約

　過去数十年で回想的確信度判断に関する良質の研究の伝統が生まれた。そして，ここで検討した研究はほんのごくわずかにすぎない。これらの判断に関する幅広い関心は驚くにあたらない。なぜなら，日常生活で自分の信念と思考に関する確信はたえず自然に生じ，根拠の十分な，あるいは，性急な決断を導くからである。少なくともある文脈においては，人々の確信度判断は不正確になることもあり，しばしば過剰確信にもなる。このような低いキャリブレーションを説明するために，いくつかの説が提唱されてきた。主な説明は，人の間違いやすいヒューリスティックの利用が問題であることや，人の判断を調べるために利用されるバイアスのかかった方法が問題であることを指摘している。両者の説明の伝統はともに頑健な証拠や主張によって支持されている。なぜ人の確信度判断がしばしば不正確であるのかについての議論は今後も続くだろうと思われる。

　重要なのは，回想的確信度判断は，自発的に答えるかそれとも答えないかについての意思決定に影響を与える働きをするということである。答えが正解かどうかわからないから答えを保留したり，答えが正しいと確信して自分の考えを積極的に主張したりすることは，みなが経験していることである。このように，回想的確信度判断のキャリブレーションと相対的正確度の両方で高い水準を得ることは，検索の効果的な調整にとって不可欠なことである。このような洞察をふまえると，以前からなぜこれほどたくさんの研究がこれらの判断のバイアスを修正することに注目してきたのか，そして，なぜ判断のバイアス修正に関する実践的な研究がメタ記憶研究を支配し続けるのかは明白である。

【討論問題】

1. これまでに，最もよく研究されているメタ認知的判断のいくつか（学習判断，既知感判断，そして，回想的確信度判断）を学習した。今度のテストの準備であなたはそれぞれの判断を（無意識に，あるいは，意識的に）するかもしれない。試験の準備と実際の試験で各判断がどのようにあなたの成績を良くする（あるいは，悪くする）のだろうか。各判断は異なる時点で行なわれるが，これらはすべてヒューリスティックに影響される。各判断で使用されるかもしれないヒューリスティックを説明しなさい。これらのヒューリスティックが判断の正確さを良くするのはどのような条件下だろうか。ヒューリスティックが判断の正確さを悪くするのはどのような条件下だろうか。

【概念の復習】

以下の質問と練習問題に対して,できるだけ詳しく解答を書き出してみよう。その後,この章の関連あるところを読み直してチェックしてみよう。

1. なぜ人々の回想的確信度判断がしばしば過剰確信を示すのか,その理由を二つ書きなさい。
2. あなたが解答する際に正確に判断する確信度が重要だとすると,試験を受けるときに正確さを向上させるためにどのような方法が使えるか。
3. 二人の人が別々に答えるときよりも,チームになって質問に答える(そして自分たちの解答の質を判断する)ときの方がより過剰確信になりがちなのはなぜだろうか。
4. 回想的確信度判断の機能を説明しなさい。

第7章 ソース判断

　これまでの章で，メタ認知研究を代表するメタ認知的判断（既知感判断，学習判断，確信度判断）について考えてきた。しかし，定義からしてメタ認知は記憶のような内的表象についてなされる**あらゆる**内省や判断を含んでいる。したがって，メタ認知的判断の過程は，「メタ認知的」と認められるからには**内的な**表象に関する内省を含んでいなければならない。したがって，人が自分の記憶や認知について行なうあらゆる帰属はメタ認知である。メタ認知は先に挙げた有名な三つのメタ認知的判断だけではない。あなたは，条件を満たすと思われる記憶について他にも多くの種類の例を考えることができる。たとえば，シャンペンを最後に飲んだのはどれほど前だったか（**新近性判断**），先月は何回ジムに通ったか（**頻度判断**），去年のヨーロッパ旅行の記憶がどれほど心地よく思い出されるか。これらのどの質問に答えるにも，心的表象について考えることが必要となり，したがって，これらは本来「メタ認知的」である。

　最も興味深い内省的帰属の一つで，かつ，精力的に研究されているのが**ソース判断**である。これらの判断は記憶のソース（情報源）の想起や，記憶が最初に生じた文脈状況の想起を含んでいる。たとえば，グレープフルーツを食べてはいけないということをあなたが覚えているとき（記憶の内容），それを医者から聞いたのか母親から聞いたのか（ソース・メモリ），あるいは，それを最初に病院で聞いたのか，自宅で聞いたのか（文脈の記憶），実に驚くほど幅広い可能性がソース判断の下に入れ子状に組み込まれている。その記憶の出来事は自宅で起こったのか，ニューヨークでの休暇中に起きたのか，あなたがその記憶の情報源なのか，だれか別の人なのか，その出来事は実際に起こったのか，映画で見たのか，たんに想像しただけなのか。

　ソース・モニタリングは思考や記憶の起源についての帰属に関する過程を含んでいる（Johnson & Mitchell, 2002）。ソース・メモリの誤りは，それはとても多いのだが，場合によっては極端な結果をもたらすこともある。たとえば，ダニエル・シャクター（Schacter, 1996）はドナルド・トムソン（Donald Thomson）についての実話を詳し

く紹介している。トムソンはオーストラリアの心理学者で，符号化特定性原理に関するよく知られた論文（Tulving & Thomson, 1973）の共著者として有名である。目撃者の記憶に関する世界的に有名な研究者として，トムソンは母国で頻繁に証言台に立ち，人間の記憶の欠点についてテレビ会見することも多かった。テレビ番組のスタジオから遠く離れた場所で強姦事件が起きたある晩，彼はこのようなTV会見をしており，人はいかにして記憶を向上できるかを話していた。その強姦の被害者はなんとトムソンを訴えた。幸い，テレビ会見は生放送で，彼には完全なアリバイがあった。しかし，ある意味で，トムソンは被害者とともに部屋にいたとも言える（テレビ画面上の映像として）。おそらく，被害者はソース・モニタリングの誤りを犯したのであろう。すなわち，彼女はTV画面のトムソンの画像を加害者と混同してしまったのだ。彼女はトムソンをその晩に見ているので，彼女の記憶がまったくまちがっていたわけではない。ただ，文脈が根本的に違っていて，このソース・モニタリングの誤りの結果は潜在的には災難を引き起こしかねなかった。

　この章では，ソース・モニタリングに関する文献を幅広く探ってみよう。まず，人のソース・モニタリングの正確さに影響するいくつかの要因，たとえば，ソースの類似度やソース自体が情動反応を引き起こすかどうかなどの要因を議論することから始めよう。次に，ソース・モニタリングに関する有力な理論を紹介したい。その理論は，ソースを推論するために人は出来事の回想と熟知性の両方に依存していることを指摘している。最後に，統合失調症や鏡徴候といった不思議な精神病理（これらは，混乱したソース・モニタリングの危険性を強調している）を考えてみる。そして，ソース・メモリの神経学的基礎について説明する。

第1節 ソース・モニタリングの正確さに影響する要因

　他のメタ記憶判断と同様，ソース判断の仕組みについての一致した意見では，ソース判断はヒューリスティックに基づいているということである。ソースを評価するように尋ねられたとき，人は記憶のソースを決定するために頭に浮かんだ情報を利用する。たとえば，先生がある学生に怒鳴ったのを**想像したのか**，実際に**聞いたのか**を考えるとき，あなたは先生の声の調子を思い出すことができるから実際に聞いたと判断するかもしれない。もしその出来事のぼんやりとしたイメージを思い出すだけなら，想像したのだと推論するだろう。ソース判断に利用する情報は，ソースがどれくらい類似しているかや，最初の符号化時に記銘時のソースが目立っていたかどうかや，ソース判断の際にソースに注意するようにと明確に指示されるかどうかなど，多くの要因によって驚くほど変わってくる。

1. ソースの類似性

　ソースの類似性はソース判断の正確さに著しく影響する。もし考えられる記憶の二つのソースが互いに非常に似ている場合，記憶の情報源は混同しやすく，ソース判断は難しく，間違いやすくなる（Ferguson, Hashtroudi, & Johnson, 1992; Lindsay & Johnson, 1991）。もし二つのソースがまったく違っていれば，その課題はやさしくなる。したがって，もしメアリーとリンがある文を言ったかどうか判断する場合，二人がともに女性である場合よりも，メアリーが女性で，リンが男性なら，課題はずっと簡単である。

●論点7.1　ソース判断の正確さの測定

　ソース・メモリの典型的な実験では，実験参加者が異なるソースをもつさまざまな項目を覚えるように教示される。たとえば，項目は個々の単語（たとえば，犬，鉛筆，ボウル，など）で2つの声（半数は男性の声，残りの半数は女性の声）で読み上げられる。私たちが主に関心があるのが，一方のソース（たとえば，男声）に由来する項目ともう一方のソース（女声）に由来する項目とを実験参加者がどれくらい正確に弁別できるかということである。したがって，ソース・モニタリングの正確さの測度は，既知感判断や学習判断といったより標準的なメタ記憶判断に関する相対的正確度の測定尺度に密接に関連している。

　ソース・メモリのもう一つの側面がその正確さの測定を難しくしている。特に，研究者は「この要因は人のソース判断の正確さに影響しているか」という問題に答えるために要因を詳しく検討することが多い。たとえば，大学院生と大学生のソース判断が同じように正確かどうかを調べるかもしれない。同様に，学習時に何度も項目を呈示することは（一度しか呈示しないことに比べて）人のソースの記憶を向上させるかどうか興味があるかもしれない。しかし，これらの場合，問題になっている要因が項目の記憶にも影響しているかもしれないので困難が生じる。たとえば，最初に呈示された項目の再認は大学院生よりも大学生の方が良い可能性が高く，また，学習時に何度も呈示されたほうが良いかもしれない。したがって，ソース判断の正確さは大学生の方が（あるいは，複数回の学習後の方が）良いかもしれないが，ソースの正確さのこの差はたんに項目自体の記憶の差を反映しているだけでないことをどのようにすれば確かめられるのだろうか。

　この疑問に答えるために多くの労力が注がれてきた。そこでは，項目（あるいは出来事の内容）の記憶とそのソースの記憶を区別する重要性が強調されている。実際，この章のいたるところで，アイテム・メモリ（項目の記憶，あるいは項目の再認）とソース・メモリ（あるいはソース・モニタリング）をたえず区別している。マーネンとバイアン（Murnane & Bayen, 1996）はソース・メモリのさまざまな測定方法を概観して，測度によってはいくつかの状況下でアイテム・メモリとソース・メモリを一緒にまとめて測定してはいないものの，「調査された実験に基づく測度は，どれ一つとして，あらゆる状況において妥当なソース同定の測度にはなっていない」（p. 417）と断定した。結局，アイテム・メモリとソース・メモリを調べるための多項モデリングのような方法を使うことを含め，すべての測度はさまざまな前提に基づいているので，前提条件が満たされていなければ，

> ソース判断の正確さについて根拠のない予測を導いてしまうことになる。けれども，種々の測度がソース・メモリの正確さに影響する要因についてまったく同じ結論を支持することが多い。そして，多くの論文が人々のソース判断の正確さについて，いくつかの直観的に納得のいく一貫した結論を導き出してきたことは，私たちの概説から明らかであろう。

　同様に，もし二つのソースが空間的に離れていれば，空間的に重なり合っている場合よりも課題はやはり容易になる。文脈判断にあたって，もし背景の色が違っていれば，似ている場合よりも判断は容易になる。出来事が起こる二つの部屋がたいそう違っていれば，ソース判断は容易になる。二つの部屋がたいそう似ていれば，判断は難しくなる。したがって，もし多くの出来事が同じ環境で起こったら，出来事やソースを正確に特定することは難しくなる。ソース判断の成績に寄与するこの種の物理的な違いは十分に立証されており，体系的で，私たちの直観に非常によく合致する。

2．ソース・モニタリングにおける情動や想像

　個人の情動的喚起の水準は，ソース判断に選択的に影響する。マザーら（Mather et al., 2006）の研究では，実験参加者に一連の4枚の異なる写真が呈示された。写真はコンピュータ画面上の異なる場所に一つ一つ瞬間的に呈示された。4枚目の写真呈示と短い遅延の後，実験参加者は画面のどこに写真が呈示されたかを質問された。これらの試行での写真は，情動の喚起の程度が，高く，中くらい，あるいは低くなるように厳密に選ばれた。情動喚起の程度が高いほど，写真が画面上のどこに現われたかについての記憶は低下した。さらに，情動喚起の程度が高い写真の位置の記憶はうつ得点が高い実験参加者でとりわけ悪かった。情動喚起の影響は，うつでない実験参加者にはそれほど見られなかった。つまり，刺激材料の内容（ストレス多いか多くないか）と個人の性質（うつ状態かそうでないか）が，写真のソースを覚えているかどうか，この場合は写真刺激の呈示位置を覚えているかに影響を及ぼした。この研究から，正確なソース判断を行なう人々の能力は，まさにそれが最も必要なとき，すなわちストレスの負荷がかかる状況下では発揮できないかもしれないという残念な結論になる。

　他の個人的要因が記憶のソースを混乱させることもある。私たちの心的な能力やその能力を利用する方法が影響することもある。たとえば，ある刺激は読み上げられた単語として，ある刺激は絵として項目が呈示され，その後である呈示された刺激が単語だったか，絵だったかを言わなければならないとする。もし，ある単語が読み上げられたとき簡単に鮮明なイメージを思い浮かべた（たとえば，項目が「七面鳥」なら，あなたが色彩豊かな七面鳥が気どって歩くのを想像する）としたら，そのあとの単語か絵かのソース判断は難しいだろう。単語でも絵でもどちらの場合でも，七面鳥の鮮明なイメージを思い出すであろう。この考え方に一致して，実際のところ，イメージを生み出す能力の低い人はイメージ能力の優れた人に比べてこの種のソース判断で成

績が良い（Johnson, Raye, Wang, & Taylor, 1979）。同様に，もし単語がある人物の声で読み上げられたと想像しなさいという教示を受けると，その単語が想像されたのか，その人物が実際に読み上げられたのかを思い出すのが難しいだろう（Johnson, Foley, & Leach, 1988）。このように，人の想像の鮮明さは，ある出来事が実際に起こったのか，ただ単に想像されただけなのかの判断に驚くほど影響することがある。

第2節　ソース・モニタリングの枠組み

　明らかなことは，私たちは記憶のソースを実際に覚えていることもあれば，覚えていないこともあるということである。ジョンソンとレイ（Johnson & Raye, 1981; この他，Johnson, 1983; Johnson, Hashtroudi, & Lindsay, 1993 も参照）は，多重入力モジュール記憶システムの枠組み（MEM）と呼ばれるモデルを開発した。これは，ソース・モニタリングに関連する多くの知見や，ソース・モニタリングの成功・失敗について説明することができる。多重入力モジュール記憶システムによれば，人は記憶のソースを示すラベルをもっているわけではない。その代わりに，出来事に関連する知覚情報，文脈情報，意味情報，情動情報など，検索時の心的経験の特徴，および項目を符号化する時の心的操作の記憶に基づいて，ソースの属性を作成している。ソース・モニタリングの枠組みに従うと，これらの特徴を検索することが次のことをもたらす。

> （これらの特徴の検索は）熟知性や記憶の強さについての一般的な感覚から，知覚の詳細（例：色や形），時間・空間情報，意味情報，感情の詳細（例：情動反応），関与した認知過程（例：精緻化，裏づけとなる情報の検索）といった詳細な特徴にまで及ぶ心的経験をもたらす。いろいろな型の獲得過程（例：読み，思考，推論）や，いろいろな型の出来事（例：映画，新聞，夢）が，結果として，互いが特徴的に異なる記憶表象を生み出す（Mitchell & Johnson, 2000, p180）。

　たとえば，ある刺激はカラー写真（たとえば，犬や車の写真）で呈示され，他の刺激は読み上げられて（たとえば，男性の声で「カップ」や「本」と読まれる）一連の概念をあなたが学習するとしよう。そのあとで，「犬」という単語を見せられて，これは写真だったか，声に出して読まれた単語だったかと質問されたとする。この場合，知覚情報の詳細（茶色い毛）と奥行き（前足に後ろ足が隠れていたなど）を含む犬の詳細なイメージを思い出すかもしれない。もしそうなら，「犬」という概念は写真で呈示されたと推論されるだろう。なぜなら，写真の符号化は，知覚的に詳細な記憶表象をもたらす場合が多いからだ。しかしながら，単語の「車」を呈示されると，その単語はなんとなくなじみがあるという一般的な感覚以外ほとんど何も思い浮かばないかもしれない。その結果，思い出した特徴が知覚的に詳細ではないので，あなたは，「車」は音声による呈示にちがいないと（誤った）推論をするだろう。

　つまり，もしある記憶がある特定のソースに由来するのなら何が頭に浮かぶかにつ

いて，私たちはいろいろと期待をもっているということである。だから，もしある刺激が写真として呈示されたならば，のちに，その項目について知覚的に詳細な記憶が得られると期待している。テスト時に項目が示差的な特徴をもっていなければ，写真ではなかったと言うだろう（たとえば，Dodson & Schacter, 2002 を参照のこと）。同様に，あることを自分で考えたのか，だれかに呈示されたのかと質問されると，私たちはそれを考えたときに生じる心的操作に関する記憶を頼りにするかもしれない。たとえば，もしそれを考えるときに苦労したことを覚えていれば，それは自分で考えたと答えるだろう。もちろん，さまざまなソースについての実際の表象は互いにまったく違うわけではないので，ソース・メモリの誤りの起きることがある。写真として呈示された項目が知覚的に詳細な表象を形成しないために，それらはもともと音声によって呈示されたと考えるときもあれば，ただ聞いているだけの項目が心的イメージを誘発すると，それが話されるのを聞いたのではなく，はじめにそのイメージを心に描いたと思うときもある。

次に，記憶のソースを明らかにするはずの記憶の属性を人は思い出そうとはしないという興味深いいくつかの知見を検討しよう。人は思い出そうとしないかわりに，出来事の熟知性を過度に信頼し，そうすることで，耳慣れない名前が確かに有名な人の名前であると信じてしまうことがあるのだ。

1．一夜にして有名になる：熟知性がもたらす否定的な結果

ジャコービィら（Jacoby, Woloshyn, & Kelley, 1989）は，ある項目の熟知性と，項目の特徴や属性の検索によるその項目の明確な回想とを区別した。先に述べたソース・モニタリングの枠組みと同様，特定の属性の回想はソース判断が一般によりどころにしているものである。ジャコービィらの巧みな実験で証明されたように，ソース判断で想起を利用しないと，ソース・モニタリングの成績がとても悪くなることがある。彼らは，学生に「セバスチャン・ウェイズドルフ」というような有名でない 40 名分の名前リストを呈示した。ウェイズドルフといった有名でない名前を実際に有名だと学生に思わせることができるのだろうか。実験参加者は，先の名前のリストが呈示されたすぐ後か，あるいは翌日に，**有名人テスト**を受けた。彼らは，有名人の名前かそうでないかを識別することを求められたが，そのうちのいくつかはテストのリストにも組み込まれた。翌日のテストで，実験参加者は前の日に見たリストの名前はどれも有名人ではないとはっきりと指摘された。したがって，もし事前に学習したリストにあった名前であるということを思い出せば，その名前は有名でないというはずである。

有名人テストを有名でない人の名前を読んだすぐ後に行なった場合は，ソース・メモリは良かった。つまり，セバスチャン・ウェイズドルフは有名かと質問されれば，その記憶のソース（すなわち，そのソースはリストである）の検索を利用してウェイ

ズドロフは有名ではないと正しく答えることができた。しかし，テストが翌日に行なわれると，前日のリストにあった名前は有名人の名前だと答える傾向があった。なんとセバスチャン・ウェイズドルフは一夜にして有名人になったのである。おそらく，実験参加者の1日後のソース・メモリは，名前が前日に呈示されたと排除できるほど良くはないのである。同時に，前日にその有名でない人の名前を読むことによって，これらの名前の熟知性が増したのである。つまり，熟知性の増大とソース・メモリの低下によって，学生は有名かどうかについての帰属を誤ったのである。

　この場合，先に学習したリストに名前があったことについて適切なソース情報をもっていて，それを利用すれば，正しい推論ができるであろう。しかし，これは私たちがふだん有名人を判断する方法ではない。私たちは，ある人がなぜ有名なのかを思い出そうと苦労する代わりに，単なる熟知性に基づいて有名人かどうかを判断することが多い。もちろん，それでは，正確にソース判断するために必要な具体的な記憶を思い出せないであろう。たとえば，「ある特定の名前になじみがあるのは，その人が化学入門の授業でゲストとして講義したからですか？　あるいは，彼女が新聞に頻繁に名前が出る有名な政治家だからですか？」と尋ねたとしよう。詳細なソース・メモリがなく，またソース・メモリが適切に評価されていないと，人々はこのような熟知性を有名性についつい帰属してしまう。

　人々は，他の帰属場面においても熟知性を利用する。リンゼイとジョンソン（Lindsay & Johnson, 1989）は，あるターゲットが特定の場面で起こったかどうかを判断するときに，人々はその場面の詳細を検索するのではなく，熟知性に過度に依存することを明らかにした。実際，ソースについて具体的に質問されたときでさえ，人々は単なる熟知性を利用するようである。リンゼイとジョンソンの実験では，実験参加者はまず複雑な絵を見せられる。そのあと，その絵の説明を与えられる。しかし，その説明には，その絵にはなかった（けれども，その説明の文脈には沿っている）いくつかの事物も含まれていた。これらの事物が重要項目であった。ある事物が絵の中に実際にあったかを答えなければならないとき，実験参加者は重要項目（これは，絵の中に実際にはなかったが，後の説明の中で言及されていた項目）のいくつかがあったと答えた。しかし，その事物があったのは，①絵の中だけ，②説明の中だけ，③絵と説明の両方，④どちらにもなかった，から選択したときには，彼らのソース記憶の成績が向上した。言い換えれば，説明の中だけに出てきた事物は絵の中にはなかったと正しく言い当てることができたのである。リンゼイとジョンソンは，人は（あまり詳細でない）「はい」か「いいえ」かの再認判断をするとき，判断基準としてその事物の熟知性を利用していただけであると主張した。実験参加者はソースが正しいことを確認するためにそれ以上の努力をしなかった。このように，もしそうするように求められていたら，かなり正確にソース判断ができたであろうが，そうするように強く求められないと単純に熟知性に基づいて判断を行なうことが多かった。

2．ソース・メモリにおける意識的回想の役割

　過去の出来事は，次の二つのどちらかの理由で，行動を変えるかもしれないと，長年にわたって研究者は主張してきた。つまり，①意識的に回想するからか，あるいは，②その影響が潜在的である（すなわち，行動の変化が熟知性に基づいており，誘導事象である行動変化を意識的に気づくことがなくても生じる）からか，のいずれかの理由である（Tulving, Schacter, & Stark, 1982）。これら2種類の記憶（顕在記憶と潜在記憶，あるいは，回想に基づく記憶と熟知性に基づく記憶）の区別は，究極的にはソース判断によって明らかにされるかもしれない。

　ラリー・ジャコービィ（Larry Jacoby, 1991）によって開発された過程分離法は，ソース帰属における**回想と熟知性**との区別の重要性を強調している。ジャコービィは意識的な回想と熟知性に基づく無意識の記憶過程を互いに**拮抗**させることによって分離する手続きを開発した。特に，彼は回想と熟知性を区別し，回想は項目のソースの意識的な検索であると考えた。もし，人がある出来事を想起することができれば，それが実際に起こったかどうかを再認できるはずであり，したがって意識的な過程は再認判断の基礎となっている。しかし，再認はたんに熟知性に基づいて判断される場合もある。このような熟知性に基礎をおいた再認は高速の自動的な過程を伴っており，そうした過程は検索を含まず，思い出される出来事への意識的なアクセスが必要でないために，ソース情報にもアクセスしない。

ラリー・L・ジャコービィ
(Larry L. Jacoby)
記憶判断の理論的基礎を調べる創造的な技術開発を提唱した。

　では，これら二つの過程（回想と熟知性）がどれくらい記憶の帰属に寄与しているのかをどのように推定することができるのだろうか。たとえば，ニューヨーク・タイムズ紙の記事とローリング・ストーン紙の記事を読む実験を行なったとしよう。それぞれの記事はアメリカの2008年大統領選挙に関するさまざまな事実（類似した事実と，異なる事実）を含んでいる。それぞれの新聞の記事を読ませたあと，ある事実がどちらの新聞に掲載されていたかをテストする。より具体的には，ソース（たとえばローリング・ストーン紙）が回想されたかのか，あるいは，熟知性に基づいて推論されたかのか，その程度を調べるために再認テストを行なう。再認テストには，新事実，ニューヨーク・タイムズ紙だけに掲載された事実，ローリング・ストーン紙だけに掲載された事実が含まれている。実験参加者には，次の2組の教示のうちの一つが与えられる。

　①包含教示：どちらかの新聞で読んだ記事なら「はい」と答えなさい。包含教示と

呼ばれるのは，（どちらの新聞にもない「新事実」とは対照的に）両方の新聞に掲載された事実を含めるように指示されるからである。
②排他教示：ニューヨーク・タイムズ紙にあった事実に「はい」と答え，「新事実」とローリング・ストーン紙の事実の場合は「いいえ」と答えなさい。新事実とローリング・ストーン紙の事実は排除するように指示されるので排他教示と呼ばれる。

包含教示では，事実がどちらのソースからのものかを意識的に思い出せても，たんになじみがあるだけでも，実験参加者は「はい」と答えるだろう。なぜなら，最近「読んだ」事実のほとんどはテストで初めて呈示された新事実よりもなじみがある（熟知性が高い）はずである。それとは対照的に，排他教示では，ソースがローリング・ストーン紙であると思い出せない限り，実験参加者はなじみのある事実に対してやはり「はい」というだろう（ソースがローリング・ストーン紙であることを思い出せれば，「いいえ」と答えるだろう）。このような実験の結果を用意すれば，研究者はソース判断に対する回想と熟知性の寄与率を利用することができる（計算式や詳細は，Jacoby, 1998を参照のこと）。多項モデリング（Batchelder & Riefer, 1990; Bayen ら，1996）や受信者操作特性（ROC）の分析（Yonelinas, 1994）といったその他の方法でも，この二つの過程がソース・メモリにどの程度影響するかを予想できる。ここで最も大切なことは，これらすべての方法は，ほとんどの場合，同じ結論を導くということである。すなわち，回想と熟知性の両者が再認成績とソース判断に影響を与えるということである。

● 論点7.2　ソース・モニタリング：二つの過程かそれとも一つか

議論を呼んだ論文の中で，スロトニクとドッドソン（Slotnick & Dodson, 2005）は，回想の過程はソース・メモリの正確さに貢献していないと主張した。「（多項モデリングや2重過程モデルの回想の部分で仮定されているような）記憶検索の悉皆（しっかい）型過程は，直観的には魅力的だが，記憶検索の実用的な説明としては，再考されるべきである」（p. 169）と彼らは結論づけた。これは直観に反するようだが，友人があなたに「グレープフルーツを食べるなと言ったのはあなたの医者ですか？ それともお母さんですか？」と質問したとき，あなたのソース判断はソースを思い出したかどうかにはまったく基づいていないと彼らは主張している。もし，ある出来事が起こった過去のエピソードを思い出すことがソース判断を行なう能力に関係がないとしたら，いったい何が関係しているというのだろうか。

回想と熟知性の両方を含む二重過程モデル（本文中で説明されている）に対して，理論家の中には，二つの過程は一つだけ余分であり，かつて回想に依存していると信じられていたその他の判断の中でも，ソース判断はどのようになされているのかが熟知性だけ（1過程モデル）で説明できるという可能性を主張している者もいる（たとえば，Rotello &

MacMillan, 2006; Siegfried, 2004)。単一過程モデルでは，熟知性が強度の連続に沿って変化する。ここで，最も低い強度は正しいソースについて記憶がほとんどないか全然記憶がないことを示し，最も高い強度は正しいソースについての記憶が完璧であることを示す。したがって，ソースがあなたの医者か母親かを尋ねられると，あなたは，どちらのソース（医者か母親か）の熟知性がより大きな強度をもつかに基づいて答えることになる。この1過程モデルはさほどわかりやすいというものではないかもしれないが，本文中で説明された例では（そして，ソース・メモリに関する数多くの実験でも），ソース判断の際に二つのソースが呈示されていることに注意してほしい。つまり，実験参加者はどちらのソースがこの特定の項目と関連があるか，ソースAかソースBか，と尋ねられる。このような場合，ソース・メモリは結局のところ正しいソースを再認することになる。そのことが，実験参加者をたんにその項目の文脈で各ソースの単なる熟知性を頼りにする気にさせているのかもしれない。

　ソース・メモリに意識的な回想が含まれるのか（あるいは，熟知性だけで十分なのか）についての論争は今も続いている。そして，明らかに，この論争のどちらの立場の研究者もより詳細な検討や議論をしないで自分の立場の敗北を認めることはありそうにない。一方で，ソース・モニタリングの実験によるいくつかのデータは二重過程モデルよりも単一過程モデルに明らかに良く適合している（概説としては，Slotnick & Dodson, 2005参照）。これらの実証データに加えて，単一過程モデルの方がより節約的であり，熟知性だけがソース・メモリの決定要因であるという結論を支持する比較的堅固な議論がある。他方，アイテム・メモリ課題とソース・メモリ課題では，異なる脳部位が活性化されることを脳画像研究の証拠が示唆している。さらに，これらの異なる脳部位はそれぞれに回想と熟知性に関連していることが明らかにされている（Woodruff, Hayama, & Rugg, 2006など）。確かに，この論争の両方の立場に立っている忠実な擁護者とともに，私たちはこの謎をソース・モニタリングに関する研究で解明すべき最も重要な問題の一つであると考えなければならない。特に，1過程（熟知性）か2過程（回想と熟知性）か，どちらがソース・メモリの基盤をなすのだろうか。そして，もし2過程であるなら，回想はどのような状況で働くのだろうか。

　これらの方法が特に強力であるのは，特定の要因がソース・メモリにどのように影響するかを推定できるからである。たとえば，年をとるにしたがってソースの記憶が低下する傾向がある（詳細は11章を参照のこと）。言い換えれば，ソース・メモリは20代のときよりも70代のときの方が悪いのがふつうである。この過程分離手続きを用いて，ジャコービィらは加齢によってソースの回想は低下するが，熟知性に基づく過程は変わらないことを明らかにした。学習時間を長くしたり，刺激やソースに十分に注意を向けたりするなどの他の要因も，ソースの回想を向上することによってソース・メモリを向上させるようである（概説として，Kelley & Jacoby, 2000を参照）。このような実験的証拠から，私たちが過去を思い出す能力，すなわち意図的に以前の記憶の特徴を検索する能力は，記憶のソースを正確に判断する私たちの能力に重要な役割を果たしていると考えられる。

第3節 ソース・モニタリングとリアリティ・モニタリングの障害

　リアリティ・モニタリングは，ある出来事が自分の想像なのかあなたの外で起こったことなのかを正しく評価する能力であり，ソース・モニタリングの特別な場合である。リアリティ・モニタリングに関する日常生活での質問には，「その新しい，すばらしい考えはあなたが思いついたのか，それとも友だちがあなたに話したのか」といったものがある。この質問に誤って答えてしまうのは，無意識のうちにだれかの仕事を盗作してしまう**潜伏記憶**にあたるかもしれない（Marsh & Bower, 1993）。潜伏記憶は，ビートルズのジョージ・ハリソンが訴えられ，彼の大ヒット曲 *"My Sweet Load"* が盗作であるという罪で有罪になったときのように悲惨な結果をもたらす場合がある。ハリソンは明らかに，自分がシフォンのヒット曲 *"He's so fine"* から盗作したことに気づいていなかった。実際，その二つの曲はほぼ同じであったが，ハリソンはその曲を盗むつもりがまったくなかったことは明白であるとこの事件を担当した弁護士は主張した（この事件や潜伏記憶に関する議論については，Perfect & Stark, 2008 を参照のこと）。健常な大学生でさえリアリティ・モニタリングの判断が完璧ではないが，こうしたメタ認知能力に障害のある患者は特に興味深い。

●論点7.3　宇宙旅行と二人の妻との生活

　あなたが叔父さんと話していて，叔父さんが昨晩夕食直後に宇宙人の宇宙船にどのように誘拐されて宇宙旅行をしたかを話したとすれば，あなたは叔父さんが嘘をついていると考えるだろう。しかし，残念なことに，ある種の健忘症の人は会話の最中に比較的極端な作り話をする。このような作り話はいつも突飛なわけではない（そして，前の晩にテレビで見たことについての普通の偽りの記憶にすぎないのかもしれない）。加えて重要なのは，彼らはウソをついてはいないのである。少なくとも，ほとんどの作話症の人は自分が作り話をしていると自覚していない。

　作り話は，健康な人に見られる記憶の構成過程と質的には違わない，空白補充の過程であると当初は考えられていた。ただし，作話症の人は健忘症であり，話と話の空白が大きく，より多くの話の再構成が必要になるという点が違っているというのである。これはもっともらしい仮説だが，まちがっているようだ。健康な人たちの記憶が低下するとき，再生量が少なくなり，再生された内容もより形式化するが，ある種の健忘症患者に見られるような極端な形の作り話とは確かにまったく違う。アルバとハーシャー（Alba & Hasher, 1983）が記したように，健康な人の再生には別の話の侵入がない。また，多くの健忘症患者は作り話をしない。健忘症患者の一部の人にだけ，つまり，長年のアルコール中毒から発症するコルサコフ健忘症の患者だけに見られる症状である。ウィッティとルーイン（Whitty & Lewin, 1957）は，前帯状回切除手術を受けた患者が，術後の数日だけではあるが，自発的な作り話をするという特筆すべき傾向を見つけた。奇妙なことに，これらの患者は自分の障害について自覚があることが多い。たとえば，「自分の思考がコ

ントロールできないように感じます。思考が勝手に広がっていって，しかもとても鮮明なのです。私は，自分が思っているだけなのか，実際に起きたのか，半分くらいわからなくなります」(Whitty & Lewin, 1957, p. 73) と述べている。

作り話がリアリティ・モニタリングの失敗の結果生じることはほぼ間違いない。この可能性に一致して，多くの作話症の患者には前頭葉に損傷が見られる。たとえば，スタス (Stuss, 1991) によって報告された重複記憶錯誤の患者は，病院から帰宅したとき自分の家族を2倍にした。彼は，(驚くくらい年齢，体格，容姿，気質が似ている) 二人の妻と，4人ではなく8人の「そっくりな」子どもがいると主張した。それぞれの家族の子どもたちは1歳違いで，この期間は患者が入院のため家を離れていた時間と同じくらいの期間であった。患者は前頭葉に損傷があった。ダマジオら (Damasio, Graff-Radford, Eslinger, Damasio, & Kassel, 1985) は，前大脳動脈の動脈瘤がある患者について記述している。患者は，自分は宇宙飛行士だと言い，入院している彼をエジプトのサダト大統領が見舞いにきたことがあると信じていた。残念なことに多くのこのようなケースがある。リアリティ・モニタリングのこのような衰えは，ジョンソンら (Johnson, Hayes, D'Esposito, & Raye, 2000) によるメタ分析で指摘されているように，ほとんどすべての場合前頭葉の損傷が見られる。したがって，前頭葉の損傷によるメタ認知的意識の衰えは，この衰弱した機能障害に明らかに寄与している。

1. 統合失調症

統合失調症の一般的な症状は幻聴や幻視，より一般的には，自分で考え出したことなのか，外で起こったことなのかの識別に困難を伴う。このような症状から，統合失調症における一つの重要な核となる要因がリアリティ・モニタリングの重大な障害にあるのではないかという解釈をもたらす。ベントール (Bentall, 1990) は，聴覚経験を訴えた175名の患者を調べ，幻覚者は自分の知覚のソースについて早まった，過信した判断を行ない，自分の知覚を外部ソースに誤って帰属してしまうバイアスがあると結論づけた。彼らは，声のような性質を備えた内部からの刺激が自分自身で生み出されているらしいという認識ができない。たとえば，彼らは自分が自身の思考をコントロールしていると信じており，それにもかかわらず侵入思考がある場合，統合失調症の患者はその侵入思考を自己に帰属しないで外部に由来したと考える。

ソース・モニタリングの枠組みによると，ソース判断は，内的－外的といった目印をいろいろなソースにつけるのではなく，記憶や出来事に伴う情報に基づいて，ヒューリスティックに行なわれる。ソース・モニタリングには，二つの独立した過程がある。一つは，① ヒューリスティックなソース・モニタリングである。これは，知覚的，時間的，意味的，感情的特徴と，外的ソースまたは内的ソースから個人が期待するものとを比較する過程である。もう一つは，②系統的ソース・モニタリングである。これは，ある人の過去の信念に基づいて記憶のソースの適正さを推理する過程である。統合失調症の患者は，声の起源を評価するときに，これら二つの過程（ある

いは，基準）の両方を利用しているのだろうか。この疑問に関して，ガレットとシルバ（Garrett & Silva, 2003）は，声は本物であるという信念のもとになっている現象に注目して，一群の臨床患者を調査し，また，この誤りが統合失調症に見られる精神病的疾患の重要な部分を占めていることについて検討した。彼らの結果のいくつかを見てみよう。まず，ヒューリスティックの基準に合致して，外部ソースに関する多くの特徴が，幻覚についての彼らの報告の中に見られた。幻聴は一般的にはっきりとした声で，たいてい性別がはっきりしていて，ほとんど常に堂々巡りの会話が含まれていた。しかし，次に，二つめの基準である系統的ソース・モニタリングに関して明確に逸脱することがいくつかあった。たとえば，75％以上の患者が，他人にはこれらの声が聞こえないことを知っていた。ソース・モニタリングの枠組みが予想するように，このことは声が外部からではなく自分の内部からだという手がかりになると思うかもしれない。しかし，このような知識が声は外から聞こえるという患者の信念を揺るがすということはなかった。さらに，夢の中で声が聞こえる，また，その声は将来を予測するといった観察報告は，声が現実でないことを示唆するものであるが，患者は逆にこれらを現実である確固たる証拠だと解釈した。

　ブレイクモア（Blakemore, 2003）は，リアリティ・モニタリングの障害を説明する別の枠組みを提唱した。彼女は，自分が自分自身で何かをしているときと，何かが外で起こったときとを比較して評価するための特別な神経回路が脳にあると主張する。そのような回路は，人が自分自身の行為の影響を評価すべきときに必要となる。すなわち，外の世界に影響を与えているのは「自分自身の」行為であって，偶然に起こったことや，単に他のだれかの行為による変化ではないことを知らなければならない。おそらく，自分が行動する前に，私たちは実行計画を立ててから，特定の行為を行なう。つまり，自分自身の行為に起因する遠心性フィードバックは，他人によって始められた行為からのフィードバックとは異なる。なぜなら，①運動のフィードバックが異なり，加えて，②動作に先行して立てられる計画と，自分自身の運動行為がどのようになるかについての期待とが異なる，からである。

　ブレイクモア（Blakemore, 2003）は，この種の内的なモニタリングがどのように行なわれるか，そして，なぜ統合失調症の患者は自分自身が行なっていること（他の人がそれを行なっているのではない）を理解できないのかを説明するための枠組みを提唱した。図7.1の枠組みによると，人に何か目標があるとき，目標達成についての意図の大まかな概略図に似たようなモデルが生まれる。そのとき，**先見モデル**と呼ばれる運動計画が，目的達成のために筋肉はオンラインで何をする必要があるかについて仕様書を渡す。先見モデルは何が起こるかについての詳細な予期であり，そのモデルは人の実際の運動行為と同時に実行される。先見モデルはそのときどきにフィードバックを評価できるので，動作が修正される。このようなオンラインのフィードバックは，あらゆる種類の行為の詳細な運動コントロールに非常に有用である。この

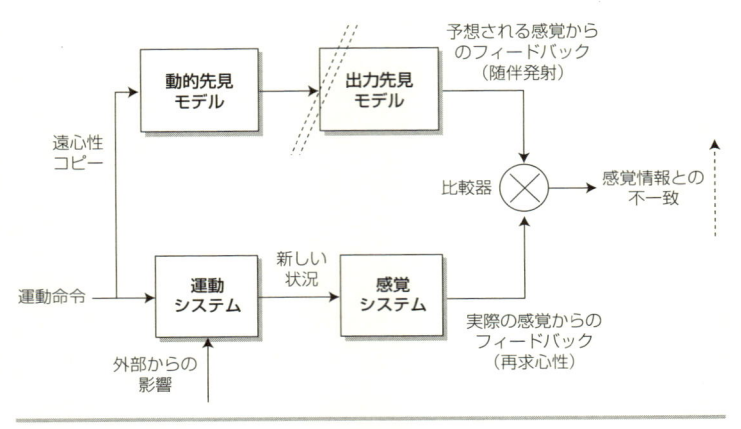

```
                    予想される感覚から
                    のフィードバック
     ┌─────┐   ┌─────┐  (随伴発射)
     │動的先見│──▶│出力先見│─────┐
     │モデル  │   │モデル  │      │
     └─────┘   └─────┘     ▼
       ▲                      比較器 ⊗ ──▶ 感覚情報との
遠心性  │                           ▲      不一致
コピー  │                           │
       │   ┌─────┐ 新しい ┌─────┐  │
運動命令─▶│運動   │ 状況  │感覚   │──┘
          │システム│──────▶│システム│  実際の感覚からの
          └─────┘        └─────┘   フィードバック
             ▲                        (再求心性)
             │
          外部からの
          影響
```

◯図7.1 先見モデル（出典：Blakemore, 2003）

フィードバックを実現するために，①先見モデルの結果，感覚システムからいかなるフィードバックを受け取るはずかについて人が予想する（意識的とは限らないが）ことと，②運動行為の実際の結果との比較がなされる。もし予想と結果が同じならば，比較器に差異なし，すなわち「ゼロ」の結果が記録される。これは，その人の意図が，何が起こるかということと完全に同期しているということである。差異がないということは，人が何かをしていて，それが計画どおりにうまくいっているということである。この比較器の結果は，外部からではなく自分自身に由来するといった出来事のソースについての帰属のソースとして利用される。自分自身の予想と実際に起こった出来事とに差異がない場合に，自己への帰属がなされる。したがって，比較器が「差異なし」を示せば，それはその人自身が行なったということである。もし，大きな差があるとどうなるだろう。それは，何かが，あるいは，だれか他の人がその行為を行なったことを意味している。すなわち，実現されたのは自分自身の意図ではなく，だれかの，あるいは，何かの意図ということになる。さらに，ブレイクモアは，リアリティ・モニタリングにおける統合失調症の患者の誤りは，この回路の損傷によると提唱している。

　たとえば，自分自身の行為からの内的フィードバックが歪んでいたとしよう。また，この歪みによって予想した状況がまちがっていたとしよう。個人の意図と実際に起こった出来事が必然的に一致していたとしても，自分自身がその行為をコントロールしたと考えるには十分ではないかもしれない。それゆえ，その人は，だれかが自分の手を動かし（ある種の統合失調症の患者と同じように），実際は自分がやっているのに，だれかが話をしていると考えるのかもしれない。実際，ノブリッチら（Knoblich, Stottmeister, & Kircher, 2004）は，統合失調症の患者は自分自身の行為の

詳細な結果をモニタリングすることに障害があることを示唆した。彼らは，統合失調症の患者と健常者に一定速度で動くコンピュータ画面上の点を追いかけさせた。課題は，その点を追いかけるのに速度を上げる必要があったのはいつかを，たんに答えることだけである。ある時点で点の速度が上がる。健常者も統合失調症の患者も点を追いかけるためにスピードを上げた。彼らの運動行為は適切であった。しかし，健常者はいつ速度を上げなければならなかったのかを答えるのがずっとすばやく正確だった。統合失調症の患者は速度を変えたが，自分自身の行動をモニターするのが苦手な場合におそらく生じるように，かなりの間，自分が速度を上げたことに気がつかなかった。

　このことは，統合失調症の患者の幻聴にどのように適用できるのだろうか。彼らが「聞き」，外で聞こえているとモニターする声は，自分自身で作り出していると考えられる（Kinsbourne, 1995）。幻覚症状をもつ患者の脳画像研究では，モニタリングに関連する領野も活性化しているが（Shergill, Brammer, Williams, Murray, & McGuire, 2000），聴覚皮質での活性化が見られた（Bentaleb, Beauregard, Liddle, & Stip, 2002）。しかし，もし発話行為の**期待される**結果が，人が「聞いている」ものと一致しなければ，この声を聞いていることが自分自身の話し声を聞いているようだとは言わず（この場合は，モニタリングは健全である），外の声を聞いているようだと言うだろう。

　統合失調症の患者に適用された先見モデルを支持する一つの興味深い証拠が，くすぐられたときの感覚の基礎となる仕組みの分析に対してこのモデルを応用することから得られる。他人があなたをくすぐることはできても，どんなに努力しても自分自身をくすぐったいと感じさせることができないことを不思議に思ったことはないだろうか。先見モデルはこの難問に対してわかりやすい答えを提供する。あなたが自分自身をくすぐろうとするときに先見モデルで何が起こるのかを考えてみよう。あなたの意図がモデルのループに入り，あなたの実際の動作と呼応しながら同時に実行される想像上の仮説空間において運動計画を具体的に例示する。これら二つの脳の経路は比較器で一緒になり，比較される。何も起こらない。同じである。ズレがないので，くすぐったくない。しかし，だれかがあなたをくすぐるときは，比較器は大きなズレを記録するので，くすぐったい。では，大きな問題に対してはどうだろう。統合失調症の患者は自分自身をくすぐることができるのか。実のところ，なんと幻聴のある統合失調症の患者は自分自身をくすぐることができるのである（評論としては，Blakemore, Wolpert, & Frith, 2000 参照）。先見モデルに大成功の評価を与えようではないか。

2．鏡徴候：鏡の中にいる人はだれなのか

　おそらく，最も不思議なソース・モニタリングの障害は，**鏡徴候**と呼ばれる選択的な障害をもつ患者に関するごくわずかな事例研究から得られる。一般に，子どもは2歳くらいから鏡に映った自分を認識できる。すべての健常な大人は，鏡に映った自分の姿は自分自身を表わしていることを知っている。私たちは，鏡に映った像のソース

をまちがえない。フェインバーグとシャピーロ（Feinberg & Shapiro, 1989）は，S.M.というイニシャルの77歳になる聴覚障害者の女性をテストした。彼女は5歳から耳が聞こえないが，手話はできた。彼女が自分を鏡で見たとき，明らかに鏡に映った人が自分であると理解できず，手話を使って，「もう一人の」S.M.と会話しようとした。この患者によれば，もう一人のS.M.は，年齢や背格好がまったく同じだが，別人であるということであった。スプランゲンバーグら（Sprangenberg, Wagner, & Bachman, 1998）は，鏡を見て，若い女の子が外から自分を見ていると言う82歳の女性について記述している。この若い女性は彼女をつけ回し，店の窓ガラス越しに彼女のまねをしているという。スプランゲンバーグの患者は，自分自身の写真を病院で見せられたとき，「あの子だわ，こんなところで何をやっているのでしょう。この子は家にだけいるかと思っていたのに」と言った。この少女は明らかにこの患者自身によく似ているが，彼女よりも若かった。いろいろな努力が払われたにもかかわらず，鏡の中や写真の人が本当は自分自身の像であるということをこの患者に教えたり，あるいは指導したりすることができなかった。興味深いことに，この症状を示す他のすべての患者と同様に，彼女は他人の鏡に移った像は他人であるということを理解した。しかし，自分自身の像は自分自身を表わしているということを理解したり，受け入れたりすることはできなかった。

　ブリーンら（Breen, Caine, & Coltheart, 2001）は，鏡徴候をもつ二人の患者を調べた。一人は，別の人が自分につきまとうと報告する87歳の男性である。この別人は彼が鏡を見るときに見ることができた。また，この患者は，自分の妻も鏡の妄想に取り込んで，「ときどき鏡に映る女性は自分が妄想した妻である」と言った。二人目の患者T.H.は，鏡に映った他人は自分のそっくりさんだと考える77歳の男性だった。彼は，鏡の中の人に話しかけた。さらに，彼はその妄想を日常生活に関連づけ，鏡の中で見かける人は自分の隣のアパートに住んでいると信じていた。他の患者と同じように，T.H.は鏡の中の他人は同定できても，自分自身を同定できなかった。これらの患者すべては，右前頭葉に損傷があった。鏡徴候は，深刻なソース・モニタリングの障害を表わしている。彼らは鏡の中の像を見ても，この像のソースを認識できないのだ。しかし，次に議論するように，統合失調症や鏡徴候のような障害がない人であっても，リアリティ・モニタリングで驚くべき障害を示すことがある。

3．健常者にみるリアリティ・モニタリングの障害

　リアリティ・モニタリングの歪みは，精神障害の患者に特有のものではない。大学生でさえ簡単にだまされる。ウェグナー（Wegner）とハーバード大学の彼の共同研究者らは，人が実際には他の誰かがした行動にしばしば責任を負い，またその逆があることを示す一連の実験を行なった。たとえば，ウェグナーら（Wegner, Sparrow, & Winerman, 2004）は，実験参加者にスモックを着せて鏡の前に座らせた。実験参加

者の後ろにもう一人，研究協力者がいた。ふつうなら実験参加者の手が出るあたりのスモックからその研究協力者の手が出るようになっていた（図7.2を参照）。両手が一連の動作を行なった。手が何をするのかの予定をあらかじめ口頭で教示したあとに手を動かすと（行為の前に計画を聞いて，その後で実行される場合），実験参加者はあたかも自分が他人の手を動かしているように感じたのである。逆に，教示が動作の後に与えられた場合は，自分が協力者の手を動かしているとは感じなかった。これは，先に議論した先見モデルに一致する。

　私たちの曽祖父（高祖父）は，心霊術で使うウィジャ盤のような室内ゲームを使うとき，精霊と話をしていると信じていたかもしれない。今日では，私たちの多くは彼らのだまされやすさを信じられず，首をかしげる。確かに，リアリティ・モニタリングの大きな失敗が彼らに起こったのだ。しかし，大声であざけり笑う前に，ウェグナーとウィートレイ（Wegner & Wheatley, 1999）の実験を検討してみよう。この実験は，死者の霊を持ち出さなくても，健常な大学生でさえ行為の主体がだれなのかの判断を簡単にまちがえることを示している。実験参加者と実験協力者の二人の学生を向かい合って座らせ，一緒にマウスを動かして，コンピュータ画面の矢印を移動させた（図7.3）。画面には恐竜，白鳥，車など，50の小さな事物の画像が表示された。学生たちは，30秒ごとにマウスを動かすことを停めるように指示され，だれがマウスを停止したかについて「停めるのを黙って見ていた」から「私が意図して停めた」までの範囲で評価した。マウスを動かしている間，音楽と単語がヘッドホンを通して実験参加者の耳に流された。その単語はコンピュータの画面上の項目を前もって知らせた（たとえば，ヘッドホンで呈示される単語の一つは「白鳥」かもしれない）。実験協力者はヘッドホンに音楽や単語は流れないが，教示は聞こえた。いくつかの重要な試行では，実験協力者がマウスのコントロールを完全に支配し，特定の事物のとこ

○ 図7.2　健常な被験者における現実感のゆがみを明らかにする実験のための準備。準備には，被験者と研究者のために働く協力者が必要である。実験協力者は被験者の後ろに隠れているので（右の写真），鏡では被験者は協力者の両手のみ見ることができる（左の写真）。
　　　（出典：Wegner, Sparrow, & Winerman, 2004）

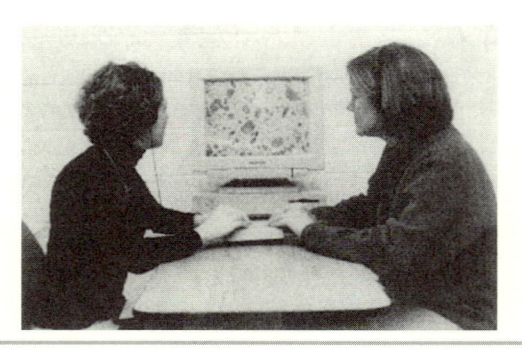

○ 図7.3 ある行為を計画している人々が、その行為に対して責任がなくても、その行為をコントロールしていると感じてしまうことを明らかにするための実験装置。実験参加者と実験協力者が、コンピュータの画面上の矢印に向けてマウスを一緒に動かす。この場合、マウスを動かしているという実験参加者の感覚は錯覚である。（出典：Wegner & Wheatley, 1999）

ろへ矢印を動かすように指示された。同時に、これらの重要な試行では、協力者がマウスを動かす対象となった事物を、実験参加者があらかじめ知らされるときもあれば、知らされないときもあった。この実験の研究者たちは、停止30秒前に事前に対象があらかじめ知らされたときには、実験参加者はマウスを停めたのは自分であるとは認めないことを見いだした。しかし、停止前1秒から5秒の間にあらかじめ知らされた場合には、自分が停めたと思った。このように、自分の頭の中で計画を立てていると（たとえ自分で計画を立てていなくても）、健常な大学生でさえ、実際には自分は何のコントロールも行なっていなくても、自分がその出来事を引き起こしたと思ってしまうことがある。

　何の精神障害もない健常者でさえ、ソース・モニタリングにおいて、驚くべき、そしてほとんど信じられないような失敗を犯すことがある。事実、統合失調症のような精神障害は正常な機能を含んだ延長線上にあり、その診断自体は、機能の歪みの程度、障害の持続性、障害がどれぐらい個人の生活の妨げになるか、障害が社会や人間関係の中で活動することからその人を遠ざけていないかどうか、に大いに関連している。したがって、モニタリングの小さな失敗は機能障害の証拠とされるべきではない。むしろ、私たち自身のリアリティ・モニタリングがとても脆弱であることを認識することによって、重篤な損傷をもつ人たちへの共感が高まることを願いたい。

第4節　ソース・モニタリング判断の脳基盤

　多くの研究者は現在、アイテム・メモリに関与している脳部位とソース・メモリに関与している脳部位とを分けようと試みている。たとえば、ミッチェルら（Mitchell,

Johnson, Raye, & Greene, 2004）は，特定のソースを想起するとき（先に呈示された刺激の形式であれ，場所であれ）は，単に熟知性に基づいて思い出す場合に比べ，前頭前皮質（PFC），特に左外側前頭前皮質に選択的な活動を見つけた。

多くの研究者は，モニタリングの機能が前頭前皮質の活性化に関連していることに同意している（ソース，頻度，新近性，既知感，学習判断など，特殊なモニタリング機能の正確な部位はまだ特定されていない）。他方，記憶の断片を統合するのに内側側頭葉が果たす役割も確認されている（Kroll, Knight, Metcalfe, Wolf, &Tulving, 1996 を参照のこと）。ある出来事とそのソースが関連づけられる統合の過程は，正確なソース判断にとって非常に重要であると考えられる。したがって，正確なソース判断を行なうためにソースとその内容を結びつけることが必要とされる限り，これらの特殊なメタ記憶課題に内側側頭葉の関与が欠かせないと考えられる。

この可能性と一致して，ダバチら（Davachi, Mitchell, & Wagner, 2003）は，大脳の前頭葉と内側側頭部がアイテム・メモリとソース・メモリに関与していることを明らかにした。図7.4（カラー口絵参照）でわかるように，海馬（統合に関与しているとしばしば考えられている）と後部海馬傍回皮質がソース・メモリの検索時に選択的に活性化した。他方，単純な熟知性判断を行なっている（すなわち，項目のソースではなく項目自体を再認しようとしている）ときは，嗅周囲皮質が活性化した。これらのさまざまな脳部位の神経回路について詳細はよくわかっていないが，このような研究は，ソース・メモリを支える複数の脳部位における選択的な相互作用がおそらく何であるのかを明らかにするのに大いに役立っている。

さらに，神経心理学的研究は，回想に基づく過程と熟知性に基づく過程が独立して記憶判断に影響しているのかどうかについての議論にも加わってきた。特に，機能的磁気共鳴画像法（fMRI）を使って，ヨネリナスら（Yonelinas, Otten, Shaw, & Rugg, 2005）は前頭前皮質内の内側前部が回想に関与し，同じく外側部（前頭前皮質の前方部と背外側部を含む）が熟知性に関与していると報告した。ランガナスら（Ranganath et al., 2003）は，内側側頭葉内で回想と熟知性が分離できることも示した。彼らは，回想は海馬や後部海馬傍回の活性化に関連し，熟知性は嗅皮質で選択的に活性化することを見いだした。非常に興味深いことに，何人かの研究者が（熟知性と対立するものとして）回想の基盤であるとした部位は，他の研究チームが（アイテム・メモリの再認に対立するものとして）ソース判断に関与しているとして分離した部位と同じであった。したがって，行動研究と同じように，これらの脳画像研究は，2種類の記憶過程に二つの異なるシステムが関与していることを示唆している。

○○○ 要約

　記憶のソースを想起する能力は，正確な記憶をもつことと同じくらい重要である場合が多い。実際，今度の試験の日程が延期されたことを夢ではなく，教室で先生から聞いたとして誤って覚えていると，試験日当日に試験の準備ができていないことになるだろう。もちろん，このような極端なソース・メモリの混乱はあまり起こらないだろうが，どんな人でもソース・メモリの機能低下に苦しむことはある。

　他のメタ認知的判断と同様に，ソース・モニタリングのこのような機能低下（や成功）は判断自体のヒューリスティックな性質に起因する。つまり，人々は記憶のソースを**推論**するために，記憶からさまざまな手がかりを利用している。ソース・モニタリングの枠組みでは，ある記憶について検索された特徴が，別のソースで検索されるはずのものと誤って一致してしまうときに，ソース・モニタリングの誤りが生じる。したがって，上記の例では，おそらく夢が鮮明で，多くの知覚的特徴（先生の声が聞こえ，いつもの服装をしているのを見る）や，そのときの情動的な特徴（テストの日が延期になったと聞いたときの安堵感を思い出す）を備えていたのであろう。このような夢の特徴を想起したことで実際に起こった出来事だと納得したのかもしれない。ソース・モニタリングの認知的基盤と脳基盤についてはまだまだ研究が必要であるが，おそらく，健常者や精神障害者のソース判断の正確さを一貫して，そして劇的に向上させるための方法は開発できるだろう。

【討論問題】

1. ウィジャ盤の周りに4人の友達が座って，人生で最も興味深いいくつかの質問（たとえば，「大きくなったら私は金持ちになるか」や「地球温暖化は自分たちの子どもたちにとって本当に問題を引き起こすのか」）の答えを得ようと楽しんでいるとしよう。このゲームで遊んでいるとき，二人の友人は，占い盤（皆が触る矢印のある指示盤）が勝手に動き，これらの質問についての真実を明らかにしようとする精霊によって実際に制御されていると完全に信じている。彼らが（他の友人が動かしたという考えに対して）占い盤が勝手に動いていると実際に信じているとすると，彼らは原因帰属においてこの種の（やや滑稽な）誤りをなぜするのだろうか。
2. 有名人テストでは，テストの前日に呈示された有名でない名前が誤って有名であると判断される。ここで難しいのは，名前の事前呈示によって名前が熟知され，人々はその熟知性のソースが事前呈示にあることを思い出せないことである。このような方法は，政治家が有権者に誤った信念を植え付けるのにどのように利用されているだろうか。広告主は，実際には競合する製品がほとんど同等であるにもかかわらず，消費者に自社の製品が他社よりも優れていると信じ込ませるのに，このような方法をどのように利用しているだろう

か。有権者や消費者として，あなたは意に反して説得されることをどのように避けることができるか。すなわち，どのようにして，あなたは政治家の演説の信憑性や広告の誇張された宣伝文句をより正確に評価することができるだろうか。

【概念の復習】

以下の質問と練習問題に対して，できるだけ詳しく解答を書き出してみよう。その後，この章の関連あるところを読み直してチェックしてみよう。

1．ソース・メモリとアイテム・メモリの違いは何か。
2．ソース・モニタリングの枠組みでは，ある項目のソースを人々はどのように判断しているのか。なぜ，私たちは時にソース判断を誤ってしまうのか。
3．科学者は，ソース判断の基盤となる回想の過程に関係する脳部位をどこだと考えているか。
4．先見モデルでは，統合失調症の患者が内なる声を外部のソースと混同することをどのように説明できるか。
5．鏡徴候とは何か。この症状では，ソース・モニタリングの誤りがどのように現われるのか。

第2部　メタ認知の応用

第8章 法律と目撃証言の正確さ

あなたは真実を，すべての真実を，そして真実だけを述べることを誓いますか。

このような簡潔な質問に対して多くの人たちは「誓います」と答えるだろう。しかし，「すべての真実を，そして真実だけを述べる」と断言するのは，どれほどたやすいことなのだろうか。おそらく，ある犯罪事件についての記憶を報告する目撃者にとって，すべての真実（そして真実だけ）を述べるには，正確なメタ認知的モニタリングおよびメタ認知的コントロールが必要である。それらによって，正しくない記憶や捏造された記憶をふるいにかけ，妥当な記憶を得ることができるのである。あなたは，本書の内容についてこれまでに学んだ事柄から，どのような単純な場面であれ，「真実だけを述べること」という基準を満たすことがだれにとっても不可能に近いことがわかるだろう。さらに，法廷においてこの基準を満たすことができるという認識は，メタ認知が法律と目撃証言にいかに深く関連しているかということを示す数多くの例のうちのほんの一例にすぎない。自分自身の記憶や他者の記憶に関する人間の信念（他者が正しく想起するという確信や，証拠の隠蔽や無視に関する信念，それを実行する能力，他者の報告の信憑性についての評価など）は，特に法廷訴訟や司法制度に関連した重要なメタ認知的現象である。

第8章では，以下の問題に関するいくつかの実験結果について取り上げる。すなわち，人の確信度とその人の記憶の正しさとの関係はどのようなものか，人は目撃者によって表明された確信に基づいてその記憶の真実性をどのように評価するのか，人はウソを検出することができるのか，といった問題である。最後に，後知恵バイアスあるいは「最初からわかっていた」効果と呼ばれる現象が非常に有害な影響をもっていることについて検討する。実験結果の示すところによれば，人は，たとえば，証言が認められるべきかどうかについては優れた評価能力をもっているとしても，「最初からわかっていた」効果はしかるべく有罪か無罪かの決定をコントロールする能力を妨げてしまう。これから詳しく見ていくが，この種の特殊な心的時間旅行（もとの未経

験の状態に戻ること）は非常に難しい。このことを取り上げる前に，まず最初に，感情と確信度の表現においてメタ認知と法律がどのような役割を果たしているかを検討する。

第1節　確信度と偽りの記憶

　人は，経験した出来事や目撃した出来事について誤った情報を受け取れば，そのあとで，誤った情報が正しく，実際に起きたことだと思うかもしれない。たとえば，1台の車が「一時停止」を走り抜ける映像を見たとしよう。そのあと，実際は「道を譲れ（日本での『前方優先道路』）」であったという暗示を受けたとする。すると，後日，そのときに見た標識が「一時停止」だったか「譲れ」だったかを尋ねられると，「『譲れ』だった」ときっぱり答えるかもしれない（Loftus, Miller, & Burns, 1978）。ある出来事の中で何が起きたのかについてどのように尋ねられるかによって，その出来事の記憶は影響を受ける。ビデオ映像で交通事故の場面を目撃したあとで，「車どうしが『激突した』ときにどれくらいのスピードが出ていましたか？」と尋ねられる場合と，「車どうしが『衝突した』ときにどれくらいのスピードが出ていましたか？」と尋ねられる場合を考えてみよう。質問が「衝突」ということばで表現されるよりも，「激突」という表現されるほうが，よりスピードが出ていたと想起されることが多い。また，その事故の場面で，実際には車のどの窓も割れてはいなかったのに，割れたガラスを見たと報告されることもある（このような事例や他の事例については Loftus & Hoffman, 1989 を参照のこと）。さらに，不正確な出来事（「『譲れ』の標識を見た」など）について繰り返し暗示を受けると，（一度しか暗示を受けなかったときに比べて）その出来事は本当に起きたのだと報告されることが多く，この**偽りの記憶**に対する確信度は著しく高くなる（Zaragoza & Mitchell, 1996）。これらの状況はすべて，出来事に関する記憶が誤っているのに「本当である」と不正確な判断が下されることを示している。つまり，メタ認知的モニタリングは誤っており，知らず知らずのうちに「真実だけ」を語っているのではないのである。

　ロフタスとピクレル（Loftus & Pickrell, 1995）による研究は，誤った情報を完全に埋め込んだ研究としてよく知られている。その研究では，実験者が一人の実験参加者に，ショッピングモールで迷子になったという「記憶」を埋め込んだ。この実験については以下に詳しく紹介するが，ここで重要な点は，埋め込まれた記憶が感情的な内容を伴っていたということである。見方によっては，感情を伴う記憶は誤りにくいはずである。実際のところ，セラピストや素人の中には，感情的な記憶はもともとの性質として誤ることなどまったくあり得ないと考えたり，心理治療の最中に何度も現われてくるような虐待経験に関する感情的な記憶は常に真実であると考えたりする者がいる。こうした見方とは対照的に，つらい記憶の中には暗示や想像，あるいは被害者

を救おうとしているセラピストが不注意にも埋め込んでしまったことによるものがあると考えられている。そのような可能性があるからといって，必ずしも被害者は本当に想起した事柄を報告していなかった（あるいは，実際にセラピストは救おうとしていなかった）というわけではない。つまり，人は偽りの記憶が正しいと心から信じているとも考えられる。しかし，このようなことが起きているかどうかは，実験を通じて明らかにすべき問題である。

　ある記憶についての確信度が高いとその記憶が正しいことを示していると捉えてしまう場合が多い。しかし，第6章の確信度判断のところで見たように，人は，少なくとも実験室状況において頻繁に過剰確信の状態になる。現実世界でもやはり人は過剰確信なのか。人が真実を述べると宣誓したときでも，誤りを犯すことがあるのか。この二つの疑問に対する答えは，両方とも「そのとおり」である。そこで，次の節では，文献の中に現われる以下の具体的な疑問に対する答えを見てみよう。第1に，人は起きてもいない出来事を想起したことに高い確信度を示すことがあるのか。第2に，人の確信度の基礎になっているものは何か。そして，この確信度は通常の場合，どの記憶が正しくて，どの記憶が誤っているかについての信頼性の高い指標を提供するのか。第3に，確信度を操作することはできるのか。もしできるのであれば，どのように操作するのか。第4に，たとえば，外傷体験に関する記憶のように，自らの記憶に対する確信が絶対に正しいような特殊な状況というのはあるのか。

1．私たちは起きていない出来事の記憶に高い確信度をもつことがあるのか

　前述のロフタスとピクレル（Loftus & Pickrell, 1995）による研究は，この第1の疑問に答えるものである。彼らは事例研究を行なったが，その中でクリスという名の14歳の少年の心に実在しない記憶を埋め込もうとした。クリスには，子どものときに実際に起きた出来事が三つと，実際には起きていない偽りの出来事が一つ書かれた記述文が与えられた。一つの文章の中に導入された偽りの記憶は，クリスに対して，5歳のときに家族とよく出かけたユニバーシティ・シティ・ショッピングモール（ワシントン州のスポケーン市内）で迷子になったという出来事を思い出させようとするものであった。クリスは一人のお年寄りに助けられたときに大声で泣きだし，そして家族と再会した。クリスは，5日間にわたって，毎日このような4つの出来事を思い出すための記述文が与えられ，それらの出来事について作文を書かされた。その際，何も思い浮かばなければ，「覚えていない」と書けばよいと教示された。最終日には，初日にクリスに与えられた偽りの出来事が鮮明な記憶になっていることが明らかになった。クリスは，助けてくれた男の人が「かっこよかった」こと，家族と二度と会えないのではないかと怖かったこと，母親に叱られたこと，を思い出した。また，その男の人は青いネルのシャツを着ていて，「頭がちょっとはげていて」，眼鏡をかけていたことを思い出した。

しかし，確かにクリスはこのような出来事の細部については想像したのかもしれないが，完全に作り話の出来事を本当に起きた出来事だとクリスは思っていなかったのではないだろうか。そこで，クリスは，ここでの4つの出来事について「1＝まったく自信がない」から「11＝非常に自信がある」までの尺度上で確信度を評定するよう求められた。真実の記憶に対する評定値は1と5と10で，平均5.3であった。それに対して，クリスは偽りの記憶については評定値8を与えた。そしてクリスは，その出来事が起きた時点で自分が何を思っていたかについて数多くの細部の情報を提供した。このような出来事は実際には起きていないのだから，明らかに，クリスの確信度は見当はずれである（これ以外の興味深い事例については，Loftus, Coan, & Pickrell, 1979/1996を参照のこと）。

これと同様に有名な研究として，ライヒマンとセシ（Leichtman & Ceci, 1995）が幼児を対象に行なった，サム・ストーン研究（Sam Stone study）と呼ばれる研究がある。この研究では，3, 4歳児と5, 6歳児が実際には起きていない出来事をどのように想起し，そうした「記憶」が法廷の公判でどのように表に現われてくるのかについて検討された。子どもの目撃証言を常に信じるべきかどうかという問題については，他の多くの研究と同様に，この研究でも，幼児が大人に罪を着せた数多くの現実の事件の直後に取り上げられた。この実験的証拠を検討する前に，子どもの誤った告発が事件関係者全員に衝撃的な影響を及ぼしたという多くの事件の中から，次の二つの事件を見てみよう。

ケリー・マイケルズの事件では，ささいなこと（園児の一人が小児科で体温を測られたあとで，保育園の先生にも以前に同じことをされたと言った）がきっかけになって，ウィー・ケア保育園の園児全員に繰り返し，まさしく誘導尋問が行なわれた。もちろん，園児の親たちは驚き，激怒した。園児たちの「記憶」によって，突然，ケリー・マイケルズの犯したありとあらゆる虐待の手口が明らかにされ始めた。子どもの側で明らかにまったく作り上げられた記憶であるにもかかわらず，その記憶をめぐって興奮状態が激化し，結果として20人の園児に対する131件の性的虐待が告発されることになった。これらの容疑はすべて，園児たちの虐待経験の記憶だけに基づいた告発によるものであった。マイケルズは他のすべての保育士に気づかれることなく（園児の記憶の中には，マイケルズがピアノの上で裸で踊ったというようなものまで含まれていたにもかかわらず），明らかにこれら131件の恥ずべき行為を犯したとされた。物的証拠はまったく見つからなかった。マイケルズは，幼児への性的虐待115件について有罪判決を受け，懲役47年の刑が言い渡された。その後，ドロシー・ラビノヴィッツとデビィ・ネイサンという2名の事件記者と，公判を担当した弁護士モートン・ステイヴィスが尽力し，45名の認知心理学者と臨床心理学者による意見書のおかげで，判決は破棄され，マイケルズは釈放された。しかし，彼女は生まれてはじめて刑務所に5年間も服役し，そのうちの18か月は独房に入れられてい

た（彼女自身の身の安全を守るため）。この事件と同様に痛ましい事件（ニュージーランドの「クライストチャーチ託児所事件」として知られる）では，ピーター・エリスは，嫌疑をかけられた悪魔的虐待により刑期を満了していた。しかし，虐待については，しばしば子どもに見られる，とてもあり得ないような証言の他にはまったく証拠はなかった。エリスは仮出所によって早期に釈放されることを拒否した。というのも，彼が罪を認めることがその仮出所の条件だったからである。

ライヒマンとセシ（Leichtman & Ceci, 1995）による実験的研究は，記憶が悪影響を受けるこのような極端な事例を，統制された方法で検討するものであった。現実世界での出来事の多くは，実際に何が起きたのかを確実に知ることができない。それに対して，実験場面ではもともとの出来事は記録されているので，子どもの記憶や確信度の境界条件を注意深く分析することができる。この実験は，出来事の主人公の名前から，サム・ストーン研究と名づけられた。サム・ストーンが保育園を訪れる前に，園児たちは，サムは不器用だからすぐに物を壊すと何度も聞かされていた。そして，実際にサムが保育園にやってきて，2分間だけ園児たちと仲良くやりとりをした。その間，サムは何も壊さなかった。しかし，翌日，汚れたテディベアのぬいぐるみと破れた本を園児たちに見せて，もしかしてサムがやったのではないかと尋ねた。すると，園児たちの約25％は，おそらくサムがやったのだろうと答えた。しかし，サムがそうするのを見たと断言した者はだれもいなかった。そうして，それから10週間にわたって園児たちは繰り返し，次のような質問を受けた。「サム・ストーンが本を破ったときに，彼は腹を立てていたのかな？」「彼がテディベアを汚したのはわざとかな？　それともたまたま汚してしまったのかな？」ちなみに，このような質問の仕方は，ケリー・マイケルズの事件で子どもたちが辛抱して受けた尋問に比べれば，かなり穏やかなものであった。それにもかかわらず，10週間の終わりごろまでに，園児たちに，サムがやってきたときの様子を一人の部外者（サムがやってきたときにその場にいなかった）に対して述べるように求めると，3，4歳児の72％はサムが何か物を一つ壊したと言った。また，少なくとも45％はサムがそうするのを実際に見たと言った。これは確信度の高い記憶であることを示している。年長児は，年少児よりもいくぶん良く，実際に見たと言う園児は11％しかいなかった（それでも11％もあれば有罪判決を下すに十分である）。サムの行為を見たと言った園児は知覚的な細部を作りあげて自らの偽りの記憶を脚色していた。ジョンソンとレイ（Johnson & Raye, 1981）によるソース・モニタリングの枠組み（第7章を参照のこと）にしたがうと，こうした知覚的細部は子どもたちにとっても外部の傍観者にとってももっともらしいのである。したがって，もしもあなたが確信をもって出来事を見たのを思い出し（単に見たように思うときに比べて），その出来事がどのように起きたかについて少し詳しく述べることができれば，その出来事が起きたと思っても当然であるように思われる。

偽りの記憶は子どもに特有の現象であると思われるかもしれない。メタ認知の発達に関する第10章の論点10.1に解説されているように，子どもはリアリティ・モニタリングが難しい。実際のところ，つい最近まで，子どもはアメリカ合衆国の司法制度において法廷証言から排除されていた。その理由の一つは，1962年にマサチューセッツ州のセーラムで起きた子どもたちの有名な虚偽の告発と記憶にある。29人が有罪判決を受け，そのうち19人が絞首刑に処せられた。子どもたちは彼らが魔術的行為を行なうのを見ており，それを思い出して証言したためである。実際に，偽りの記憶は子どもではよくあることかもしれないが，必ずしも子どもだけに見られるというわけではない。スーザン・クランシー（Clancy, 2005）は，自分は絶対間違いなく宇宙人に誘拐されたと強く確信しているという50人以上に面接調査を行なった。面接を受けた人たちの確信度がいくら高くても，私たちのほとんどは宇宙人による誘拐というのは偽りの記憶であることに同意するだろう。したがって，だれかがけっして起きていない事柄について高い確信度の記憶をもっているということは大いにあり得ると考えられる。

では，ある記憶についての確信度が高いことはまったく何の意味ももたないのだろうか。次の節では，確信度の基礎にあるメカニズムについて検討する。

2．確信度の基礎にあるものは何か

もしも確信度が心に思い浮かんだ事柄の量や速さや明瞭さ，さらに，出来事が本当で，自分の身の回りに起きたことを示す周辺の細部に基づくものであるのなら，確信度は記憶が正しいことを示す優れた指標の一つであると考えることができるだろう。実際に，確信度に関する研究の多くは，実験参加者に単語のリストを呈示することから始めている。そのあとのテストで，学習しなかった新たな単語とともに，以前に呈示された単語が再び呈示される。そして，実験参加者はそれぞれの単語ごとに，以前に呈示されたかどうかを示すことが求められる。さらに実験参加者は，それぞれの再認の決定が正しいかどうかについて確信度判断を行なう。ここで最も関連していることは，確信度の相対的正確度が高いということである。確信度が高ければ，必然的にその項目が以前に呈示されたことを意味する。確信度が低いことは，項目が新しく呈示されたものであることと明らかに相関している。

現実世界でも，ある人が「その人を確かに見ました。それが被告人であることには強い自信があります」と言えば，「いやぁ，あっという間だったし，ほとんどはっきりとは見えなかったよ。たぶんその人だったと思うけど，よくわからないなぁ」と言う人に比べて，当然，確信度が高い人である（確信度の低い人ではない）と思うだろうし，きちんとした理由があると思うだろう。実際，事実関係の質問が与えられて答えが求められ，さらにその答えが正しいかどうかについての確信度判断が求められると，その確信度判断は非常に正確である。たとえば，バターフィールドとメトカル

フェ（Butterfield & Metcalfe, 2006）の研究では，確信度の範囲のうち上位の3分の1にあたる高い確信度が示された場合，その時点での確信度の70％は正しかった。それに対して，確信度が低かった場合，16％しか正しくなかった。そして，自らが高い確信度を示したが誤りであったことに気づいた場合，驚きの反応が示された。バターフィールドとマンゲルズ（Butterfield & Mangels, 2003）は事象関連電位（ERP：脳の活動を測定するための電極を頭蓋骨に貼り付ける）の技術を用いて，上記のような場合に，p300と呼ばれる「驚き」に関連した特殊な脳波が生じることを示した。したがって，確信度が操作されていない条件のもとでは，おそらく各自の確信度はその人が正しいか誤っているかを示す良い指標であると言えるだろう。以下に詳しく見ていくが，ここでの問題は，確信度は容易に操作することができ，は真の記憶と偽りの記憶とを正確に区別するものではないということなのである。

　たとえそうであったとしても，いくつかの研究から，人の確信度は，少なくともごく限られた範囲であれば，記憶が正しいか誤っているかを決定する際の一つの指標として用いることができることが知られている。たとえば，リード（Read, 1996; Roediger & McDermott, 1995 も参照のこと）は，ある実験の中で実験参加者に「まどろむ，疲れた，休息，夜，暗い，快適，音，食べる，ベッド，いびき，夢，起きる」という単語のリストを呈示した。この単語リストから項目を再生するように求めたところ，実験参加者の65.9％がリストの中に「眠り」があったと誤って再生した。しかし，「眠り」があっただろうか。もう一度見返すと，そのような単語はない。さらに，実際に呈示された単語を再生した実験参加者の割合も，これと同じであった。したがって，再生率は，その記憶が真の記憶であるか偽りの記憶であるかを示していなかった（この強力な効果については，この章の終わりの演習課題を参照のこと）。しかしながら，人の確信度は，その記憶が真の記憶か偽りの記憶かを示す。具体的に言うと，リードの研究（Read, 1996）では，回想的な確信度判断が，実際に呈示された単語（4.55：単語が呈示されたことについて，5＝非常に自信がある，1＝まったく自信がない）の方が，誘導された単語（たとえば「眠り」：3.0）よりも高かった。さらに，呈示された単語（まどろむ，疲れた，休息，……）と「眠り」を聞いたことを本当に思い出したのかどうかを実験参加者に尋ねたところ，呈示された単語（.73）の方が「眠り」（.46）よりも「思い出した」という反応の割合が高かった。しかし，コップに半分の飲み物が残っているときに，そのコップの半分は飲んで空っぽになったとみるのか，それとも，まだあと半分は飲み物で満たされているとみるのか。すなわち，このときの46％もの実験参加者は偽りの記憶を信じていることになる。したがって，確信度判断はある程度の正確さを示すが，その反面，人はメタ認知的な誤りを犯すのである。

　出来事を実際に目撃したので記憶が真の記憶であるのか，それとも単に暗示によるものであるか，どちらかを決定するために，いくつかの実験データは別のメタ認知測

度（ソース判断）を用いることもできるとしている（Hicks & Marsh, 1999）。人のすばやい熟知性の再認判断は過去経験についての誤った結論を導きかねない。しかし，より洗練されたソース判断を求めることによっていくつかの誤りは減らすことができる。たとえば，リンゼイとジョンソン（Lindsay & Johnson, 1989）は，暗示されただけの事柄であっても人は最初「見たことがある」と言う場合があることを示した。しかしながら，記憶のソースを明らかにするよう，さらに強く求められると，暗示されただけの項目に比べて実際に見た項目の方が正しく同定されやすかった。このような注意深いソース・モニタリングを用いることは，目撃者から正確な証言を引き出すのに極めて重要である（論点8.1の認知面接法を参照のこと）。このあとの第11章では，自らの記憶を評価する際に，より厳しい基準を用いるように訓練された高齢者が一種の記憶錯誤を克服することができたことを取り上げる（Multhaup, 1995）。メタ記憶の過程が適切に働けば，人は，作り話や埋め込まれた記憶の中から真の記憶を選び出しやすくなると考えられる（Lane, Roussel, Villa, & Morita, 2007）。

●論点8.1　認知面接法

　アメリカ合衆国では，これまでに200人以上の人たちが実際には犯していない罪を犯したとして有罪判決を受け，その後，DNA鑑定の証拠によって無罪放免になっている。こうした人たちは，平均12年間刑務所で服役していた。カッセル（Cassel, 2000）は，このような不当な有罪判決に大いに懸念を示した。こうした事例に別の事例も合わせて，アメリカ司法省は「目撃証拠に関する指針」を制定するにいたった。そして，偽りの記憶によって生じる問題を回避するために目撃証人から情報を引き出す方法を改善しようと全国規模で取り組み始めた。
　ヴァージニア州で起きたトミー・デイビッド・ストリクラーの事件は，なぜそのような指針の策定が必要であるかを示す一例である。ストリクラーは，リーン・ウィットロックの死亡に関して死刑に値する殺人，誘拐，および強盗の有罪判決を受けた。彼は1991年に死刑を宣告された。この事件は，警察の証拠には主要目撃者の証言を疑わせるものがあったにもかかわらず，弁護側がその証拠を検討できなかったという理由から上告された。公判では，その主要目撃者は人を引きつける確信度の高い内容を，鮮明な細部の情報を多く含めて語った。検事は，最終陳述において「その駐車場で起きたことを見た目撃者がいたとは誠に幸運です。多くの事件では目撃者などいません。多くの事件では実際の誘拐において何が起きたのかについて理論的に想定することしかできません。しかし，この事件ではストルッファス夫人がその場にいたのです。彼女は何が起きたのかを見たのです。」と語った。目撃者であるアン・ストルッファスは，公然と，公判での生き生きとした陳述が自らの「例外的に優れた記憶」と「原告との親しい接触によって感情的な印象が作られたこと」によるものだとした。彼女は，ストリクラーがウィットロックを誘拐するのを見たことは「まったく疑いようがない」と述べた。
　しかしながら，陪審員団が聞いていなかったことがたくさんあった。たとえば，ストルッファスはこの事件が発生してから2週間後に始めて警察で事情聴取を受けたが，その

ときは犠牲者であるリーン・ウィットロックを同定できなかった。彼女がウィットロックを同定したのは，ダニエル・クレイター刑事に初めて会ってから2週間後で，ウィットロックの彼氏といっしょに過ごしてウィットロックの「現在の写真を見た」あとだった。捜査の初期段階では，彼女は犯行容疑者を特定できなかった。彼女は，最初に事情聴取を受けた3日後に刑事あてに一通の手紙を書いているが，その中で，自分がショッピングモールにいたことすら思い出せなかったが，彼女の娘が「あいまいな記憶」を「よびさます」のを手伝ってくれたことを認めている。刑事あてのもう一通別の初期のメモでは，彼女は，犠牲者の車についてあいまいにしか記載していない。そして，誘拐事件のときに彼女の車に同乗していた娘に書き取らせたという車のプレートナンバーについて述べることさえできなかった。しかし，公判では，彼女は，車とプレートナンバーの両方を詳しく思い出した。最後に，クレイター刑事にあてた手紙の中で，彼女は彼が「ときどき混乱した私の記憶を辛抱強く我慢してくれた」ことに感謝している。そして，「私があのときに全部思い出して，警察に行ってそのことをお話ししていたらどんなによかったかと思います。でも，このことを大学生の子がしでかしたささいな出来事だと思って，全部手紙に書きました」と記している。さらに，カッセル（Cassel, 2000）が指摘するように，ストルッファスは，ハリソンバーグの地元新聞「デイリー・ニュース・レコード」に宛てた手紙の中で，次のように述べている（この内容は陪審員にはまったく知らされていなかった）。「私が誘拐事件を目撃したとは考えもしませんでした。実際，もしもダニエル・クレイター刑事の賢明で我慢強くてプロの仕事ぶりがなかったら，私は今でも気づいてなかったと思います。裁判で一つの筋の通ったお話のように聞こえたのは，警察が信じられないような努力をして，ジグソーパズルの数え切れないくらいたくさんの小さなピースをつないでいって1枚の大きな絵に仕上げた結果なのです。」ストリクラーは，結局，ストルッファス証言以外にも，有罪で，死刑に処することを正当化するのに十分な証拠があるとして，上告が棄却された。

　警察署は，警察署の信用を失墜させたり，評決がくつがえされたりする（あるいは，疑問のもたれる評決が支持される）ような疑わしい証言を提示したがらない。したがって，司法省の指針が策定される何年も前から，全米の警察署は心理学者と協力して，目撃者との面接の際に，偽りの情報を吹き込む可能性を低くするように方法の改善に努めてきた。理想的には，尋問官は，誤りを増やすことなく目撃者からより多くの情報を引き出したいと考えている。ロナルド・フィッシャー（Ronald Fisher：フロリダ国際大学教授）はこうした要求に応えるために，エド・ガイゼルマン（Ed Geiselman：カリフォルニア大学ロサンゼルス校教授）と協力して，**認知面接法**を開発した。この手続きは現在，全米の多くの警察署で用いられている（Fisher & Geiselman, 1992）。

　認知面接法は，記憶を促進するために，以下の4つの手続きによって目撃者を導くものである。①出来事が起きた時点での周囲の物理的な状況や個人的な情動反応を含め，前後関係を考える。②心に浮かんだことは，どんなに断片的で取るに足りないささいなことのように思えても，すべて報告する。③出来事をいくつかの異なる順序で思い出す。つまり，出来事の始まりから終わりまでの順や，その逆の順で思い出す。あるいは，最も思い出しやすいところから，あるいは，あまり目立たないようなことから思い出し始めるようにする。④いろいろな視点から出来事を思い出す。つまり，別の人の立場で思い出したり，そ

の光景を上から見下ろすようにして思い出す。この修正された形式において，認知面接法は目撃者との親密な関係を構築することや，目撃者がたんに質問に答えるのではなく，インタビューに積極的に参加させることにも力を注いでいる。認知面接法は，目撃者に自分自身のことばで話をするように励ます。そのあとで，目撃者に対して，別の視点から記憶を振り返るように求め，できるだけ詳しく記憶のイメージを調べるよう求める。認知面接法は，思い出された事柄の内容についてどのような種類の暗示も与えないようにしている。最も重要なことであるが，いくつかの研究から，この方法は目撃者の再生する正しい情報の量を増やすが（30～40％ほど上がることが多い），誤った情報の量は増やさないことが明らかにされている。

3．確信度は操作できるか

　第6章で取り上げたハワード・ハウプトの事件を思い出してみよう。ハウプトは誤って誘拐の罪で告発された。彼はその事件のもともとの容疑者の一人ではなかった。しかし，被害者が誘拐されたときに同じホテルに宿泊していた。そのため，写真面通しに彼の写真が加えられた。その写真面通しを呈示された目撃者が，のちに彼を同定したのである。目撃者がもう一つ別の写真面通しでハウプトを誘拐犯であると高い確信度で同定したのは，最初の写真面通しのあとで，しかも，その目撃者は直接ハウプトに会ったあとだった。すなわち，目撃者は何度もハウプトを見せられたあとで，ハウプトが目撃者になじみのある人になり，目撃者は実際にハウプトがこの犯罪に関与したと思い始めたのである。おそらく目撃者はハウプトに関する熟知性の起源を誤ったのであろう。目撃者は「私はさきほど写真の中で見たので，ハウプトのことを知っているように思う」と言わずに，ハウプトに関する熟知性はハウプトが誘拐犯であったということに誤って帰属させたのである。この例では，確信度の向上は複数回の写真呈示によってもたらされたと考えられる。

　現在，確信度が単なる呈示や情報の繰り返しの影響を受けることについて，有力な実験的証拠が示されている。そうした影響は，情報が特徴的であるかどうか，さらに情報が真であるかどうかにさえ関係しない。オスカンプ（Oskamp, 1965）は，偽の確信度に関する独創的な研究の中で，次のような実験を行なった。実験参加者は三つの群，すなわち，①資格をもつ臨床サイコロジスト，②心理学の訓練を受けている大学院生，③学部学生，から構成されていた。実験参加者はジョセフ・キッド（仮名）の事例に関する簡単な説明を受けた。実験参加者は，キッドに関する個人資料を4つに分けて受け取り，セラピストが一人のクライエントのことを徐々に深く知っていくのと同じように，セッションを通じてしだいに知識を増やしていく様子を追ってみるよう求められた。第1段階では，次のような人口統計学的な情報だけが示された。「ジョセフ・キッドは29歳の男性である。白人で未婚，第二次世界大戦の退役軍人である。大学を卒業しており，花の装飾を扱う工房の事務員として働いている」。第2

段階では，キッドの幼少期に関する1ページ半の文書が与えられた。第3段階では，キッドの高校と大学の頃に関する2ページの文書が与えられた。第4段階では，キッドが軍隊経験を経て29歳にいたるまでの様子が書かれた1.3ページほどの文書が与えられた。

実験参加者はジョセフ・キッドのそれぞれの段階の文書を読んだあとで，25の質問文を受け取った。たとえば，次のような質問文であった。

キッドは大学生の頃に親しみやすく気心の知れた友人関係をもっていたが，彼はよく，
①友人グループに指図して，頼みごとを押しつけようとした。
②友人グループから遠ざかり，引きこもろうとした。
③人がどのように彼に接しようとまったく関心がなかった。
④友人グループの中では積極的な役割を果たしたが，物静かで謙虚であった。
⑤おどけてふるまったり，はしゃいでみせたりした。

この答えは⑤である。

他の質問文もこれと似ており，キッドのいつもの行動パターンや，態度，関心，典型的な反応に関するものであった。これらの質問文は事実関係のデータ，または実際の事例の文書で十分に裏づけられる結論に基づいていた。実験参加者は，臨床的判断においては通常のやり方に従うと予想された。つまり，アセスメントを行なう際にキッドのパーソナリティ像を形成し，それに基づいて結論を得るのである。このことはちょうど陪審員が情報を集め，推論を行なうのと同じである。しかしながら，呈示された材料からの機械的な記憶に基づく質問文は一つもなかった。判定者としての実験参加者は，それぞれの答えに対する確信度判断を行なった。この場合，20％が偶然確率の成績になる。

上記の3群の実験データは似ていた。ただ，おそらく意外に思われるだろうが，経験豊富な臨床家の群は，他の2群よりも，第4段階まで確信度がやや低かった。実験データを図8.1に示す（実験参加者のグループは込みにしてある）。実験参加者に評価者としてより多くの情報が与えられるにしたがってテスト成績が向上するようなことはなかった。ほとんどの場合，質問文への答えは誤っていた。つまり，テスト成績のデータで偶然確率を超えているものは一つもなかった（多肢選択式の質問で，それぞれ選択肢が5つだったので，偶然確率は20％になる）。劇的に向上したのは，答えに対する実験参加者の確信度であった。実験参加者は人口統計学的情報だけが示されたあとでは，ほんのわずか過剰確信であったが，実験参加者の確信度評定値は第4段階を終える頃には著しい過剰確信を示す。したがって，確信度の正確さの向上には役に立たない情報（この場合では，4段階にわたってキッドについて提供された付加的な情報）でさえも，確信度に対して大きくて不当な効果をもつように思われる。

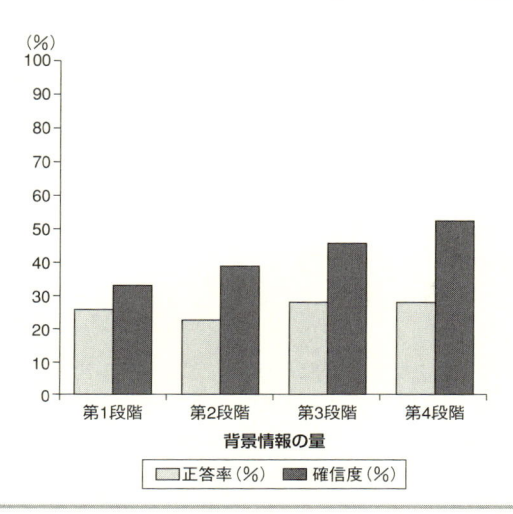

○ 図8.1 偽りの確信度に関する研究の中で4つの段階ごとのテストでの正答率とテストの答えに対する確信度（出典：Oskamp, 1965）

　同じような研究としてショーとマクルーアー（Shaw & McClure, 1996）は，単に同じ質問を何度か繰り返すだけで，たとえその答え自体は変わらなくても，その答えに対する実験参加者の確信度が向上することを示した。彼らの実験では，学校の授業がいったん中断され，その出来事について5週間にわたって5回の質問が学生に与えられた。その際，繰り返される質問もあれば，繰り返されない質問もあった。学生の答えの正確さは5週間の時間間隔を経ても向上しなかったが，その答えに対する確信度は向上した。確信度が情報の質よりも情報量そのものに応じて，あるいは単なる反復によって向上することを示す研究は，法廷での確信度の問題にとって重要な意味がある。裁判で目撃証人を準備する際の標準的な手続きは，法廷で証言する内容をあらかじめ目撃者にリハーサルしてもらうことである。非常に難しい裁判で目撃証人に準備をさせるために始める訓練は，大統領候補に対してなされる訓練とよく似ている。そしてうまくいけば，結果は同じである。目撃証人の確信度は非常に高まっていくが，ときには誤った理由でそうなってしまう。このような練習の手続きがもつ有害な側面とは，目撃証人の確信度が高くなり，記憶していることが正しいかどうかに関係なく，目撃証人が自信に満ちた雰囲気を周囲にふりまいてしまうことである。

4．自分自身の記憶の確信度は常に誤りはないのか

　前述の例に示された不正確な確信度は，確かに単なる言い逃れにすぎないのかもしれない。おそらく，幼児が高い確信度をもって述べる事柄については慎重でなければ

ならない。幼児は，前頭葉がまだ十分には発達していないし，彼らのどのような種類のメタ認知的判断も確実でないと思われる。そして，扱われる事柄が個人にとってあまり重要な問題ではないために，成人を対象に行なわれる実験室的研究も同じように問題があるかもしれない。たぶんショッピングモールで迷子になったという偽りの記憶にクリスが高い確信度を示したのは，一つには，ショッピングモールで迷子になったかどうかということが実際には大した問題でなかったからかもしれない。オスカンプ（Oskamp, 1965）の研究における実験参加者もおそらく，それが実際には大した問題でないことを知っていたのだろう。では，なぜそのことで正確に判断しにくくなるのだろうか。

　もしも大事なことなら，どうなのだろうか。もしもその出来事が強い感情を伴うものであれば，どうなのだろうか。生命の危険を感じるものであるなら，どうなのだろうか。不幸にも犯罪捜査の事例に多く見られるように，その記憶がトラウマ体験に関する記憶である場合は，どうなのだろうか。ごくふつうの人たちがもつ素朴な知識では，苦痛や虐待を経験すると，加害者の同定に関する被害者の確信度は高く，被害者の主張はたぶん正しいであろう。これらは極度に痛みを伴う状況であり，記憶から追い払うことができない。その場合，犯人の顔はいくら忘れたいと思っても，けっして忘れることはできないだろう。しかし，このような素人の知識は正しいのだろうか。

　目撃者の記憶に関する研究は，トラウマによるストレスのかかった条件のもとでは，これまでほとんど行なわれてこなかった。その理由ははっきりしており，極端なトラウマは実験室で容易に作り出すことができるようなものではないからである。ストレスが記憶を促進するかどうか，そして，確信度がそれに見合って高くなるかどうかを調べるために，実験参加者に暴力的な映像を見せる研究がしばしば行なわれる。アメリカ小児科学会（American Academy of Pediatrics, 2001）は，アメリカ合衆国の平均的な国民は，18歳になるまでにテレビだけで暴力行為を20万回視聴すると推定している。私たちは映像化された暴力に慣れてしまい，そのため，少なくとも一部の人にとっては，映像化された暴力はストレスを伴うものでないのかもしれない。実際，これまでで最も暴力的な映画の一つ，『シャイニング（*The Shining*）』に対するホルモン分泌によるストレス反応を測定したところ，視聴時に多少の上昇は見られるものの，日中の正常な変動の範囲内であった（Hubert & de Jong-Meyer, 1989）。したがって，映像で「決してあの顔は忘れない」という状況を作り出すことは難しい。しかし，現実世界において，トラウマを受けるような状況のもとで人間をテストすることは，さらに極端に困難である。

　不幸なことではあるが，これまで現実に，極めて確信度の高い目撃者が誤って証言し，悲惨な結末を迎えたという実例が数多く知られている。そのような実例は常に，物的証拠がなく，目撃者は確信をもって，強制わいせつや強盗，殺人といった凶悪犯罪に関与した人物について「真実を語っている」。陪審員は目撃者自身の記憶への確

信度に基づいて有罪判決を出すことに票を投じ，犯罪容疑者を刑務所や死刑囚監房に送ったり，あるいはさらに重刑に処したりしている。後年，犯罪現場から採取されたDNAの証拠によって，疑問の余地なく容疑者が無実であることが示されたことがある。最近の例では，チャールズ・チャットマンは，加重暴行罪で懲役99年の判決を受け，約27年間刑に服した時点でようやくDNA検査の結果に基づいて釈放された。過去10年間で，この事例と同じように，DNA検査の結果に基づいて受刑者の疑いが晴れた事例は，テキサス州だけでも30件以上にのぼる。見当違いの確信のために不当な有罪判決を受けた（のちにDNA検査によって判決がくつがえった）事例についてさらに詳しく知るためには，インターネットで「イノセンス・プロジェクト（Innocence Project）」を検索してもらいたい。

　筆者らは，強いトラウマを伴う状況における目撃者による犯人の同定を実験的に検討した研究を一つ見つけることができた。その状況では，確かに実際に起きたということと，だれか「攻撃者」がいたことがわかっていた。この研究は，戦争捕虜人の模擬収容所での兵士の訓練という非常に特殊な状況を取り扱っていた。モーガンら（Morgan et al., 2004）は，目撃者の同定とその確信度を調査したが，その調査は，心臓の開胸手術を受けたり，戦闘態勢に入っていたりしたときに人間が経験するトラウマの水準と同じ水準の条件のもとで行なわれた。トラウマの水準は，コルチゾールの水準が極度に高まったことを根拠としている。コルチゾールはストレスホルモンの一種であり，生理的なストレッサーか，人間の場合には心理的ストレッサーかのいずれかに反応して分泌される。コルチゾールの水準は，普段は極めて低い。恐怖映画を見るとコルチゾールの水準は3倍に上昇するが，それでもまだかなり低い。同様の上昇は，自発的に公共の席で話をするように求められ，その間に知能が評価されると言われたときにも起きる。この恐ろしい課題は，そのことを考えただけでも胃がひっくり返るとされており，「トライアー社会的ストレステスト」と呼ばれている。このような状況は，通常の心理学的研究のほぼ限界に近いが，現実のトラウマによるコルチゾールの水準を生み出すまでには至っていない。しかしながら，モーガンの研究でのコルチゾールの水準は，すでに高められた水準のおよそ10倍であり，トラウマを生理的に経験している状態に非常に近い。

　この研究の実施場所は，戦争捕虜収容所に似せた施設で，アメリカ軍の兵士に対して，捕らえられたときにいかに降伏しないかを訓練するために設計されたものである。軍の訓練教官は兵士に与えるストレスに関して実際的で，朝鮮戦争後にアメリカ兵の捕虜が報告した状況に近いストレス状況を作った。モーガンら（Morgan et al., 2004）によれば，いくつかの教室での講義形式の訓練を受けたあと，次のような訓練が行なわれた。

参加者は模擬戦争捕虜収容所（POWC）に監禁される。この訓練段階は，最も過酷な訓練
　　体験の一つを課すもので，積極的に軍務に服する参加者は，軍隊にいるうちにいずれ必ず体
　　験することになるものである。模擬戦争捕虜収容所では，各実験参加者は一人ずつ隔離され，
　　さまざまな種類の尋問を受ける。それらの尋問は，参加者が「敵の策略」に耐える限界や能
　　力を試すために設定されている。(p. 266)

　ここで用いられた正確な手続きは機密情報にあたるので，この筆者らはこれ以上細部について述べることはできない。ただし，この訓練を受けている人のストレスホルモンは驚くほど高い水準を示し，日常生活で見られるいかなる水準をもはるかに上回っていた。参加者はまた，幽体離脱体験や精神病に似た行動を示すなど，解離的症状の水準が驚くほど高かった。

　戦争捕虜収容所の状況で訓練を受けている人たちから情報を引き出すために，2名の尋問者が設定された。すなわち，参加者に対して「身体的対決」をある程度行なう高ストレス尋問者と，まったく脅威を与えないでいかにも参加者の「味方をする」低ストレス尋問者（しかし，それと同時に，参加者に罠を仕掛けて情報を漏洩させる）である。これらの人が互いに直接に接する時間は，目撃者による同定の実験でときおりあるように，ちらっと見る程度ではなく，もっと長かった。二人の尋問者はそれぞれ，各参加者と顔をつきあわせて40分間接触した。

　509名の参加者はいずれもストレスの高い暴力的な尋問者のことをけっして忘れなかっただろうと（しかし，おそらく，脅威を与えなかった尋問者については忘れたのではないかと）だれもが思うかもしれない。しかし，それとはまったく逆の結果が得られた。目撃者による人物同定について，次の三つの方法が用いられた。①直接の面通し，②写真面通しで，可能性のある尋問者全員の写真を同時に呈示し，実験参加者はその写真の中から選択する（同時面通し），③写真面通しで，可能性のある尋問者それぞれの写真を1枚ずつ呈示し，実験参加者はそれぞれの写真が本当の尋問者であるかどうかを述べる（継時面通し）。尋問者を正しく同定した割合（すなわち，ヒット率）を図8.2に示す。この図は明らかに，実験参加者が高ストレス尋問者よりも低ストレス尋問者の方をよく覚えていることを示している。高ストレス尋問者に対するヒット率は，驚くほど低かった。したがって，出来事がトラウマを伴うものであるとき，犠牲者は尋問者をほとんど正しく同定できなかった。しかし，正しく同定できたときは，素朴な知識によって予想されるように，極めて高い確信度が示されたのだろうか。その答えは「いいえ」である。実験参加者が報告した人物同定の正確さに関する確信度評定値（1～10の尺度で，10が最も確信度が高い）の平均は，高ストレス尋問者の場合は6.2，低ストレス尋問者の場合は7.9であった。

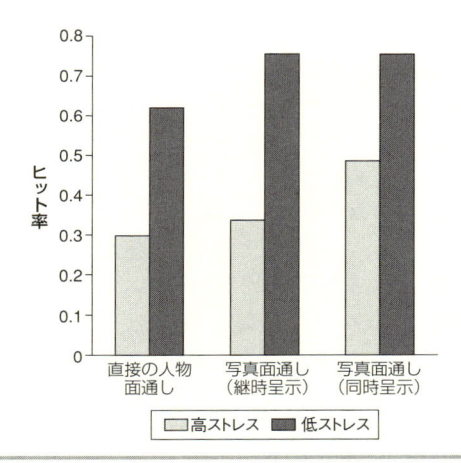

◆図8.2 直接の人物面通し，写真面通し（同時呈示：すべての写真が同時に呈示される），および写真面通し（継時呈示：すべての写真が一枚ずつ次々に呈示される）における尋問者同定の正答率（出典：Morgan et al., 2004 より改変）

第2節 目撃証人の確信度は陪審員にとって重要か

おそらく陪審員は，最終的には目撃証人の確信度を考慮しないだろう。しかし，不幸なことに，有能な弁護士なら容易に証人の確信度を操作することが可能で，しかもそれは見抜きにくいという実験的証拠があることを考え合わせると，現実的にはそうではないように思われる。日常生活の場合と同様に，陪審員は目撃者の信頼性を評価したり，意思決定を行なったりするときに，他者（証人）の確信度を最も重要であると考えている。他者の確信度に対する人の反応を検討した研究は，これまで数多く報告されている。

たとえば，カトラーら（Cutler, Penrod, & Dexter, 1990）は，模擬陪審の研究を行ない，目撃者の人物同定の証拠に対する陪審員の感受性について検討した。実験参加者はウィスコンシン州デーン郡からやってきた，適格性と経験をそなえた陪審員であった。彼らはビデオ録画された裁判を見た。その裁判は目撃者による人物同定にかかわるものであった。経験豊富な陪審員の反応と学部学生の反応との比較も行なわれたが，目撃者の証拠に対する感受性について両者の違いはごくわずかであった。犯罪と人物同定に関連した10の要因が操作された。それらの要因は，たとえば，犯人が変装していたかどうか，証人の確信度は犯罪の記憶に関してどのようなものであったか，などであった。非常に興味深い実験結果は，評決の最も強力な予測指標は，他の9つの要因よりも目撃者の確信度であったことである。

ブルーアーとバーク（Brewer & Burke, 2002）は，模擬陪審の状況を設定し，証人

による証言の一貫性と証言者の確信度の一貫性の両方を操作した。その結果，驚いたことに，一貫性はさほど重要ではなく，またしても確信度が陪審員の決定に強い影響を及ぼした。不安に思うかもしれないが，フォックスとウォルター（Fox & Walter, 1986）は，たとえ専門家の証言が矛盾するものであっても，目撃者の確信度が陪審の決定に強い影響を及ぼすことを示した。

しかしながら，いくつかの境界条件がある。テニーら（Tenney, MacCoun, Spellman, & Hastie, 2007）は，一般に確信度の高い証人は低い証人よりも信頼できると思われるが，確信度の高い証人が誤りを犯しやすいのなら，確信度の低い証人の方が高い証人よりも信頼できるのかもしれないことを示した。したがって，単なる確信は効果をもつが，陪審員団は証人の信頼性を示す他の要因に必ずしも敏感でないとは限らない。もちろん，問題は，ほとんどの法廷の場面で陪審員がどのような証言が正確であるかを知らないということである。したがって，多くの研究は，陪審員団が下す評決に対して確信度が圧倒的な影響力をもつことを明らかにしており，このメタ認知的判断が信頼性を欠き，操作されやすいことから，確信度は非常に厄介なものであることを示している。

第3節 ウソをつく

法廷でのメタ認知に関する前述の議論はすべて，人は誠実に行動し，想起し，判断する，すなわち，正直であろうとするということを前提条件にしている。しかし，もしもそうでなかったらどうなるのか。もしもウソをついていたらどうなるのか。もちろん，偽証罪に関する法律はあるが，それにもかかわらず，人間が法廷でウソをつくのには多くの理由がある。この節では，裁判に関連したウソのいくつかの側面について検討する。

欺瞞は，だます側が誤りであると考えている信念や理解をだれかに抱かせるように意図された行為である。欺瞞はまた，情報のコミュニケーションと，そのメッセージの真実性についてのメタコミュニケーションとの両方で構成されている。すなわち，メッセージは誤っているのに，コミュニケーションを行なう者が，それが正しいという信念を植え付けようとするのである。受け手は，メッセージを聞き，それが真実であるかどうかを判断する。したがって，ウソをつくこととだれかのついたウソを見破ることは人間のメタ認知的能力に基づいている。ここで取り上げる最初の疑問は，人はだれかがウソをついているときにそれを見破ることができるかどうかである。

1．人はウソを見破ることができるか

エックマンとフリーセン（Ekman & Friesen, 1969）は，偽りであることを示す行動を「欺瞞手がかり」，真の情報を漏らす行動を「漏洩手がかり」と呼んだ。いくつ

かの中間的な事例では，「自己欺瞞」「意図的な見えすいたウソ（送り手は受け手にそのコミュニケーションがウソであることを確かめてもらいたがっている）」「思い違いのウソ（ウソをついていると思っているが，実は本当のことを伝えている，あるいはその逆の場合もある）」のように，欺瞞の一種かどうかはっきりしないものもある。ここでは，こうした複雑な事例は除外し，明らかにウソと思われるものだけに焦点を当てることにしよう。人がそのようなウソをついているとき，ウソであることを明かす手がかりはあるのだろうか。陪審員あるいは経験豊富な捜査員が断言できるような手がかりはあるのだろうか。

　当然のことながら，人がウソをついているのを見破るのは難しい。素人の知恵ではあるが，人は自らの言語行動をコントロールできるが，非言語行動はコントロールできない。もしもそのことが本当なら，口から出たことばではなく，身体言語や音声の特徴を調べるべきである。多くの人たちは，身体（特に顔）がひきつっているかどうかによってウソを見抜くことができると思っている（このことを支持する実験結果もある）。この理由はおそらく，身体はコントロールしにくいからである。しかし，顔面の手がかりもウソに気づかせてくれる。顔面の手がかりは大きな表出反応ではないが，どちらかというとウソをついている人がコントロールできるものである。むしろ，ウソをついているときに一貫性がないのは，顔の微細表出（急速な筋運動）である。しかしながら，一般に，そのような微細表出もスローモーションで再生しなければ見ることができない（しかし，中には微細表出を検出できる人もいる）。それに加えて，自分の声は特にコントロールしにくい。したがって，ウソを見抜くのに優れている人は，話の内容よりも話し方に特に注意を払っていると思われる。

　ウソをつくことは，真実を話すよりも明らかに認知的負荷が高い。したがって，ウソをついているときの方が話がとぎれることが多い。いくつかの研究によれば，額にしわを寄せることはウソをつくことと相関している。発話の誤りや肩をすくめる動作もまた同様に，ウソをつくことと相関している（Zuckerman, DePaulo, & Rosenthal, 1981）。これらの要因はすべてウソをつくことといくらか関係してはいるが，これらのウソを見抜く診断能力はさほどでもない。ズッカーマンらによる初期の研究（Zuckerman, et al., 1981）は，ウソを見抜く能力の正確さに関する確信度と実際の正確さとの間の相関は，中央値で.06であった。この値は，0と差がない。したがって，ウソをつく人はウソをついている最中にわずかなサインを示している可能性があり，ほとんどの人が自分はそれを見抜けると思っているが，実際はできない，という結論にならざるを得ない。

　ウソをつくことに関する素朴な見方はまた，いくつかの明らかな誤解を含んでいる。調査研究によれば，人は（素人でも警官でも），ウソをついていると目をそむけたり，そわそわしたりすると思っている（Akehurst, Köhnken, Vrij, & Bull, 1996）。こうした見方は，インボーら（Inbau, Reid, Buckley, & Jayne, 2001）の尋問の手引きにおいて

も奨励されている。この尋問の手引きは，アメリカ合衆国の各地の警察署および警察以外の尋問担当者に広く用いられている資料の一つである。しかしながら，マンら（Mann, Vrij, & Bull, 2002）が示したように，こうした見方を支持する警官はウソを見抜くのがまったくだめである。なぜなら，こうした手がかりがウソを見抜く手がかりとはならないからである。すなわち，ウソをついている人は真実を語る人よりもそわそわしているということはないのである。

　いくつかの研究（DePaulo & Pfeifer, 1986; Köhnken, 1987; Kraut & Poe, 1980 など）は，一般に人はウソを見抜けないと報告している。しかし，だれかがウソをついているときに，本人以外のだれが確実にそれを見抜けるだろうか。エックマンとオサリバン（Ekman & O'Sullivan, 1991）は，ウソの検出における個人差について検討した。彼らは，以下の参加者グループにウソ検出の成績と確信度を調べた。すなわち，シークレット・サービスの監視官，連邦警察のポリグラフ担当者，強盗犯担当の捜査員，判事，特にウソの検出に関心をもっている参加者（ウソの検出に関する講座を受けているが，まだ診断的要因に関してきちんとした教示は受けてはいない），および大学生，である。これらのグループのうちのいくつかは，特にウソの検出に関する技能に優れていると思われたが，結果としては，シークレット・サービスの職に就いている参加者だけが正確にウソをついている人を見抜くことができた。

　エックマンとオサリバンの研究（Ekman & O'Sullivan, 1991）の参加者グループはすべて，ウソを検出する能力について2回評定するよう求められた。第1回目の評定は，テストのためのビデオを見る前に行なわれた。第2回目の評定はビデオを見た後に，特にテストでどれだけうまくできたかについて尋ねられた。一般的能力のメタ認知と実際の成績のメタ認知との間の相関は0と差がなかった。すなわち，全体として，自分がこれからテストでどんなにうまくやるかを認知することと，自分がテストでどんなにうまくやれたのかを認知することとの間に関連性は見られなかった。同様に，テスト成績についての全体の回想的確信度も，テスト成績とは相関がなかった。どのグループでも，自らのウソ検出能力に関するメタ認知的評価は役立たなかった。

　しかしながら，この全体的な無相関の中に，グループ間の差が埋もれていた。連邦警察のポリグラフ担当者では，ウソ検出に関する一般的能力の第1回目のメタ認知的評定と，この課題を行なうときの実際の能力との間に正の相関が見られた。たぶん彼らは，職務の中で，見抜くのがうまいかどうかを知るのに十分なフィードバックを受けてきたのだろう。おそらくさらに興味深いことは，シークレット・サービスのグループでは，第1回目のメタ認知的評定と成績との間に負の相関が見られたことである。この研究において，課題を行なうことのできた専門家グループの一つは（そのグループの中ではどの参加者も），メタ認知が逆転していた。すなわち，シークレット・サービスの係官の中で，自分はウソを検出できないと思っている者は，検出できると思っている者よりもウソを検出することがうまかったのである。

2．ウソが本当になる：頻度と妥当性の関係

　人は他者がウソをついているかどうかを決めるのは難しい。それでも，特定の文が正しいかどうかを決めることはできるかもしれない。そして，当然のことながら，一つの文がまったく信じがたい内容であるときは，少なくとも何度かはそれが誤りであることを知るだろう。この問題に関する研究のほとんどは，中間的なあいまいさをもつ文を用いている。つまり，ほとんどの人は文が正しいのかどうか確実にはわからないという程度に設定されている。ハッシャーら（Hasher, Goldstein, & Toppino, 1977）によって初めて実験的に明らかにされたことだが，正しくない文を単に繰り返し呈示するだけで，人はその文が正しいと思うようになってくる。この失敗はメタ認知の弱点を反映している。なぜなら，人は，誤った文を見たときに，その熟知性によってその文が正しいと判断するようになるからである。

　ハッシャーら（Hasher, et al., 1977）の実験では，実験参加者は60の文について真実かどうかを評定した。文それ自体は，政治，スポーツ，宗教，芸術などの知識領域から選ばれた。文は基本的に，「リチウムは最も軽い金属である」「グリーンランドの全人口は約5万人である」といったものであった。60の文には正しいものや誤っているものが含まれていたが，実験参加者が確実に知っているということはなさそうな内容であった。実験参加者による妥当性の評定は，録音された各文の呈示のあとで行なわれた。実験は三つのセッションに分けて行なわれた。実験の工夫は単純なものであった。三つのセッションを通じて，いくつかの文は繰り返し呈示され，それ以外の文は繰り返されなかった。実験の結果，正しい文は，繰り返し呈示されるとさらにより正しいと評定された。あいにく，誤った文の場合も同様であった。誤った文の評定値は，最初に繰り返された時点では「わからない」に近い4.18であった（7点尺度で，7＝絶対に正しい，4＝わからない，1＝絶対に誤っている）。しかし，第3セッション（複数回の繰り返しのあと）の終わりでは，評定値が4.67となり，およそ0.5上昇した。

　この実験結果は，その後，さまざまな研究者によって何度も再現され，「頻度－妥当性」の関係として知られるようになった。ギーゲレンツァー（Gigerenzer, 1984）は，大学生を対象にした実験室内で行なわれた実験の結果が「現実世界の現実の人たち」にあてはまるのかという外的妥当性への懸念にこたえている。彼は，ドイツのミュンヘン郊外にあるシュバビングに住む人たちに電話をかけ，ハッシャーら（Hasher, et al., 1977）の質問に似た問題への解答とその妥当性の評定を求めた。実験の結果は，他の研究者が実験室内で得た結果と同じであった。リーバーとシュワルツ（Reber & Schwarz, 1999）は，文の知覚的流暢性を変化させることによって（すなわち，流れの中で文を読みやすくするか読みにくくすることによって），文の正しさに関する判断も変化することを示した。読みやすい文ほど，正しいと評価されることが

多かったのである。こういった驚くような，間違いなく悲惨な問題につながる効果（すなわち，文の正誤に関係なく，熟知性が高まるだけで，その文の信憑性が高まる）については，他にも多くの例がある。たとえば，選挙運動期間中に政治家候補者についてのウソを何度も聞かされると（彼女は変わり身が早い，彼は組織犯罪に関係している，など），そのうちに多くの人たちは信じ込んでしまい，それが本当かどうかを評価しようとしなくなる。

　ウソは繰り返されると本当になることを多くの研究が示している。さらに，この節で紹介する最後の研究は，何度も繰り返されるうちにウソをついている人も真実を語る人と認識されるようになるという可能性を示した。ブラウンら（Brown, Brown, & Zoccoli, 2002）は，ある人物の写真を何度も見れば見るほど，その人物をますます信頼できると思うようになることを示した。信頼性の増加に関する結果は，短い間隔（2日）と長い間隔（14日）を置いた後での正直さの判断と誠実さの判断の両方の結果とほぼ同じ程度であった。この効果は繰り返し呈示されることによるものであるが，その顔を以前に見たことがあるという明確な認識は伴っていない。したがって，私たちは人がウソをついているところを何度も頻繁に見れば見るほど，そのウソをついている人のことをますます信用するようになるのである。

第4節　後知恵バイアス

　この章で取り上げる最後の話題は，後知恵バイアスである。後知恵バイアスは，「最初からわかっていた」効果と呼ばれることがある。この効果は刑事裁判制度に大きな影響を及ぼし，法的証拠として認められない証言を陪審員が無視できるかどうか，あるいは医療関係者が医療過誤訴訟での不利な結果に対して法的責任があるかどうか，といった問題に影響を及ぼす。バルーク・フィショフ（Baruch Fischhoff）は，1975年に最初にこの現象を報告した研究者である。これから見ていくように，この現象に対する一つの説明はメタ認知的であると考えられる。それを紹介する前に，フィショフがそのような評判になった現象を明らかにした経緯について見てみよう。

　フィショフが行なった画期的な実験によって，その後さまざまな領域で数多くの研究が生み出された。フィショフは単純に実験群にある一つの出来事の結末を伝え，そのあとに「もしも結末がどうなったかを知らなかったとしたら，どのような結末になっていたと思いますか」と尋ねた。フィショフのもともとの実験では，ターゲットとされた出来事は，19世紀に起きたイギリスとグルカ族との戦争に関するものであった。もちろん，この出来事の結末を知っている人は実験参加者から除外されたが，そうした人はほとんどいなかった。話題は，実験参加者があまりよく知らないことという単純な理由で選ばれた。（ただし，このような状況は事件を審理する陪審員にもあてはまる。ある事件について自分はよく知っているとか，よく知っていると思う人

は陪審員から除外される。近所で犯罪が起きたり，犯罪の関係者を知っていたりすると，陪審員にはなれないだろう。）フィショフは4つの起こり得る結末を設定した（グルカ族が勝利した，イギリスが勝利した，など）。そして，カウンターバランスの手法を用いて，異なる実験参加者に対して，4つの起こり得る結末のそれぞれが実際に起きたのだと教えた。統制条件では，結末に関する情報は何も与えられなかった。実験参加者は，それぞれの結末の情報が与えられたあとで（統制条件の場合は与えられない），4つの結末がそれぞれどの程度起こり得るかの確率を推定するよう求められた。しかし，実験参加者は，「まるでその結末を知らないかのように」，推定が回想的に行なわれた。その結果，実験参加者は，それぞれが実際はこういう結末を迎えたと「知っている」結末に合わせて推定確率の反応にバイアスをかけることがないように推定することができなかった。すなわち，実験参加者は，あらかじめ現実の結末であると「知らされていた」結末を，実際に起きた結末の確率（統制条件の示す推定値）よりも高く判断したのである。

　現実世界における後知恵バイアスの例は，ブライアントとブロックウェイ（Bryant & Brockway, 1997）の研究によって示されている。彼らは，有名なO. J. シンプソン事件を利用した。彼らは実験参加者に，裁判の評決の2時間前，48時間後，および1週間後に，陪審員団がシンプソンに対して次の三つの評決のいずれを下すかの可能性を示すように求めた。①第1級殺人で有罪，②第2級殺人で有罪，③無罪，であった。評決後のセッションでは，実験参加者は評決結果に関する知識について尋ねられた（実験参加者は全員，シンプソンに無罪判決が下されたことを知っていた）。それとともに，実験参加者はシンプソンが有罪であると思うか（実験参加者の83％が「はい」と答えた），あるいは無罪であると思うか（実験参加者の17％が「はい」と答えた）についても尋ねられた。このあと，実験参加者は，陪審員団の票の割合について回想的判断が求められた（実験者は実験参加者に対して，①〜③の三つの結末の推定確率を全部足し合わせて1になるようにというような制約を与えなかった）。この結果を図8.3に示す。評決後のセッションでは（したがって，実験参加者はシンプソンが無罪になったことを知ったあとでは），この事件での評決結果がわかる前よりも，シンプソンは無罪になると判断することが多かった。

1．後知恵バイアスはなぜ起こるのか

　後知恵バイアスの効果は，次の三つの観点から説明されてきた。個人的要求説，記憶説，係留説（である。最初の個人的要求説は，人は正しいことを好むという考えに立っている。しかし，正しくありたいという要求や，ずっと正しくしていたいという要求は，ある人にとっては他の人よりも強い。初期の研究として，キャンベルとテッサー（Campbell & Tesser, 1983）はなんらかの個人的要求やパーソナリティ特徴をもつ人は「最初からわかっていた」と主張する傾向が強いことを見いだした。実験者は

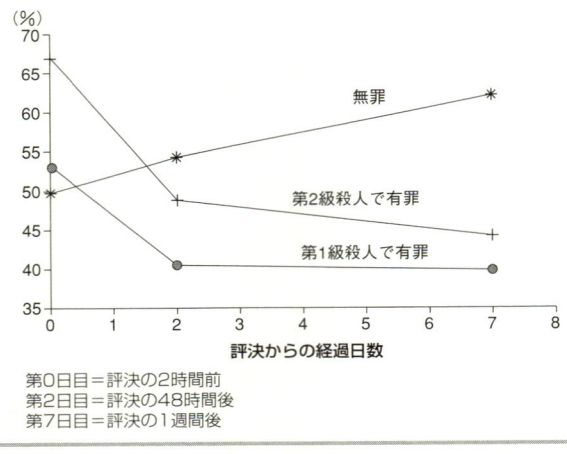

```
(%)
70
65                          無罪
60
55
50                    第2級殺人で有罪
45
40            第1級殺人で有罪
35
  0   1   2   3   4   5   6   7   8
              評決からの経過日数
```

第0日目＝評決の2時間前
第2日目＝評決の48時間後
第7日目＝評決の1週間後

◎ 図8.3　O.J.シンプソン事件における時間経過に伴う有罪と無罪の確率推定の変化（出典：Bryant & Brockway, 1997）

最初に実験参加者のロキーチ教条主義尺度（個人のあいまいさに対する不寛容の程度を測定する質問紙）の得点を調べた。すると，あいまいさに対して寛容でない実験参加者ほど，後知恵バイアスが大きかった。

　他の研究者も同様の効果を示している。たとえば，マッシュ（Musch, 2003；概説については Musch & Wagner も参照のこと）は，場依存性の高い人は場独立性の高い人よりも，後知恵バイアスが大きいことを示した。彼はまた，望ましい自己呈示の傾向と，厳格性（すなわち予測可能性の要求）という二つの変数（ともに，Campbell & Tesser, 1983 が測定した「あいまいさに対する不寛容」とよく似ている）も，後知恵バイアスと関連していることを示した。子どもと高齢者は若年成人よりも後知恵バイアスが強いという傾向があることも示されている（Bayen, Pohl, Erdfelder, & Auer, 2007）。しかしながら，こうした年齢に関連した差は，個人的要求またはパーソナリティ変数によるものかどうかはよくわからない。なぜなら，詳しくは以下に述べるが，記憶のような認知的変数も，若年成人に比べて子どもや高齢者では異なるからである。どのような出来事であれ，パーソナリティの違いは後知恵バイアスに影響を及ぼすが，それがすべてではない。結果に対してバイアスをかけると考えられるような個人的要求を欠いた人においても，この後知恵バイアスの効果は見いだされる。このことを考え合わせると，認知的変数はこの効果の説明に密接に関係している。

　第2の説明は純粋に認知的な説明であり，記憶内のいろいろな情報源が混合しているという考えに基づいている。多くの研究が指摘するように，後知恵バイアスの生じる状況の構造は，記憶に基づく誤導情報のパラダイムの構造とよく似ている。ある出

来事を見たり，目撃したりしたあとで，その出来事についての情報が与えられる。古典的な記憶実験のパラダイムの例を挙げると，青色の車を見たあとで，それが緑色だったという暗示を受ける。そして，車の色は何色だったかを選択するように求められると，青緑色が選択される（Loftus, 1977）。後知恵バイアスの状況では，実験参加者に「アフリカにはいくつの国がありますか？」といった質問が与えられる。仮に実験参加者が答えは45であると思ったとしよう。そのあと，実験者が適当に選んだ答え（ここでは59にしておく）が正答として実験者に与えられる。そこで，実験参加者に最初に推定した答えを尋ねると，45から59までの間のどこかに妥協した値（もしかすると52）が返ってくる。記憶説は，両方の事例とも，もともとの出来事についての記憶があとの情報の記憶と混合されると仮定しており，あるいは，あとの情報からの何らかの干渉や歪みのせいで前の情報の正確な検索に支障が出てくると仮定している。

　後知恵バイアス効果に関する第3の説明は，その効果を一種の係留効果であると捉える。後知恵バイアスに関する係留説は単純である。すなわち，出来事の結末（O. J. シンプソンは無罪であると聞かされたなど）は船を岸に係留する錨のような役割をしており，出来事の結末の生起確率をあとで推定すると，この錨に引き寄せられてしまうというのである。一般的な係留効果（すなわち，ある量や実体があとの判断の開始点になる傾向のこと）は，人間のさまざまな判断や意思決定において広く認められている。この説明は本来，メタ認知的説明であると考えられる。なぜなら，この説明は，錨がもともとの信念についての記憶の評価に対してどのように過度の影響を及ぼすかを強調しているからである。

　トゥバスキーとカーネマン（Tversky & Kahneman, 1974）は，研究者が「幸運の輪」を回すのを実験参加者が見ていて，当たりの数字がまったくのランダムであることに疑問の余地がまったくないときでさえ，数字が係留効果を及ぼすことを示した。抜け目のない不動産仲介業者や自動車販売業者はこうした策略を日頃から利用している。彼らは，顧客が高額な支払いをするように，まず最初に高価な家や自動車を見せる。つまり，顧客がより高価な家や車を選んだり，同じ物でも余計に支払ったりするようにしむけるのである。

　後知恵バイアスに関する第2の説明と第3の説明を別々に検討するのは難しい。実際に，マクロスキーとザラゴザ（McCloskey & Zaragoza, 1985）は，記憶の誤導情報パラダイムに見られる効果が記憶の効果というよりも，本当はバイアスあるいは係留効果によるものではないかと提案している。ポールとゴーリック（Pohl & Gawlik, 1995）は，後知恵バイアスに関するこの二つの認知的説明をマルコフモデル（Markov model）を用いて区別しようと試みた。そのマルコフモデルは，二つの説明に異なる過程を提案するモデルであった。しかしながら，この二つのパラダイムのデータは非常によく似ており，データの区別はモデルに依存しており，頑健でないこ

とを彼ら自身も認めている。したがって，記憶が結果の情報によって変えられるのか，あるいは，結果の情報がバイアスをもたらしたり意思決定を引き出したりするのか，何が起こっているのかはよくわからない。それにもかかわらず，実験結果そのものは非常に頑健である。すなわち，ある出来事の結果を知ることは，結末を知らなかったらどのように考えていると思うかということに対して，取り消すことのできない効果を及ぼす。この「最初からわかっていた」の効果は，法律的にも重要な意味をもっている。それに関連したいくつかの事柄については次節で論じることにする。

2．自白，認められない証拠，および後知恵バイアス

　後知恵バイアスの状況の中でも最も興味深い状況の一つは，自白が強要される場合に起こる。この問題に関連した有名な事例として，アリゾナ州対フルミナント（Arizona v. Fulminante）の殺人事件の公判におけるフルミナントの自白を挙げることができる。この自白は法廷証拠として持ち込まれた。しかし，その後，彼の自白は強要されたものであると裁定された。もちろん，強要された自白は証拠として認められない。状況証拠は彼が殺人に関与していることを示唆していたが，そうであったとしても自白は陪審員団に対して重大な影響を及ぼす。問題は，もしも自白が示されなくても状況証拠だけで有罪判決が下されることがあるのかということである。この事例は，最高裁判所に上告され，自白の採用は「無害の誤り」であると裁定し，評決を支持した。

　州によっては，自白が強要されたかどうかを審理前の聞き取りで判事が査定するよりも，陪審員団の構成員がその証拠を審問し，判断を下すことが求められる。その結果，自白が強要されたものであると判断されたら，その証拠は破棄されることになっている。このことから二つの疑問が浮かび上がってくる。第1の疑問は，自白が強要されたかどうかについて人は正しい判断を下せるのかというものである。この疑問は，人のメタ認知に関するかなり標準的な疑問であるが，自分自身の学習や記憶に関する疑問というよりも，他のだれかの行動の周辺状況に関する疑問である。第2の疑問は，人は自らのメタ認知を利用して自己の記憶を適切にコントロールでき，究極的には評決行動も適切にコントロールできるのかというものである。

　カシンとシューケル（Kassin & Sukel, 1997）は，これらの問題を検討するために一つの実験を行なった。この実験では，外的圧力が高い条件と低い条件のもとで引き出された自白が模擬陪審員に示された。模擬陪審員は，高い圧力を受けた自白は強要されたものであると正しく認識し，（模擬の）判事がその自白を考慮しないと忠告したことを覚えていた。模擬陪審員は，自分は判断する際にその自白を考慮しないと述べたが，彼らが有罪とした割合は，それとは異なる結果を示した。模擬陪審員であった人で，自白が与えられなかった場合の有罪率は19％であった。圧力の低い（証拠能力のある自白の）条件では有罪率は63％であった。圧力の高い，証拠として認め

られない自白の条件では，証拠能力のある自白の条件よりも有罪率は低かったが，それでも44％もあった。この値は，自白を聴取しなかったときよりもずっと高い。したがって，証言が証拠として認められないと知っていて，それを考慮してはならないとわかっていても，そして，確かに考慮しなかったと思っていても，そうすることができなかった。

3．医療過誤，法的責任，および後知恵バイアス

　ここまでの議論をもとに，後知恵バイアスは医療過誤の問題にも適用できることがわかるだろう。一度でも良くない医療結果を経験すると，その状況を評価する人はだれもが，関与した医師ならばそのような結果が高い確率で起きることを知っておくべきであると思うだろう。そして，医師がきちんとした段階を踏んでいれば，そのような状況，すなわち，医療過誤を避けることができたはずであると思うにちがいない。医療過誤。医療関係者の間では，このバイアスは「回想観測装置」と呼ばれている。多数の医療関係者は，後知恵バイアスが多くの医療過誤請求および高騰する医師の医療責任保険の原因であると考えている。

　回想的非難もまた，メンタルヘルスの専門家にとって大きな問題である。次のような事例を考えてみよう。1960年代後半に，タチアナ・タラソフ（女性）とプロセンジット・ポッダー（男性）は，何度かデートを重ねた。タラソフが別の男性たちとつきあい始めると，ポッダーは取り乱して，カウンセリングを求めた。ポッダーはセラピストに，タラソフを殺すことを考えていると漏らした。セラピストは警察に通報し，ポッダーは拘留された。しかしながら，ポッダーは，タラソフにつきまとわないことに同意したのち，釈放された。しばらくして，ポッダーはタラソフをつけねらい，ついに刺殺するにいたった。ポッダーがタラソフの命を脅かそうとしていることをだれも警告しなかった。その後，1974年にタラソフ事件の判決は確定し，セラピストは患者が危害を加えそうな状態であるときは犠牲者が出るかもしれないことを警告する義務があると裁定された。もしもセラピストがそのような状況で適切なケアを行なわなかったなら，過失責任が問われる。患者の暴力行為が進んでくると，セラピストによる査定時点から，事件を聴取する判事による査定時までに，暴力行為の認められる割合が変わってくる。法の執行者は，後知恵バイアスのことを考慮に入れないで，このことをセラピストはわかっていたはずだと言う。ラビンとラビン（LaBine & LaBine, 1996）はこうした現象に関する多くの事例を集めて論文にまとめている。同様に，財務の問題では会計監査役に非難が浴びせられることがある。すなわち，会計監査役はわかっていたはずだという理由から，そのことを公表しなかったことの責任に対して訴訟が起こされるかもしれない。しかし，会計監査役の職務遂行に関する評価的判断は後知恵バイアスによるものかもしれない（Anderson, Lowe, & Reckers, 1993）。

4．後知恵バイアスに関するその他の実例

　この章では，法廷で下される判断に対する後知恵バイアスの意味に注目してきた。ここで，後知恵バイアスの効果が広く認められることを述べないで章を終えると怠慢と言われかねない。人は，どのような問題であれ，いったん答えを知ってしまうと，それはわかりきったことだと思う。人は，先を見通すことが求められる問題を解いたあとでは（解く前ではなく），簡単な問題だったと思う。答えを出せた学生は，別の学生が答えを出すのに苦しんでいるのを見ると，こんな問題の答えが出せないなんて何かが欠けているのではないかと思うことさえある。

　また，新しい発見をした聡明な人にとっても，後知恵バイアスは苦痛の種である。科学の世界では，そのような真の発見がなされても，そんなことはわかっていたことだという批判者が現われて，その発見の価値を下げてしまうことがある。あとになって振り返ればすべてはっきりしている。そのような批判者に負けないようにするには，その発見を明らかにする前に批判者の予測を言わせておくことである。しかし，あいにく，後知恵は予測したことの記憶すら歪ませることが多い。同様に，政治の世界では，いったん選挙結果が判明したら，（たぶん，たまたま）「正しい」ことを述べていた評論家が結局はまともで良識があるように見える。彼らは予言者のように見えない。なぜなら，だれもが最初からわかっていたからである。しかし，同じ事実に基づいて別の判断をしていた人は面目を失う。

　何人かの研究者（Ofir & Mazuzursky, 1997; Sanna, Schwarz, & Small, 2002 など）は，「最初からわかっていた」ではなく「まったくわからなかった」と主張されるような状況を検討し始めた。このような研究の新しい方向が示されることは望ましいことである。しかし，それにもかかわらず，「まったくわからなかった」という答えが最終的にわかってしまうと，ほとんどの人（これらの勇ましい探究者の仲間たち）は「最初からわかっていた」と間違いなく言うだろう。

○○○ 要約

　人は，過去の出来事に関する自己の記憶に確信をもっていることが多い。そのような記憶に対する高い確信度はしばしば誤っている。私たちの日常生活の中で，記憶の多くは妥当であり，それらに確信をもっているはずである。あいにく，記憶は多くの方法であまりにも容易に変化してしまう。あなたは，ある人が犯行現場にいたことを思い出したとしよう。なぜなら，後日その人物が通りを歩いているところを見かけたからである。しかし，その出来事を思い出したのは，警察で何度も繰り返し事情聴取が行なわれているうちに，ただ暗示されたからかもしれない。出来事の記憶を作りあげるように無理に強いられたために，出来事が真の記憶であると信じ込むようになっ

た可能性がある。こうした事例の多くは、自らの偽りの記憶に高い確信度をもち、強力な物的証拠が別の可能性を示しているときでさえも、頑強に偽りの記憶に固執することがある。

さらに悪いことに、妥当でない記憶に対する誤った確信度は、人間が避けがたい後知恵バイアスとともに、多くの場面でおそろしい結末を導くことがある。そうした結末は、おそらく裁判制度に最も顕著に表われる。裁判では、自信に満ちた証人はすぐに信用される（たとえその証言を支持する物的証拠がなくても）。社会全体が、単純に繰り返すだけで偽りの記憶が導かれることを、あまりにも知らなさすぎる。すなわち、ほとんどの人が、心がどのように作用し、どれほどだまされやすいかということについてのメタ認知的知識をもっていない。この章は、メタ認知や法律に関連したいくつかの一般的な問題を紹介するだけなく、「真実を、すべての真実を、そして真実だけを述べる」ことを誓う前にもう一度よく考えて、自分の考えている証言が、たとえ目撃証言から誠実に引き出されたものであっても本当に正しいかどうかを考え直してみることに役立つことを願っている。

【討論問題】

1. この章では、人が過去の出来事に関する偽りの記憶を作りあげてしまうさまざまな状況について考えてみた。たとえば、人は、実際には「止まれ」の標識を見たのに、（「譲れ」の標識であったと暗示されたあとでは）「譲れ」の標識を思い出す。また、子どもは、実際にはショッピングモールで迷子になったことなど一度もないのに、そのようなことがあったと思わされてしまう。あなたは、どのような出来事であっても、人はその出来事が身の回りで起きたと信じ込むようになると思うか。どのような出来事であれば、あるいはどのような人であれば、偽りの記憶を埋め込むことが難しいと思うか。
2. モーガンら（Morgan et al., 2004）は、非常に驚くべき実験結果を報告している。すなわち、人が尋問を受けたあとに、その尋問者がだれであったかの人物同定の能力を調べると、自分にあまりストレスを与えなかった尋問者への同定よりも、強いストレスを与えた尋問者への同定の方が、成績がはるかに低かった。人は、ストレスによっていかに罵倒されたかに注意を向けるので、ストレスの高い尋問者のことをよく覚えていると予想したかもしれない。なぜ人はストレスの高い尋問者を思い出すのが難しいかについて、いくつかの説明を考えてみなさい。ストレスが記憶に悪影響を及ぼすことに関するあなたの説明をどのように（実験を行なって）評価することができるだろうか。

【演習課題：偽りの記憶の埋め込み】

ある単純な方法を用いれば、比較的簡単に、人に本当は聞いてもいない単語を思い出させることができる。多くの事件において、被害者は自らの記憶が正しくないことを知って驚く。こうした偽りの記憶の効果についてのデモンストレーションを行なうには、友だちでも家族

でも，たった一人の協力者を得るだけでよい。もちろん，一度に複数の協力者がいても可能である。あなたがすべきことは次のとおりである。下記のリスト1について，協力者に対して単語を一つずつ読み上げ（1個につき3秒くらい），あとのテストで思い出してほしいと言う。それぞれのリストの単語を読み終わった後に，3桁の数（たとえば，475，899など）を一つ与えて，30秒間ほど，その数から3ずつ次々に引き算していくように求める。このリハーサル妨害課題は，協力者がリストの最後のいくつかの単語を繰り返さないようにするためのものである。30秒間の引き算の作業のあと，協力者に対して，①思い出すことのできる単語をすべて書き出し，②思い出した単語それぞれについて回想的確信度の評定（0から100までの値を求める。0＝その単語がリストにあったことにまったく自信がない，100＝その単語がリストにあったことに100％の自信がある）を行なうよう求める。さらに，リスト2とリスト3についても同じように課題を行なってみよう。

すべてのリストについて課題を行なったあとに，協力者が実際にはなかった誘導語（リスト1では「眠り」，リスト2では「針」，リスト3では「お菓子」）を再生したかどうかをチェックしてほしい。実際にリストにあった単語の記憶に関する確信度は，誘導語の場合の確信度と同じだっただろうか。誘導語が再生される割合を減らすにはどうすればよいだろう。あなたになにか考えがあるなら，実験をもう一度行なって（ただし，別の新たな協力者で），あなたの考えた技法で偽りの記憶が実際に起きにくくなるかどうかを調べなさい。

リスト1	リスト2	リスト3
ベッド（bed）	糸（thread）	すっぱい（sour）
休息（rest）	ピン（pin）	キャンディ（candy）
目覚め（awake）	穴（eye）	砂糖（sugar）
疲れ（tired）	裁縫（sewing）	苦み（bitter）
夢（dream）	鋭利（sharp）	おいしい（good）
起床（wake）	尖端（point）	味（taste）
うたた寝（snooze）	突き刺し（prick）	歯（tooth）
毛布（blanket）	指ぬき（thimble）	美味（nice）
まどろみ（doze）	干し草の山（haystack）★1	蜂蜜（honey）
すやすや（slumber）	とげ（thorn）	ソーダ（soda）
いびき（snore）	刺し傷（hurt）	チョコレート（chocolate）
昼寝（nap）	注射（injection）	ハート（heart）★2
平和（peace）	注射器（syringe）	ケーキ（cake）
あくび（yawn）	布（cloth）	タルト（tart）
うとうと（drowsy）	編み物（knitting）	パイ（pie）

【出典】　これらの単語リストは Roediger & McDermott（1995）から引用した。

【訳注】
★1　"needle in a haystack" という慣用表現がある（「干し草の山の中から1本の針を探す」，すなわち「不可能に近い」の意）。
★2　"heart" から "sweetheart（恋人）" が連想されやすい。

第8章 法律と目撃証言の正確さ

【概念の復習】

　次の質問と課題について別の用紙にできるだけ詳しく答えを書き出してみよう。その後で，この章の関連のあるところを読み直して，答えをチェックしてみよう。

1．目撃者が自分自身の記憶に極端に高い確信度をもっていることがまったく見当違いであることを示すという点で言えば，DNA検査の結果はどれくらい情報としての価値があるのか。
2．後知恵バイアスとは何か。また，その最も有力な説明はどのようなものか。
3．だれかがウソをついているときに，どれくらい正確にそれを見破ることができるのか。なぜウソを見抜くことが難しいのか。
4．実際に，陪審員は目撃者の証言の確信度に影響されていることを示す証拠を説明してみよう。

第9章 メタ認知と教育

　学生★1たちは，たいていはほとんど時間がない中でおびただしい量の授業内容を学習するために切迫した状況にいる。「落ちこぼれ防止法（No Child Left Behind）」が施行されて，重要な内容領域において全州的な基準を達成するために，学生たちにさらにプレッシャーがかけられている。したがって，教育はすばらしい恩恵をもたらすが，恩恵を受けるには，学生，先生，そして親が首尾よく多くの困難な課題に対処する必要がある。それは，小学校の低学年に始まり，大学にまで，そして時にはその後も続く。こうした課題に対処するために，教育研究は，学生たちがどのように学習し，論理的に考えているのかだけでなく，学生たちの学習や論理的思考をどのように向上させるかを理解しようと努力している。もちろん，そうした研究は，学生の学びの技能を向上させることができる多くの手法の発見をもたらした。さらに，学生の学習を支援するのにメタ認知が有望であるとされるや，何百篇もの論文がメタ認知と学生の教育を扱うようになったのはおそらく驚くにあたらないであろう。この章では，こうした研究のほんのわずかな部分に触れるだけだが，メタ認知がどのように学生の学習に影響するのかを浮き彫りにできればと思っている。

　第5章で紹介した，フランス語の授業の試験準備をしていた学生，デイビッドのことを思い出してほしい。デイビッドの進歩は，彼が自身の学習をどれほどうまくモニターし，コントロールできているかということによってある程度説明された。この場面で，正確なモニタリングと効率的な学習コントロールの大切さを明らかにしたが，デイビッドあるいは学生のだれかが合格する助けとなる他のメタ認知過程は捉えられなかった。合格する学生は，学ぶ時に用いる効果的な方略や方策についてより多くの知識をもっているであろうし，また，難しい授業内容の難問にうまく対処できるという信念をもっているであろう。たとえば，デイビッドがたとえ正確にモニターできても，連想語を結びつける効率的な方略についての知識をもっていなければ，外国語の単語集を学習するのは難しいであろう。そしておそらくもっと悪いことに，テストに間に合うように単語集

が学習できないと思っていれば，学習してみようとさえしないだろう。

第1節 学生の自己調整学習の一般モデル

　幸いなことに，教育研究での多くの理論は，学生の学びの技能に影響すると思われるあらゆる能力を広く描き出そうとしている。理論には，本来メタ認知的ではない過程，中でも，モチベーション，目標設定，目標定位といった多くの過程が含まれている。それでもやはり，内省，学習のコントロールといったメタ認知的な過程がこれらの理論の多くの中核になっている（Zimmerman, 2001）。自己調整学習について多くの一般理論が利用できるが（概観については，Boekaerts, Pintrich, & Zeidner, 2000; Zimmerman & Schunk, 2001 を参照のこと），ここでは，ウィンとハドウィン（Winne & Hadwin, 1998）のモデルをめぐるメタ認知と教育に関する広範な文献を組織的に概観したい。なぜなら，そのモデルは，自己調整行動の中心になるモニタリングとコントロールの過程を強調しているからである。

　ウィンとハドウィン（Winne & Hadwin, 1998）は，学生の自己調整学習には，4つの段階，すなわち，①課題の明確化，②目標の設定と計画立案，③実行，④改変，が含まれるのではないかということを提案した（Pintrich, 2000; Zimmerman, 2000 も参照のこと）。**課題の明確化**にあたって学生は学ぶ課題を決定し，それから，その課題の**目標設定**を行ない，目標を達成するために計画を**立案**する。**実行**には，計画を成し遂げるために数々の方略を使うことが含まれる。その後に，学生は学習中の経験に基づいて学習過程の何らかの側面を**改変**すると考えられる。あなたがこのテキストの「第1部　基本的なメタ認知判断」の全章についてテストを近々受けるということであれば，人が自分の記憶をどのようにモニターし，このモニタリングが学習と検索のコントロールにどのように使われるのかについての理論を理解することが課題であると判断するのではないだろうか。勉強にほとんど時間が残されていないことに気がつけば，モニタリングの理論を懸命に理解し，記憶コントロールの部分は気にかけないことを目標とするだろう。この目標を達成するのに，それぞれの章を読む計画を立てるが，重要な点についてノートを取りながらモニタリングの理論に最大限の注意を注ぐであろう。試験の後で，あなたはノートをとるという方略が十分ではないことに気づいて，今後は余裕をもってもっと勉強の時間をとり，また，読みながら復習問題を作ってノート取りを補うように改めようと決心するだろう。

　ウィンとハドウィン（Winne & Hadwin, 1998）によると，この4つの段階はどれもすべて同一の認知アーキテクチャによって決定されている。具体的には，それぞれの段階で，「条件（**C**ondition）」「操作（**O**peration）」「成果（**P**roduct）」「評価（**E**valuation）」「基準（**S**tandard）」という5つの要因が相互に作用し合って，その段階に望ましい結果を生み出す。これらの要因はその頭文字を並べた単語を書き留める

ことで覚えられる。どのように学生が自己調整学習に **C-O-P-E-S**（対処するか）である。つまり、学生は、自己調整学習のある段階について、学習が生起している**条件C**に留意し、**操作O**（たとえば、方略を使う）を遂行して、**成果P**をもたらし、続いて、成果の**評価E**を行なうために**基準S**と比較すると考えられる。課題の明確化の成果が課題の明確化そのものであり、また、目標設定の成果が目標であるので、各段階の成果が文字通りその段階の意味を明確に定めている。これらの成果のそれぞれが、学生が達成しようと努力している基準の中に反映されている。基準は学生が学んでいる時にかなえたいと思っている具体的な期待（目標）である。テスト勉強をしながら、重要な教材の少なくとも80％を学習する必要がある（一つの基準）が、一晩でそうしなければならない（もう一つの基準）と判断するかもしれないので、基準は多面にわたることがある。

　彼らのモデルが図9.1に示されている。さまざまな段階がその成果によって示され

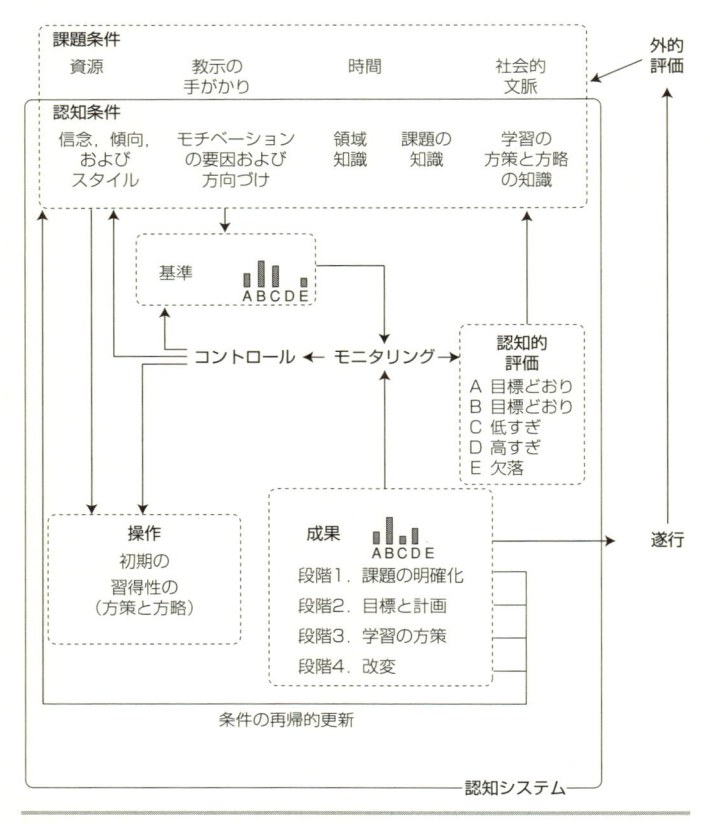

◎ 図9.1　自己調整学習のCOPESモデル（出典：Winne & Hadwin, 1998）

（図右下），COPESがどのように相互に作用し合って学生の遂行を押し進めるのかを図示している。たとえば，メタ認知のゼミで自己調整学習のモデルについてあなたが短い発表の準備をしているところを思い浮かべてみよう。やる気のある学生として，あなたはまず，準備におよそ2時間あり（課題条件：時間），発表にパワーポイントが使える（資源）と考える。あなたは，また，モデルについていろいろと知っている（認知条件：領域知識）ので，うまく発表を展開できることに非常に高い自己効力感をもっている（モチベーション要因）。これらの条件を基礎にして，あなたは次のような基準を設定する。発表の完全な準備に2時間，発表を支援するためにパワーポイントを使用する，そして，自己調整学習の中核原理を強調し，実例を使って説明することを確認する。あなたは，これらの目標を達成するのに，発表のあらましを述べることに決めて，パワーポイント提示の準備をし，それから少なくとも2回，発表の練習をする。この時点で，あなたは，方略を利用し，向上ぶりをモニターすることによって，発表を改良している。

メタ認知に焦点を合わせることに関して最も重要なのは，図の中央にあるモニタリングとコントロールの操作である。モニタリングは，方略行動の成果を基準に照らして比較する目的を果たしている。そうした比較がひと組の認知的評価（基準ごとに1評価）をもたらし，それらの評価が進め方についてフィードバックを提供する。一般的な例が図に組み込まれている。具体的にいうと，この学生は当面の課題について5つの基準（AからE）を立てた。つまり，Bの望ましい遂行はCよりも高く，CのそれはAよりも高い。この学生は，これらの基準を方略の成果と比較して，Aは目標どおりだが，Cの遂行は低すぎ，Dの遂行は高すぎると自覚する。この場合に，学生はCについての遂行を高めるために別の方略を選ぶことにするかもしれない。あるいは，Cの基準は達成できないと確信して，勉強するのをすっかり止めるかもしれない。先の発表の準備を進めている例で言えば，あなたは，進行時間をモニターして，2時間後に終了する（第1基準達成）。しかし，パワーポイント提示を終えている（第2基準達成）とはいえ，発表の説明は一度しか練習していない（最後の基準未達成）かもしれない。

モデルそのものは本質的に複雑である。なぜなら，非常に多くの要因が相互に作用し合って，学生の活動とその遂行に影響する可能性がある。自己調整学習が直線的ではなくて，実際には本来再帰的であることを具体化すると，モデルはさらにもっと複雑になる。グリーンとアゼヴェード（Greene & Azevedo, 2007）が指摘しているように，「モニタリングとコントロールの機能をそれぞれの［段階］内での調整の中枢にすれば，ウィンとハドウィンのモデルは，ある局面での変化が学習の最中にどのようにその他の局面での変化をもたらすことになるのかをもっと有効に記述できる。こうすれば，そのモデルで［自己調整学習］の再帰的な性質を明確に詳しく述べることができるようになる」（p. 338）。たとえば，発表の準備を進めて1時間が過ぎた後で，その他の基準があまりにも大きな望みであったことに気づくかもしれない。そこで，

課題の明確化の段階に立ち戻り，新たにひと組の学ぶ目標を作成するかもしれない。

「一般モデル」についてのこの節の残りの部分で，学生のメタ認知に関連する教育研究を簡単に紹介しておこう（Winne & Hadwin, 1998 のモデルの包括的な概観については，Greene & Azevedo, 2007 を参照のこと）。もちろん，「第1部　基本的なメタ認知判断」の各章で述べた認知心理学者の研究は，これらの過程のいくつかを理解することやこれらの過程を改善する方法を理解することに密接に関連している。たとえば，「第5章：学習判断」で検討したように，認知心理学者は，遅延学習判断効果（モニタリングが学習後しばらく遅延されると簡単な連想語の学習のモニタリングがかなり正確になる）を引き起こすメカニズムを検討した。これらの領域での認知研究と教育研究との区別は曖昧であるが，認知研究は実験室に基礎をおき，モニタリングやコントロールに関与する基底的なメカニズムに焦点をあてる傾向がある。これに対して，教育研究は，いつもではないが，たいていは，代表的な教材を使って教室の中で実施され，メタ認知と学生の成績との関係を検討しようとしている。

次に，自己調整学習の一般モデルのメタ認知成分のいくつかを検討してみよう。その際に，それぞれの成分についての代表的な教育研究をいくつか話題にする。その後に，学生の学習の基礎をなす教育特有の領域である，読み，書き，数学における学生のメタ認知能力のいくつかを概観してみよう。

1．自己効力感

自己効力感は，所与の課題を首尾よく，完遂する自身の能力についての信念に関連している（Bandura, 1977, 1997）。自己調整学習が主として目標指向的な努力であるとすると，首尾よく目標が達成されたかどうかについての学生の理解が，実際の能力に対してとまったく同じように遂行に対しても影響を与える可能性がある。なぜそうなのかということは，図9.1のモデルに示されている。なぜなら，自己効力感（「認知条件」の欄の信念とモチベーション要因）は学生が学んでいる時に設定する基準と学んでいる最中にどのような方略を採るかの両方に影響を与えることがあるからである。前者の設定水準について，物理でA水準の理解を達成できないと思っている学生は，物理を修得できると思っている学生よりもずっと低い目標を設定するであろう。後者の方略について，学生が方略は目標を達成するのに役立たないのではと思っていれば（たとえば，使うには時間がかかりすぎるとか，うまくやれないとか考えていると），比較的有効な方略を利用するという選択を行なうことはないだろう。

学生を使った研究が学業成績に対する自己効力感の重要性をはっきりと示してきた（概観については，Pintrich, Marx, & Boyle, 1993 を参照のこと）。大学1年目における学生の適応を調べたケマーズら（Chemers, Hu, & Garcia, 2001）の研究を検討してみよう。学生たちが，1年生になる前に，学業に関する自己効力感を測定する質問紙に回答した。質問紙には，首尾よく学業を修める自己の能力の自信について8つの質問

が含まれていた。自分自身の学業に関する自己効力感を評価してみたければ，表9.1の質問にチェック・マークをつけてみよう。ケマーズら（Chemers et al., 2001）の報告によると，大学入学前に測定された学業自己効力感が高い学生ほど，成功への期待も大きく，最も重要なことは，大学1年目の学業成績の水準も高かった。自己効力感の文献の評論で，ロビンズら（Robbins et al., 2004）は異なる109篇の研究を調査し，学業自己効力感が累加的な成績評価点の平均（GPA）にどれほど関係があるかを推定した。彼らは，学力，気づいた社会的支援，学生が自分の大学にどれほどコミットしているかといった他の要因と自己効力感を比較した。その結果，学業に関する自己効力感は大学での累加的なGPAと強く関連しており，しかも，学業自己効力感はその他の要因以上にGPAと関連していることが見いだされた。明らかに，成功するという信念をもっていることが学校で成功を収めるための重要な要因である。

　こうした知見は学業成績にとって自己効力感が潜在的に重要であることを明らかにしている。そしてまた，学生の自己効力感を向上させることが学業成績を押し上げ得ることも示唆している。要するに，ここで考えていることは，より高い自己効力感をもった学生の方が効率よく学習を自己調整する可能性が高いということである。達成できるとの信念があれば，達成にさらに具体的な（そしてさらに厳しい）目標を設定するだろう。化学のコースに合格できないと思っている学生はそのコースを取ることさえしないだろうが，化学でうまくやれると思っている学生は化学のコースを取って，高い目標を設定し，優れた成績を収めるように方略を変更し続けるであろう（また時間を割いて勉強し続けるだろう）。数々の研究が，自己効力感と効率的な自己調整とのこうした結びつき（学校で成功を収められると思っていることが学習を調整するモチベーションを高め，そして学業で成功を収めるチャンスを高める）を明らかにして

●表9.1　学業に関する自己効力感尺度

以下に述べられているそれぞれについて，あなたにどれほどあてはまるかを次の尺度上に示しなさい。

1	2	3	4	5	6	7
確かに あてはまらない						確かに あてはまる

1．自分のいろいろな課題を達成するのに予定をどのように組むかを知っている。
2．ノートの取り方を知っている
3．テストでよい成績を収めるための勉強法を知っている
4．研究やレポート書きが得意である
5．わたしは非常に有能な学生である。
6．わたしは学校でも学業でもたいてい非常にうまくやっている。
7．わたしの大学での勉強は興味深く，夢中になっている。
8．わたしには大学で成功する能力が大いにある。

（出典：Chemers, Hu, & Garcia, 2001）
注：値が高いほど学業に関する効力感の水準が高いことを示す。

いる（概観については，Schunk & Ertmer, 2000 を参照のこと）。

2．メタ認知的モニタリング

(1) 学生は教室での自分のテスト成績をどれほど正確にモニターしているか

図 9.1 において明らかなように，モニタリングとコントロールは自己調整学習と遂行の要である。この教科書の至るところで強調しているように，学習と遂行の正確なモニタリングは重要な意味をもっている。なぜなら，学生が常に自分のもつ知識を過信していると，勉強が不十分で，効果のない方略を使い，不振な成績を取るかもしれない。ここで考えていることは，要するに，学生のモニタリングのキャリブレーションが効果的な自己調整学習に関係しているということである（Stone, 2000）。

現在，この結びつきを示す多数の教室研究を手に入れることができる。ハッカーら（Hacker, Bol, Horgan, & Rakow, 2000）の研究を検討してみよう。彼らの研究では，学部学生が教育心理学のコースを受講している間に自分の向上を評価するように求められた。それぞれの試験に先立って，学生たちは正しく答えられる項目の割合を予測した。テストを受けた後で，学生たちは，授業中の試験での実際の成績水準によって，最良の成績（群 1）から最悪の成績（群 5）まで 5 つの群に分けられた。ついで，ハッカーらは，各群の学生の予測成績を試験でのその群の実際の成績とともに図に描いた。図 9.2 に，各群の学生の実際の成績が予測成績に対比して描かれている（白い四角）。群 1 では，学生が試験でおよそ 83％の成績をとると予測していて，実際の成績はおよそ 86％であった。最悪の成績の学生（群 5）は試験でおよそ 76％の成績と予測していたのに実際は 45％の成績に終わった。この図で最も目を引くことは，なんと，成績最悪の者が最も過剰確信でもあるということである。ダニングら（Dunning, Kerri, Ehrlinger, & Kruger, 2003）が指摘しているように，「このような気づきの欠如は，成績の悪い者が二重に苦しめられていることが原因で起こる。すなわち，技能の欠如が，正しい答えを産出する能力だけでなく，正しい答えを産出していないことを推量するのに必要な高度な技術をも彼らから奪っている」(p. 83)。

この効果は「技能の欠如ではなく気づきの欠如」と称されていて（Kruger & Dunning, 1999），むしろ多くの状況で普通に現れる。それでも注意を二つしておかなければならない。一つに，ハッカーら（Hacker et al., 2000）は，さらに，試験を受けた後に成績を振り返らせることもした。学生たちの振り返りは正確で（図 9.2 の黒い丸），成績の悪い学生の 2 群についてさえも正確であった（ただし，成績最悪者は過剰確信ではあった）。したがって，技能を欠く者が必ずしも自分の能力水準に気づいていない訳ではない。もっと重要なのは，学生が自身の成績を正確に振り返ることができるという事実が興味深い問題を提起している。つまり，学生たちは，最初の解答にほとんど自信がない時に，振り返りを利用して答えを変えると，テストでよい成績をとることができるのだろうか。この問への答えは，「論点 9.1」を見てほしい。

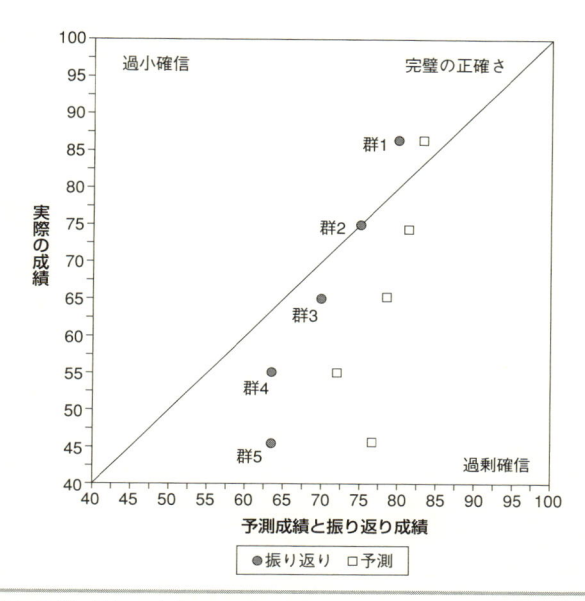

○ 図 9.2　学期の最初の試験での学生の成績に対する学生の予測（白四角）および振り返り（黒丸）の関係（出典：Hacker, Bol, Horgan, & Rakow, 2000）

●論点 9.1　テストを受けるとき，私の心を（そして私の答えを）変えるべきなのか

　試験は現在いちかばちかの試みになっている。学生は小学校から高校まで標準テストを受け，そしてその成績が学校に対する財政支援や自分自身の向上に多大な影響を及ぼす可能性がある。高校生は大学への入学を認められるのに役立つ標準試験を受け，その後，自分の好みの大学院に入りたくてさらに試験を受ける。もちろん，望みの高い点数を取ることは，試験に向けての入念な準備（勉学と自己診断），学生の一般知能やモチベーションといった多くの要因によるところが大きい。しかしながら，学生が手に入れられる有利なことならどんなことでもやってみて無駄ではない。だとすると，どうしても知りたい疑問が湧いてくる。学生は最初に多肢選択問題に答えた後で答えを変えるべきなのか。民間伝承（そして，たいていの人の直感）は声高らかに「変えない」と答える。あなたは最初の答えにこだわるべきである。なぜなら，おそらく，答えに迷うのはあなたが戸惑っていることを意味しているのである。だから，最初の「本能的な勘」にこだわろう。

　しかしながら，この場合，巷の言い伝えや直感は絶対に間違いなく事実に反している。ベンジャミンら（Benjamin, Cavell, & Shallenberger, 1984）は，この問題についての文献を概観して，いくつかの一貫した知見を明らかにしている。まず，たいていの学生（すべての学生ではないが）には答えを変える傾向があるが，通常は，所与のテストで答えをほんのわずか変えるだけである。第2に，そして最も重要なのは，答えが変えられる場合，いくつかの正しい答えが誤った答えに変えられることはあるが，実際のところ大半は，答えが誤りから正答に変えられている。したがって，一般に，多肢選択問題で答えを変える

のはテスト成績を上げることになるだろう。学生が何かの思いつきで答えを変えれば得をするということは考えられない。実際のところ，上に指摘したように，いくつかの答えは正答から誤答に変えられるので，学生によっては変えることで得をしないこともある。

では，どのような時に答えをそのままにしておくべきで，その逆に，どのような時に答えを変えるべきだと，どのようにするとわかるのだろうか。この問いへの一つの回答は，答えに対する確信の感触を信頼するということである。シャッツとベスト（Shatz & Best, 1987）が行なった研究を検討してみよう。学生たちが心理学入門コースで多肢選択式の試験を受けた。試験直後に成績がつけられて学生たちに返却された。その試験について話し合いながら，学生たちは変えてしまった答えに印をつけ，答えを変えた理由を選択肢のリストから選ぶように求められた。選択肢は，①たまたま間違った答えに印をつけた，②最初質問を読み間違えた，あるいは，③もともとあてずっぽうだったので答えを変えることにした，であった。先行研究と同じく，答えが変えられたのはほんのわずか（4.4％）で，変えられた答えの大多数は誤答から正答への変更であった。ここにもっと関連がある結果は，最初はあてずっぽうだったので答えを変えたという場合，その35％のみが誤答から正答への変更であった。それにひきかえ，与えられた他のどの理由の場合でも，答えのおよそ72％が誤答から正答への変更であった。したがって，あなたは，間違いなく多肢選択問題で答えを変えることを考慮すべきではあるが，最初の確信度判断があなたの単なるあてずっぽうであることを示している場合には，最初の本能的な勘にすがる方がよいだろう。

もう一つは，第3章（「論点3.1」）で検討したように，明らかに，モニタリングの劣る学生ほど成績が劣っているとしても，「技能の欠如ではなく気づきの欠如」の正確な解釈を突き止めるのは難しい可能性がある。たとえば，今の場合（図9.2），すべての学生がテストでおよそ70％から80％の成績をとると予想したことが注目される。おそらく，すべての群が実際の能力に大方気づいていなくて，どれほどうまくやれるかについて皆が穏当な推測（BからCの成績範囲のどこか）をしたのであろう。もしそうであるなら，成績の悪い学生は，実際に成績がたいそう悪かったのだから，判断で過剰確信を示すのはほとんど必至である。

これらの注意点を考慮すると，さらに興味をひくのは，一つの学期にわたって試験を受ける経験を重ねると，学生たちの予測のキャリブレーションはよくなるのかという疑問である。つまり，学期を通じて複数のテストについてフィードバックを受けると，学生は，最終テストでもっと正確な判断を示すのだろうか。ハッカーら（Hacker et al., 2000）が学期を通してすべての試験について学生たちに予測をさせているので，彼らがこの疑問に答えてくれる。この疑問への答えは，「はい（キャリブレーションは向上する）」でもあり「いいえ（向上しない）」でもある。15週コースの最後には，3回目の試験についての全学生の予測が向上した。しかしながら，この進歩は，その学期を通してテストで成績の良かった学生だけが享受したにすぎない。成績が最も劣る学生たちは1回目の試験での成績の予測時に比べて最終試験の成績の

予測においても正確さは変わらなかった。つまり，以前のすべてのテストを経験した後でも，成績の劣るほとんどの学生はその判断のキャリブレーションが改められることはなかった。

教室でのテスト成績の学生による判断の正確さを改善することを目指した研究はほとんどないが，二つの研究が判断の正確さを高めることができるといくらか楽観的に論じている。スクロウら（Schraw, Potenza, & Nebelsick-Gullet, 1993）は，学生たちに正確な判断をするように誘因を与えることが正確さを高めるかどうかを調べた。教育心理学の入門クラスに入った学生たちが二つのテスト，理解度を調べるテストと数学的技能を調べるテストを受けた。学生たちは，テストのそれぞれの質問に答えた後で，答えの正確さの確信度を評定した。最も重要なのは，誘因が学生の間で操作されたことである。ある学生たちには良い成績をとれば追加の単位がもらえると告げ，別の学生たちには判断が極めて正確であれば追加の単位がもらえると告げた。予期されたように，（どちらのテストでも）キャリブレーションは，正確な判断をするための誘因を受けた学生の方が優れていた。

スクロウら（Schraw et al., 1993）はキャリブレーションが向上しうるという重要な証拠をもたらした。しかしながら，学生たちが正確な判断（それは目的への手段であって目的そのものではないはずである）をすれば学生に単位を与えることに多くの先生は気が進まないことを考えれば，判断の正確さを向上する他の方法を見つけ出すのも無駄ではないであろう。おそらく，学生が明確な訓練を受けて，成績を判断する練習をすれば，判断の正確さは向上するのではないだろうか。この可能性を評価するために，ニートフェルドら（Nietfeld, Cao, & Osborne, 2006）は学期全体にわたって確信度判断をより正確に行なうように学生たちを訓練した。それぞれの授業の終了時に，学生たちはモニタリング技能を向上するために簡単な練習を行なった。具体的には，その日の内容の理解について確信度を評定し，受けた授業のどの概念が特に理解しにくかったかを述べた。学生たちは，答えを見直す際に，確信度判断の正確さをじっくりと検討するように求められた。結果の重要な測度は，学期を通して実施された4回の試験それぞれについての確信度判断のキャリブレーションであった。最も重要な点は，モニタリング技能の訓練を受けた学生たちのキャリブレーションが訓練を受けなかった学生たちのキャリブレーションと比較されたことである。最初の試験については，訓練を受けた学生と受けなかった学生とのキャリブレーションは同じであった。しかしながら，授業が進むにつれて，訓練が学生の判断の正確さに実質的な恩恵をもたらし始めた。実際のところ，2回目の試験までに，そして授業の残りを通して，訓練なしの学生よりも訓練を受けた学生の方が，キャリブレーションが常に1標準偏差分良かった。さらに重要なこととして，ニートフェルドら（Nietfeld et al., 2006）は，学期を通してのキャリブレーションの向上が最終試験での高い成績を予測すると報告している。つまり，自己調整学習の理論（図9.1）から期待されるように，

モニタリング技能を向上することもやはりより良い成績につながった。

教室での学生のモニタリングの正確さは最近検討され始めたばかりであるが（概観については，Hacker, Bol, & Keener, 2008 を参照のこと），上に検討された研究から，少なくとも学生によっては学業成績を望ましい正確さの水準で評価できることは明らかである。さらに，学生のモニタリング技能は向上させることができ，向上すると学習も向上する。多くの問題，たとえば，学生を訓練する最良の方法はどのようなものか，訓練の効果はどれほど持続するのか，ある授業での判断の正確さに関する訓練の利益が他の授業に転移するのか，といった多くの問題が今後の研究に残されている。

3．メタ認知的コントロール

これまでの章で検討してきたように，モニタリングの機能は人が認知の処理を効果的にコントロールすることを可能にすることである。教育について言えば，学生はモニタリングを使い，学業成績を高めるために自身の活動の多くの側面をコントロールするであろう。テストの準備で，学生たちはある試験での成績をモニターし，自身の評価にしたがって，その次の試験にはそれまでと違った準備をするだろう。たとえば，成績を良くしたくてもっと努力をしようと決意するかもしれないし，あるいは，同じ成績水準を得るために努力を減らし，少ない時間で済まそうとさえするかもしれない。論理問題を解く時にミドルスクール（4−4−4制の中間の4学年の学校）の学生の調整を向上するために計画されたモニタリングを基礎とした介入を少し見てみよう。

デルクロスとハリントン（Delclos & Harrington, 1991）は，5年生と6年生に「ロッキーの蹴り出し（Rocky's Boots）」と呼ばれる問題解決ゲームで遊ばせた。このゲームで，生徒たちは（コンピュータ上で）スクリーンから特定の標的を「蹴り出す（ブートする）」模擬電気回路を組み込む（正しい標的が「蹴り出される」）と生徒は最高点を獲得する。標的は論理ゲートによって特定される。たとえば，すべての「緑色のダイヤ」だけを追い払わなければならないと生徒に告げられる。この場合，生徒は「緑色検出器」と「ダイヤ検出器」を配置して，ANDゲートでつながなければならない。そうすれば，緑色ANDダイヤであるものだけがスクリーンから蹴り出される。生徒たちは問題を解くのに3種類のゲート（AND, OR, NOT）を使うことができる。問題を解くためにより多くの（そして多様な）ゲートが必要とされるにつれて，ゲートは複雑になる。この研究者たちが提起した主な問題は，練習段階で生徒に自身の進歩と成功をモニターするように訓練することが問題解決をよりよく調整する助けとなるかというものであった。

この問いに答えるために，何人かの生徒は何の訓練も受けなかった（すなわち，比較群あるいは統制群）。一つの生徒群は一般的な問題解決訓練（たとえば，問題を注意深く読んで類似問題を考える）を受け，モニタリング群は自身の行動をモニターする助けとなるような一連の質問をまじえた問題解決訓練を受けた。質問は，「問題を

注意深く見ましたか」,「この問題を解く助けとなりそうな手がかりを探しましたか」,「何点とりましたか」といったように，問題解決のそれぞれの局面をよく考えさせる質問であった。デルクロスとハリントン（Delclos & Harrington, 1991）によれば，こうした質問が「使用されている問題解決過程に強制的に注意を向けさせ，作りつけのメタ認知的要素を問題解決の練習に供給するのである」（p. 36）。訓練後，モニタリング群は，最も難しい問題で他の2群よりも成績が良く，印象的なのは，問題を解く時間が短かったことである。モニタリング訓練の利点についての一つの解釈は，生徒に問題解決をじっくりと考えさせることがより多くの方略の使用を促したというものであった（Delclos & Harrington, 1991）。言い換えれば，自己調整学習のモデル（たとえば，図9.1）に反映されているように，自身の活動をモニターしていた生徒はその活動を効果的にコントロールしていた可能性が高く，そのことが成績を高めたのである。

第2節　特定領域での学生のメタ認知

　この節では，三つの特定領域（読み，書き，数学）における学生の成績に対するメタ認知の寄与を調べることにあてられた文献を概観する。それぞれの領域での自己調整学習を説明することが，先に挙げた一般モデルの主要な目標である。そして，事実，この節で紹介される多くの研究はウィンとハドウィン（Winne & Hadwin, 1998）のモデルやその他の一般的な自己調整学習モデルとの関連で論じることができる。しかし，私たちは，これらの領域のそれぞれに光をあてることにした。なぜなら，これらの領域は学生の教育にとって特に重要であり，教育の分野で大いに注目されてきたからである。

1．読み

　読み書き能力は間違いなく教育の基盤である。読んだり書いたりできなければ，科学，歴史，文学といった，教育の他の多くの最も重要な領域を理解できないだろう。堪能に読めることが教育にとって重要であるので，メタ認知の最初の研究のいくつかが読みの領域で行なわれたことは驚くにあたらない。アン・ブラウン（Ann Brown）（その研究は論点9.2に紹介されている）とエレン・マークマン（Ellen Markman）の画期的な研究を検討してみよう。マークマン（Markman, 1977）は，1年生と3年生がひと組の教示の重要部分の脱落を見つけられるかどうかを評価した。脱落した細部が示されていないと，生徒はどのように進めればよいのかわからなかった。問題は「どのように進めればよいのかがわかっていないことをモニターできるか」であった。より具体的には，ある課題で，実験者が裏向きに自分と生徒に4枚のカード（それぞれのカードには文字が1字書いてある）を配り，二人が同時に一枚のカードをめくり，毎回特別なカードをめくった者が勝ちであると伝えた。どのカードが特別かはまった

く触れられなかった。ほとんどの3年生はその問題点に気づいたが、1年生は気づかなかった。マークマン（Markman, 1977）は、1年生は教示を心の内で実行することがなく、したがって、自分の理解でゲームに勝つという目標を手にすることができるかどうかを判断できないのだと結論づけた。

●論点9.2　メタ認知と教育へのアン・ブラウンの貢献

　生徒によっては学習に比較的秀でているように思われる一方で、生徒によっては比較的遅れているように見える。どうしてなのだろうか。1970年代の中頃には、多くの科学者は、学習遅滞者の記憶容量が劣っていて、教室で上首尾の結果を収められないでいるのだろうと想定した。アン・ブラウンは、その共同研究者のジョゼフ・キャンピオン（Joseph Campione）とともに、それとは別の見解を擁護した（Brown & Campione, 1996）。具体的にいうと、ブラウンは、学習遅滞者はメタ認知に障害があると主張した。ブラウン（Brown, 1978）は、彼女の著名な章「いつ、どこで、どのように思い出すかを知ること：メタ認知の一課題（Knowing When, Where, and How to Remember: A Problem of Metacognition）」において、メタ認知の概念と子どもの発達を理解するためにメタ認知が潜在的に重要であることを研究者に紹介した。ブラウンの信念の強さは次の主張に明白に示されている。

　　メタ認知的と称される過程は知識の重要な側面であり、主要な関心事は認知それ自体よりも自分自身の認知についての知識にあるというのが私の好む見解である。ちょうど発熱が病気の2次的な症候であり、随伴現象であるのと同じように、……自分自身の認知過程の的確な評価やコントロールの結果は、メタ認知という内在的な基礎過程の2次的な徴候である。(p. 79)

　アン・ブラウンとその共同研究者らは、教科書の授業内容を学習する際の生徒による理解のモニタリングを調査し、そしてそれを改善するのに随分奇抜な方法を採用した（また開発もした）。彼女の多数の論文の内の二つを少し検討してみよう。ブラウンとスマイリー（Brown & Smiley, 1977）は、生徒（8歳から18歳）がテキスト材料の構造について重要な知識をもっているかどうかを調べた。すなわち、いくつかの考えはその他よりも文章の意味にとって重要であるという知識をもっているかどうかが調べられた。生徒たちは文章を読んで、その後で、文章中の考えには重要さに違いがあり、そのいくつかはあまり重要でないので、文章の主題を損なうことなく削除できると告げられた。そこで、彼女たちは、まずは最も重要でない4分の1の考えを取り除き、それから次に重要でない4分の1を取り除き、などなどと、実験参加者に考えの単位（アイディア・ユニット）の重要性を判断させた。最年少の実験参加者（8歳と10歳）は文章中の最も重要な考えか最も重要でない考えかを基準を定めて見分けることはなかったが、年長の参加者はそれを見分けた。この発達傾向の意味合いは、年少の生徒は読んでいるときに方略的に最も重要な考えに焦点を合わすことができそうにないということである。

　パリンスカーとブラウン（Palinscar & Brown, 1984）は、読んだ内容を要約する、内容についての質問を作る、そのテキストのその先に含まれる内容を予測させるなど、いくつかの作業を7年生に行なわせた。パリンスカーとブラウンがそれらの作業を選んだ理由

は,「それらが理解を高め,同時に生徒が理解しているかどうかを確認する機会を提供するという二重の機能を備えているからである」(p. 121)。重要な点は,彼女らはこれらの作業を生徒に訓練する手段として,先生と生徒がそれぞれの文章のいろいろな部分についての話し合いを交代で主導する相互教授を取り入れたことである。先生が最初に鍵となる活動(上に挙げた活動)を示範し,それから生徒たちができるだけこれらの活動に参加するように促された。彼女たちの介入は大成功であった。生徒たちは理解の基準となるテストで大きな進歩を示した。そして,重要なことは,訓練を受けていない新しい課題で訓練された活動を使ったことである。彼女らの画期的な論文が出版されて以降,理解と理解モニタリングを育成するために相互教授を用いることが効果的であることが数々の研究者によって示されてきた(概説については,Rosenshine & Meister, 1994 を参照のこと)。

アン・ブラウンはメタ認知の歴史における革新者であった。彼女は子どもの発達を理解し,生徒の学業成績を向上させることを目指してメタ認知的な観点を明確にし,それを推進した。アン・ブラウンは,彼女が亡くなる 4 年前の 1995 年にアメリカ心理学会(1996)から「心理学の応用の関する科学功労賞」を受けた。「認知発達,学習理論および教育実践の研究への傑出した貢献に対する(科学功労賞)。彼女のメタ認知に関する研究は教育者の間でその考えを一般に用いられるようにした。……彼女の教育上の英知は比類なきものである」(p. 309)。ブラウンの研究と英知は教育とメタ認知の研究に今後も影響を与えつづけるにちがいない。

メタ認知を研究した最初の心理学者の一人として,マークマン(Markman, 1977, 1979)はこの研究分野に強い影響与えてきた。彼女は,理解モニタリング(教示やテキストの矛盾や誤りを見つける)を調べる方法を発表した。それは,広く使われ,なぜ人はテキストの理解をモニターするのにたびたび困難を感じるのかについて多くの洞察を与えてきた。後で誤り検出の話題に戻るが,まずは,自己調整的な読みをより広い観点に位置づけるのに役立つ一般的なメタ認知モデルについて説明しておこう。

これまでの章から学んできたように,どんなメタ認知的な調整活動(たとえば,読み)も,モニタリング成分とコントロール成分の両方を備えていると概念的に説明される。読みの場合,モニタリング成分にはテキスト理解の評価やテキストがある領域についてのそれまでの自分の知識と矛盾していないかどうかの評価が含まれる。そして,コントロール成分には,再学習を案内するために,あるいは,いろいろな方略を使ってテキスト材料の学習と理解を支援するためにモニタリングを利用することが含まれるであろう。一般に,読みのこうしたメタ認知的成分はハッカー(Hacker, 1998b)の理解モニタリングモデル(図9.3)に表現されている。そのモデルは,一部,メタ認知についてのネルソンとナレンズ(Nelson & Narens, 1990)の一般的な枠組み(図1.1参照)に基づいている。このモデルには注目すべき側面がいくつかある。第1に,それは,多くの場合,学生の目標がテキストの内的な表象を作り上げることであることを強調している。その表象は,テキストのテキストベース(すなわち,テキストにおいて明示的に述べられている単語や文)を表象することと,テキストの意

味（すなわち，テキストベースを超えて，明示的なテキストの構成要素を自身のそれまでの世界知識と統合することを含むと考えられる理解；Kintsch, 1988）を表象することを含んでいる。第2に，学生たちは，テキストのすべての側面を完全に理解したいとか，おそらくはテキストの最も大事な概念を覚えたいとかいったように，進行中の読みを評価するための基準を導入するかもしれない。このように，図9.3のモデルは自己調整学習のウィンとハドウィン（Winne & Hadwin, 1998）の一般モデル（図9.1）の具体的な例示と考えられる。

　第3に，そしてメタ認知に最も関連するが，このモデルは，学習目標を学生が達成するのを助けるようにモニタリングとコントロールが働くことを強調している。読みに関して，熟達した読み手は，次のような段階を踏むだろう。①読む準備をする。ここには読む目的を明らかにし，テキストの構造を判断するためにテキストをざっと読むことが含まれるであろう。②テキストから意味を構築する。ここには，テキストの最も重要な側面に焦点を絞ることや理解をモニターすることが関係するだろう。そして，③たとえば，質問に答えたり要約したりすることで，読みを反省する（Paris, Wasik, & Turner, 1991）。これらの段階は再帰的であり，なにか決まった順序で起こる必要はない。こうした活動のすべてがモニタリングとコントロールを必要とするで

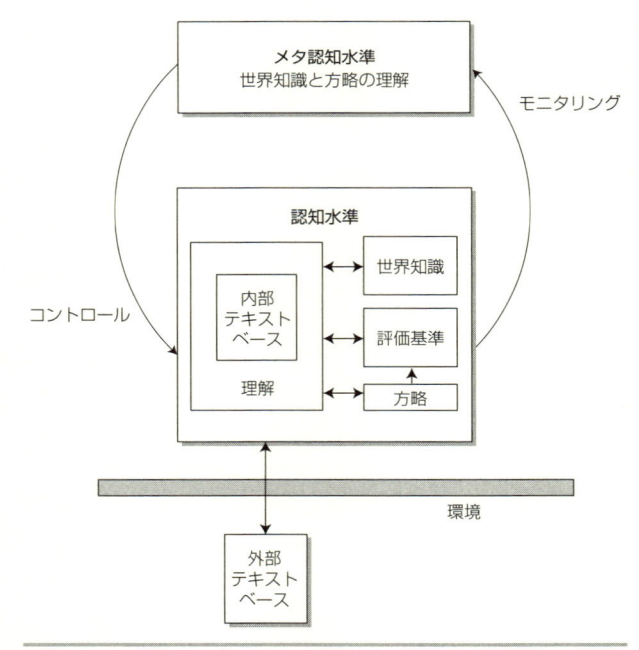

◆図9.3　認知成分とメタ認知成分の両方を強調している読みの理解モデル（出典：Hacker, 1998b）

あろう。学生たちは、目標が先生の期待に合致しているかどうかを評価し、それに応じて目標を変えるかもしれない（段階1）。読みながら、本当に主旨がわかっているのかどうか、推論が正確かどうかを評価し、潜在的な誤解を正すのにテキストの一部を見直すことがあるだろう（段階2）。そして、最後の段階はもっぱらメタ認知活動に焦点を合わせる。プレスリーとアフラーバック（Pressley & Afflerbach, 1995）は、熟達した読みの分析に基づいて、熟達した読み手はこうした認知的な活動とメタ認知的な活動のすべてを積極的に行なっていることを明らかにした。彼らは、熟達した読み手は**構成的に応答する読み**を行なっていることを提案している。その読みとは、目的意識をもって読み、テキストから意味を構成することを意味している。

　メタ認知技能の中心的な役割を考えれば、モニタリングとコントロールが学生によるテキストの理解と記憶に寄与している可能性がある。モニタリングもしくはコントロールに失敗すると、テキストを十分に理解したり、覚えたりすることにも失敗するであろう。メタ認知と読みに関する文献は、あらゆる年齢や能力の読み手がこれらのすべての段階にわたる学習をどれほど効果的に調整しているのかを調べてきた。したがって、文献は膨大である。そのため、この節の残りでは、学生たちが読みをどれほどうまくモニターし、コントロールしているかを探究してきた代表的な研究を簡潔に説明する。こうした文献のより包括的な概観については、イスラエルら（Israel, Block, Bauserman, & Kinnucan-Welsch, 2005）の諸章を参照してほしい。

2．テキストの学習と理解のモニタリング

　図9.3のモデルによって示唆されるように、テキストの学習と理解に関する学生のモニタリングは多くの理由から失敗するかもしれない。読み手が幼いと理解のモニタリングに必要な方略を欠いている（あるいは自発的に使わない）かもしれない。たとえば、理解の不完全さについて点検ができるテキストの表象を構成する（Markman, 1977）といった方略である。時には、理解そのものがたいそう難しいので、心的資源がモニタリングも首尾よく行なうのには利用できないかもしれない。さらに、学生たちは、目標に向かう経過をモニターしようとする時に、適切な評価基準をもっていなかったり、使わなかったりするかもしれない。たとえば、理解をモニターする時に、「文章全体から浮かび上がるテキストの要点を理解しているか」といった、より当を得た広範な基準を使うのではなく、「個々の文を理解しているか」という基準を使うかもしれない（Brincones & Otero, 1994）。

　これらの問題点を調べるのに、研究者はテキストの学習や理解を評価する学生の能力を明らかにする三つの標準的な方法に変化を加えた方法をもっぱら使ってきた。一つの方法は、テキストを読んだ後でその学習と理解を学生に判断させるものである。論点5.3で話題にしているように、**メタ理解**と呼ばれるこの領域での研究は、大部分が、どの年齢の者もテキストの学習と理解を正確に判断するのが難しいことを明らか

にしてきた。研究者たちは，また，**発話思考**プロトコルと呼ばれる方法，すなわち読みながら考えていることを報告させる方法に頼ってきた。その方法は，学生たちが読みをどのようにモニターし，コントロールしているかということの他に，どのようにテキスト理解を向上させるかということも明らかにすることができる（Kucan & Beck, 1997; Pressley & Afflerbach, 1995）。よく使用されるもう一つの方法は，先に紹介したが，誤りに気づく者と気づかない者を見つけ出すために，誤りのあるテキストを学生に読ませることを含んでいる（概観については，Otero, 1998を参照のこと）。驚いたことに，大人でさえ，はっきりと表現されている矛盾を含め，テキスト内のどうみても明白である矛盾を見過ごすことがある。この項を締めくくるにあたって，実際に，通常の読みがどれほど理解モニタリングでのそうした失敗の一因となっているのかを検討してみよう。

次のテキストを読んでみよう。出典はオテロとキンチ（Otero & Kintsch, 1992）である。

> 超伝導は電流の流れの抵抗が消滅することである。これまでのところ，超伝導はある種の材料を絶対 0 度に近い低温まで冷却することで得られる。そのことがその技術的応用を非常に難しくしている。多くの研究室が，現在，超伝導合金を作ろうとしている。これまでのところ，超伝導はある種の材料の温度を相当に上昇させることで実現されてきた。(p. 230)

このテキストについてどこかが間違っていることに気づいただろうか。オテロとキンチ（Otero & Kintsch, 1992）が，矛盾に気づくかどうかを見極める上のようなテキスト四つを10年生と12年生に読ませたところ，多くの生徒が何の問題点にも気がつかなかった。さて，もう一度見てみよう。第 2 文と最終文が互いに矛盾している（他の三つのテキストでもまったく同様であった）。テキスト内の矛盾を見つけるのが難しい一つの理由として，テキストの理解を組み立てるのにかかわる内的な過程が，長期記憶内に矛盾が表象される可能性を減じるのではないかと，オテロとキンチ（Otero & Kintsch, 1992）は主張している。すると，皮肉なことに，多くの人が矛盾になぜ気づくことができないのかを通常の読みの過程（時にそれは正しい誤りの検出に至る）が説明してくれる。具体的には，人がもしテキストの最初の文（それはたいていが残りの文の準備である）を重視すると，続く「矛盾した材料はどうしても見過ごされるだろう」（Otero & Kintsch, 1992, p. 229）。このように，認知水準での処理（図9.3）がメタ認知水準で生じるモニタリング過程に不完全な情報を与え続けるのである。彼らの仮説に基づいて，矛盾を検出しなかった生徒は矛盾した文を思い出す可能性が低いだろうと予測された。彼らは生徒たちにテキストの内容を再生させたが，図9.4に示されているように，矛盾に気づかなかった者は最後の文を思い出す可能性が極めて低かった。

まとめると，人は多くの理由からテキストの学習や理解を正確にモニターすることに失敗することがある。研究者たちがこうした失敗の理由を引き続き見つけ出してい

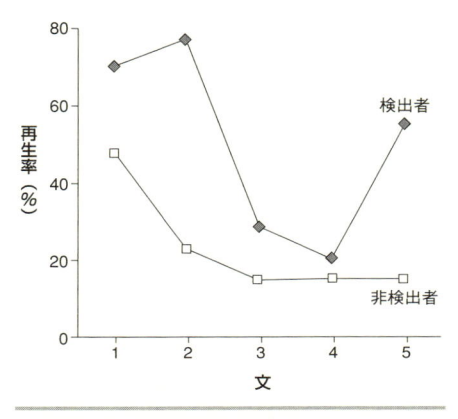

○ 図9.4 文の正再生率。矛盾した文は2と5である。(出典：Otero & Kintsch, 1992)

るので，いろいろな手法が開発されて，だれもがモニタリングの問題を避けるのにもっと役立ち，また，学習と理解をさらに一層向上させることができるようになるのではないだろうか。

3．テキストの学習と理解のコントロール

　学生たちは，学習目標に向かって勉強をしている時に，適切な読みの方略を利用することで得をすることがある。確かに，学生によっては（とりわけ，年を重ね，読みの技能が向上するに従って）読みを支援するために方略の蓄えを利用している。初期の研究の一つで，マイヤーズとパリス（Myers & Paris, 1978）は2年生と6年生の読みについての知識を調査した。多くの2年生はちょうど言語技能の発達途上にあると考えられるので，多くの重要な読みの要因に気づかなかったとしても驚くにはあたらない。マイヤーズとパリスによると，2年生は「課題のいろいろな側面に，あるいは，種々の教材や目標に対して特別な方略を呼び出す必要性に敏感ではなかった。彼らは自身の理解を確認するための方略や確認の理由をほとんど報告しなかった」（p. 688）。さらに，マイヤーズらは，読みが得意でない6年生は，読みが得意な者や理解が優れている者に比べると，多様なモニタリングや読みの方略を使うことが少なかった。また，ヘアーとスミス（Hare & Smith, 1982）の研究においては，6年生が読みの最中に多様な方略を使っていると報告している。すなわち，テキストの一部を読み直す，テキストをまとめる，難しい一節を読む時には速度を落とす，そして，テキストのいろいろな部分を関係づけるように努力をすると報告している。したがって，6年生になると，すでに多くの生徒が，おそらく全員ではないだろうが，テキストを読むのに多様な方略を使っている。

ベイカーとアンダーソン（Baker & Anderson, 1982）は，大学生の読みのコントロールを調べるために，誤り検出パラダイムを最大限利用した。学生たちは矛盾を含むテキストを読んだ。矛盾は，一節の要点を含んでいる文章で現われたり，詳細を含む文章に埋め込まれたりした。文章によっては何の矛盾も含まれていなかった。テキストは一度に一文ずつ呈示され，学生たちは個々の文に読みたいだけの時間を割り当て，また，それまでに呈示された文を読み直す（振り返る）ことで読みをコントロールすることできた。学生がもし矛盾を見つけ，また，読みを調整しているのであれば，矛盾のある文章を読む（または，読み直す）のに多くの時間を割くはずである。彼女らの結果が表9.2に示されている。予期されたように，学生たちは，（「要点」あるいは「細部」に埋め込まれている）矛盾が文章に含まれているとそうでない場合（「なし」）よりも多くの時間を割り当て，そして，矛盾する文章対の第1文を読み直す傾向があった。これらの結果は，学生たちが理解をモニターし，読みを方略的に調整するのにモニタリングを使うことができることを表わしている。

こうした研究は多くの学生が巧みに方略を用いる読み手であること示唆しているが，いろいろな理由で，学生は方略的ではなく，したがって，テキストの学習と理解を効率的にコントロールできていないかもしれない。マイヤーズとパリス（Myers & Paris, 1978）による研究の2年生のように，生徒たちは読みの間に生じる問題をいかに解決するのかがわからないのかもしれない。たとえ適切な方略をもっていても，いつそれを使うのかを知らないのかもしれない。さらに，モチベーション，時間制限，利用可能な処理資源も読みの効果的な調整を損ねているかもしれない。パリスとパリス（Paris & Paris, 2001）は，その評論に基づき，次のように結論づけている。

> 成績に影響する心理学的な諸特徴に気づいて自分自身の課題を検討することができる学生の方が，理解や学習を高めるような読みの方略を同定できる可能性が高い。したがって，自身の課題を評価する能力は読み書きの方略を評価する能力と関連がある。このことは，メタ認知能力が両者［理解と学習］に必要であることを意味している。(p. 96)

そうしたメタ認知能力が学生の理解を高めると考えて，多くの研究者が学生の読み

◯ 表9.2　割り当て時間（秒）と再読率

矛盾箇所	文の種類	
	要　点	詳　細
割り当て時間		
要　点	10.7	7.8
詳　細	6.8	9.2
な　し	7.4	6.3
再読率		
要　点	.90	.58
詳　細	.51	.74
な　し	.57	.58

（出典：Baker & Anderson, 1982）

を向上させるために，メタ認知の諸原理に基づく介入を開発してきた（たとえば，Cummins, Stewart, & Block, 2005; Donndelinger, 2005）。こうした介入は学生の読み書き能力を促進するものと大いに期待されている。そして多くの場合，介入はうまくいっている。

●論点9.3　自分自身の考えを説明しよう！　自己説明は学生の成績を改善するか

　ほとんどの人は，時どき独り言を言っている。なぜあんなことを口に出してしまったのかと自問したり，その日の内にやりたいことについて独り言を言ったり，この1週間どんなにうまくいったかの思い出にひたったりさえするだろう。折り折りのそうした内的な思考に気が散るかもしれないが，正しいやり方で独り言を言うのであれば，それが多くの課題であなたの成績のためになることがある。こうした利益を受ける鍵は，「正しいやり方」でそれをすることである。

　ミシェリーヌ・チ（Michelene Chi）とその共同研究者らは問題解決中にひそかに考えることの潜在的な利益をいち早く明らかにした（たとえば，Chi & Bassok, 1989; Chi, Bassok, Lewis, Reimann, & Glaser, 1989）。チら（Chi et al., 1989）は，たいそう影響力の大きい彼女らの論文「自己説明：学生は問題解決のための学習においてどのように実例を学び，利用しているのか（*Self-Explanations: How Students Study and Use Examples in Learning to Solve Problem*s）」の中で，さまざまな力学問題の解決例を学んでいるときの優秀な学生と劣る学生の思考を比較した。解決例は多くの場合完全ではないので，学生たちはなぜある特定の段階が踏まれるのかを説明することによって空白を埋めなければならない。もし学生が問題を検討している最中に自分が何をしているのかを自発的に説明していれば，そうした学生はその問題のより深い理解に向かって空白を埋めているのだとチらは考えた。具体的には，この著者たちは，次のように主張した。「説明をすることは，［ある］例における解決手順の各ステップの条件と結果が正しいことを証明するために法則と概念の定義を生徒に応用できるようにするだけでなく，それらの条件や結果を推論し，詳述できるようにする学びの手段である」（p. 151）。そのような自己説明は，学生が問題に取り組んでいる最中にその進捗状況と理解をモニターし，説明する必要があるので，メタ認知的である。

　チら（Chi et al., 1989）は，自己説明の利点を示すために，学生にまず解決課題を学ばせ，学生は学びながら同時に声に出して考えることもしなければならなかった。次に，学生はニュートン力学の問題を解き，これらの問題の成績に基づいて「優れた」学生と「劣る」学生に分けられた。学生の発話思考プロトコルの分析の中で，一つの事実が人目をひいた。劣る学生に比べて，優れた学生は，解決例の内容を説明するのに多くの時間を割いていた。その内容は「解決例の中で述べられているいろいろな数学的な行為の条件，結果，目的，意味についての推論からなっていた」（p. 168）。より優れた学生は自分の理解の問題点をモニターし，誤解を解消するような推論を試みることによって学習をコントロールするために，そのようなモニタリングを使う傾向があった。これらの結果は，問題解決中に考える正しい方法は，前に進みながら問題についての自分の理解を説明することであることを示唆している。

シーグラー（Siegler, 2002）も自己説明に関して特に興味深い研究を行なっている。ある研究（Siegler, 2002に述べられている研究）では，保存課題の解き方をまだ知らない5歳児を使ってピアジェの保存概念の学習が検討された。子どもたちは2列で1対1対応に並べられた同じ数（7，8あるいは9）のものが示された。そこで，実験者が，何をしているのかを言いながら，列の一方を広げたり，列の一方に1個あるいはそれ以上の個数を加えたり取り去ったりするようなことを行なった。それから，子どもたちは変形された列が変形されていない列に比べて同じか，多いか，少ないかを尋ねられた。訓練段階で，一つの群の子どもは答えについて直接的なフィードバックを与えられた。もう一つの群は，その論拠を説明することが求められた（「どうしてそう考えたの」）。この群の子ども（とりわけ，なぜ「そう考えた」かについて精緻な理由を述べた子ども）は，速く学習する傾向があった。シーグラーは，三つ目の「正しい理由づけを説明する」群も設けた。この群の子どもたちは，実験者が何を考えているかを教えられ，「私にそれがわかったのはどうしてだと思うか」と実験者の理由づけを説明することが求められた。この第3の群は，図9.5に示されているように，全訓練期間にわたり成績が飛び抜けてよかった。

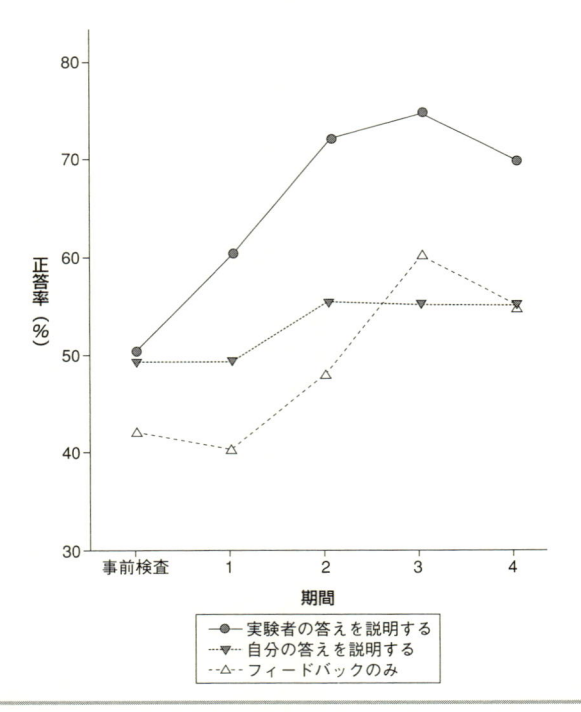

 図9.5　数の保存性課題の事前検査期と訓練期での正答率（出典：Siegler, 2002）

　自己説明の検討は広範に及び，数学の問題解決（Wong, Lawson, & Keeves, 2002），類推の使用を必要とする問題解決（Neuman & Schwarz, 1998），科学の教科書の理解

（Ainsworth & Burcham, 2007）を含め，多数の課題で自己説明が学生の成績に恩恵をもたらすことを研究者たちが立証してきたことは，おそらく驚くにはあたらない。ドミノウスキー（Dominowski, 1998）は，言語化と問題解決に関する全般的な研究についての評論において，自己説明が引き出すメタ認知的な思考が「異なる種類の問題解決への取り組みを促す，すなわち，質問に答えることや［自己説明］がもはや求められなくても被験者が使いつづける，より内省的な方略を促進する」(p. 40) ので，自己説明は学生の成績を向上させると断定している。確かに，教育省教育科学研究所の報告書，『学生の学習を向上するための教授と学びの編成』に関する実践指針 2007（*2007 Practice Guide on "Organizing Instruction and Study to Improve Student Learning"*）』は，この方法を使って子どもが学習するのを支援することを教師に勧めている。したがって，難しい知的課題をやり遂げようとしていて行き詰まったなら，独り言を言ってみることを考えてみてもよいだろう。とにかく内的な思考を考えもなく繰り返すのでない限り，それは役立つ可能性がある。またそれよりも，何をしているかを説明することに集中しよう。つまり，不確かなときには「自分自身の考えを説明する」ことを忘れないように。

4．書き

　読むことと書くことは互いに大いに関係し合っている。文字を書き進めている学生は自身の散文を読んで評価し，修正しており，読み書きは明らかにつながりがある。そこには，理解と理解モニタリングにかかわる過程と同じ過程の多くがかかわっているであろう。その過程を記述しようと試みた執筆についての最初のモデルは，もっぱら，発話思考プロトコルによる情報に基づいている。そこでは，いろいろな能力の書き手に書きながら何を行なっているかを述べてもらう。こうしたモデルで最もよく知られているものの一つであるヘイズとフラワー（Hayes & Flower, 1980）によるモデルは，熟達した書き手が取り組んでいる三つの主要な過程，すなわち，①計画立案，②文章化，③見直し，を捉えている。**計画立案**では，書き手が目標を設定し，その目標を達成するためにいろいろな考えを生成し，それらの考えをまとまった構造に組み立てる。**文章化**は考えを書き留め，文書に書き表わすことを含んでいる。そして，**見直し**はその文書を読み，最初の目標が達成されているかどうかを評価することに関係している。重要なことは，このモデル（図9.6に示されている）も，あらゆる段階で，おそらく見直しの段階で最もはっきりとしているのだが，書いている時にメタ認知的モニタリングが重要な役割を果たしていることを強調している。

　ビライターとスカーダマリア（Bereiter & Scardamalia, 1987）は，その画期的な研究書において，未熟な書き手と熟達した書き手との違いを見分けるために数々の研究を行なった。彼らの分析から二つの異なる書き方が見いだされた。具体的には，未熟な書き手は話題について知っていることをすべて記載する傾向があり，知っていることを書き終えた時が完成である。このような**知識伝達**は未熟な書き手（たとえば，10歳以下）であることを表わしていた。対照的に，熟達した書き手は，**知識変換**の傾向

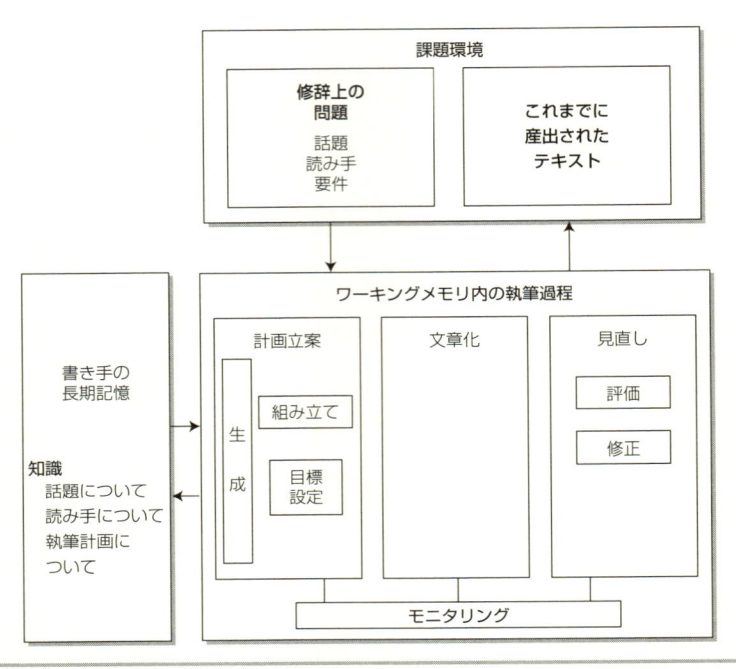

○ 図9.6　自己調整的な執筆についてのヘイズとフラワーのモデル（出典：Hayes & Flower, 1980）

があった。ここでは，話をいっそうまとめるように書き手の知識が変換される。ヘイズとフラワー（Hayes & Flower, 1980）のモデルの観点では，知識変換を行なっている書き手は執筆の計画を立て，自身の進展を評価する傾向がある。子どもたちは小学校の学年が上がるにつれて，彼らの書き方が知識伝達型からより成熟した知識変換型に変わる（Bereiter & Scardamalia, 1987）。シッコ（Sitko, 1998）が書字研究の評論で指摘しているように，「こうしたより成熟したパターンを際立たせている点は，成熟したパターンには，さほど成熟していない書き手が無視している執筆過程の部分部分の至るところに意識的なコントロールが含まれていることである」（p. 97）。そうした意識的なコントロールは，まさしく，本質的にメタ認知的なものである。成熟した書き手は自身の執筆過程を熟考し，書き直しているのである。

　大事なことは，書く計画を立て，書く行動をモニターする機会が多い学生ほど，より優れた小論を書くということである（Conner, 2007）。そのことが，やはり，メタ認知的方略を使うことと学業の良い成果を手に入れることとのつながりを立証している。たくさんの研究が学生の執筆を向上させることに取り組んできたが（概観については，Fitzgerald & Markham, 1987; Sitko, 1998を参照のこと），計画立案，良い文章の構築，改訂に磨きをかけるためのフィードバックの利用など，熟達した書き手の多

様な側面を学生に同時に訓練するというのが，これまでの一般的な取り組みである。熟達した書き手についてわかっていることを介入に組み入れることで，学生の執筆行動を高めることが主たる目標であるのなら，この取り組みは確かに理にかなっている。しかしながら，残念なことに，多くの場合，介入にはいくつかのメタ認知技能を訓練することが含まれているとしても，執筆の質の全般的な進歩にメタ認知の改善がどれほど寄与しているのかは，概して，明確でない。

さらに，書くことについての研究は，読むことほどには注目されてこなかった。この格差の一因は，単に，学生の長々とした散文を客観的に採点することがいかに困難で，いかに時間がかかるかということにある。幸い，学生が書いていることをオンラインで採点するために，新しい技術が開発されている。たとえば，「サマリー・ストリート」(Wade-Stein & Kintsch, 2004)は，学生によるテキストの要約が客観的な基準を満たしているかどうかを評価し，複数の次元（たとえば，内容が取り上げている範囲の適切性，冗長性）について即座にフィードバックを提供する自動システムである。学生は，自分の書いていることを概念化し直し，修正するのにそれを利用することができる。そうした自動チューターは，書くことについての学生による自己調整を調べようとする研究努力を支援するのにも，また，学生の執筆を向上させるための外的な足場（たとえば，集中的なフィードバック）を提供するのにも大いに期待がもてる。確かに，書くこと自身が思考の基礎をなし，すべての教育水準にわたる学生の学力の基礎をなすことを考えれば，学生が熟達した書き手になるのを助ける手法を開発し続けることは，重要な研究課題であろう。

5．数学

yについて次の方程式を解くことができますか。

$$x^2y + 2xy + x - y = 2$$

あるいは，円に内接する最も大きい三角形を見つけることができますか。どのような教育も受けずに，これらの問題（Schoenfeld, 1987による）や同じような問題を解くのはほとんど不可能であろう。おそらく意外であろうが，ショーンフェルド(Schoenfeld, 1987)が見いだしたことは，そうした問題を解くのに数学が十分にわかっている学生でさえ困難を抱えていたことであった。この種の問題を解いている学生のビデオテープで彼が観察したように，学生たちは，問題と格闘するのに時間を費やす場合が多かった。彼らは「無駄な骨折りをしていた。彼らは，格闘中に立ち止まり，『これでうまくいくのだろうか，何か別のことをやってみるべきなのだろうか』と自問するのに十分な機会があったのに，そうはしなかった。そして，彼らがそうしないでいた間は，間違いなく問題を解けなかった」(Schoenfeld, 1987, p. 193)。アラ

ン・ショーンフェルド（Schoenfeld, 1985）は，重要な役割を果たした数学の問題解決に関するその著書において，そのように自問することが他の選択肢を探して正しい解決を発見することになるかもしれないのに，学生たちは数学問題のある解決法を選び，頑強にそれにこだわっている場合があまりにも多いと報告した。

学生たちは問題を解決しようと随分と時間を費やすが，問題について考え，どこに向かっているのかを考えるのにまったくほとんど時間を割かない。ショーンフェルド（Schoenfeld, 1987）は，学生と比較をするために，数学者が難しい幾何学問題をどのように解くのかも観察した。数学者は問題について考えるのに多くの時間を費やした。学生とは対照的に，専門家は問題を分析し，どのように進めるかについて計画を立てた。数学者はもう一つ別の顕著な特徴を示した。「進展しているか」といったように自問しながら頻繁に進捗具合をモニターしていた。数学者は一つのやり方がうまくいっていないと判断すると，そこでもう一つ別のやり方を試みた。ショーンフェルド（Schoenfeld, 1987）が結論として述べているように，「自己モニタリングと自己調整を効率よく使って，［数学者は］多くの学生たちが解決できない問題（学生たちは実際にはもっと幾何学のことを知っていたのだが）を解決した」（p. 195）。このように，メタ認知的な技能と知識は，数学においてうまい問題解決に通じる重要な要因である（Carr & Jessup, 1995）。

もちろん，他の多くの要因も同じように重要であり，ディ・コルテら（De Corte, Verschaffel, & Op 't Eynde [2000]）は，数学の専門家についての分析に基づいて，いろいろな能力，たとえば，①数学の事実や規則の知識など，領域固有の知識，②問題解決の一般的方略，③自身の認知の機能についての知識（すなわちメタ知識），④自己調整技能，など多様な能力を自在に駆使するようになることを含む数学的素質を学生が伸ばすことを勧めている。ディ・コルテら（De Corte et al., 2000）がまとめているように，「自己調整学習の観点からすると，この点において，自身の数学学習過程と成績を査定する態度と技能の発達を学生に促すことが重要である」（p. 691）。自己調整された読み書きのモデルと同じように，自身の進捗状況をモニターすることは数学での自己調整の核心である。したがって，このことが，「自己調整と成績を向上させるように数学の問題解決をモニターし，調整する方法を学生に教えられるか」という重要な疑問を生むことになる。

力強く「教えられる」というのがそれに対する返答であり，多様な手法がこの領域で学生の自己調整を改善するのに用いられてきた（たとえば，Desoete, Roeyers, & De Clercq, 2003; Kramarski, Mevarech, & Arami, 2002; Schoenfeld, 1985；概観については，De Corte et al., 2000 を参照のこと）。

フックスら（Fuchs et al., 2003）による大規模な介入では，350名以上の6つの異なる小学校の3年生が，目標設定や自己モニタリングを含む自己調整技能を育てることを学習するのに役立つ企画に参加した。その企画では，自己調整技能を育てること

が数学の問題解決を改善し，転移を促すものと期待された。もっと具体的にいうと，訓練期間（16週にわたり週に2時間）を通して，生徒たちは独力で問題を解いてみて，その後に，活動をモニターする訓練を受けた。彼らは問題を採点し，その問題について0点から最高得点まで日々の成績をグラフに描いた。その次の時間では，彼らは以前の成績を超えるように励まされ，その日の問題を解く目標を設定し，その新しい問題を解いてみて，また自分で採点した。結果の測度にはいくつかの転移問題での成績と，数学の自己効力感や自己モニタリングなどのメタ認知の質問紙尺度とが含まれた。この自己調整群（この群は数学の問題解決の転移訓練も受けた）が，転移訓練だけを受けた群やどの訓練も受けていない統制群と比較された。訓練前，すべての群は問題解決の成績が同じあった。しかしながら，訓練後では，自己調整群が転移訓練群と統制群のどちらに比べても一貫して成績が良かった。さらに，目標を設定し，進捗状況をモニターする訓練を受けた生徒は高い自己効力感を持ち，数学の問題解決時に他の生徒よりも自己モニタリングを行なっていることを報告した。フックスら（Fuchs et al., 2003）のこの結果は将来に期待がもてるものである。学生のメタ認知技能を向上させることをねらった介入により，数学問題解決中の効力感，自己モニタリングを，そして最も重要なことは，成績を高められる可能性がある。

●論点9.4 知能が幅を利かすのか，それとも，メタ認知もまた学生の学業成績に影響するのか

頭が切れるようにみえる学生（素早く授業中に手を挙げ，数学や物理のような最も難しく，最も分析的な科目に熟達しているような学生）がいることはだれもが知っている。確かに，こうした学生は，たいてい，クラスでトップにいる。しかし，最高のIQ（知能指数）が優れた学業を達成するための唯一の手段だろうか。この質問に対する答えは，間違いなく，「いいえ」である。ビーンマンとその共同研究者らによる組織的な研究（Prins, Veenman, & Elshout, 2006; Veenman & Beishuizen, 2004; Veenman, Kok, & Blöte, 2005）の証拠によれば，学生のメタ認知技能も彼らの全般的な成功に寄与している。

知能は推論し，問題を解く基礎的能力にある程度関係している（たとえば，Horn, 1989）ので，学生の知能が学校でどれほど良い成績を収めるかに関連があることは驚くことではない。良い成績を収めるには純然たる推論や問題解決がしばしば要求される。したがって，一つの可能性は，知能自身が学業を達成する主要な手段であるということである。もしそうであるのなら，学生の知能それ自体がより優れたメタ認知技能を育むであろうし，こうして，恵まれた者はいっそう恵まれることになるだろう。つまり，彼らは見事な問題解決能力と最良のメタ認知を備えているが，メタ認知自身が知能とは独立に成績に寄与することはないだろう。もう一つ別の可能性は，知能とメタ認知が独立して成績に寄与するというものである。もしそうであるなら，IQが幾分低い学生でも，そのメタ認知技能を適切に使って埋め合わせることでよい成績をあげることもあり得るだろう。

ビーンマンら（Veenman et al., 2005）は，これらの可能性とその他の可能性を評価す

るために，12歳児と13歳児に数学問題を解かせ，数学に関する生徒の成績評価点の平均（GPA）も手に入れた。重要な問題は，知能を取り除いても，生徒のメタ認知技能が成績（数学問題解決とGPAの両方）を予測するのかどうかであった。これらの構成概念を測定するために，生徒たちは標準知能検査を受け，メタ認知技能は数学問題を解く際に査定された。具体的には，問題を解く間，「声に出して考える」ように告げられ，その発話思考が15の異なるメタ認知活動の証拠として分析された。それらの活動には，計画を立てること，結果を確認する機会を作るために解決の概要を保持すること，答えを確かめ，答えをじっくり検討すること，それまでの経験からの学習に関連づけてよく考えることが含まれた。これらのメタ認知的な方略の使用が成績と正の相関を示した。方略を多く使っている学生ほど成績が良かった。さらに，学生の知能得点の影響が除かれた後でもこの関係はやはり有意であった。おそらく最も印象的なのは，これらのオンラインのメタ認知測度が，数学の総合的なGPAと相関し（.40），そして，知能の個人差が考慮された場合であってもこの相関がなお有意であった（.30）ことである。

　この研究者たちは学生のメタ認知方略の使用が読解に関連する成績（Veenman & Beishuizen, 2004）や帰納的学習に関連する成績（Prins et al., 2006）に独自に寄与することも示してきた。後者の研究は，学生がまさにその知識や能力の限界点で問題を解いている時にはメタ認知技能がとりわけ重要であることを示した。このように，知能は重要ではあるが，メタ認知技能も学生の学業達成に役立っているのである。

要約

　年少の生徒が学習，読み，書き，数学問題解決を効率よくモニターし，調整できるかどうかを理解したいと望む研究者によって，メタ認知における画期的な研究の多くが行なわれた。自己調整学習の一般モデル（それはもっぱら教育的観点から育ってきた）は，学生の成績に寄与していそうな学生の活動と彼らの環境のあらゆる側面を捉えようと努力している。したがって，教育心理学者は，基礎的な認知能力のみならず，目標設定，自己効力感，領域知識，モチベーション，その他の要因を強調する枠組みに基礎的な認知能力を統合することにも関心を抱いている。しかしながら，一般モデルの中核は，ほとんどの場合，メタ認知の二つの強力な概念であるモニタリングとコントロールから成っている。

　本章で，メタ認知と教育に関する膨大な文献を概観した。私たちの概観は決して完全なものではない。取り上げた領域内で行なわれた一握りの研究に触れたにすぎない。さらに，メタ認知的な観点の利用が洞察をもたらしてきた多くの他の領域を浮き彫りにすることができなかった。たとえば，ほんの2，3を挙げると，ノート取り（Pressley, Van Etten, Yokoi, Freebern, & Van Meter, 1998），ハイパーメディアを使った学習（Azevedo, Cromley, Winters, Moos, & Greene, 2005），学生の感情とメタ認知（Efklides & Chryssoula, 2005）といった研究である。私たちの概観は，教育に関心を

もつ若い科学者にとって膨大な文献への架け橋として役立つだけでなく、学生の学びの技能を向上させるメタ認知的な取り組みの見所を示せたと思っている。

【討論問題】

1. 学生が「心理学入門」の試験準備をする時、いろいろな方法で学習を調整するだろう。ウィンとハドウィン（Winne & Hadwin, 1998）のモデルに照らせば、メタ認知的モニタリングは、学生が試験準備をする手助けとしてどれほどに決定的な役割を果たしているのだろうか。大事なことだが、自己調整のそれぞれの要素が、学習中に使われなかったり、適切に使われなかったりすると、どうして最適とは言えない成績、つまり、悪い成績に終るのかを話し合ってほしい。このモデルによれば、学生は及第点を達成するのに教材を実際にはまだ十分には学習していないのに、なぜ試験準備ができていると考えるのだろうか。

2. 教育とメタ認知に関する研究はおそらくメタ認知研究において最も活発で幅広い分野の一つを代表している。したがって、ノート取りや教室での質問といったこの研究分野にとって興味深い学生の行動のすべてを対象とすることはできなかった。それぞれの領域について、その領域での作業の量と質に影響すると思われるメタ認知過程の一覧表を作成してみよう。たとえば、学生のメタ認知についてのあなたの理解に基づけば、学生が取るノートの量においても質においてもうまいノート取りには、ノート取りに特有のメタ認知過程がどのように貢献しているのだろうか。まずいノート取りと比べてみよう。教室での質問についても同様に考えてみよう。これらの領域での学生の成功に対するこうしたメタ認知過程の貢献を実験によって検討するにはどのような実験を行なえばよいだろうか。

【概念の復習】

次の質問について別の用紙にできるだけ詳しく答えを書き出してみよう。その後で、この章の関連のあるところを読み直して、答えをチェックしてみよう。

1. ある話題に関するそれまでの知識（たとえば、心臓はどのように働いているか）が教科書で読んでいることと食い違っていることに学生はなぜ気づくことができないのだろうか。
2. 自己説明とは何か。また、それは学生の学習をどのように改善するのだろうか。
3. 自己効力感とは何か。また、それはなぜ学生の成績に関係するのか。ウィンとハドウィン（Winne & Hadwin, 1998）のモデルに照らせば、自己効力感が学生の学習を改善できる方法としてどのような方法があるか。
4. 知識伝達と知識変換との違いは何か。学生は、知識伝達者であるか知識変換者であるかによって、執筆をモニターする方法にどのような違いがあるのだろうか。
5. 数学問題を解く学生の能力にメタ認知はいったいどのように貢献しているのだろうか。

【訳注】
★1　米語でstudentは、大学生だけでなく高校生、中学生、小学生、さらには幼稚園・保育園児にも適用される。文脈から特定されない限り、総称的に「学生」と訳した。

第 3 部　メタ認知の生涯発達

第10章 児童期の発達

　私たちはだれもが子どもであった。そして，多くの者が幸いにも成人期後期まで長生きをして，充実した幸せな人生を送る。生涯にわたり，人は多くの点で変化する。子どもの時には，学習，問題解決，他者とのコミュニケーションといった多くの認知活動にいっそう有能になる。大人の時には，多くの者が興味のある領域での専門知識を発展させつづけ，いずれは，生涯の早い時期に発達させたいくつかの能力に衰退の兆しを示し始める。発達心理学者は，誕生から死までの人の行動と精神能力の成長，安定，衰退を含むこうした変化を理解することに関心がある。心理への生涯にわたるアプローチは，私たちの能力が誕生から青年期にかけて向上し，年を取るにつれて安定する（そして，時には衰退する）のに応じて，それらの能力を記述し，理解することにかかわっている。当面の目的として，私たちは，生涯にわたる発達が，メタ記憶の知識，モニタリングとコントロールの過程といったメタ認知の種々の側面や方略行動にどのような影響を及ぼすのかということに関心がある。メタ認知のある側面は成熟過程の影響を受けるが他の側面は影響を受けないのだろうか。また，発達していくメタ認知的な過程が生涯にわたり認知に生じる変化を説明するのだろうか。

　次の二つの章では，児童期（第10章）と高齢期（第11章）において多くのメタ認知能力に生じる発達の軌跡を検討する。私たちの計画では，発達の軌跡のいくつかを記述し，あわせて，メタ認知能力の発達が認知の他の側面での変化を促すのかを論じる予定である。本章では，まず，自分自身の心や他の人の心がどのように働くのかについて子どもが発達させる信念あるいは理論に注目している膨大な文献の見どころに触れる。それから，メタ記憶の発達に関する文献を概観するが，特に，いろいろな認知課題を達成するための方略についての子どもの知識や利用に重点を置く。本章では，また，ヒト以外の動物，たとえば類人猿やイルカがヒトのようなメタ認知の前兆を示すのかどうかを検討する。ヒトだけが自身の思考内容について考える唯一の動物だというわけではないのかもしれない。

第10章 児童期の発達

第1節　心の理論の発達

　心の理論（ToM）とは心の状態を自分自身や他の人に帰属する能力である。子どもの心の理論自体は多面的で，誤った信念，情動，欲求といったさまざまな心の状態や信念を子どもがどれほどよく理解しているかを含んでいる。洗練された心の理論には，人は自分の信念と同じではない信念をもつことがあることを理解すること，あるいは「知ること」とか「忘れること」とはどういう意味かを理解することが欠かせないであろう。たとえば，あなたは多くの情動，欲求，信念を自分自身に帰するかもしれないし，他方で，たとえ自分のそれと食い違っていても，こうした（あるいは他の）心の状態を他の人に帰するかもしれない。だから，たとえば，「今夜サッカーの試合に行きたい」という心の状態をあなたは自分自身に帰するかもしれないし，また同様に，「ルームメートは今夜サッカーに行きたくないと思っている」という心の状態をルームメートに帰するかもしれない。この本のいたるところで論じてきたように，あなた自身の心の正確な理解が，あなた自身の認知と行動を判断するのにも，それらを効果的にコントロールするのにも役立っている。この自己コントロール以上に，他の人の心の理解（そして，信念といった心の状態が現実を反映している必要はないという理解）を含む洗練された心の理論も，私たちが他者の考えや行動を予測することを可能にする重要な機能的役割を備えている。心の理論のこの機能的な役割はアリストテレスの実践的三段論法から明らかである（Perner, 2000）。その三段論法において，「欲求」と「信念」を理解することで人がどのような行動をとりそうかが予測できる。たとえば，次のようなシナリオを考えてみよう。「エマは新しいおもちゃの家で遊ぶことを望んでいる（あるいは，欲している）」。そして，「エマはお父さんが今しがたおもちゃの家を地下室に移動したと信じている」。言うまでもなく，あなたが他者の心がどのように働くかについて適切な理論をもっていると仮定すれば，このシナリオで，あなたは，エマは地下室でおもちゃの家を探すと予測するだろう。このような理解がなければ，子どもたちは，他の人がどのように考え，なぜそのような振る舞いするのかを理解するのが難しいだろうし，さらには，それが不適切で無駄な社会的相互作用の原因となるだろう。したがって，発達心理学者は，心の理論がいつ，そしていかに発達するのかを理解しようと多大なエネルギーを費やしてきた。

　次の各項で，この領域において多大な注目を集めてきた二つの問題，「子どもが，自身の信念と他者の心の状態を表象する顕在的な心の理論を示し始めるのはいつか」，そして「この心の理論の発達の基礎にあるメカニズムは何か」という問題を手短に検討しておこう（概説については，Flavell, 2004; Perner, 2000; Sodian, 2005 を参照のこと）。

1. 心の理論の発達の時間的推移

　科学者たちは，心の理論の発達の時間的推移を実証するために，それを測定する方法を工夫する必要があった。心の理論の画期的な研究はプレマックとウッドラフ（Premack & Woodruff, 1978）によって発表された。彼らは，「チンパンジーは心の理論をもっているのか」と尋ねた。彼らは，チンパンジーが他の行為者にとっての問題の解決策を正しく選択することを見いだした（たとえば，ドアの鍵を開けようとしている行為者，そこで，チンパンジーは選択肢を表わす一群の写真から「鍵」を正しく選択した）。この証拠に基づいて，彼らは，実際のところチンパンジーは他の動作主に心の状態を帰する，この実験の場合には，行為者がドアを開けたいと思っていることをその行為者に帰する何らかの能力をもっていると推断した（この文献の広範囲におよぶ概説については，Suddendorf & Whiten, 2001 を参照のこと）。他の研究者たちは彼らの結論の説得力に疑問を抱いた。なぜなら，チンパンジーは，問題をどのように表象するかのみに基づいて問題を解決している可能性があり，必ずしも行為者の心の状態を表象する必要はないからである。

(1) 誤信念とあざむき

　プレマックとウッドラフ（Premack & Woodruff, 1978）の結論に対するいくつかの反論の中に，人（あるいは他の動物）が他のだれかの心の理論をもっていることを納得のいくように立証するには，だれかが現実に一致しない誤った信念をもっていることがあるという理解の証拠をその人（あるいはその動物）が示さなければならないという議論がある。あなたの好きなテレビ番組がその晩の午後8時にある（あなたは午後9時に変わってしまっていると聞いたにもかかわらず）と友だちが**誤って**信じていることをあなたが理解していれば，他のだれかが現実とは関係なく世界を表象していることがあることをあなたは理解しているはずである。この場合，あなたは世界の状態（番組は午後9時に始まる）を知っているので，友だちが誤った信念をもっている（番組は午後8時に始まると信じている）というあなたの理解は，あなたが友だちの心を世界の実際の状態と区別して表象していることを立証している。こういう種類の論拠に基づいて，ウィマーとパーマー（Wimmer & Perner, 1983）は子どもの誤信念の理解を調べる方法を開発した。その方法はこの研究分野に多大な影響を及ぼしてきた。子どもが解決しなければならなかった問題の一つの構造（図10.1［カラー口絵参照］で説明されている）とそれを正しく解くことが誤った信念を子どもが理解していることを示しているという根拠を考えてみよう。マックスはチョコレートを緑の食器棚に入れてから台所を出て，外へ遊びに行く。彼がいない間に，マックスのお母さんがそのチョコレートを緑色の食器棚から取り出して青色の食器棚に置く。マックスは，台所に戻ってきて，そのチョコレートを手に入れるのにどこを探すでしょうか。この質問に答えることが子どもの心の理論を引き出す。なぜなら，子どもが，マックスの

誤った信念（チョコレートは緑色の食器棚にある）は自分が正しいと知っていることと相違している（マックスが台所に戻ってきた時に，チョコレートが本当は青色の食器棚にある）と表象している時に限って，この問題を解くことができるからである。多数の実験（Wimmer & Perner, 1983）で，3歳から5歳の子どもにいくつかのこの種のシナリオが出された。重要な測度は，マックスがチョコレートを求めて「緑色の食器棚」の中を見ると正しく指摘するかどうかであった。3歳児にはこのテストに合格する者がいなかった。これに対して，4歳児のいくらかと5歳児の大多数はこのテストに合格した。

　ウィマーとパーマー（Wimmer & Perner, 1983）の画期的な研究以降のおよそ25年間に，数百の研究があらゆる種類の誤信念課題に合格する子どもの能力を検討してきた。ウェルマンら（Wellman, Cross, & Watson, 2001）は，子どもの心の理論に関する文献の評論において，178篇の研究のメタ分析を行ない，その分析結果が明快な姿をもたらした。すなわち，誤信念課題の成績が最年少の就学前の子どもでは偶然水準以下の成績であるのに，年齢が上がるとともに成績が高くなる発達パターンを示した。さらに，この発達パターンは，国が違っていても，また，誤信念課題が色々と異なっていても見いだされた。この種の証拠に基づいて，3歳半よりも幼い子どもでは，他者の信念を明確に表象することを必要とする，洗練された心の理論がまだ発達していないという見解が一般に受け入れられている。

　これらの課題は言語に高い負担がかかっていることを考慮すると，標準的な誤信念課題が信念についての子どもの理解を過小に評価しているのではないかと主張されるかもしれない。それに比べると，社会的文脈でのあざむきにかかわる課題は，子どもが信念の理解を示す，もっと自然な状況を提供していると考えられる（Sodian, 2005）。あざむきを調べるのに用いられる課題の種類を明らかにするために，次のような場面を想像してみよう。あなたと競争相手のそれぞれがひと組の選択肢，たとえば，無料ピザ券，新品のペンセット，あるいは，魅力的なコーヒーカップから一品を選ぶことを許される。あなたは最も心を引かれるのはコーヒーカップだと思う。あなた達のどちらかが選択する前にあなたは自分の好みを言わなければならない。そして，あいにくと，競争相手が最初に選ぶ。あなたは，まず，実験者にあなたの好みをこっそりと教える（だから，競争相手はこの時点ではあなたの好みを知らない）。それから，あなたはどの選択肢があなたの好みかを競争相手に教える。最初は，あなたは実験者にも競争相手にもあなたの本当の好みを教えるかもしれない。あなたの競争相手は，あなたが好みだというものを必ず選ぶ。コーヒーカップが好きだとあなたが言えば，相手はコーヒーカップを選ぶ。さて，もう一度ゲームをするが，新しい組の選択肢でゲームをする。この試行で，あなたは一番ほしいものを相手に教えるだろうか，それとも一番ほしくないものを相手に教えるだろうか。たいていの大人はわざとあざむいて，実際には一番好まない選択肢が好きだと言うであろう。そうすることで，競争相

手に誤った信念を吹き込み，本当にほしい選択肢を手にするだろう。しかしながら，ペスキン（Peskin, 1992）が示したように，3歳児はほとんど競争相手をあざむこうとはしなかった。ところが年長の子どもはすぐさま相手をあざむこうとした。ペスキン（1992）は，「3歳児は対戦相手に誤った情報を伝えるとか相手に情報を知らせないとかいうことがわからなかった。子どもたちは，自分がとてもほしいステッカーを競争相手が獲得すると，繰り返し失望するものの，本当の意思を明かしつづけた」（p. 87）。事実，ラッセルら（Russell, Mauther, Sharpe, & Tidswell, 1991））による研究において，3歳児は何と課題を20試行行なった後でも競争相手をあざむこうとはしていなかった。先に述べた誤信念課題を使った研究と同じく，これらの結果は，子どもは，3歳では他の人が誤った信念をもつことがあることに気づいていないが，4歳頃には人の信念が現実を反映している必要のないことを理解しはじめ，したがって，他者をわざとあざむくのに心の状態についてのこの知識を利用できることを示唆している。

(2) 見かけと現実

　誤信念課題とあざむき課題にはいくつかの共通点がある。それ故，幼児が一方の課題でうまくできなくてもう一方の課題でもうまくできないからといって，そんなに驚くことではないだろう。だから，研究者たちは，心がどのように働くのかに関する子どもの理解について一点に収束する証拠を提供する可能性のある他の課題を開発してきた。一つの興味をそそる課題は，現実と単なる見かけとを子どもに区別させることを含んでいる。あなたが鳥のようにかたどられたろうそくを見せられたら，このただ一つの対象があるもの（鳥）のように見えもするが実際には他のもの（ろうそく）でもあることを理解するだろう。この違いを理解するには，あなたの心がどのように働いているかを理解することが求められる。なぜなら，あなた自身の視覚（すなわち，あなたの知覚）が，対象の現実と対象の見かけとの（外見上の）類似性に関与していることに気づかなければならないからである（Sodian, 2005）。

> ●論点10.1　怪物，魔女，幽霊，うわぁ！
> 　子どもは幼い時から空想遊びをする。バナナは電話になり，ブロックは超高層ビルになり，クッションは森に変わり，靴箱はお城であり，人形は妖精のお姫様や恐ろしい竜になる。あらゆるこのような空想を子どもはどれほど本気で捉えているのだろうか，また，子どもは空想と現実を区別できているのかと思いをめぐらすのではないだろうか。幼い子どもの現実の境界線は自在であるとピアジェは考え，また，前頭葉の未成熟が同様の結論を示唆しているが，非常に幼い子どもでも，質問されると，現実と空想との違いを話すことができることを多くの研究が示してきた。
> 　しかしながら，この問題に関して興味をそそる研究は，この結論には限界があるかもしれないことを示唆している。ポール・ハリス（Paul Harris）とその共同研究者ら（Harris, Brown, Mariott, Whittall, & Harmer, 1991）はまず，テーブルの上に明らかに見

えていて，望めば触れることのできる鉛筆が現実かどうか，また，（目を閉じると見ることができる）しっぽを振る怪獣，空を飛ぶ魔女，あるいは窓から入ってくる幽霊が現実かどうかといった簡単な質問を子どもにした。リアリティモニタリングの技能は発達的な進歩を示す（たとえば，4歳児は年長の子どもよりも成績が劣る）（Sussman, 2001）が，ハリスら（Harris et al., 1991）の結果は子どもの能力を肯定的に論じている。具体的には，一般に，3歳児も6歳児も子どもはかなりうまく答え，ほとんど誤りなく鉛筆が現実であり，恐ろしい想像上の生き物も鉛筆のイメージなども空想であると答えた。彼らが調べた3歳児は6歳児よりも想像上のものについて少し劣っていたが，どちらの年齢群も極めて正確で，子どものほとんどがまったく誤りを犯さなかった。さらに，実験者が子どもに超自然のものと相互に交流しているところを想像させた場合には，判断がほんのわずか悪くなった。しかし，何か他のことが起こっている兆しがあった。空を飛ぶ魔女が「あなたを追っかけている」のかと質問すると，年少児も年長児も多くの子どもが，やはり魔女は現実でないといっているにもかかわらず，恐れる気持ちを打ち明けた。これはうわべだけの恐れだったのだろうか。おそらくそうではない。実験者が床の上に二つの大きな空の箱を示して，一方には恐ろしい噛みつく怪物がいて，もう一方にはかわいくて人の指をペロペロなめてくる子犬がいることを想像するように求めた。その後でどちらかの箱の穴に指を入れるように求めると，噛みつく怪物のいる箱に指を入れることを選ぶ子どもはほとんどいなかった。そして，（想像上の子犬になめられているのを想像させた後で）その箱に指を入れるように言われると，多くの子どもが指を入れようとしなかった。そうするような子どもでも，指を危険にさらすよりも穴に棒を突っ込むことにした。子どもは想像上の動物があたかも現実であるかのように振る舞った。しかし，ひょっとすると子どもたちは大人のふり遊びと気づいてちょっと乗っていてくれただけなのだろうか。

　このような行動がふり遊びでの実験者との馴れ合いであるのか，それとも想像上の生き物が本当の恐怖を引き起こすのかを調べるために，ハリスら（Harris et al., 1991）は，彼らの最後の研究において，怪物が箱の中にいる（統制群では，箱の中にかわいい小さなうさぎがいる）のを子どもに想像させた。子どもたちは怪物あるいはうさぎについて説明が与えられて，その後すぐに，現実かどうかが尋ねられた。例によって，子どもたちは怪物あるいはうさぎが現実でないことを実験者に的確に伝えることができた。しかし，そこで，実験者が子どもに，子どものごちそうをもらうのにしばらくその場を離れないといけないと伝えた。また，子どもは，実験者が戻って来るのを待つ間，部屋の中を動きまわって，何でもやりたいことをしてもよいとも言われた。この時点で，怪物群の年少児の何人かは泣き出し，実験者が自分を怪物と一人だけにしておくのを拒んだ。もちろん，実験者は怖がっている子どもと一緒にいて安心させ，実際には箱が空っぽであること（怪物はいない）を示した。実験者が出ていくことを認めた子どもの場合でも，（馴れ合い仮説とは裏腹に），一人で残されることが，ふり遊びはもう終わりで，ふりをするのを止められるという合図ではなかった。それどころか，怪物が実際にいそうだという恐怖が頭をもたげた。年少児の半分少々が，そして年長児の半数足らずの子どもたちが，実験者がいない間，怪物が箱の中にいるのではないかと本気で思ったと打ち明けた。そして，多数の子どもが，想像上の怪物が現実でないにしても**現実になる**ことがあるのかもしれないと指摘した。多くの子どもが，自分自身はふりによって生き物を生み出す力をもっていなくても，想像す

> るものが現実のものに変わることがあるのではないかと述べた。
> 　確かに，子どもは，年がまだ幼くても，ふりについて信じられない能力をもっている。そのこと自体，たいそう幼い子どもが心の状態を理解する能力を発達させていることを示している（Leslie, 1987）。ハリスら（Harris et al., 1991）による研究は，子どものふり遊びがおそらくは子どもが言う以上に現実的であるらしいことを示唆している点でたいそう興味をかき立てられる。子どもたちがどれほど本当であると信じているのかをさらに正確に理解することは，今後の研究が解決すべき重要な謎だと考えられる。

　フラヴェルたち（概説についてはFlavell, 1993を参照のこと）は，子どもたちに複合した正体をもつもの（たとえば，岩のように見えるスポンジ）を見せて，「これは本当は何かな」，「これは何に見えるかな」と尋ねる研究を多数行なってきた。誤信念課題についてと同じように，たいていの4歳児は質問に正しく答えるのに問題はないが，大多数の3歳児は質問に誤って答え，したがって，対象の現実とその見かけとを区別できない。つまり，3歳児は両方の質問に，「岩と岩」あるいは「スポンジとスポンジ」といったように，きまって同じように答えがちである（「見かけ－現実」の課題が子どもの能力をいくらか過小に評価することがある理由についての評論と考察については，Hansen & Markman, 2005を参照のこと）。「見かけ－現実」課題の成績と誤信念課題の成績はどの子どもでも相関があり，信念について子どもを訓練する（自身の信念と他者の誤信念とについて報告させる）と「見かけ－現実」課題の成績が向上する（Slaughter & Gopnik, 1996）。これらの結果は，子どもの心の理論が心についてのまとまりのある思考システムとして発達することを示唆している。なぜなら，子どもが一つの心の理論課題に合格する（あるいは，それについて訓練を受ける）とその他の課題の成績も良い傾向があるからである。

2．心の理論の発達に関する理論

　どのような成熟過程が子どもの心の理論の発達に関与しているのだろうか。誤信念課題に今ではたやすく合格する4歳の子どもが，ほんの6か月前にはそれに合格できなかった。心がどのように働くかについての子どもの理解にそのような著しい変化を引き起こすのは発達上何が起こったのだろうか。心の理論の発達を説明するのに，いろいろな理論が提案されてきたが，それらは大体2種類の理論に分けられる（Sodian, 2005）。特有のメカニズムが心の理論の発達に関与していると主張する理論とある別のより一般的な能力が関与していると主張する理論とである。

　モジュール説は，特有のメカニズムが特異的に子どもの心の理論に関与していると提案している。レスリー（Leslie, 2005）によって論じられているように，神経認知システムが心の理論にあてられているのかもしれない。もしそうであるなら，心の理論課題に合格する子どもの能力は誕生から児童期初期を通して成熟する生得的な神経構造から生じる。しかしながら，心の理論モジュールが生得的であるのなら，3歳半

よりもずっと幼い子どもが心の理論課題に合格できるのではないかと予想されるだろう。この見解に従って，何人かの研究者は，標準的な心の理論課題は心についての発達途上の子どもの知識を過小に評価していると主張してきた（Bloom & German, 2000）。さらにもっと強い印象を与えるのは，他の研究が，6か月の乳児でもメタ表象を使う（つまり，もう一つの別の表象について内的な表象を使う）能力を多少もっていること，また，生後15か月の乳児が非言語的な形式の誤信念課題に合格できることを示した（Onishi & Baillargeon, 2005）ことである。そうした結果は，十分に発達した心の理論の先駆けが3歳よりもずっと以前に使えることを示唆している（概説についてはLeslie, 2005を参照のこと）。たとえそうであっても，乳児が暗黙の心の理論を使って非言語検査に合格することに異議を唱える研究者もいる（Ruffman & Perner, 2005）ことを考えると，生得的な心の理論モジュールが存在するかどうかについてこれからもしばらくの間議論が続くことは確かである。

もう一つの部類の理論は，もっと一般的なメカニズムが心の理論課題に合格する発達途上の子どもの能力に関与していると提言している。これらの一般的なメカニズムは心の理論のために特異的に構築されたのではなく，多くの他の認知能力の発達を支援している。広く知られている一つの理論は，実行機能（関連のない思考を抑制し，そして／または同時に三つ以上の思考を扱う能力）の発達が，3歳から5歳にかけて心の理論課題に合格する子どもの能力の高まりに関与しているというものである。図10.1（カラー口絵を参照のこと）に例示されている標準的な誤信念課題を検討してみよう。子どもがこの課題を完遂するには，マックスがはじめにチョコレートを緑色の食器棚に置いたことをまず思い出さないといけない。そして，チョコレートが今は青色の食器棚の中にあるという，干渉する記憶を抑制もしなくてはいけない。この干渉する記憶を意識的に抑制する能力がなければ，子どもは正しく答えるのに困難を感じるだろう。研究者たちは，こうした可能性を評価するために，子どもの思考を抑制する能力と心の理論課題の成績との関係を検討してきた。予期されたように，多くの異なる研究で，この二つの能力に相関があった。実行機能をうまく抑制する子どもほど心の理論課題に合格する可能性も高かった（概説については，Moses, Carlson, & Sabbagh, 2005; Perner & Lang, 1999; Schneider, Lockl, & Fernandez, 2005を参照のこと）。実行コントロール（あるいは自己コントロール）と心の理論とのこの強力な関係について，もはや，疑問の余地はない。しかしながら，なぜこの関係があるのかは，今もなお論争の的である。実行コントロールが発達することによって，子どもが心の理論課題に合格できるようになるのか。それとも，メタ表象（つまりは，心の理論）を形成する能力の発達が子どもの実行コントロールに寄与しているのか。パーナーとラング（Perner & Lang, 1999）によれば，データは必ずしもどちらか一方の因果関係の方向を排除するものではない。それよりもむしろ，おそらくそこにあるのは「［心の理論］と［実行機能］との機能的な相互依存である。自身の心をよく理解すればす

るほど自己コントロールをいかに使うかのより良い洞察がもたらされる。また，自己コントロールの練習はそうした理解を築き上げるための主要な基盤の一つである」(p. 343)。心の理論の発達を説明するために生まれてきた理論が多種多様であること（ここで論じられなかった他の理論に関しては，Flavell, 2000 や Sodian, 2005 を参照のこと）を考えると，子どもが心の状態を自分自身や他の人に帰属する能力がどのように発達するのかについて今後も議論が続くことは間違いない。

第2節　メタ記憶の発達

　他の章で学んだように，成人は随分とめざましい記憶モニタリングの能力をもっている。彼らは，新しい材料の学習を正確にモニターするし，現在検索できない情報を再認できるかどうかを正確に予測もする。次の二つの項で提起される問題は，こうしたモニタリング技能がいつ生じるのかに焦点を合わせている。具体的には，ヒト以外の種はメタ認知モニタリングの前兆となるものを示すのか。そして，ヒトの子どもは成人においてそのように容易に認められるメタ認知能力をいつ示し始めるのかという問題である。

1．ヒト以外のメタ認知

　大人のチンパンジーはおそらく3，4歳のヒトの子どもと知的に似ているとよく言われる。もしそうであるのなら，子どもに見られる認知能力に類した能力をチンパンジーがもっているのではないかと予想されるであろう。このような推論が，いったいチンパンジーや他の霊長類はメタ認知能力をもっているのだろうかと多くの研究者に好奇の思いを抱かせることになった。問題は，たいていのメタ認知課題が（子どもに使われる課題でさえも）ある程度の言語化能力を必要としていることであり，こうしたことができる能力が他の霊長類ではいっこうに使えないことである。したがって，ヒト以外の動物でメタ認知を検証する際の難題は，メタ認知能力を要するが言語を要しない課題を見つけ出すことである。

　この話題に関するとても興味深い研究がジョーゼプ・コール（Call, 2005）によって行なわれた。彼は，知らないということを動物が知っているのなら，情報を捜し求めるだろうと考えた。そのような情報探索は動物がメタ認知的である（すなわち，彼らが知っていることか知らないことかをモニターしている）ことのしるしであると解釈した。コールは，彼の課題において，チンパンジーに2本の筒の1本にごちそうを隠すところを見せた。だから，チンパンジーはどこに隠されているかをはっきりと見ることができた。この場合では，その動物はごちそうが収められた筒へ直行するだろう。コールは，もう一つの方法として，2本の筒の一方に何かが隠されるのをチンパンジーに見せたが，隠されたのがどちらの筒であるかをチンパンジーが見ていないこ

とを確認した。コールは，ごちそうがどちらの筒に隠されているのかをチンパンジー（および，オランウータン）が知らない時には，ごちそうを手に入れようとする前に調べようとすること（知らない時には情報を探索すること）を見いだした。イヌといった他の動物は行動に移るのに先だってこのような情報探索を行なわなかった。

スミスら（Smith, Shields, & Washburn, 2003）も，ヒト以外の霊長類が，それにイルカも，ためらい反応を示すことを明らかにしている。動物たちは，弁別課題があまりにも難しい時には，ある特定の信号があるかないかどうかについて反応する代わりに，第3の「見合わせ」選択肢を選ぶ。したがって，第3の選択肢を選んだ動物は，正しく答えて報酬を受けるのか誤った答をして罰を受けるのかを確かめることができない。スミスらは，動物のこの見合わせ反応の使用を動物がどのような時に不確かであるかを知っていることを意味していると解釈している。そして，彼らは，この疑いの表出が紛れもなくメタ認知的であると確信している。

こうした方向の研究はどちらも非常に興味深く，ヒト以外の動物の行動の洗練された性質を明らかにしている。そうはいうものの，これらの研究は，その動物たちが本当にメタ認知的に振る舞っているのかどうかについての論争も引き起こしてきた（たとえば，Metcalfe, 2008）。というのは，おそらく，彼らの行動は複合条件づけあるいは生得的傾向によって説明できるからである。さほど議論の余地がないのは，アカゲザルを調べてきたロバート・ハンプトン（Robert Hampton）の研究である（Smith, Beran, Redford, & Washburn, 2006 も参照のこと）。ハンプトン（2001）は，覚えるべき刺激（一枚の画像）が記憶テストの前に短時間視界から除かれるという課題を使った。遅延期間に，サルは，見合わせて（すなわち，テストを受けないで）小さな報酬を手に入れるか，もちろん彼らが正しく反応すれば大きな報酬が得られるテストを受けるか，選択肢が与えられた。ハンプトンが問いかけた問題は，サルは，答えを知っている時よりも知らない時に見合わせるのだろうかというものであった。ここで，彼の課題がどのような仕組みなのかをさらに具体的に示そう。サルはコンピュータ画面に画像を示された。その時，基本課題では，サルはその画像がランダムな位置で他の3枚のディストラクタ（他の試行で示されたことがあるが現在の試行では標的ではない，混乱させるための選択肢）の画像と一緒に画面上に示されるまで240秒間待たなければならなかった。その後にサルは前に呈示された画像（最初に呈示された見本に一致する画像）に触れなければならなかった。これは極めて標準的な記憶テストであり，サルはそのテストに偶然を上回る成績を示す。ハンプトンが加えたメタ認知的側面は，4枚の画像が検査で示される前に，3分の2の試行で，テストを受けるために一つのアイコンを選ぶ（そして，もし正しければ大きな報酬が得られ，間違っていると何の報酬もない）か，それとも別のアイコンに触れてテストを受けることを見合わせて，小さいが確かな報酬を受け取るか，その選択がサルに許されることであった。ハンプトンは，サルにテストを受けたいかどうかの選択をさせないで，とにかくサル

にテストを受けさせる試行もいくつか実施した。これらの「強制テスト」試行の成績がテストを受けることを選んだ（あるいは選ばなかった）時の成績と比較された。サルが検査を受けるか受けないかを決めるにあたって，再認すべき画像をどれほどよく覚えているかについてのモニタリングを本当に頼りにしているのなら，強制的に検査を受けた時よりも検査を受ける選択をした時の成績の方がよいはずである。

　この課題は，もちろん条件づけの課題（サルを含め，多くの動物で行なわれるような条件づけ課題）ではない。なぜなら，それぞれの試行ごとに，4枚の選択肢の中でターゲットが変わるれっきとした記憶課題（サルは今しがた起こったことを覚えていなければならない）であった。また，刺激がもはや周りにはない時に判断が行なわれるので，サルは，選択にあたって，（もちろん外の世界の中にあるものではなくて）自分自身の心あるいは心的過程を調べなければならなかった。とても重要な結果は，サルが検査を受けることを選んだ時の記憶成績が受けないことを選択した時よりも良かったことである。この結果は，サルが知っている時と知らない時を知っていること，また，彼らがこの知識を使ってテストを受けるか受けないかをコントロールしていること（紛れもなくメタ認知的な妙技）を表わしている。

　コーネルら（Kornell, Son, & Terrace, 2007）は，アカゲザルに今しがた受けた記憶テストでの反応が間違っていたかそれとも正しかったかに「賭け」をするように求めることで，引きつづきこの研究を行なった。もしサルが正しいということを知っていれば，彼らは，利得（後で報酬に変えられることになっているもうけ）が大きいので「危険性の高い」賭けをするはずである。しかしながら，もし誤って「危険性の高い」賭けをすれば，何の利得も得られない。だから，反応が間違っていそうだと正確にモニターできるのなら，利益を最大にするように「危険性の低い」賭け（小さいけれども常にもうけをもたらすことになっている賭け）を選ぶはずである。この課題の説明が図10.2（カラー口絵参照）に示されている。図は，サルが見本を調べ（左端），テスト中にその正しい見本を選択し，「危険性の高い」賭けをして，そして，大きな利得を見ているところを示している。コーネルらは，サルの危険性の高い賭けと成績の正確さとの相関が偶然を十分に超えていること，この場合もやはりメタ認知を示していることを見いだした。さらに，この賭けの行動は，もとの訓練課題には含まれていなかった純粋な記憶課題に即座に転移したので，特定の随伴性に対する学習性の反応ではなかった。

　したがって，いろいろな種の中で私たちのようなメタ認知能力があるのは私たちだけではないと断定できる。サルもまたメタ認知能力をもっている。そうであるのなら，ひとたび調べられるようになれば，チンパンジーや他の類人猿，そしておそらくはイルカのように知能の高い他の動物もメタ認知能力を備えていることが見いだされるであろう。

2. 子どもにおける記憶モニタリングの発達

　私たちが乳児期から成人期へと成長するにつれて，多くの認知の変化が起こり，それにより，最後にはいっそう効率よく学習し，問題を解決することができるようになる。5歳や6歳の子どもは比較的簡単な連合でさえ記銘が難しいのに，12歳までには学習能力が大幅に向上し，そしてその後も引きつづき向上する。確かに，多くの要因がこの発達パターンに寄与しているのであろうが，ここでの私たちの主たる関心はメタ記憶に関係している。具体的には，記憶のモニタリングやコントロールの過程がいつ発達するのか，それらの過程は学習や記憶における年齢的な進歩に関与しているのか。進行中の学習や検索をモニターする子どもの能力の発達についての文献がますます増えている。この項ではそうした文献を検討する。児童期に成熟するのに応じてこれらのメタ認知過程のいくつかが発達するのであれば，なぜ学習や記憶も同様に向上するのかということに，そうした発達がある程度関与していると考えられる。

(1) 全体的判断

　研究者たちは，自分の成績を評価する子どもの能力を調べるのに，最終的には覚えるべき項目のいくつを覚えられると思うかと全体的な判断を子どもに行なわせてきた。最も初期の研究の一つにおいて，フラヴェルら（Flavell, Friedrichs, & Hoyt, 1970）は，保育園から4年生の子どもに記憶範囲課題をどれほどうまくできるかについて全体的な判断を行なうように求めた。彼らは10枚の絵を全部見せられて，すべての絵が覆い隠された時にいくつ思い出せるかを尋ねられた。すべての学年範囲にわたり，子どもは，実際に再生できる項目よりも多くを再生できると予測するという点で，過剰確信であった。この研究以降，記憶における子どもの過剰確信が繰り返し示されてきた（概説については Schneider & Lockl, 2008 を参照のこと）。

　このような記憶課題が（すべてではないにしても）多くの子どもにとって目新しいものであると考えると，その課題での成績を正確に予測することがそもそもどうして期待されるのかと主張されるかもしれない。この疑問に関連してさらに驚くべきことは，その課題で練習を受けた後でも子どもの過剰確信が解消されないことである。たとえば，シンら（Shin, Bjorklund, & Beck, 2007）は15枚の絵の何枚を覚えられるかを幼稚園児に予測させた。この全体判断をした後に，15枚の絵を示されて2分間それを学習した。短い保持期間をおいて，今しがた学習した絵の名前を再生するように求められた。以前の研究から予期されるように，最初の試行について行なった彼らの判断は過剰確信であった。もっと重要な点は，彼らは判断－学習－テストの試行をさらに4回，毎回新しい組の絵で繰り返した。なんと，この課題をたくさん経験しても，彼らの判断は5試行とも同じように過剰確信であった。

●論点10.2　過剰確信には適応的機能があるのか

　自分の知識についての子どもの判断に関しておそらく最も興味深いことは、彼らがたいへんな過剰確信であることであろう。知識についての確信は、想起時の自分の能力についての判断以上に過剰である。たとえば、メリマンとバウマン（Merriman & Bowman, 1989）は、どちらかといえば簡単な課題と思われる課題の中で、2歳児と3歳児に単語ゲームをさせた。実験者が、たとえば「ねこ」と単語を言うと、子どもはただそれぞれの単語の意味を知っているかどうかを言わなければならないだけだった。子どもたちは、「ねこ」と「卵」について自信たっぷりに「はい」とうなずいた。それよりも興味深い試行は、"pilson"や"zav"のような無意味語に直面した場合であった。熟知語ほどにはこれらの単語に「はい」とは答えなかったものの、それらを知っていると言う場合が、知らないと言う場合よりも多かった。この研究者たちは、実に、ものの名前を言えるかどうかの判断でも子どもが同様に過剰確信であることを示した。すなわち、3歳児は馴染みのないもの（たとえば、ジャイロスコープ）を示されると、しばしばそれが何かを知っていると答えた（Marazita & Merriman, 2004）。身体運動に関して、子どもはやはり自分の能力を過信し、実際にできる以上に跳べるとか的を射ることができるとか思っている。

　この本の大半で、私たちは、このような見当違いの自信（たとえば、知らないことを知っていると信じる）は有害な結果をもたらすことがあると論じてきた。そして、事実、自己調整に関する成人を用いた研究で、不正確なモニタリングが学習の有効性を損なうことがあることが明らかにされている。しかし、子どもの過剰確信についてはどうなのだろうか。もしかすると適応的なのではないのか。ビョークランドとグリーン（Bjorklund & Green, 1992）は「そのとおり」と応える。「自分の能力についての非現実的な楽観や自分の行動についての同様に非現実的な評価は、メタ認知が正確であればそうすることを思いとどまらせるかもしれない状況で技能を練習する機会を子どもに与えている」（p. 47）とこの著者たちは主張している。この推論は最初直感に反するように思われるかもしれないが、たいがいの親はすぐさま同意するのではないかと思われる。特に、過剰確信が、困難な課題に没頭し続けさせることで、子どもの役に立っているように思われる。子どもの見当外れの自己効力感（どんな課題でも達成できるという信念）が失敗に直面しても課題にこだわり続けることを保証しているのであろう。

　過剰確信を記憶課題での持続性に結びつける実験的証拠は乏しいが、過剰確信のいくつかの利点が示されてきた。たとえば、シン（Shin et al., 2007）は、2回の判断－学習－テスト試行の第1試行での過剰確信に基づいて、子どもを高水準の過剰確信を示す者と低水準の過剰確信を示す者の2群に分けた。最初の過剰確信が高水準を示した子どもの方が低水準を示した子どもよりも試行による成績の増加が大きかった。これらの知見は適応仮説の予測に一致するが、その知見を再現し、拡大するにはさらなる研究が必要である（メタ認知を超えた広範な概説については、Bjorklund & Green, 1992を参照のこと）。

　すべての証拠が適応仮説を支持しているわけではない。たとえば、先に紹介した語彙や事物を知らないことについての研究では、馴染みのない単語や事物を正確に「知らない」という子どもは自分の無知に気づいていない子どもよりもより確実に新奇物に新奇語を対応づける傾向がある（Marazita & Merriman, 2004; Merriman & Bowman, 1989）。身体運動に関しては、肉体的な課題を遂行する能力に過剰確信を示す子どもはその課題に没頭

する可能性が高いかもしれないが，不慮の事故によって負傷する傾向も高かった（Plumert, 1995; Plumert & Schwebel, 1997）。こうした過剰確信の（病院行きの可能性がある）子どもは，短期的には不利な立場にあるが，おそらくさらに続けることで，最後には将来，花形アスリートになるだろう。さらに，自分の身体能力の過大評価は本来メタ認知的ではない。したがって，たぶん自分の認知能力の過剰確信は適応的な時もあるのであろう。しかしながら，これまでの証拠を考慮すると，「過剰確信の適応的性質」を論点に入れるべきだと判断した。子どもにとって適応的な機能をもっている過剰確信の可能性は非常に興味深いが，過剰確信の子どもが認知課題に固執し，成功を収める可能性が最も高いという主張の信憑性を十分に評価するにはさらなる研究が必要である。

　記憶についての子どもの判断が過剰確信であることにだれもが同意している。そのことが次の二つの疑問を引き起こすことになった。第1に，この過剰確信は何か適応的な機能をもっているのか，すなわち，何かの役に立っているのか。この疑問に対する答えは論点10.2で検討している。第2に，課題を遂行する経験をした後でも子どもがそれほどに過剰確信であるのは**どうしてなのか**。シュナイダー（Schneider）とその共同研究者ら（Schneider & Lockl, 2008に記載）は，子どもの過剰確信に関する二つの説明を評価した。一つの可能性は，子どもは遂行行動を正確にモニターすることがまったくできない。つまり，どれほどうまく遂行したかについての回想的な確信判断が過剰確信であり，それが成績を予測する際に過剰確信をもたらすのであろう。シュナイダーらは，彼らの研究の参加者である4歳児，6歳児，9歳児の成績モニタリングは優れていることがわかっているので（Pressley, Levin, Ghatala,& Ahmad, 1987も参照のこと），この可能性を除外した。**希望的観測仮説**と呼ばれるもう一つの可能性は，幼児が自分の欲求（あるいは望み）と，起こると見込んでいることとを混同している可能性である。そういうわけで，子どもは15項目全部を再生したいと望んでいるから「15項目全部を思い出すだろう」と予測するのかもしれない。この仮説どおり，4歳児や6歳児は，正しく思い出したい望みと項目をいくつ正しく思い出せるかの見込みとを区別していなかった。

　希望的観測仮説を評価する他の研究では，実験者が子どもに自分の遂行を予測することと他の子はどのように遂行するかを予測することとを求めている。子どもの予測が希望的観測に基づいているのであれば，子どもは他の者にそのような欲求を抱かないと予想されるで，他の子どもの成績の予測は自分自身について**よりも低い**過剰確信を示すであろう。いくつかの例では，他者の成績を予測した時よりも自分の成績を予測した時の方が子どもの過剰確信が大きい（たとえば，Stipek, Roberts, & Sanborn, 1984）。しかしながら，こうした示差的な過剰確信が必ずしも見いだされるとは限らない（Schneider, 1998）。このように，希望的観測は子どもの過剰確信のいくらかを説明するかもしれないが，そのすべてを説明できるかどうかは疑わしい。

(2) 項目別の学習判断

上に述べたメタ記憶研究は主に全体的な判断に焦点を合わせていた。だから，子どもが個々の項目の学習をうまく評価しているのかどうかについて疑問が生じる。成人が個々の項目の学習をどのように判断しているのかについては膨大な文献があるのに対して，これまでのところ，子どもがどのように項目別の学習判断を行なっているのかについては入手できる研究がほとんどない。ここではとりわけ有益な二つの研究を述べよう。その一つめは，子どもが学習の判断をする時に年上の成人と同じ手がかりを使っているのかどうかを評価した研究である。

手がかり利用アプローチによれば，成人の学習判断は，いくつもの手がかりに基づいてある項目をどれほどよく学習したかを推測しているので，必然的に推測による判断である（詳しくは第5章を参照のこと）。成人の学習判断で有力な二つの手がかりは，ある項目を学習することについて知覚された容易さ（学習判断の値は知覚された容易さとともに高くなる）とある項目が学習のために呈示された回数（学習試行が増えるほど学習判断の値は高くなる）とである。コリアットとシッツァー゠ライヒェルト（Koriat & Shitzer-Reichert, 2002）は，2年生と4年生（それぞれ，おおよそ7歳と9歳）の子どもでも学習判断を行なう時にこれらの手がかりに敏感であるかどうかを調べた。具体的には，子どもは基準的に学習が難しい単語対か，基準的に学習が易しい単語対かどちらかを学習した。彼らはこれらの単語対を複数試行にわたって学習し，それぞれの試行中に各項目について直後学習判断を行なった。成人と同様に，どちらの年齢群の子どもも学習困難対に比べると学習容易対の方が高い学習判断の値を示し，学習判断の大きさはすべての試行にわたって増大した。さらに，学習判断の相対的正確度が最初の実験では年長児の方がいくらか優れていたが，相対的正確度の年齢による差異が第2実験では見いだされなかった。

遅延学習判断を行なう子どもの能力を検討した最初の研究で，シュナイダーら（Schneider, Visé, Lockl, & Nelson, 2000）は幼稚園児，2年生および4年生を，直後学習判断と遅延学習判断を行なうことを含む標準的な学習判断課題に参加させた。子どもたちは彩色絵カードに示された無関係な具体物の対を学習し，子どもの半数に対しては直後学習判断を，そして残りの半数に対しては遅延学習判断を求めた（この方法に関する手引きについては第5章を参照のこと）。項目を学習し，学習判断を行なった後に，それぞれの対の刺激がその対の反応を再生するために呈示された。幼稚園児には2年生よりも少ない学習項目を与え，2年生には4年生よりも少ない学習項目を与えることで，異なる年齢群の再生成績の全体的な水準が揃えられた。したがって，学習判断におけるどのような発達傾向も記憶自体の差異に帰することはできなかった（さらに深い考

ヴォルフガング・シュナイダー
(Wolfgang Schneider)
多くの研究成果を発表し，メタ認知の発達についての理解に貢献している。

察は論点3.1を参照のこと）。相対的正確度がそれぞれの実験参加者の学習判断とその再生成績との相関関係によって測定された。個人ごとの相関の平均が図10.3に示されている。いくつかの結果が注目される。まず，すべての群の正確さが偶然水準を超える傾向があった（すなわち，0以上の平均相関によって表わされている）。第2に，すべての群が遅延学習判断効果を示し，正確さは直後学習判断よりも遅延学習判断の方が高かった。第3に，そして最も重要なのだが，相対的正確度に年齢に関連した傾向が見られなかった。幼稚園児は年長の子どもと同じように正確で，どの園児の延滞学習判断も非常に正確であった。

このように，この領域で行なわれた研究は少ないが，既存のデータは，符号化の際に記憶を正確にモニターする能力は生涯の極めて早い時期に発達するという結論で一致している。実際のところ，幼稚園児であっても成人に実によく似たモニタリング技能をもっているようである。そうだとすると，「子どもは学習時間を効率的に割り当てるのにモニタリングを使っていると思われるのか」と質問されるだろう。この重要な問題を検討した研究は少ないが，学習時間の有効な配分が児童期初期に発達することを示唆している。たとえば，デュフリスンとコバシガワ（Dufresne & Kobashigawa, 1989）は，学習しやすい刺激と反応の連合対かあるいは比較的学習しにくい連合対かどちらかの対を6歳と12歳の子どもに学習させた。年長児は相対的に難しい対を学習するのにより多くの時間をかけたが，年少児は易しい対にも難しい対にもかけた時間はほぼ同じであった。

シュナイダーとロックル（Schneider & Lockl, 2008）は，連合対に関して子どもがある試行で行なう学習判断と次の試行での学習時間配分との関係を検討した研究につ

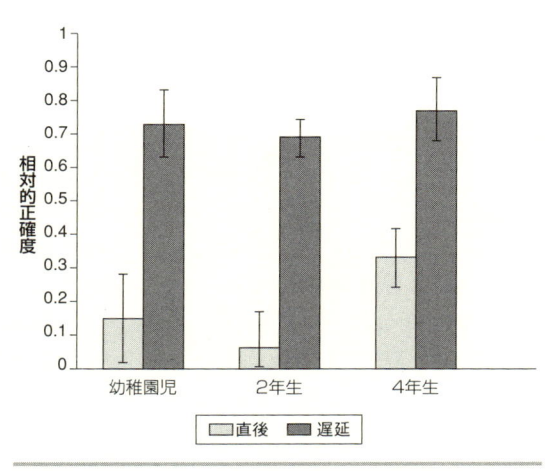

○ 図10.3 子どもの項目別学習判断の相対的正確度（出典：Schneider, Visé, Lockl, & Nelson, 2000 より改変）

いて述べている。第2試行で自己ペースの学習を行なった後で，対連合の最終再生テストが与えられた。7歳児も9歳児も，はじめによりよく学習されていると判断した項目よりもあまりよくは学習されていないと判断した項目を学習するのに多くの時間を割り当てる傾向があった。しかしながら，この関係は7歳児よりも9歳児の方が強かった。重要なことは，より易しい項目に比べて最も難しい項目にいっそう多くの時間を割り当てた子どもの成績は最終再生テストでも最も優れていた。したがって，モニタリングの正確さは子どもの再生の向上の説明とはならないようであるが（幼稚園児でさえも上手にモニタリングを行なう），自己調整技能（学習をコントロールするのに正確なモニタリングを使う技能）の発達が児童期の記憶の向上をある程度は説明するのかもしれない。

(3) 既知感判断

既知感判断がメタ認知的判断の領域で組織的に検討された最初のものであること（Hart, 1965に始まる）を考えれば，既知感判断が発達の文献で注目された最初の判断であったことは驚くにあたらない。最も初期の研究では，既知感の正確さにおける発達的な増大が示されたが，この研究は最年少の子どもをうかつにも不利な立場に置いてしまったと思われる方法を使っていた。それにひきかえ，バターフィールドら（Butterfield, Nelson, & Peck, 1988）は，既知感の正確さに年齢による増大が生じているかどうかを評価するために，洗練された測定法を使用した（たとえば，3章で論じられたように，既知感判断と再認との個人内の相関を使って正確さが検討された）。実験参加者は6歳と10歳の生徒および18歳の大学生であった。実験参加者は，最初の試行で，定義のできない単語が35語に達するまで口頭で単語を定義しなければならなかった。その後に，実験参加者は定義できなかった単語について既知感判断を行ない，最後に各単語について多肢選択テストを受けた。それぞれの年齢群の相対的な既知感の正確さは，6歳児が.37，10歳児が.23，18歳児が.18であった。

ロックルとシュナイダー（Lockl & Schneider, 2002）は，追跡研究で，さらに，子どもの判断の根拠だけでなく既知感の正確さの発達傾向も調査した。7歳児と10歳児が，バターフィールドら（Butterfield et al., 1988）によって行なわれた実験に極めてよく似た実験に参加した。しかしながら，先行研究の大部分とは異なり，生徒たちは，①正しく定義した単語，②誤った定義を与えた単語（つまり，コミッション・エラー），③何の定義も与えなかった単語（つまり，オミッション・エラー），について既知感判断を行なった。バターフィールドら（Butterfield et al., 1988）と同じように，彼らも既知感の正確さに発達傾向が見られないことを見いだした。さらに，子どもの既知感判断の値は，正しい定義をした時とコミッション・エラーをした時とで似ていたのに，この2種類の反応の両方についての既知感判断はオミッション・エラーをした時の判断よりも値が高かった。これらの結果は，既知感判断に関するアクセス可能性仮説を支持している。つまり，成人と同様，子どもは，判断されるべき標的につい

ての情報に（その情報が正しかろうが誤っていようが）アクセスしさえすれば，何にもアクセスしていない時に比べて正しい答えを再認する可能性が高いと感じていた。重要なこととして，既知感の正確さに発達傾向がみられないことは，検索時の記憶モニタリングで学習や記憶において見いだされる共通の発達的増進を説明することができないことを示唆している。

3．方略の使用

簡単な単語のリスト，たとえば「カエデ，バス，車，ニレ，テーブル，汽車，椅子，寝椅子，カバノキ，飛行機，ソファー，オーク」を学習するために試してみることができそうな方法をいろいろ思い浮かべてみよう。ただ受け身の姿勢で椅子に座ってもっぱらそれらの単語を読んでもよいが，それぞれをできるだけ頻繁に繰り返し暗唱しようとすることもできるだろうし，あるいはむしろ，全部を一緒に結びつけて物語を作り上げるのもよいだろう。そのリストが木，交通手段，家具の例を含んでいることに気づけば，カテゴリーによってそれらをまとめることもできるだろう。繰り返したり，結びつけたり，まとめたりするといった方略を使うことは記憶をコントロールする試みに関係していて，こうした試みは当然，メタ認知的である。学習中のそうした方略行動は，覚えたい項目をただ受動的に読むだけに比べると，記憶に劇的な向上をもたらすことができる（Richardson, 1998）。

こうした方略の使用と学習とのつながりを考えれば，方略の使用の増大が学習において常に観察される発達傾向に関与しているかどうかを多くの研究者が調べようとしてきたことは自然に思われる。それでは，たとえば，7歳児は効果的な方略を使うのに対して，4歳児はそれに比べて学習中に受動的であると推測されるので，上記の単語の学習は4歳児よりも7歳児の方が易しいのだろうか。この疑問や多くの関連した疑問に答えるために行なわれた研究は膨大なので，ここで詳しく見直すことは不可能である（この文献の綿密な分析については，Schneider & Pressley, 1997を参照のこと）。この項の残る部分では，学習と記憶の発達における方略使用の役割について比較的堅固な結論をもたらした研究のいくつかに触れることにしよう。

(1) 方略についての知識

メタ記憶の発達に関する最初の研究のいくつかの関心は，学習を推進する助けとなる効果的な方略について子どもがどれほど知っているのかということに向けられた。クロイツァーら（Kreutzer, Leonard, & Flavell, 1975）は，彼女らの著名な研究論文において，子どもが自分の記憶や学習についてどれほど知識をもっているのかを見いだすことを目ざして，幼稚園，1年，3年，および5年の子どもたちに面接を行なった。面接は広範囲に及び，節約，短期記憶からの減衰，記憶方略の効果など，記憶の多くの側面について子どもに質問がなされた。たとえば，次の質問のねらいは節約（すなわち，情報を学習すると，たとえそれが忘れられても，その再学習が容易になること）

についての子どもの知識を明らかにすることであった。質問は,「ジムとビルは＿＿＿年生です［この文を完結するのに実験参加者自身の学年が使われた］。先生が自分たちの都市の中で見つけることができる鳥の種類の名前を全部覚えてほしいと思いました。ジムは去年その鳥の名前を覚えたのですが,忘れてしまいました。ビルはこれまでに覚えたことがありません。この男の子の内の一人は,自分の方がもう一人の男の子よりも鳥の名前を全部覚えるのが易しいことに気づくと思いますか。どちらの子でしょうか。それはどうしてでしょうか」(Kreutzer et al., 1975, p. 8)。節約問題について,どの学年の子どもたちも,ジムの方が簡単に覚えられるだろうと言う傾向が強かった。ただし,年長の子どもの方が理由を述べるのに優れていた。このような質問への応答に基づいて,すべての年齢の子どもが(幼稚園児の多くも),記憶は短期記憶から急速に減衰するという直感や,記憶成績そのものは学習量や覚えようとしている項目数の影響を受けるという直感をもっていることも明らかとなった。

　方略についての子どもの知識に関して,クロイツァーら(Kreutzer et al., 1975)は,学校でなくしてしまった上着をどのように見つけるかというように,自分あるいは他の者がある出来事とか物を思い出すのにどのように取り組むかを子どもに尋ねた。年少の子どもは,幼稚園児でさえも,なくした上着を外で探すことを勧めたが,3年生と5年生は,引き返すとか,なくしたジャケットを順序立てて探すといったように,より方略的な方策を勧める傾向が強かった。これらの方策はどちらも,メタ認知的に駆動される調整の典型である計画立案と内省を含んでいる。また,内的な方略の使用については,一組の絵(たとえば,ベッド,ネクタイ,靴,テーブルなど)を思い出すのに,ただ絵を示されるだけの女の子か,それとも絵を見ながら絵を含むお話(たとえば,「ある人が**ベッド**から起き上がり,服を着て一番いい**ネクタイ**をして**靴**を履き……」)を聞く女の子かどちらの方が思い出しやすいと思うかも尋ねられた。幼稚園児でお話が絵を思い出しやすくすると答えた者はほんの半数にすぎなかったが,3年生と5年生は大多数がお話は絵を思い出しやすくすることを自覚し,それがなぜ役に立つのか,適切な理由づけを行なった。

　クロイツァーら(Kreutzer et al., 1975)の研究以降,他の多くの研究が子どもの方略使用についての知識における発達傾向を立証してきた。そうした傾向が次の二つの項で手短かに検討する二つの疑問につながる。実際の方略使用における発達傾向が記憶成績の年齢による向上を説明できるのか。また,方略知識の発達は方略使用の発達に関係しているのか。後者の疑問は非常に重要である。なぜなら,それに肯定的な答えが得られるなら,子どものメタ記憶知識そのものが記憶のコントロールにとって大切であることが証明されるからである。

(2) 方略使用とその有効性

　就学前の子どもでも,たとえば見あたらなかったり隠されたりしたおもちゃを見つけようとする時のように,明らかに,思い出すのにいくらかの方略を使っている。し

かしながら，符号化や検索時の方略の明確な適用は，子どもが小学校の学年を進むにつれてより一般的になることもまた同じように明らかである。過去数十年にわたって一貫して示されてきた方略使用の発達傾向を捉えている初期の研究成果を少し見てみよう。オーンスタインら（Ornstein, Naus, & Liberty, 1975）は，覚えるべき単語のリストをリハーサルするのに子どもが使う方略に発達傾向が現われるかどうかを調べた。18の関連のない単語が，単語あたり5秒で，一度に1単語ずつ3年生，6年生，および8年生に呈示された。最も重要なことは，半数の実験参加者が声に出して単語をリハーサルするように要求された点である。リストの最後の単語の呈示直後に，生徒たちは単語のすべてを再生しようと試みた。彼らの主要な結果が図10.4に示されている。図のパネルAをよく見てほしい。パネルAは系列位置による単語再生の割合の変化を示している。系列位置とは，単語が学習用に呈示された順序のことである。したがって，系列位置1は最初に呈示された単語を表わし，系列位置2は2番目に呈示された単語を表わす，といった具合である。図の中のパターンは典型的な系列位置曲線を表わしている。中央部分の系列位置7－13の再生に比べて最初の部分の単語（系列位置1－4）の再生が良いことが**初頭効果**と呼ばれ，長期記憶からの再生によるものである。最後部の単語（系列位置17と18）の再生が良いことが**新近性効果**と呼ばれて，多くの場合，短期記憶からの再生に帰せられる。初頭効果が6年生よりも8年生で大きく，順に，6年生の初頭効果が3年生の初頭効果よりも大きいという再生成績の発達傾向に注目してほしい。

　一番重要な問題は，これらの年齢による初頭効果の増大が異なる方略使用に拠るのかどうかである。この疑問に答えるために，オーンスタインら（Ornstein et al., 1975）はリハーサル・プロトコルの二つの側面を分析した。すなわち，①子どもがそれぞれの単語をリハーサルした回数，および，②それぞれのリハーサル・セット内でリハー

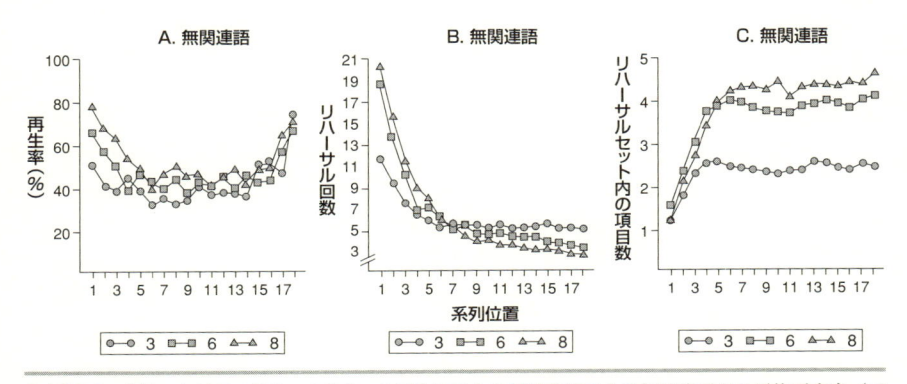

❂ **図10.4**　実験1おける3年生，6年生，8年生に関する系列位置による無関連項目の平均再生率（パネルA），平均項目リハーサル回数（パネルB）および各リハーサル・セット内での平均異なり項目数（パネルC）の変化（出典：Ornstein, Naus, & Liberty, 1975）

サルされた項目数である。総リハーサル数（図10.4のパネルB）に関して，3年生は，全体に，特に初頭位置で，年長の生徒ほどには単語をリハーサルしていなかった。しかしながら，オーンスタインらによって指摘されているように，総リハーサル数によって再生に示された発達傾向（図10.4のパネルA）をすべて説明できるわけではない。なぜなら，3年生は中央部分の系列位置10－14で頻繁にリハーサルを行なった（パネルB）が，これらの項目の再生はどちらかといえば少なかった。それぞれのリハーサル・セット内でリハーサルされた項目数の方がもっと多くのことを語っている。この測度はある単語の呈示中にリハーサルされる**異なり語数**である。たとえば，単語「犬」が呈示された最初の単語であるとすると，「犬」しかリハーサルできない（たとえば，犬，犬，犬……を繰り返す）。しかしながら，その次の単語が呈示されると，たとえばその単語が「人」だとすれば，そのリハーサル・セットの期間中に，連続して「人」を繰り返してもよいだろうし，あるいは「犬」と「人」の両方を繰り返してもよいだろう。最初の例（そのリハーサル・セットの期間中に「犬」だけを繰り返す）はリハーサル・セットあたり1項目がリハーサルされることを表わしているのに対して，後者の例（リハーサル・セット「人」の期間中に「犬」と「人」を繰り返す）はそのリハーサル・セットの期間中に2項目がリハーサルされることを表わしている。セットごとにより多くの項目をリハーサルすることが，多くの場合，記憶に役立つ。なぜなら，そのことで，符号化中に単語がより大きなチャンクにまとめられる機会を増すからである。図10.4のパネルCからわかるように，3年生は明らかにリハーサル・セットあたりのリハーサル項目数が少ない。関連のある（そしてカテゴリー化可能な）単語の使用を含んだ追跡実験において，オーンスタインらは，3年生は（6年生や9年生に比べて）複数の項目を一緒にリハーサルすることに関しても，再生時にカテゴリー内の単語をどれほどひとまとめにしているかに関しても（効果的な方略使用を示すこの二つの指標に関して）さほど方略的ではないことを改めて見いだした。

　方略の使用におけるこのような発達傾向を前提として，研究者たちは，年少児の方略欠如をもっと具体的に特定しようとしてきた。たとえば，**産出欠如**と呼ばれる欠如の一つの形式は次のことを指している。年少児は効果的な方略を必ずしも自発的に使わないが，方略を使うように教示が与えられるとそれを使うことができ，方略の恩恵を受けることを指している（概説については Schneider & Pressley, 1997 を参照のこと）。もう一つ別の形式の欠如は**利用欠如**と呼ばれている。子どもは有効な方略を使う場合でもそれをうまく実行していないので方略の恩恵を受けない欠如である（Miller, 1994; Miller, Seier, Barron, & Probert, 1994）。ビョークランドら（Bjorklund, Miller, Coyle, & Slawinski, 1997）は，30年間の研究について再考する際に，方略を使うために首尾よく訓練された幼い子どもがその方略を使う恩恵をほとんど，あるいはまったく受けていない多数の文献例を記載している。実際のところ，彼らが論じてい

る76の条件について，39の条件では子どもが利用欠如を示し，32の条件では産出欠如を示した（残りの5条件は欠如の形があいまいであった）。興味深いのは，子どもが方略を首尾よく実行するのに十分な心的資源をもっていないと利用欠如が生じ，十分な心的資源をもっていると方略を首尾よく実行できて，方略利用の恩恵を得るという可能性である。どのような時に子どもが方略訓練の恩恵を受けるのかを見いだすことは重要であるので，なぜ一方の欠如ではなく他方の欠如が現われるのかについての解釈は間違いなく今後も引きつづき実験に基づいて吟味され続けるであろう。

(3) メタ記憶と方略使用との関係

方略についての知識と方略の使用の両方が児童期に発達するということであれば，子どもが方略について洗練された知識を発達させるほど方略を使う可能性が高くなるというのはもっともな結論であろう。ボルコウスキーら（Borkowski, Milstead, & Hale, 1988）はこのメタ記憶仮説について説得力のある見解を示している。「子どもが多数の方略をその多様な使用についての知識とあわせて所有していると，その子どもは方略の展開について，**十分な情報に基づいた判断を行なうことができる**」(p. 80)。しかし，方略についてより多くを知っている子どもほど有効な方略を使う可能性が高くなるのだろうか。この話題についての初期の研究で，カヴァナとボルコウスキー（Cavanaugh & Borkowski, 1980）はクロイツァーら（Kreutzer et al., 1975）が開発した面接手続きを使って178名の子どものメタ記憶知識を評価した。子どもには幼稚園児，1年生，3年生，および5年生が含まれていた。この面接の実施後に，子どもはいくつかの記憶課題もやり遂げ，方略と記憶成績が測定された。すべての実験参加者を込みにした場合，メタ記憶知識と方略使用との間でも，メタ記憶知識と記憶成績との間でも正の相関のあることが明らかとなった。しかしながら，それぞれの学年水準内で相関を求めると，さほど目立った相関はなく，統計的に相関ゼロと必ずしも差があるわけではなかった。このように，メタ記憶仮説に対する支持は一貫して強力であるというわけではなかったが，この証拠は仮説をいくらか支持するものではある。

メタ記憶と方略使用とのつながりを検討する最も初期の研究以来，多くの研究が行なわれてきた。そのほとんどの結論は，少なくとも簡単な学習課題の際に用いられる方略が検討される場合には，メタ記憶知識が方略行動を予測するという点で一致している（Schneider & Pressley, 1997）。しかしながら，こうした簡単な課題の場合でも，子どもがいつ方略を見つけ，それを効果的に使用するのかについて，メタ記憶の知識がそれを説明する唯一の要因でないことも明らかである。シーグラーたち（たとえば，Crowley, Shrager, & Siegler, 1997; Siegler, 1999）によれば，顕在的なメタ認知（モニタリングと知識を含む）と記憶に基づく潜在的な連合の両者が子どもによる方略の発見と使用に寄与している。もっと具体的に言うと，シーグラー（Siegler, 1999）は，「［方略］発見のたいていのモデルは二つのカテゴリーの一方に，つまりメタ認知的か連合的かに分類できる。メタ認知モデルでは高い水準のヒューリスティックの適用に

よって発見がなされる。これに対して，連合モデルでは，課題，実行，および結果の中から抽出することによって発見がなされる」(p. 433)。どちらの場合も，子ども（そして，あらゆる年齢の人たち）は，いろいろな方略を使う経験をして，ある特定の課題にどの方略が最も有効であるかについて学習し，それを使う可能性がより高くなってくるという考えである。メタ認知モデルでは，この学習過程が顕在的で意識的である。そして，プレスリーとその共同研究者らよる研究（Pressley, Levin, & Ghatala, 1984; Pressley, Ross, Levin, & Ghatala, 1984）は，子どもは方略を使うことを経験するにつれて方略の有効性について意識的にアクセスできる情報を手に入れられるようになることを明らかにしてきた。連合モデルでは，所与の課題に関して特定の方略が成功すると，方略と課題との連合的な結合が記憶内で増強され，後に子どもがその課題でその方略を使う可能性が大きくなる。この場合，人は連合が発達したと意識的に気づくことはないので，課題の経験による方略の有効性についての学習は，概して潜在的である。

　シーグラー（Siegler, 1999）は，メタ認知のみ，あるいは連合論のみに基づくモデルについて検討し，どちらの種類のモデルにも子どもがどのように新しい方略を発見するのかについての説明に難点があると推断している。シュレイガーとシーグラー（Shrager & Siegler, 1998）は，両方の説明に長所もあることを前提に，メタ認知の原理と連合論の原理とを結びつけた混合型モデルを提唱している。「方略選択と方略発見のシミュレーション（Strategy Choice and Discovery Simulation）」をSCADSと名づけけたこのモデルにはメタ認知過程が含まれていて，メタ認知過程が，基礎をなす連合的な過程（あるいは認知的な過程）によって生み出された関連データに作用する。より具体的には，SCADSがある方略を使うと，そうすることがそれぞれの方略の速さと成功についての情報を生み出し，その情報が，後に，ある特定の過程に最も有効な方略を選ぶのに使われる。モデルのこの連合的な部分はメタ認知システムによって補完される。このシステムは，「既存の方略における演算子の順序」を分析し，「潜在的な向上を確認し，既存のアプローチの演算子を組み替えて新しい方略を形成する」（Siegler, 1999, p. 434）。メタ認知的な原理と連合論的な原理の両方を結合することによって，SCADSは，個々の説明のどちらであってもそれだけでは説明ができそうにない方略使用の発達についてシミュレーションを行なうことができた。SCADSは，この教科書の至るところに現われているテーマ，すなわち，多くの異なる課題に立ち向かう時にどのように考え，どのように行動するのかに関与するのはメタ認知と認知過程との相互的な影響であるというテーマを浮き彫りにしている。

第3節　心の理論とメタ記憶との関係

この章では，心の理論の発達とメタ記憶の発達に焦点をあててきた。メタ認知のこの

二つの側面がまったく同じ歩調で発達すると期待されるかもしれないが，メタ認知自身が多面的であり，おそらく，いろいろな過程が少なくとも種々の神経学的な基盤の一部に依拠している。しかも，心の理論課題とメタ記憶課題はさまざまな側面で違いがある。一つの重要な差異は，心の理論の研究者が心の状態についての子どもの知識を調べているのに対して，メタ記憶の研究者は，メタ記憶知識や課題に適切な方略の使用というように，課題の遂行に関連する知識や過程を調べている。さらに，心の理論の研究者はメタ記憶の研究者よりも幼い子どもを（前者は乳児から5歳を，後者は6歳およびそれ以上を）調べる傾向がある（Schneider et al., 2005）。このような違いを念頭に置くにしても，やはり，ある領域の発達がもう一方の領域での発達を予測するのかどうかについて論争がもちあがっている。

　ロックルとシュナイダー（Lockl & Schneider, 2007）は，この問題に取り組むために，縦断研究を行ない，離れた三つの時期（およそ3歳，4歳，5歳の時期）に183名の子どもをテストした。主要な問題は，幼い年齢で心の理論課題を最初に合格し始めた子どもは記憶がどのように働くかについての洗練された知識を発達させるのも最初かどうかという問題であった。初めの二つのテスト期間に，子どもたちは，誤信念課題（図10.1［カラー口絵参照］）や「見かけ－現実」課題といった標準的な心の理論課題に合格しようと挑んだ。5歳になった最後のテスト時期にクロイツァーら（Kreutzer et al., 1975）を翻案した質問を使って子どものメタ記憶の知識が評価された。たとえば，ある質問では，学校へ昼食用にプレッツェルを持って行くことを朝に必ず思い出すには前の晩にどのようなことをしておけるか，子どもにその説明が求められた。この自由回答式の質問に答える他に，異なる方略を使う2名の子どものことが話された。このうち，一人の子どもはまずい方略（たとえば，思い出す手助けに弟に尋ねる）を使うのに対して，もう一人の子どもはうまい方略（たとえば，玄関のドアに弁当を掛けておく）を使う。子どもたちは，どちらの方略の方がよいと思うか，その理由を尋ねられた。

　主な知見は，3歳時の最初のテスト期間での心の理論課題に関する子どもの成績が2年後のメタ記憶課題の成績と正の相関を示したことである。第2のテスト期間，4歳時に実施された心の理論課題の成績が1年後のメタ記憶の成績を予測するのに使われた時には，この関係がさらに強くなった。目をひく点として，ロックルとシュナイダー（Lockl & Schneider, 2007）は，最初の二つのテスト期間中に言語能力も測定した。言語は，子どもが心の理論課題に合格するのにかかわる心の状態を表象する助けとなる必須の認知的道具である。彼女らの研究では，言語能力の個人差が心の理論の成績にもメタ記憶の成績にもかかわっていた。最も重要な点は，子どもの言語能力での個人差を統計的に統制しても，心の理論課題に関する初期の発達と後のメタ記憶成績との関係が信頼できるものであったことである。ロックルとシュナイダー（Lockl & Schneider, 2007）のいうところによれば，「これらの知見は，初期の心の理論の能

力がその後のメタ記憶の先駆けと考えられるという仮説を支持している。もっと具体的に言うと，表象の概念の獲得が，結局は自分の記憶や他者の記憶について考えることを可能にする子どもの発達における決定的な一歩であるらしい」(p. 164)。

○○○ 要約

　メタ認知の多面的な性質はメタ認知の発達を検討する膨大な文献にはっきりと表われていると思われる。この文献において，研究者たちは，初期の発達が子どもの心の理論，学習や検索をモニターし，コントロールする能力，メタ記憶の知識，そして，課題成績を促進する方略の使用にどれほど影響を及ぼすのかを探究してきた。4歳よりも幼い子どもは心の状態についての顕在的な信念や理解を測定する心の理論課題に合格するのが困難である。心の理論におけるこれらの発達傾向（そして正確にいつ発達しはじめるのか）についてのいろいろな説明が目下激しく議論されており，おそらく心の表象の起源を見つけることを目ざした多くの新たな研究を生み出すことになるであろう。

　モニタリングに関する研究は概して発達傾向を示してはこなかったが，これらの研究における子どもは，多くの場合，心の理論研究に参加している子どもに比べると年長者である。では，3歳児（メタ認知的判断ができるように訓練できるのであれば）は自分の記憶を予測するのに偶然水準以上の正確さを備えているのだろうか。4年生の子どもでも学習において大いに過剰確信であり，効果的な方略を十分に活用しない傾向がある。これらのメタ認知の欠如はどちらも学習時に子どもの技能に制限を加える。過剰確信だと早めに学習を止めるだろうし，効果的な方略を使っていないとそれを使っている年長の子どもに比べて成績が劣るだろう。この章での考察は，多量の興味をそそる文献の表面をひっかいたにすぎないが，メタ認知の発達の分野における最も肝要な疑問（と回答）のいくつかを案内する役目は果たせたものと思っている。

【討論問題】

1．あなたは友だちの5歳の甥トリスタンと遊んでいます。トリスタンが基礎的なメタ認知技能のいくつかを発達させているかを調べるとおもしろいのではないかと気づいて，この子ども用に簡単なテストを工夫します。二つの人形，小さなゴムボール，それにいくつかのプレードウ（子ども用の工作粘土）の瓶（プレードウがまだ中に入っている）を使って，誤信念も「見かけ－現実」も測定するように，トリスタンの心の理論を測定する課題を工夫してみよう。上に挙げたおもちゃだけを使う工夫をすれば，あなたは追加点が与えられます。トリスタンは心の理論課題に合格すると思いますか。もし合格しなければ，心の理論の発達理論に基づいて，どうして彼には難しいのだと思いますか。
2．モニタリング技能の発達についての研究は，子どもの判断の正確さは状況によって劣っ

ていたり優れていたりすることを示唆している。しかしながら，判断の種類と正確さの測度が状況によって異なっている。子どもが学習や検索を判断するのに劣っているように見える状況と優れているように見える状況を比較対照してみよう。この比較に基づけば，子どものメタ認知的モニタリングの能力はどの程度だと考えられるか。子どもの能力は洗練されているのか，それともどちらかと言えば洗練されてはいないのか。それはどうしてか。

【概念の復習】

次の質問について別の用紙にできるだけ詳しく答えを書き出してみよう。その後で，この章の関連のあるところを読み直して，答えをチェックしてみよう。

1. どのような心の能力が心の理論課題によって測定されているのか。
2. 3歳半の子どもは心の理論課題に合格するのが難しく，たいていの6歳児は簡単に合格する。その理由についての二つの説明はどのような説明か。
3. メタ認知のどの側面の発達が学習における発達的な進歩を説明する（少なくとも部分的に説明する）可能性が最も高いか。個々の項目の学習についてのオンラインモニタリングか，検索のモニタリングか，それとも方略の使用か。それはどうしてか。
4. 希望的観測仮説とはどのような仮説か。また，その仮説は子どもの過剰確信をどのように説明しているか。過剰確信はいったいどれほど適応的なものなのだろうか。

第11章 高齢期のメタ認知

　トニーは75歳の誕生日を迎えたばかりである。退職してからしばらく経つが，日常生活にも地域活動にも積極的に参加している。彼の好奇心が野鳥観察などの新しい趣味へと駆り立て，地域活動では地元の公園の木の種類と本数の調査に加わっている。これらの活動には，新しい鳥の名前を覚えたり，さまざまな木をどのように正確に同定するかを学んだりする，新しい知識の学習が含まれている。1900年代初頭以来，平均余命が着実に伸びてきているので，先進国では人生の晩年に活動的でいることはめずらしいことではない。米国では，1900年に生まれた人々の平均余命は40歳くらいだったが，2000年に生まれた人々は平均75歳くらいまで生きる見込みである。これは世界全体にも言えることだが，アメリカの高齢化は続き，推定では2025年にはアメリカの人口の25％以上が85歳以上になる。
　これらの人口統計をふまえると，老年学研究の主な目的の一つは，高齢者が人生の晩年にも精神的に健康でいられる可能性を向上させる技術を開発することである。そうすることで，高齢者は新しい仕事についたり，地域でボランティア活動をしたり，子どもの世話をして家族を助ける，などといった活動を通じて，社会に貢献し続けることができるようになる。精神的に健康でいることは，幸福，自律，持続的に高い生活の質を追求する際に重要である。残念ながら，2，3の例を挙げるなら注意，記憶，学習，問題解決など，認知機能の多くの側面に，加齢が有害な影響をもたらす。たとえば，先の例で言えば，トニーは若いときよりも木の名前を学ぶのに苦労するかもしれない。とても苦労するので，彼は自分の記憶の衰えに不満をもらし，新たな学習を必要とする活動から遠ざかるかもしれない。実際，記憶に関する不満は（これは一種のメタ記憶的な自己評価であるが），高齢者の最も一般的な不満の一つである。
　加齢に伴って新しい情報の学習が難しくなることは疑いようもない事実であるので，人々の不満はまったく根拠のないものではない。若齢者（若齢の成人）と比較すると，70代や80代の高齢者は，新しい連合（たとえば，鳥の名前と鳥を結びつける）や単

語や概念のリスト（たとえば，食料品のリストを覚える）の学習や検索にかなりの時間がかかる（総覧としては，Kausler, 1994 を参照のこと）。たとえば，ダンロスキーとコナー（Dunlosky & Connor, 1997）の研究結果を見てみよう。数百の研究が加齢による記憶の機能低下を報告しているが，彼らの研究は実験参加者がモニタリング判断を行ない，学習時間の配分方法をコントロールしているので，特にメタ認知に関連している（モニタリングとコントロールという二つのメタ認知過程については以下でより詳細に検討する）。この研究が本章と最も関連するのは，若齢者と高齢者が複数の学習－テストの試行で，単語の連合対（たとえば，犬－スプーン）を学習したことである。試行中に，それぞれの単語の対が個々に呈示され，参加者は次の単語対を学習する前に好きなだけ学習に時間をかけることができた。すべての対を学習したあと，各単語対の手がかり語だけが呈示され（たとえば，「犬－？」），実験参加者は正しい反応語を再生するように努力した（この場合は，「スプーン」が正解となる）。学習－テストの試行は3回繰り返された。図11.1に，3回の試行の再生率（塗りつぶした記号で表示：●と■）を呈示する。どちらの年齢群も，試行ごとに再生成績が向上したが，最も目を引く結果は，若齢者がたった1試行で到達した再生水準に高齢者はなんと3試行もかかったことである。

このような加齢による記憶の劇的な減退は，次の二つの基本的な疑問に答えるための理論と実践に関する莫大な研究成果を引き出すきっかけとなった。第1に，なぜ加

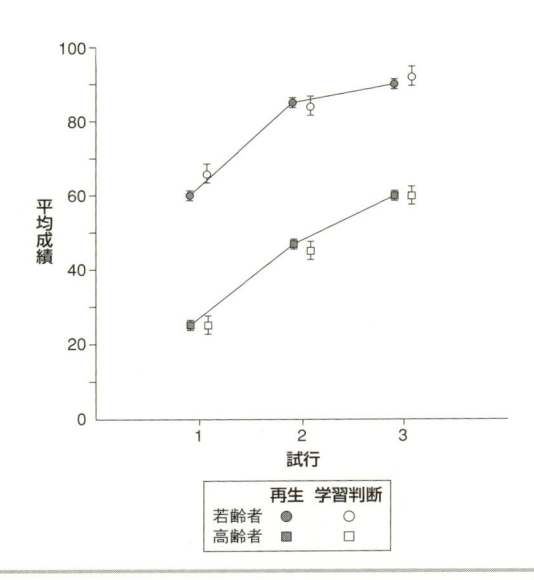

◐ 図11.1　自己ペースの学習課題で，高齢者は若齢者がたった1回で達成した再生成績のレベルに到達するまでに3回の試行が必要だった。（出典：Dunlosky & Connor, 1997）

齢は学習や記憶に悪い影響を及ぼすのだろうか。第2に，そして私たちの高齢化社会によりいっそう関連する問題であるが，このような加齢による記憶の減退をどのように埋め合わせることができるのだろうか，そして，より良い学習者になるためにはどうすればよいのだろうか。この章では，加齢と記憶に注目する。なぜなら，メタ認知の加齢に関する多くの研究がメタ記憶に注目してきたからである。メタ記憶の過程は，加齢と記憶についてのこれらの基本的な質問に答えるのにふさわしい候補なので，認知活動の中でもメタ記憶に焦点をあてるのは驚くにあたらないであろう。

　理論についての第1の疑問について，メタ認知的観点から考えられる答えは，加齢はメタ記憶に悪影響も与えるということである。そして，このメタ記憶への影響が，学習と検索において高齢者が抱える問題の原因となっている。たとえば，おそらく高齢者は進行中の学習を正確にモニターしていないし，それゆえ，彼らの学習を効果的に調整していないであろう。第2の応用的な疑問については，もし高齢者がメタ記憶に欠陥があるのなら，彼らがメタ記憶を向上させようとする努力が学習の向上にも当然つながるかもしれない。高齢者は記憶方略の知識がないのでリストを学習するために効果的な方略を利用していないのなら，おそらく，これらを効果的に利用できるように高齢者を訓練することができるであろう。さきに予告しておくと，この章で概観する研究結果は，①いくつかの特筆すべき例外を除いて，高齢者のメタ記憶はほとんどが健全でうまく機能している，そして，②高齢者の健全なメタ記憶能力を利用して学習をよりうまくコントロールできるように訓練することは，高齢者が加齢による記憶機能の減退を補う手助けとなることを示唆している。

　加齢におけるメタ認知に関する論文の大半は，認知関連の文献で開発された方法を利用している。したがって，この本でこれまでに述べられたテーマが，加齢に関する本章にも登場する。メタ認知の加齢についての重要な疑問には，「成人期の加齢は学習判断に悪い影響を及ぼすか」，また，「高齢者はモニタリングの結果を自分の学習を調整するために効果的に利用しているか」がある。もっぱらモニタリングとコントロールの過程に焦点を当てている認知に関する多くの文献とは対照的に，メタ認知の加齢に関する初期の研究は，記憶の**知識**や記憶の自己効力感における年齢差を調査していた。研究を推進していた問題は，高齢者は（質問紙で測定されるように）新しい情報を効果的に学ぶ方法についてあまり知らないだけなのかどうか，また，効果的に学習することについてあまり自信がないのかどうかであった。したがって，メタ記憶に関する過程に注目した測度に進む前に，まず記憶についての高齢者の信念と知識に関する研究について考えてみよう。

　最後に，本章で記述される研究は，メタ認知の研究方法や理論が特別な集団にどのように応用されるかに関するモデルとして役立つ可能性がある。つまり，類似した問題（や方法）は，注意欠陥・多動性障害（ADHD）のある人，前頭葉疾患の患者，外傷性の脳損傷の患者など，あらゆる集団の認知や行動の衰えにメタ認知の機能低下が

関与する程度を調査するのに利用できる。もちろん，これらの機能低下を説明することが研究者の唯一の目的ではないことが多い。なぜなら，多くの研究者は，人はいかにこれらの機能低下を補うことができるのかも知りたいと思っているからである。したがって，本章の至るところで，高齢者の学習向上を目的としたいくつかの介入研究にも注目する。高齢者が効果的な学習者になることを手助けする方法の多くは，あらゆる年齢の人にとっても有用である可能性がある。したがって，学習を向上させるさまざまな方法を読むときには，遠い将来のこととしてではなく，自分自身の今の生活にこれらの方法をどのように役立てるかについてぜひ考えてほしい。

第1節　高齢者は自分の記憶についてどんなことを信じているのか

　加齢やメタ記憶に関するいくつかの初期の（そして，最も秩序だった）研究は，認知についての人の信念を質問紙に答えさせることで評価することから始まった。ジレウスキーとゼリンスキー（Gilewski & Zelinski, 1986）が1986年にこの分野を概観したとき，10の質問紙がすでに使われていた。しかし，そのうち二つが最も広範に利用されているので，ここで取り上げてみよう。ロジャー・ディクソンとデイビット・ハルシュ（Dixon & Hultsch, 1983; Hultsch, Hertzog, & Dixon, 1987 など）によって開発された成人期メタ記憶尺度（MIA）とマイケル・ジレウスキーと彼の共同研究者ら（Gilewski & Zelinski, 1986; Gilewski, Zelinski, Schaie, & Thompson, 1983 など）によって開発された記憶機能質問紙（MFQ）である。各質問紙には多くの質問が含まれている。これらの質問は，種々の下位の質問群が測定している構成概念を最も良く代表する因子群を構成するように分析された。たとえば，MIA は8つの因子を測定する120項目からなる。これらの因子のいくつかが表11.1 に示されている。

⊙ 表11.1　成人期メタ記憶尺度（MIA）と記憶機能質問紙（MFQ）からの質問によって評価されるいくつかの因子

因子		説明
MIA		
	方略	記憶を助ける方略の利用のような自分の学習能力の知識
	課題	一般に記憶がどうのように機能するかについての知識
	能力	自分自身の記憶能力についての信念
	変化	記憶力が時間を経て変化するかどうかについての信念
	達成	良い記憶力を持つことの認知された重要性
MFQ		
	一般的な評価	自分の記憶能力が直面した問題でどれくらい信頼できるかについての信念
	忘却の頻度	様々な記憶課題（例，名前を覚える）においてどれくらいの頻度で問題があるか
	回想的機能	自分の記憶が時間を経てどのように変化したかについての信念
	記憶方略	どのくらいの頻度で記憶を助けるために方略を利用するかについての信念

（出典：Hultsch, Hertzog, & Dixon, 1987 と Gilewski & Zelinski, 1986 より改変）

表11.1に示したように，MIAとMFQの質問はメタ記憶の知識と信念の多くの側面を測定する。たとえば，信念については，①一般に記憶がどのように機能するか（課題因子），②自分自身の記憶能力（能力因子），③時間とともに変化する記憶能力の程度（変化因子），などである。MIAやMFQで使われる具体的な質問は異なるが，これらはいくつかの重複する因子を含んでいる。たとえば，MFQの二つの因子は，人の記憶がどれくらいうまく機能するか（MIAの能力因子に類似）や，記憶は時間とともにどのように変化するか（MIAの変化因子に類似）を一般的に評定している。これらの質問紙は二つの重要な質問に答えるために使われてきた。すなわち，「異なる年齢の成人は異なるメタ記憶の知識と信念をもっているのか」である。そして，同様に重要な質問は，「もし年齢差があるとすれば，実験室での記憶テストや日常生活の記憶行動によって測定されるような，人々の実際の記憶能力と関係があるのか」である。後者の質問の背景にある着想は単純である。それは，もし高齢者が自分たちの記憶について過度に否定的な信念をもっているとしたら，あるいは，記憶がどのように機能するかについての不正確な知識をもっているとしたら，彼らの学習や記憶は不利益を受けるかもしれないからである。自分たちの記憶力が低下していると信じている高齢者は記憶が関係する活動を避けたり，学習にできるはずの努力を注がなかったりするかもしれないからである。

　高齢者は若齢者よりも記憶についてより否定的な考えをもっている。大がかりな研究で，ハルシュら（Hultsch et al., 1987）は，20歳から78歳までの793名の成人にMIAとMFQの両方を実施した。MFQよりもMIAの方が年齢差がより顕著であることが多かったが，比較的一貫した結果が得られた。特に，年齢差が二つの因子でもっと顕著だった。すなわち，高齢者は若齢者の学習能力よりも自分たちの方が劣っていると信じており，おそらくあまり驚くことではないだろうが，高齢者は実際に自分の記憶力が低下したと報告した。この結論に一致して，人の記憶についての知識や信念を調査した20年にわたる研究を通じて以下のことが示されている。若齢者に比べると，高齢者は，①新しいことを学習する能力が劣っていると信じる傾向がある（すなわち，記憶の自己効力感が低い），②自分の記憶は時間とともに低下していると信じている，③自分の学習や記憶の低下を防げないと感じることが多い（Hertzog, & Hultsch, 2000; Lachman, 2006）。

　もちろん，これらの結論は，「年をとるとともに自分の記憶に問題が生じてくると信じているのなら，それは本当に問題なのか」という疑問を起こさせる。すなわち，高齢者が自分たちの記憶について悲観的であるなら，確かに，彼らは本当に覚えるのに苦労をしているということなのだろうか。初期の論文の概観において，ヘルマン（Herrmann, 1982）は，記憶の質問紙で測定されたような自分の記憶についての信念は記憶成績とわずかな相関関係しか見られないことを明らかにした。人々の信念はあまり正確ではないのである。

人の信念と実際の記憶能力とが解離している理由の一つとして，人の信念が，実際の記憶の評価よりも加齢という固定観念に左右されていることが挙げられる。この章の冒頭に登場したトニーのことを思い出してほしい。テレビ番組，広告，新聞記事，そして，マンガといった私たちの文化が加齢の否定的な面を強調しているので，彼は自分の記憶が悪くなっていると断言するかもしれない。ちょうど50歳という節目は（今日の長い平均寿命では比較的若いわけだが），50歳の誕生日パーティによっても明らかなように，「最盛期を過ぎた」と多くの人に宣告される。パーティの参加者たちは，どのように誕生日の主役が人前でオムツをつけることが必要になるだろうとか，どれほど早く彼らが自分自身の名前を忘れるようになるだろうとか，ふざけた贈り物をパーティに持ち込むである。このように，トニーや彼と同様の多くの人々も，自分の記憶力が低下する速度を正確にモニターしているのではなく，歳をとるほどに自分たちの記憶が悪くなるという文化的な固定観念によって，記憶が悪くなっていくと信じているのかもしれない。多くの人は歳をとるにつれて記憶が低下するが，すべての人がそうなるわけではなく，低下自体は固定観念が示唆する極端な低下よりもよりもずっと緩やかである場合が多い。この可能性に一致して，ラインウィーバーとヘルツォグ（Lineweaver & Hertzog, 1998）は，記憶機能に対する現在のコントロールであれ，将来のコントロールであれ，あるいは，名前や顔や電話番号を学習する能力において，高齢者も若齢者も人は年をとるにつれて記憶が難しくなるという一般的な予想をもっていることを明らかにした。残念なことに，これらのステレオタイプが記憶の失敗に関するいろいろな**理由**にも使われる。特に，アーバーとその共同研究者ら（Erber, 1989; Erber, Szuchman, & Rothberg, 1990）は，高齢者と若齢者が，若齢者の記憶の失敗は努力不足のためであるが，高齢者の記憶の失敗は精神的な機能低下に起因すると信じていることを明らかにした。ここで難しいのは，多くの高齢者の記憶能力が比較的健全であり（そして，対照とされる若齢者の一部よりも優れている），したがって，彼らがときどき記憶で失敗するのは知的な機能低下そのものに起因するのではないかもしれないという点である。

人の信念はすべてステレオタイプに起因するのか，あるいは，記憶機能の実際の評価に基づくのかについて疑問が生じる。一人の高齢者が過去6年間に記憶が急速に低下したと信じているとしよう。他方，もう一人の高齢者は過去6年間に記憶はほとんど変わっていないと信じているとしよう。これらの信念の差は，前者の高齢者の方が時間とともに記憶能力により大きな低下を示したために記憶の実際の低下が生じ，そうした個人差をある程度反映しているのだろうか。この疑問に答えるには，高齢者の記憶能力と信念を時間をかけて評価する縦断的な調査が必要である。ヨハンソンら（Johansson, Allen-Burge, & Zarit, 1997）は，80代や90代の高齢者を研究し，2年の期間にテストを2回行なった。彼らは，記憶低下についての人の信念が2年間の記憶の実際の低下と関係していることを見いだした。もっとも，この関係の程度は小さ

かった（McDonald-Miszczak, Hertzog, & Hultsch, 1995; Valentijn et al., 2006 も参照のこと）。このように自分の記憶についての人々の信念は，ある程度は，記憶において時間を経るとともに生じる自分自身に特有な変化の評価に基づいているのかもしれない。そうは言っても，年をとると，人の信念は実際の記憶の低下とあまり関係がなくなってくる。これは，他の要因（たとえば，文化的に決定されたステレオタイプといった要因）が，自分の記憶がどれほどうまく機能しているかについての知覚に多大な影響を与えていることを示唆している。論点 11.1 で議論するように，自分の記憶機能をコントロールする能力についての過度に悲観的な高齢者の信念について，多くの訓練プログラムが焦点をあててきた。それらの訓練プログラムは，記憶機能の向上を期待しつつ，記憶についての楽観的な信念を引き出すことを目指している。

●論点 11.1　高齢者の自己効力感の信念を向上する

　70代の二人の高齢者がいたとしよう。ベティは，記憶が関係するほとんどの活動を成し遂げられるという自信がある。スーは，新しいことを成し遂げるために記憶を利用するとなると自分に自信がもてない。さまざまな場面で記憶をうまく使う能力についての人の信念である「記憶の自己効力感」のこのような違いが，人々の生活に顕著な影響を与えることがある。たとえば，ベティとスーは実際の記憶能力に差がなくても，自己効力感の違いが，ベティを，「スクラブル（*Scrabble*）」や「ジン・ラミー（*Gin Rummy*）」のゲームのような精神的な注意の持続が求められる挑戦的な活動を歓迎する気にさせるのかもしれない。他方，スーは，記憶の負荷を伴う新しい活動を行なうことに気が進まないかもしれない（West & Berry, 1994）。

　おそらく驚くことでもないが，高齢者は若齢者よりも記憶の自己効力感が低い（Hultschら，1987）。残念なことに，先に予告したように，記憶の自己効力感が低い高齢者は記憶問題への取り組み方があまり方略的でない傾向がある。たぶん，彼らは取り組んでも無駄だと単純に信じているからだろう。記憶自己効力感と方略利用の関係についての印象深い事例を，ラッハマンとアンドレオレッティ（Lachman & Andreoletti, 2006）が報告している。彼女らは60歳から83歳までの実験参加者 116 名に認知課題を達成するための自己効力感を測定するテストを受けさせた。また，実験参加者は，フルーツや花の種類というようにカテゴリー化できる 30 単語のリストを学習して，そのあとで単語の再生テストを受けた。結果は驚くべきものだった。良好な自己効力感をもっている高齢者は単語リストの学習に効果的な方略（たとえば，各カテゴリーの事例を関連づける方略）を使うことが高く，彼らはリストの単語も多く覚えていた。

　このような結果や，多くの高齢者の自己効力感が低いという事実を受けて，高齢者の記憶の自己効力感を高めることが可能かどうかを評価するために，多くの介入研究が行なわれてきた。ここでの考え方は，とにかく高齢者が過度に悲観的になっていることを自覚させ，実際には記憶をうまく使うことができると信じさせるというものである。たとえば，ラッハマンとその共同研究者ら（Lachman, 1991; Lachman, Weaver, Bandura, & Elliott, 1992）は，高齢者の信念を再構築して，記憶の低下は避けられないと信じさせないようにする種々の介入方法を考案してきた。記憶介入研究全体のメタ分析で，フロイド

とスコーギン（Floyd and Scogin, 1997）は，これらの介入が成功していること，また，高齢者の記憶自己効力感を高める最も良い方法は，①記憶についての態度を変えることを直接の目的とした訓練と，②記憶を実際に向上させる技術の訓練，この両者の組み合わせることが必要であることを明らかにした。このニュースは，本人の記憶能力についての自己イメージを高めることが目標であるのなら，とても励みになる。このような介入を行なうことは，そうでなければやる気のなかった高齢者を，記憶や新たな学習が必要な活動にもっと進んで取り組む人に変える，という恩恵もあるかもしれない。

第2節　加齢と記憶モニタリング

　加齢と記憶モニタリングの証拠は明白である。年をとるにつれて，特に新たな情報の学習を含め，私たちの心的能力のいくつかが60代や70代，さらにそれ以上になるにつれて低下する。もちろん，みなが同じ速度で低下するわけではない。ある人は，低下が比較的急激かもしれないが，別の人は比較的ゆっくり（あるいは，低下さえない）かもしれない。メタ記憶と記憶の強い結びつきを考えるなら，高齢者のメタ記憶の過程も同じように低下すると予想されるかもしれない。次にその低下が，加齢による記憶障害のいくつかの原因になっているかもしれない。たとえば，高齢者は新しいことを学習しながら自分の学習進度を正確にモニターすることが難しいのかもしれない。おそらく年をとるにつれて，私たちは正確な学習判断が難しくなるのであろう。そうだとすると，このモニタリング機能の低下は高齢者の自己調整的な学習の有効性を損ねている可能性がある。それと同様に，既知感判断の正確さの機能の低下が検索過程の有効性を損ねてしまい，その結果，記憶成績が悪くなっているのかもしれない。

　このような可能性が，成人の加齢はメタ認知的モニタリングとコントロールに悪影響を及ぼすのかどうかを検討することを目的とした多くの研究を刺激してきた。次の二つの項で，私たちは学習判断と既知感判断に関する研究結果を簡単に概観する。

1．学習判断

（1）全体的な学習判断

　加齢と将来の成績の予測に関する多くの研究では，研究者は高齢者と若齢者が記憶課題で正確に思い出せる項目の割合について予想を行なわせた。この**全体**の予想（全体というのは，予想がリスト全体の成績を包括的に参照しているからである）と実際の記憶成績とを比較することによって，キャリブレーションが評価された。たとえば，ブルースら（Bruce, Coyne, & Botwinick, 1982）は，4つのリストを高齢者と若齢者に学習させた。それぞれのリストには20の単語が含まれていた。開始前に，実験参加者全員にこれから学習する単語の種類の1例を見せた。各リストを学習する前に，もしリストを学習するのに好きなだけ時間が与えられたら，20の単語のうちどれく

らい思い出せるかを予想させた。予想後，実験参加者は一つのリストの単語を自分のペースで学習し，その後ですべての単語を思い出そうとした。キャリブレーションについては，単語再生の予想率（全体の学習判断の平均）は高齢者（48％）と若齢者（57％）で同程度だった。他方，正確に再生できた単語の割合は若齢者の方が（58％）高齢者（37％）よりも格段に良かった。すなわち，若齢者のキャリブレーションはほぼ完璧であったが，高齢者は再生に関してかなり過剰確信だった。

　コナーら（Connor et al., 1997）は，この研究や他の研究を概観した結果，文献からの最も一般的な実験結果では，高齢者は過剰確信で，若齢者はそうでもないと結論づけた。けれども，全体的な判断で高齢者が良いキャリブレーションを示す場合もあることも明らかにした。なぜこのような矛盾が生まれるのだろうか。この疑問に答える際，コナーらは研究全体の中で一つの重要なパターンに気づいた。ほとんどの場合，若齢者も高齢者も全体判断の係留点は判断スケールの中央付近だった。すなわち，両群ともおおよそ50％付近の成績を予想した。どちらの群も成績が50％付近だと，判断のキャリブレーションが良かった。つまり，ここでの年齢差はモニタリング能力によるものでなく，再生成績の年齢差によるものだったのかもしれない。

　この可能性を調べるために，コナーら（Connor et al., 1997）は，再生成績の全体の水準を操作する一連の実験を行なった。具体的に言うと，実験1では，標準的な手続きが使われた。ここでは，再生成績が若齢者で約50％，高齢者ではかなり低くなるようにした。実験2では，全員が最終テストの前に学習試行が1回追加された。したがって，再生成績が高齢者で約50％，若齢者ではもっと良くなった。もし若齢者のこれらの全体判断が高齢者よりも正確であるのなら，両方の実験で若齢者は正確で高齢者はやはり過剰確信であるはずである。逆に，もしキャリブレーションにおける年齢差の先のパターンが実際には再生成績の年齢差によるのなら，①実験1では高齢者は過剰確信であるという典型的なパターンが生じ，②実験2では，高齢者はすばらしいキャリブレーションを示すだろうし（このとき高齢者の再生水準は約50％である），若齢者は過小評価を示すにちがいない。これらの実験結果を図11.2に示す。この結果から，キャリブレーションの年齢差はモニタリングそのものの差ではなく，再生成績の差によるところが大きいという仮説が支持された。特に，両群の判断の平均値（二つの実験とも）が再生成績にかかわらず40〜50％付近にあることに注目すべきである。このように，50％近い再生を行なった群が最良の全体的判断の正確さを示した。したがって，確かに，いくつかの研究で示された高齢者の見かけ上の過剰確信はモニタリングの正確さの低さを示しているのではない。実際，次にみるように，高齢者のモニタリング技能はほぼ完璧である。

(2) 項目ごとの学習判断

　第5章の実験研究と同じように，メタ認知の加齢に関する研究もまた個々の項目の学習判断の正確さにも注目してきた。この学習判断では，実験参加者が次のテストで

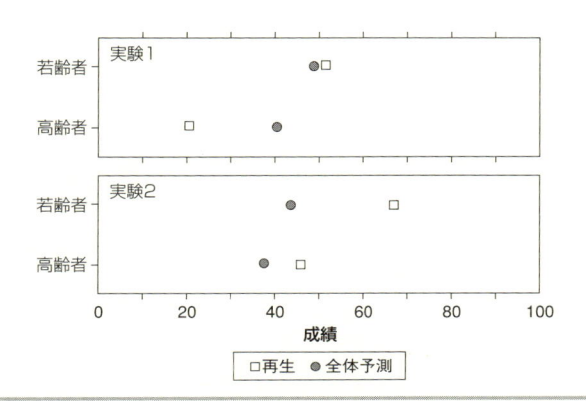

◎ 図11.2 全体予測の平均と再生成績。再生成績がかなり低い場合（実験1），あるいは，かなり高い場合（実験2）にかかわらず，全体予測は一貫して中央に位置している。つまり，再生成績がキャリブレーションの加齢による変化の原因であり，モニタリング能力の差ではない。（出典：Dunlosky & Hertzog, 1998）

個々の項目を正確に思い出せる確率を判断する。そして，その学習判断が項目全体の実際の成績と比較される（手引きとしては，第3章を参照のこと）。ラビノヴィッツら（Rabinowitz, Ackerman, Craik, & Hinchley, 1982）による古典的な研究を見てみよう。彼らは，実験参加者に対連合学習を行なわせた。各対は10秒間隔で呈示された。学習しなければならないリストは60対からなり，そのうち20対は非常に関連が深く（「草－牛」），20対は中程度の関係（「財布－牛」），そして残りの20対はあまり関連がないものだった（「飛行機－牛」）。すべての実験参加者は，後に各対の最初の単語が呈示されたときに（「草－？」），対になっていた2番目の単語（牛）を再生できるように，学習時に単語対を覚えるように指示された。また，実験参加者の半分は，対の単語が相互にかかわりあっているイメージ（たとえば，「牛が草を食べている」といった心的イメージ）を作って各対を学習するように指示された。各対を学習したあと，実験参加者は1から10の尺度上で直後の学習判断の評定を行なった。尺度上の小さな数字はあとで対を正確に再生できる見込みが低いことを意味する。これらの対の学習と学習判断のあと，再生テストのために，もう一度各刺激（例：「草－？」）が呈示された。

　図11.3は予想の水準に対する再生成績の程度を表わしている。ここでは尺度値が高い（予想値8－10），中（4－7），低い（1－3）の水準にまとめられている。いくつかの結果が注目に値する。まず，予想どおり，再生成績が高齢者よりも若齢者の方が高い。また，対を学習するようにだけ指示された実験参加者よりも，イメージを利用するように指示された実験参加者の方が成績が良かった。第2に，予想値は偶然の水準の相対的正確度を超えていた。つまり，予想が高い水準から低い水準に下がると，

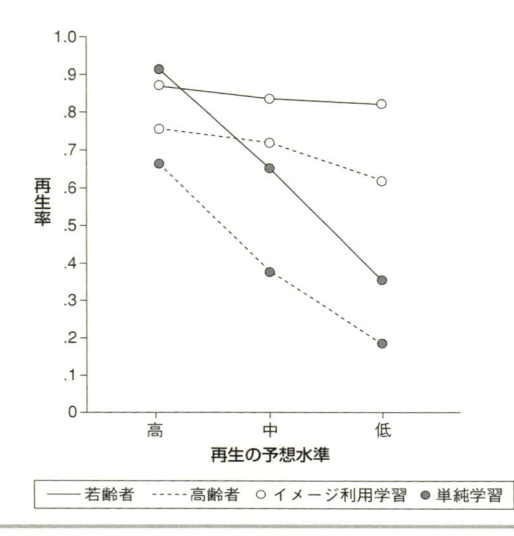

◯ 図11.3 再生成績（再生率）が，再生予測水準（学習判断が高，中，低の水準）ごとに描かれている。高齢者も若齢者も線の形が似ていることに注意すること。（出典：Rabinowitz, Ackerman, Craik, & Hinchley, 1982）

再生成績の水準も下がった。第3に，非常に重要なことだが，若齢者も高齢者もグラフの線の形がほぼ同じである。これは，学習時のメタ認知的モニタリングが年をとってもほぼ損なわれることはないということを意味している（Lovelace & Marsh, 1985 も参照のこと）。

　この画期的な研究以来，楽観的な結論（年をとっても学習のモニタリングは維持されるという結論）がさらに詳細に研究されるようになった。クリストファー・ヘルツォグ（Christopher Hertzog）による実験を取り上げてみよう。彼は，学習判断の正確さに年齢差がないということを一貫して報告してきた（Hertzog & Hultsch, 2000）。ラビノヴィッツ（Rabinowitz et al., 1982）が使用した単語対と同じような関連単語対と非関連単語対の両方を含むリストを若齢者と高齢者が学習した。実験参加者の学習判断と再生成績の相関を求めることで相対的正確度が計算された。相対的正確度は，関連語対のみ，非関連語対のみ，あるいは，単語対全部といったように，単語対を別々にまとめて計算された。単語対のまとまりに関係なく，高齢者の相対的正確度は若齢者と変わらないことが見いだした（Hertzog, Kidder, Powell-Moman & Dunlosky, 2002）。さらに，ヘルツォグと彼の共同研究者らは，高齢者も学習判断を遅くすることによって，若齢者と同じように正確さを向上させることができるかどうかを調べた（遅延学習判断の手引きについては，第5章を参照のこと）。いくつかの実験で，高齢者が遅延学習効果を示した。重要なのは，高齢者と若齢者の遅延学習判断は同じよう

に高い水準の相対的正確度に達成したという点である。

　ここまでをまとめると，加齢と学習時のモニタリングに関する膨大な研究は，加齢がモニタリングの正確さを損ねるわけではないこと明らかにした。この楽観的な結論が示唆することは，高齢者はおそらく加齢の影響を受けていないモニタリングの技能を利用するように訓練されることによって，自分の学習を効果的に導き，記憶の低下を補うことができるということである。この可能性については論点11.3で考えてみよう。

クリストファー
ヘルツォグ
（Christopher Hertzog）
メタ認知のあらゆる面において加齢に関する画期的な研究を行なった。

2．既知感判断

　加齢とメタ認知に関する初期の研究のいくつかは，加齢が既知感判断の正確さをどれほど衰えさせるのかを評価するために行なわれた（Lachman, Lachman, & Thronesbery, 1979などを参照のこと）。もし高齢者の既知感判断があまり正確でないなら，このような機能低下が検索の調整の問題や記憶成績の問題ももたらすであろう。バターフィールドら（Butterfield et al., 1988）は，大学生と60代半ばの高齢者に「『不思議の国のアリス（Alice in Wonderland）』の作者はだれですか？」といった一般常識問題に答えさせた。実験参加者が12の質問にまちがって答えたあと，各質問についての既知感判断を行なわせた。既知感判断は，いくつもの選択肢から正しい答えを選ぶことができるかどうかについて，「はい」か「いいえ」で予想させるものであった。既知感判断のあと，実験参加者は各質問に対して7つの選択肢がある再認テストを受けた。相対的正確度を，各実験参加者の既知感判断と12の質問項目全体の再認成績との相関を求めることで測定した。驚くかもしれないが，バターフィールドらは，既知感判断の相対的正確度は高齢者（平均ガンマ相関係数 M = .54）と若齢者（M = .51）とで変わらないと報告した。同様に，マーキーとユエ（Marquié & Huet, 2000）も，一般常識問題とコンピュータの知識に関する相対的正確度は，高齢者と若齢者で似た水準に達することを明らかにした。

　既知感判断の相対的正確度に加齢による機能低下が見られないことは，二つの理由で意外に思うかもしれない。まず，前頭葉機能に障害のある人は既知感判断があまり正確でないことが多い（Pannu & Kaszniak, 2005）。したがって，加齢が前頭葉に悪い影響を与えるとすると（Raz, 2000），高齢者は既知感判断の正確度が低下すると予想される。第2に，高齢者は探し求めていた考えを検索するのが難しいことが多い。これによって，記憶に蓄えられた情報を評価する能力が妨げられるであろう。これらの理由を考えると，「なぜ加齢が既知感判断の正確さに悪い影響を与えないのだろうか」と不思議に思うかもしれない。この疑問に対する一つの答えが，セリーヌ・スーチャイとその共同研究者らによって提示された（Perrotin, Isingrini, Souchay, Clarys, &

Taconnat, 2006; Souchay et al., 2000; Souchay, Moulin, Clarys, Taconnat, & Isingrini, 2007)。彼女らは，昔に学習した一般的な事実に関する記憶といった意味情報の既知感判断は，わずかな加齢の影響に敏感でないのかもしれないと主張した。彼女らの主張の一部は，人がどのように既知感判断を行なっているかに基づいている。人は判断の際にさまざまな手がかりがどのように記憶に関係しているかについての推測に頼っているという点で，既知感判断はヒューリスティックに基づいているということを第4章から思い出してほしい。たとえば，ある一般常識問題に答えられないとき，人は既知感判断をするためにその領域の熟知性を頼りにするかもしれない。ある高齢者が映画好きにもかかわらず映画『ホリデイ（*Holiday*）』の主演女優がだれだったか思い出せない場合，高い既知感判断を示すだろう。このような意味記憶にアクセスするかどうかを判断するには，高齢者も若齢者も，記憶成績を正確に予測しそうな，適切な手がかり（たとえば，その領域の熟知度）にアクセスすることは理にかなっているように考えられる。

逆に，スーチャイら（Souchay et al., 2007）は，新たに学習したが再生できなかった項目について既知感判断をする場合には，高齢者は機能低下を示すのではないかと予想した。彼らの理屈では，高齢者は新しい材料の学習に主要な機能低下がある，すなわち，エピソード記憶に問題があると考えた。したがって，高齢者は，新しく学習した項目を再生できないとき，正しい答えをあとで再認できるかどうかを予想するのに役立つはずの手がかり（たとえば，項目が学習された特定文脈）すら思い出せないかもしれない。この理屈によれば，加齢はエピソード記憶の既知感判断の正確さに負の影響を与えるだろう。この可能性を調べるためにスーチャイら（Souchay et al., 2007）は，高齢者と若齢者を2種類の既知感判断の課題に参加させた。この二つの課題は，これまでの既知感判断の研究のように意味記憶を含むか，それともエピソード記憶を含むかを除けば，まったく同じであった。意味の既知感判断課題では，実験参加者は一般常識の質問に答え，いつものように既知感判断を行なった。エピソードの既知感判断課題では，同じ実験参加者が40の対連合（たとえば，「誕生日－パイプ」）をまず各対5秒間隔で学習した。学習後，彼らは手がかりを与えられ（たとえば，「誕生日－？」），正しい答えを再生し，それから，複数の選択肢の中から正しい答えを再認できるかどうかについて既知感判断を行なうように教示された。最後に，各手がかりが一つの正答と4つの選択肢と共に呈示される再認テストが行なわれた。

既知感判断の相対的正確度を図11.4に示す。先行研究と同じように，意味記憶については，既知感判断の相対的正確度に年齢差はなかった。実際には，高齢者の方が若齢者よりもわずかに成績が良かった。しかし，エピソード記憶の既知感判断の正確度では高齢者は若齢者よりも確かに悪かった（Souchay et al., 2000も参照のこと）。以前の研究で，スーチャイら（Souchay et al., 2000）は，これらのエピソードの既知感判断の正確度における加齢による機能低下が前頭葉機能の機能低下に関連しているかどう

か調べた。調査のために，彼らは前頭葉が完全な状態にあるかを評価すると考えられる複数の課題を課した。予想したように，これらの課題では高齢者は若齢者よりも成績が悪かった。最も重要なことは，前頭葉機能の個人差がエピソードの既知感判断の正確度において観察される高齢者の機能低下を完璧に説明できることがわかったということである（Perrotin et al., 2006 も参照のこと）。ここで覚えておいてほしいことは，加齢が既知感判断の正確度に悪影響を及ぼしているように見えるが，これらの機能低下には加齢が前頭葉機能に及ぼす負の影響が明らかに介在しているということである。

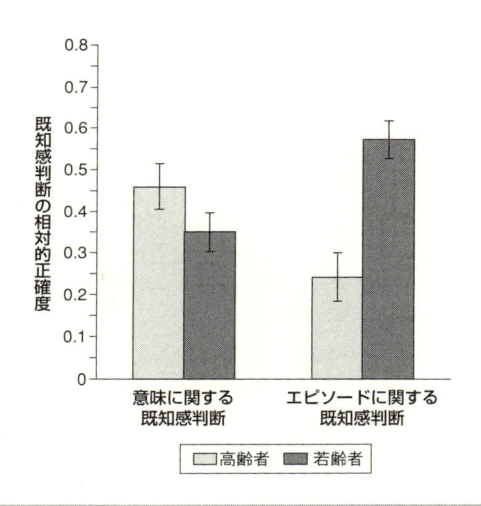

◯ 図11.4　意味記憶とエピソード記憶に対する既知感判断の相対的正確度。エラー・バーは平均の標準誤差を示す。（出典：Souchay, Isingrini, & Espagnet, 2000 より改変）

●論点11.2　アルツハイマー病患者はモニタリングの機能が低下しているのか

　アルツハイマー病は神経機能の進行性の変性を含む認知症の最も深刻な形態である。世界中の人類の寿命が伸び続けるにつれて，アルツハイマー病の広がりも大きくなるであろう。実際，さまざまな予想によると2050年までに，世界中でおおよそ5千万人から1億人の人がアルツハイマー病になるらしい。低いほうの予測が最も正確だとしても，この規模のアルツハイマー病の増加が，アルツハイマー病患者，介護者，そして社会全体の精神的，肉体的，経済的な安寧に対して広範な影響を与える世界的な流行であることは否定しがたい。その人口の増加以上に，この病気の個人への影響は深刻である。認知症の症状は病気が進行するにつれて悪くなるのだが，そこには，記憶，注意，言語，そして，社会的機能の機能低下が含まれる。記憶の機能低下は，アルツハイマー病の最初の，そして最も重篤な症状の一つである（概説としては，Nebes, 1992 を参照のこと）。これは，アルツハイマー病患者が深刻なメタ記憶の機能低下もわずらっている可能性を示唆している。もちろん，多くのアルツハイマー病患者はいくつかのメタ記憶の問題を抱えていて，病気が

最終段階に進行するにつれて機能低下が劇的になることもある。しかし，次に説明するように，アルツハイマー病において，いくつかのモニタリング過程の機能が健常のままであるかどうかは，重要な謎である。もし，その究極の答えが，アルツハイマー病を患っている人は自分の記憶をモニターし評価できるというのであれば，これらの技能を使って自らの記憶損失のいくらかを補うことができるかもしれない。

アルツハイマー病発病の初期には，多くの人が自分の記憶に問題があるという自覚がある。けれども，一部のアルツハイマー病患者は自分の記憶はまだ比較的良いと主張する。この自覚の欠如はアルツハイマー病ではなくうつ病から生じているのかもしれず，うつ病の有害な影響を否定しようとする人の企てを反映しているのかもしれない（McGlynn, 1998）。アルツハイマー病が記憶モニタリングや記憶能力の自覚を損なうのどうかをもっと詳しく精査するために，研究者はアルツハイマー病患者の全体予想や項目ごとの学習判断といった記憶成績の予想を調べてきた。初期の研究はアルツハイマー病患者の全体予測のキャリブレーションは非常に悪いことを報告した。驚くかもしれないが，彼らは実際の記憶成績の水準を劇的に過大評価することが多かった（概説としては，McGlynn, 1998; Moulin, 2002 を参照のこと）。しかし，このような劇的な過大評価でさえ，アルツハイマー病患者が自分の記憶の欠陥に気づいていないことを明確に示しているわけではない。なぜなら，高齢者の見かけの過剰確信に関与している係留効果と同種の効果が，アルツハイマー病患者の過剰確信の原因でもあるのかもしれないからである（Moulin, 2002）。

モーリンとその共同研究者ら（Moulin, Perfect, & Jones, 2000; Moulin, Perfect, & Fitch, 2002 など）による項目ごとの学習判断に関する最近の研究も，アルツハイマー病が記憶モニタリングを阻害しているのかどうかについての謎を説明している。一方で，学習時に行なわれるアルツハイマー病患者の学習判断は，覚えにくい単語（たとえば，ヒント）よりも覚えやすい単語（たとえば，空）の方が高かったという点で，項目の難易度に敏感である。他方で，年齢を釣り合わせた統制群に比べて，アルツハイマー病患者の学習判断は，単語の学習回数が1回か2回か3回のどれだったのかに敏感でなかった。このように，アルツハイマー病患者は，記憶に影響する要因に敏感なときもあれば，そうでないときもあるようである。Moulin（2002）は，アルツハイマー病患者の学習判断が学習項目の難易度に敏感であるのは，記憶についての信念（たとえば，「空」のような具体的な単語は「ヒント」のような抽象的な単語よりも覚えやすい）に起因している可能性があり，それゆえ，アルツハイマー病患者が自分の記憶を正確にモニターしていることを示唆しているのではないかもしれない，と主張している。そうはいうものの，アルツハイマー病が記憶や学習を激減させると同時に，モニタリング過程は大部分は健常のままであるかどうか，この興味をそそる謎への明確な解答が今もなお必要とされている。

3．ソース・モニタリング

第7章で論じたように，記憶のソース（情報源）を判断することは，記憶することそれ自体と同じくらい重要である。たとえば，もしあなたが「あなたが飲もうと考えている新しい薬には副作用がない」ことを覚えているとしよう。実際はこの記憶の

ソースがもしかすると誤解を招くかもしれないテレビ広告だったにもかかわらず，主治医の先生が言ったと誤って覚えていたとすれば，あなたはその薬を飲むことに関して誤った選択をしてしまうかもしれない。残念ながら，多くの研究が，高齢者はソース・メモリに機能低下があると示唆している。

　スペンサーとラズ（Spencer & Raz, 1995）による文献の概説は，加齢はソース・メモリと，覚えるべき項目とともに現われた文脈に関する記憶の双方に負の影響を与えると述べている。文脈記憶とは，覚えなければならない出来事が学習されている際に存在するすべての条件（ソースも含む）を指す。たとえば，灰色かカラーで表示され，画家か医者のどちらによって呈示される一連の絵を覚えるように求められるとしよう。テスト時に，ある特定の絵が「実験で覚えるように呈示された絵かどうか」と尋ねられることもあれば（覚えるように指示された出来事），それぞれの絵が「だれによって呈示されたのか（ソース・メモリ），あるいは，灰色かカラーのどちらで呈示されたか（知覚的文脈）」を尋ねられることもある。若齢者に比べ，高齢者は記憶のソースや文脈を覚えるのが苦手である（評論としては，May, Rahhal, Berry, & Leighton, 2005 を参照のこと）。なぜ高齢者は，特定の出来事のソースやその文脈を覚えることが苦手なのだろうか。考えられる二つの説明を簡単に考察してみよう。

　一つの一般的な説明は，私たちは年をとると新たな関連づけを行なうことが難しくなるという説明である（Naveh-Benjamin, Brav, & Levy, 2007）。高齢者は一般的に新たな関連づけを行なうのが難しいので，中心的な覚えるべき出来事とその文脈（あるいは，ソース）を結びつけるのが当然余計に難しいという考え方である。ソース・メモリにおける加齢による機能低下を説明するために，メイら（May et al., 2005）は斬新な説を考えた。若齢者に比べて高齢者はある出来事の文脈の詳細に自発的に注意を向けないので，新たな関連づけが難しいのだと主張した。高齢者は覚えるべき出来事をその文脈に自発的に関連づけないというわけである。この可能性を支持する証拠はたくさんある。たとえば，グリスキーら（Glisky, Rubin, & Davidson, 2001）は，高齢者と若齢者に，基準となるテストのときに知覚的な詳細（たとえば，話者の声の種類）を覚えなければならない課題に参加してもらった。ここで，2種類の符号化課題が使われたということが最も重要である。ある実験参加者には覚えるべき出来事の詳細には注意を向けるようにという指示はなかったが，他の実験参加者には出来事のソースの詳細に注意を向けるようにと直接指示された。予想したように，前者の課題では加齢によるソース・メモリの機能低下が明らかだったが，符号化時にソースに注意を向けさせられると高齢者も若齢者もソースを同じように思い出した。このように，高齢者は自発的にはソース情報に注意を向けない場合が多いかもしれないが，もし注意を向けるように指示されれば彼らのソース・メモリはかなり向上する。

　高齢者がソースを必ずしも正しく同定できないことについてのもう一つの説明は，彼らが正確なソースを同定するのに厳格な基準を用いていないからだというものであ

る。たとえば，地球温暖化に関する最新レポート（出来事）についてのあなたの記憶がある特定のニュースレポーター，ダン・ラザー（ソース）によるのかどうか，だれかがあなたに尋ねたとしよう。あなたは，名前に馴染みがあるので，「はい，ダン・ラザーです」と答えるかもしれない。しかし，この場合，「ダン・ラザー」に関する既知感は，この決定を下すには比較的大雑把な基準である。より厳密な基準には，地球温暖化について議論していたレポーターを思い出し，そのレポーターがダン・ラザーだったか別のだれかだったかを判断する過程が含まれるであろう。クリスティ・マルトハウプ（Multhaup, 1995）は，高齢者はソース判断を行なう際にときどき熟知性に基づいた大雑把な基準を用い，それがエラーにつながることがあると主張した。この可能性を調べるために，彼女はジャコービィら（Jacoby, Kelley, & Brown, & Jasechko, 1989）が用いた，「にせ名声課題」を使った。この課題については，第7章のソース・モニタリングでも「有名人テスト」として言及している。最初の試行で，実験参加者は有名でない名前を読み上げた。そのあと，新しいリストの名前が有名かどうかを判断した。この新しいリストの構成は，①実験の最初に読み上げた有名でない名前，②最初に読み上げていない新規の有名でない名前，③有名な名前，であった。最初の試行で読み上げられた有名でない名前がひっかけ項目である。なぜなら，最初に読み上げられているためになじみがあって，有名だと誤って考えてしまうからである。実際，若齢者でさえ，最初に読み上げられた有名でない名前を，最初に読み上げられたことのない無名の名前に比べ，有名だと判断する頻度が高く，これは特に時間をおいてテストが行なわれたときに顕著となる。これらのにせ名声の誤りの一部は，熟知性のソースが先に読み上げたことによるものであることを認識しないために生じる。

　本章にとって最も重要なのは，これらのにせ名声効果は，若齢者よりも高齢者の方が大きいということである。この加齢による機能低下は，高齢者が名声判断を行なっているときに，熟知性に依存しているために生じるのだろうか。すなわち，若齢者に比べ，高齢者は熟知性に依存し，①判断の対象が実際に有名であるからなじみがあるか，②先に読み上げられたからなじみがあるのか，どちらなのかを見きわめるためにその出来事を思い出す努力をあまりしないのかもしれない。マルトハウプ（Multhaup, 1995）は，高齢者にソース判断の際により厳格な基準を用いるように促すことによって，にせ名声効果に見られる加齢による機能低下を減少させることができるとしている。もちろん，以前に読みあげられた名前を思い出すことができなければ，判断基準を単に変更しただけではうまくいかないだろう。より厳格な基準を使わせるために，ソース判断の際に，可能性のあるすべてのソース（すなわち，有名人の名前，先に読み上げられた有名でない名前，あるいは，新規の有名でない名前）が一覧表に挙げられた。これによって，なじみがあるのは実際に有名だからか，単に読み上げられたからかを思い出させることができるかもしれないと考えた。予想どおり，

高齢者にも若齢者にも有名判断を行なう際に候補のソースが呈示されると，にせ名声効果は極めて小さくなり，高齢者と若齢者の差は消えた。

　まとめると，ソース・メモリに生じる加齢による機能低下を立証し，そして理解するために，これまでに多くの研究がなされてきた。上記に挙げたこれらの機能低下を説明するために提案された二つのメカニズム（関連づけの問題か，誤りを犯しやすい熟知性基準の利用か）は，そのどちらもソース・メモリにおける高齢者の機能低下の一因である考えられる。そして，その他のメカニズムも関連しているにちがいない（Johnson, 2005; Siedlecki, Salthouse, & Berish, 2005）。最も興味深いのは，高齢者は熟知性に過度に依存し，たとえ思い出せると励まされても，記憶から自発的に（あるいは，徹底して）ソースを思い出そうとしないので，高齢者がときに機能低下を示すことがあるという考えから，斬新な訓練方法が考案されている。

　ジャニン・ジェニングス（Janine Jennings）と彼女の共同研究者ら（Jennings & Jacoby, 2003; Jennings, Webster, Kleykamp, & Dagenbach, 2005）は，正しい記憶判断を行なわせるために強制的に過去を思い出させるかなりの量の訓練を高齢者に課した。言い換えると，高齢者は自分たちの記憶のソースを評価する際に，過去の出来事を実際に思い出すという，厳格な基準を利用する練習を数多く行なった。この介入法は高齢者の記憶成績を押し上げ，彼らがより正確にソースを弁別するのに役立った。このように，高齢者はソース・メモリの見かけ上の機能低下を補うことができるのである。

第3節　加齢と学習・検索のコントロール

　図11.1の再生のデータをもう一度考えてみよう。再生の加齢による機能低下（塗りつぶした記号で表示：●と■）は自分のペースで学習したときでさえ非常に大きい。また，学習判断の値の大きさ（白抜きの記号で表示：○と□）（これは個々の遅延学習判断の平均値である）にも注目したい。明らかなことは，遅延学習判断のキャリブレーションは，高齢者と若齢者がともにほぼ完璧であるということであるだ。さらに，多くの研究が高齢者の学習判断の相対的正確度はまったく問題がないことを示している。つまり，学習における加齢による機能低下は，学習モニタリングの機能低下では説明できない。しかし，やはり，高齢者は自分の記憶の調整（すなわち，コントロール）の仕方に問題がある可能性はある。

1．学習のコントロール

　若齢者に比べると，高齢者は自らの学習を最適にコントロールしていないので，新たな情報を学習することが難しいのかもしれない。高齢者は，少なくとも二つの点で学習のコントロールに問題があることを示していると考えられる。高齢者は学習時に若齢者と同じ効果的な方略を利用していないかもしれない。また，モニタリングを最

も必要としている学習材料に集中してモニタリングを利用していないのかもしれない。この二つの可能性について，順番に手短かに議論してみよう。

(1) 方略の適用

　もし新しい情報を学習しようとする際に不適切な方略を利用すれば，効果的に方略を利用した人と同じだけの学習はできないだろう。たとえば，対連合学習（たとえば，「犬－スプーン」）で，単語対を単純に繰り返すよりも，単語対を関連づけるために相互作用的なイメージを思い浮かべるほうが再生成績は良くなる。学習時の下手な方略利用が記憶成績を悪くすると仮定して，高齢者は方略の**産出欠如**があるのかどうかを評価するために多くの研究が行なわれた。産出欠如とは，若齢者に比べ，高齢者が自発的に効果的な方略を学習時に使わないという意味である。しかしながら，産出欠如の説明によれば，高齢者がたんに効果的な方略を使うように指示されただけで，彼らはそれを効果的に実行することができ，記憶テストの成績がかなり向上するはずだ。たとえば，後続のテスト（たとえば，「犬－？」）に向けて単純な連合対（たとえば，「犬－スプーン」）を学習しているとき，若齢者は何種類もの効果的な方略を利用することが多い。小さな犬が巨大なスプーンにすわっているといった相互作用的なイメージを思い浮かべたり，「わたしの犬は毎朝朝食後に私のスプーンをなめる」といった単語を結びつけて文を作成したりする。これらの方略は，学習時に単語を単純に繰り返したり（あるいは，読んだり）した場合に比べ，成績をかなり向上させる（Richardson, 1998）。そこで，「若齢者が日常的に利用しているこの種の効果的な方略を高齢者は学習時に利用しているのだろうか」ということが問題となる。

　初期の研究は，高齢者にはわずかに産出欠如があるかもしれないことが示唆されている（Hulicka & Grossman, 1967）。手に入る証拠をまとめると，高齢者が新しい材料を学習する際に経験する困難を産出欠如がすべて説明できるという可能性は否定される（評論としては，Hertzog & Dunlosky, 2004 を参照のこと）。たとえそうであっても，ナバ＝ベンジャミンら（Naveh-Benjamin et al., 2007）による最近の研究は，産出欠如の寄与を印象深く証明している。詳しくみると，彼らは高齢者と若齢者に対連合（たとえば，「アイスボックス－曲芸師」）を学習させ，高齢者を以下の3群に振り分けた。①意図的学習群は，実験参加者は対を学習するように指示されるが，方略についての指示は何もなかった。②符合化時の連想方略群は，実験参加者は文を用いて対を結びつけるように強く勧められた。これは単語の対を学習するのに効果的な方略である。③符号化時と検索時の連想方略群は，実験参加者が学習時に先の文を用いた方略を使うだけでなく，テスト時にも対を思い出す手助けとして文を使うように指示された。学習後，実験参加者は二つの再認テストを受けた。対のそれぞれの単語を再認（たとえば，学習した「アイスボックス」を学習したことを再認）できるかどうかを測るテストと，学習した連合を再認（たとえば，「アイスボックス」と「曲芸師」を一緒に学習したことを再認）できるかどうかを測るテストである。

産出欠如仮説によれば，年齢による成績の差は，方略使用指示のない意図的学習群で最も大きいはずだ（なぜなら，高齢者は効果的な方略を自発的に利用することが期待されないので）。他方，他の 2 群では年齢による成績の差は小さいはずである。加齢による機能低下は，連合の再認の方が単語の再認よりも大きかった。つまり，高齢者は，単語間の新しい関連付けを作りだすのが苦手であることが示された。最も重要なことは，これらの機能低下は意図的学習群で最大で，単語対を符号化し，検索するために文を利用するように指示された実験群ではこうした機能低下が見られなかった。これらの結果は，高齢者の産出欠如仮説の明確な支持となっている。

　もう一つの可能性は，高齢者が方略を利用していても，その方略の「**質**」に問題があるということである。たとえば，「アイスボックス－曲芸師」を学習する際に，高齢者は二つの単語を含んだ文を作成するが，構成要素が相互に作用し合っていない文（たとえば，「曲芸師の隣にアイスボックスが置いてある」）を作成するかもしれない。他方，若齢者は二つの構成要素が相互に作用し合っている文（たとえば，「曲芸師がアイスボックスの上で逆立ちしている」）を作成するかもしれない。しかし，一般的な研究結果は，この可能性がないことを示唆している。ダンロスキーら（Dunlosky, Hertzog, & Powell-Moman, 2005）は，高齢者と若齢者が対連合学習を行ない，各対の二つの単語を意味が通るように関連づけて文を作成しなさいと指示した。この実験手続きで重要なのは，各対を学習した直後に実験参加者にその対について自分たちが作成した文を報告させた点である。予想したように，両年齢群とも単語対のほとんどについて文を作成した。最も重要なのは，学習時に報告された文が，複数の次元で点数化され，文の質の年齢差が同定されるようにした点である。重要な結果は，高齢者の文と若齢者の文はすべての主要な次元，たとえば，内容語の数や文の長さなどでほぼ同じであったということだ。さらに，相互に作用し合う対の単語を含む文を作成する確率は両年齢群でほぼ同じであった。この研究結果は，高齢者が効果的な方略を利用するとき，簡単な材料を学習するために方略を活用することに障害がないことを示している。

　高齢者が方略欠如を示す（たとえば，Naveh-Benjamin ら，2007）とすると，高齢者は，新たな材料を学習する際に効果的に方略を適用するように訓練することを目指した介入の恩恵を受ける可能性が出てくる。実際，効果的な方略を利用するように高齢者を訓練すること（そして，効果的な方略を使うたくさんの練習を与えること）が，高齢者の学習を向上させるのかどうかを評価するために，小規模な事業が現われだした。ヴェルハーゲンら（Verhaeghen, Marcoen, & Goossens, 1992）によって行なわれたメタ分析には 31 の研究が含まれ，このような訓練プログラムが有効であることが明らかにされた。特に，訓練の効果は年齢とともに低下するけれども，高齢者の学習は，種々の記憶方略を用いる訓練や練習で効果を上げている。

(2) 学習時間の配分

　学習時に高齢者が効果的な方略を利用しても，彼らは学習時間を効率良く配分していないかもしれない。たとえば，高齢者は自分が学習していることの多くをいずれ忘れてしまうと思い込んでいるので，実際には十分に学習したものに多くの時間を費やしているかもしれない。これは，彼らの学習全体の進度を大幅に遅くしているかもしれない。この問題は，第5章ですでに少し詳しく議論した学習時間の配分に関係している。学習時間の配分は，個人のモニタリング判断とそれに続く自己ペースの学習時間との関連を調べることによって評価されることを思い出してほしい。最も一般的な結果は，若齢者はすでに自分がよく学習できたと判断する材料よりも，学習できていないと判断する材料により多くの学習時間を配分するということである（Son & Metcalfe, 2000）。ここで問題になるのは，「高齢者はよくわかっていない項目により学習時間をかけるという同じ方略を使っているのか」ということである。

　この疑問に答えるために，スーチャイとイシングリニ（Souchay & Isingrini, 2004）は，高齢者（56歳から96歳まで）と若齢者（20歳から31歳まで）に40の連合対を学習させた。各対は5秒の速度で呈示された。そのあと，各対の手がかり語だけが呈示され，実験参加者はその手がかりに対応する反応語を思い出さなければならなかった。それから，実験参加者は，あとで各対の正しい答えを再認できるかどうかを判断した。次の試行で，実験参加者はもう一度，連合対を学習した。しかし，今度は自分のペースで学習した。自己ペースの学習のあと，最終の手がかり再生テストが行なわれた。予想どおり，若齢者の最終の手がかり再生の成績は高齢者よりも良かった。この結果は私たちに大事な問題を投げかける。すなわち，「加齢による機能低下は，高齢者の学習時間の配分の方法が原因なのか」という問題である。各実験参加者のメタ認知的予想は，それに続く自己ペースの学習時間との相関が求められた。平均相関係数は，高齢者（−.47）よりも，若齢者（−.77）の方がかなり高かった。つまり，高齢者は若齢者と同じ程度には学習時間を配分するためにモニタリングを使っていないことを示唆している（Souchay & Isingrini, 2004）。さらに，この著者は，回帰分析に基づいて，学習時間配分の年齢差は，最終再生成績における加齢による機能低下の60％以上を説明できることを明らかにした。

　ダンロスキーとコナー（Dunlosky & Connor, 1997）は，同様の結果を多試行学習で報告している。すなわち，学習判断と自己ペースの学習の相関は若齢者の方が高齢者よりも高かった。学習時間を配分する前の再生成績の水準を両年齢群で揃えても，この学習時間配分の年齢差が見られた。つまり，だれもが学習できるレベルの「犬−スプーン」のような名詞と名詞の対を，両年齢群が同じ項目数だけ学習する必要があるときに，高齢者は依然として難しい項目にあまり時間をかけなかった。さらに，学習時間配分のこれらの年齢差は，図11.1に示すように，統計的には，加齢に伴う学習の機能低下のいくつかに関連している。言い換えれば，難しい項目の学習にあまり

時間をかけない(そして,簡単な項目により時間をかける)高齢者は,最終的にはより少ない項目しか再生しなかった。つまり,彼らの学習時間配分は不適切であったことを示唆している。学習判断と自己ペースの学習との関係によって測定されるように,いくつかの年齢差が学習時間配分で生じることを他の研究者も報告している(Miles & Stine-Morrow, 2004 など)。にもかかわらず,学習時間配分の加齢による差はいつも見られるわけではない(Stine-Morrow, Shake, Miles, & Noh, 2006)。実際,加齢による機能低下がみられるすべての場合に,高齢者は学習を進めるためにモニタリングを使うが,若齢者ほどには利用できないということを強調しておかなければならない。たとえば,スーチャイとイシングリニ(Souchay & Ishingrini, 2004)では,高齢者の予想と自己ペースの学習時間の相関の平均は −.46 であった。これは,高齢者はよく学習した項目よりも,あまり学習していない項目の方に長い学習時間を配分する傾向があることを示している。

要約すると,高齢者はときに自分の学習を調整する方法に機能低下が見られる場合があるが,全体として見れば,彼らは比較的効果的に学習時間を配分する傾向がある。ここで耳寄りな情報は,私たちが 70 代,80 代になったときに,私たちの学習に関するモニタリングとコントロールはほとんど損なわれていないだろうということである。しかし,意外に思うかもしれないが,高齢者は難しい材料を学習する際,その健全なメタ認知的技術を利用することができないことがときどきある(Murphy, Schmitt, Caruso, & Sanders, 1987)。このような研究結果から,研究者によっては,高齢者の(十分に活用していないが,健全な)メタ認知的技能を使うように訓練することが加齢による機能低下を補うのに役立つ可能性を検討している。論点 11.3 で,これらのメタ認知的訓練の介入についてもう少し詳しく述べる。

●論点 11.3　成人に学習モニタリングを訓練する

メタ認知的コントロールにおける高齢者の最も印象的な(そして,意外でもある)機能低下が,マーフィーら(Murphy et al., 1987)によって明らかにされた。彼らの手続きは簡単なものであった。何枚かの記銘すべき事物の写真をそれぞれの実験参加者に呈示する。それから「それぞれの事物の名前を再生できるようになるまでそれらの写真を学習し,その名前を再生できるようになれば教えてください」と教示する。ちょっと時間をとって,あなたならこの課題にどのように取り組むかを考えてみてほしい。学習を終えて,テストを受ける準備ができたと実験者に伝える時期を,あなたはどのようにしてわかるだろうか。10 代後半や 20 代前半の若齢者は,だれもがこの問題に同じように取り組んだ。つまり,彼らは写真を学習して,それから,「テストを受ける準備ができました」という前に,全部を本当に学習したかどうかを評価するために,自分で試してみた。これとは対照的に,高齢者の多くは,自ら自己診断を行なわないで,若齢者に比べると学習時間が少なく,再生テストの成績も良くなかった。つまり,高齢者が使おうと思えばおそらく使うことのできたであろう自己診断を通じて自身の学習を正確にモニターする方法を,高齢者は使わな

かった。言い換えれば，高齢者は，自分の学習を調整するのに効果的な自己モニタリング方略を使うことに関して産出欠如を示した。

　マーフィーら（Murphy et al., 1987）は，産出欠如による説明をさらに検証するために，追跡実験を行なった。この実験では，高齢者の一つの群に，学習を止める前に事物の名前についての自分の記憶を試してみるようにという明確な指示を出した。この高齢者群は自己診断をしただけでなく，なんと，より時間をかけて学習をして，教示を受けていない若齢者と同じ水準の成績を修めた。このように，高齢者に自己診断を使うようにと教示するだけで，自己調整と学習に即座に改善がもたらされた。こうした実験結果が刺激となって，最近，自己診断によって進行中の連合対の学習をモニターするように高齢者を訓練する記憶介入方法が開発された（Dunlosky, Kubat-Silman, & Hertzog, 2003）。具体的に言うと，連合対（たとえば，「蜂－ヌードル」）を相互作用的なイメージを使って結びつける（たとえば，蜂がヌードルを音をたててすすっているのを視覚的に思い浮かべる），あるいは，文を作り出す（たとえば，蜂がヌードルの周りで踊っている），のどちらかの方法で連合対を学習する訓練を，高齢者に実施した。さらに，高齢者の一つの群は，学習するときに，反応語（たとえば，ヌードル）を隠して，記憶からそれを再生してみることで自己診断をするように訓練された。この遅延検索の試みは，遅延学習判断を行なうことに似ている。遅延学習判断はモニタリングの正確さがほぼ完璧である。さらに，高齢者たちは，反応を再生したときにはその反応を脇に置いておき，再生できないときには，取っておいて後でもう一度学習するようにと教示された。訓練の後，基準となるテストが実施された。テストでは，それぞれが40対を（最大20分間）学習し，その後に，それぞれの対についてその反応語の再生を試みた（たとえば，「蜂－？」）。

　いくつかの結果が注目に値する。まず，予想されたように，訓練を受けなかった統制群よりも連想方略（上述した二つの群）を使うように訓練された二つの群の方が，基準となるテストの成績が良かった。次に，そしてここで最も関連することであるが，連想訓練だけを受けた高齢者よりも自分で自己診断を行なう訓練を受けた高齢者の方が，基準となるテストの成績がかなり良かった。このように，学習に応じて自身の学習を評価するように訓練するだけで，高齢者の学んで覚える効力を簡単に高めることができる。残念ながら，学習をモニターするように高齢者を訓練することがどれほど有効かを検討した研究はほとんど見られない。ここで紹介した知見は励みになるが，モニタリング介入の長所（と短所）については，学ばねばならないことがまだたくさん残されている。

2．検索のコントロール

　第6章の回想的確信度判断で議論したように，質問に対して可能性のある答えを思い出し，それぞれの候補となる答えが実際に正解である見込みを判断することによって，検索を動的にコントロールすることができる。その時点で，ある候補の答えに対する確信度がある一定の閾値を超えれば，その答えが報告される（Koriat & Goldsmith, 1996）。「トリビアル・パスート」のゲームで遊んでいて，「オーストラリアの首都はどこですか？」と聞かれたとしよう。シドニー，キャンベラ，メルボルン

をはっきりと思い出すが，正しく答えることが重要であることに気づく。そこで，自分の確信度が90％を超えたときだけ答えることにする。キャンベラとメルボルンがあっている確信度は50％しかないが，シドニーがオーストラリアの首都であるとほぼ確信（95％）する。そこで，「シドニー」と答える。この場合，二つの要因が，あなたが最終的に声に出して報告する答えの**質**に，つまり，あなたが報告するすべての項目の中から**正しく**再生する項目の割合に影響していると考えられる。一つめの要因は，あなたの回想的確信度判断の正確さが再生の質に影響する。なぜなら，もしあなたが不正確だったら，確信度の高い誤った答えを報告するかもしれない。実際，先ほどの例はこれにあてはまる。なぜなら，「シドニー」はまちがっているが，不適切な確信度のために報告された。二つめの要因は，答える際の閾値が質に影響を与えている。なぜなら，閾値が厳格でなくなるにつれて（たとえば，90％から50％に下がると），誤った答を報告する可能性が高くなるだろう。

　このような論理的根拠に基づいて，ケリーとサハキャン（Kelly & Sahakyan, 2003）は，高齢者は新しく学習した連合対の検索のコントロールが難しいのかどうかを検討した。彼らは，コリアットとゴールドスミス（Koriat & Goldsmith, 1996）によって開発された方法を使った。したがって，自己調整的な検索の要素の中で特にモニタリングの正確さと再生の質に関して，高齢者と若齢者を比較することができた（復習したい人は，第6章を参照のこと）。これらの方法の重要な点は，実験参加者が候補となる答えを報告するかどうかを選択することにあることを思い出してほしい。このような自由報告テストの場合，成績の重要な測度は，報告されたターゲットの数に占める，正確に再生されたターゲットの数の割合である。これは，**再生の正確さ**と呼ばれる。再生の正確さは，若齢者よりも高齢者の方が低かった。さらに重要なのは，ケリーとサハキャン（Kelly & Sahakyan, 2003）は，この再生の正確さの機能低下と，モニタリングの正確さの加齢による機能低下を関連づけたことである。たとえば，ある条件では，高齢者の確信度判断の相対的正確度はたったの+.46であった。他方，若齢者のその値は+.85だった。このように，高齢者は，候補となる答えの正しさをモニターすることにいくつかの困難があるという理由もあって，明らかに正解だけを答えることが難しい（Dodson, Bawa, & Slotnick, 2007; Rhodes & Kelley, 2005 も参照のこと）。より正確に自分の記憶をモニターする訓練によって，高齢者が自由報告テストで成績を向上できるかは，今後の研究にとって重要な応用的問題である。

　現時点では，加齢がメタ認知的モニタリングにどのように影響するのかについての結論が，多少わかりにくいと思うかもしれない。すなわち，学習判断に関する研究では，モニタリングの加齢による機能低下は見られないと示唆しているが，回想的確信度判断の研究ではモニタリングに機能低下がみられることがあると示唆している。けれども，結果のこのようなパターンが示しているのは，メタ認知的モニタリングの正確さは多面的であるということである。つまり，学習判断で測定されるような学習の

モニタリングに関与しているのとは異なる過程が回想的確信度で測定されるような検索のモニタリングには関与しているということである。それゆえ，加齢が（学習時の）ある種類のモニタリングには影響がないが，（検索時の）もう一つ別の種類のモニタリングを混乱させるのかもしれない。なぜ加齢がある種類のモニタリングに影響する（そして別の種類には影響しない）のか，将来の研究によって解決されなければならない重要な謎である。

要約

　この章はトニーについての短い話で始まった。彼は退職者で，日常生活で取り組むべき多くの新しい機会に直面する。これは結果的に彼に新しい情報を学習し続けることを要求する。長生きで，依然としていろいろなことにかかわっていたい人にとって，努力目標の一部は，学習の上達において生じる軽微な機能低下を克服することである。この章では，メタ認知の機能低下が記憶や学習での加齢による機能低下に寄与するのはどの程度かを調べた。メタ認知の本質が多面的であるとすると，この疑問に対する答えがただ一つではないことは驚くにあたらない。

　これまでの研究で，高齢者はメタ認知に障害がある側面もあればそうでない側面もある。たとえば，高齢者の（学習判断で測定されるような）符号化のオンライン・モニタリングにはほぼ問題がないが，学習や検索時に最も効果的な方略を自発的に利用することに関しては明らかに「産出欠如」を示すようである（Naveh-Benjamin et al., 2007）。重要なことは，高齢者の損なわれていないメタ認知の過程を利用することを手助けすることによって高齢者の学習を向上させることを目的とした研究がかなり成功しているということである。このように，私たちは年をとるにつれて学習や記憶に問題が生じるかもしれないが，見通しは楽観的である。なぜなら，私たちはメタ認知を賢く活用することによって，少なくともこれらの困難をある程度補うことができるであろうからだ。

【討論問題】

1．レズリーは70代半ばで，20年前よりも動きが少し鈍くなったが，総じて身体は健康で心的な能力減退の兆候はなにも見られない。けれども，彼女は自分の記憶について不満を言い始めた。なぜ，彼女の記憶は以前に比べて悪くなっていないのに不満を言うのだろうか。あなたは記憶についての彼女の判断が妥当でないかどうかを評価したいと思っている。彼女の判断が不正確であるのかどうか，すなわち，彼女の記憶が典型的な70歳の人よりも劣っているのかどうかを確かめるために役立つメタ認知的課題を考案しなさい。

【概念の復習】

　以下の質問と練習問題に対して，できるだけ詳しく解答を書き出してみよう。その後，この章の関連あるところを読み直してチェックしてみよう。

1．メタ記憶（モニタリングかコントロールのいずれか）の変化は加齢につれて生じる記憶の機能低下を説明することができるか。
2．自己効力感とは何か。人々の低下した記憶の自己効力感をあなたはどのように高めることができるか。
3．産出欠如とは何か。それは，加齢に伴う記憶成績の低下を説明することができるか。産出欠如仮説を支持する証拠と支持しない証拠は何か。

● 引用文献 ●

Adams, P. A., & Adams, J. K. (1958). Training in confidence judgments. *American Journal of Psychology, 71,* 747–751.
Ainsworth, S., & Burcham, S. (2007). The impact of text coherence on learning by self-explanation. *Learning and Instruction, 17,* 286–303.
Akehurst, L., Köhnken, G., Vrij, A., & Bull, R. (1996). Lay persons' and police officers' beliefs regarding deceptive behaviour. *Applied Cognitive Psychology, 10,* 461–471.
Alba, J. W., & Hasher, L. (1983). Is memory schematic? *Psychological Bulletin, 93,* 203–231.
Allwood, C. M., & Granhag, P. A. (1996). The effects of arguments on realism in confidence judgements. *Acta Psychologica, 91,* 99–119.
American Academy of Pediatrics. (2001). Media violence. *Pediatrics, 108,* 1222–1226.
American Psychological Association. (1996). Distinguished Scientific Award for the Applications of Psychology: Ann L. Brown. *American Psychologist, 51,* 309–311.
Anderson, J. C., Lowe, D. J., & Reckers, P. M. J. (1993). Evaluation of auditor decisions: Hindsight bias effects and the expectation gap. *Journal of Economic Psychology, 14,* 711–737.
Arbuckle, T. Y., & Cuddy, L. L. (1969). Discrimination of item strength at time of presentation. *Journal of Experimental Psychology, 81,* 126–131.
Arkes, H. R. (1991). Costs and benefits of judgment errors: Implications for debiasing. *Psychological Bulletin, 110,* 486–498.
Atkinson, R. C., & Shiffrin, R. (1968). Human memory: A proposed system and its control processes. In K. Spence & J. Spence (Eds.), *The psychology of learning and motivation* (Vol. 2, pp. 89–195). New York: Academic Press.
Azevedo, R., Cromley, J. G., Winters, F. I., Moos, D. C., & Greene, J. A. (2005). Adaptive human scaffolding facilitates adolescents' self-regulated learning and hypermedia. *Instructional Science, 33,* 381–412.
Baker, L., & Anderson, R. I. (1982). Effects of inconsistent information on text processing: Evidence for comprehension monitoring. *Reading Research Quarterly, 17,* 281–294.
Bandura, A. (1977). Self-efficacy: Toward a unifying theory of behavioral change. *Psychological Review, 84,* 191–215.

Bandura, A. (1997). *Self-efficacy: The exercise of control.* New York: Freeman.

Batchelder, W. H., & Riefer, D. M. (1990). Multinomial processing models of source monitoring. *Psychological Review, 97,* 548–564.

Bayen, U. J., Murnane, K., & Erdfelder, E. (1996). Source discrimination, item detection, and multinomial models of source monitoring. *Journal of Experimental Psychology: Learning, Memory, and Cognition, 22,* 197–215.

Bayen, U. J., Pohl, R. F., Erdfelder, E., & Auer, T. S. (2007). Hindsight bias across the life span. *Social Cognition, 25,* 83–97.

Beattie, G., & Coughlan, J. (1999). An experimental investigation of the role of iconic gestures in lexical access using the tip-of-the-tongue phenomenon. *British Journal of Psychology, 90,* 35–56.

Begg, I., Duft, S., Lalonde, P., Melnick, R., & Sanvito, J. (1989). Memory predictions are based on ease of processing. *Journal of Memory and Language, 28,* 610–632.

Begg, I., Vinski, E., Frankovich, L., & Holgate, B. (1991). Generating makes words memorable, but so does effective reading. *Memory & Cognition, 19,* 487–497.

Benjamin, A. S. (2005). Response speeding mediates the contributions of cue familiarity and target retrievability to metamnemonic judgments. *Psychonomic Bulletin & Review, 12,* 874–879.

Benjamin, A. S., & Bird, R. D. (2006). Metacognitive control of the spacing of study repetitions. *Journal of Memory and Language, 55,* 126–137.

Benjamin, A. S., & Bjork, R. A. (1996). Retrieval fluency as a metacognitive index. In L. M. Reder (Ed.), *Implicit memory and metacognition* (pp. 309–338). Hillsdale, NJ: Lawrence Erlbaum.

Benjamin, A. S., Bjork, R. A., & Schwartz, B. L. (1998). The mismeasure of memory: When retrieval fluency is misleading as a metamnemonic index. *Journal of Experimental Psychology: General, 127,* 55–68.

Benjamin, A. S., & Diaz, M. (2008). Measurement of relative metamnemonic accuracy. In J. Dunlosky & R. A. Bjork (Eds.), *Handbook of metamemory and memory* (pp. 73–94). New York: Taylor & Francis.

Benjamin, L. T., Cavell, T. A., & Shallenberger, W. R. (1984). Staying with initial answers on objective tests: Is it a myth? *Teaching of Psychology, 11,* 133–141.

Bentaleb, L. A., Beauregard, M., Liddle, P., & Stip, E. (2002). Cerebral activity associated with auditory verbal hallucinations: A functional Magnetic Resonance Imaging case study. *Journal of Psychiatry & Neuroscience, 27,* 110–115.

Bentall, R. P. (1990). The illusion of reality: A review and integration of psychological research on hallucinations. *Psychological Bulletin, 107,* 82–95.

Bereiter, C., & Scardamalia, M. (1987). *The psychology of writing composition.* Hillsdale, NJ: Lawrence Erlbaum.

Bjorklund, D. F., & Green, B. L. (1992). The adaptive nature of cognitive immaturity. *American Psychologist, 47,* 46–54.

Bjorklund, D. F., Miller, P. H., Coyle, T. R., & Slawinski, J. L. (1997). Instructing children to use memory strategies: Evidence of utilization deficiencies in memory training studies. *Developmental Review, 17,* 411–441.

Blakemore, S.-J. (2003). Deluding the motor system. *Consciousness and Cognition: An International Journal, 12,* 647–655.

Blakemore, S.-J., Wolpert, D., & Frith, C. (2000). Why can't you tickle yourself? *Neuroreport, 11*, 959–965.

Bloom, P., & German, T. P. (2000). Two reasons to abandon the false belief task as a test of theory of mind. *Cognition, 77*, B25–B31.

Boekaerts, M., Pintrich, P. R., & Zeidner, M. (2000). *Handbook of self-regulation.* San Diego, CA: Academic Press.

*1 Bolles, R. C. (1993). *The story of psychology: A thematic history.* Pacific Grove, CA: Brooks/Cole.

Boring, E. G. (1929). *A history of experimental psychology.* New York: Appleton-Century.

Borkowski, J. G., Milstead, M., & Hale, C. (1988). Components of children's metamemory: Implications for strategy generalization. In F. E Weinert & M. Perlmutter (Eds.), *Memory development: Universal change and individual differences* (pp. 73–100). Hillsdale, NJ: Lawrence Erlbaum.

Brase, G. L., Cosmides, L., & Tooby, J. (1998). Individuation, counting, and statistical inference: The role of frequency and whole-object representations in judgment under uncertainty. *Journal of Experimental Psychology: General, 127*, 3–21.

Breen, N., Caine, D., & Coltheart, M. (2001). Mirrored-self misidentification: Two cases of focal onset dementia. *Neurocase, 7*, 239–254.

Brennen, T., Baguley, T., Bright, J., and Bruce, V. (1990). Resolving semantically-induced tip-of-the-tongue states for proper nouns. *Memory & Cognition, 18*, 339–347.

Brentano, F. (1995). *Psychology from an empirical standpoint.* London: Routledge. (Original work published 1874)

Brewer, N., & Burke, A. (2002). Effects of testimonial inconsistencies and eyewitness confidence on mock-juror judgments. *Law and Human Behavior, 26*, 353–364.

Brewer, W. F., & Sampaio, C. (2006). Processes leading to confidence and accuracy in sentence recognition: A metamemory approach. *Memory, 14*, 540–552.

Brewer, W. F., Sampaio, C., & Barlow, M. R. (2005). Confidence and accuracy in the recall of deceptive and nondeceptive sentences. *Journal of Memory and Language, 52*, 618–627.

Brincones, I., & Otero, J. (1994). Students' conceptions of the top-level structure of physics texts. *Science Education, 78*, 171–183.

Broadbent, D. E. (1958). *Perception and communication.* New York: Pergamon.

*2 Brown, A. L. (1978). Knowing when, where, and how to remember: A problem of metacognition. In R. Glaser (Ed.), *Advances in instructional psychology* (pp. 77–165). New York: Halsted Press.

Brown, A. L., & Campione, J. C. (1996). Psychological theory and the design of innovative learning environments: On procedures, principles, and systems. In L. Schauble & R. Glaser (Eds.), *Innovations in learning: New environments for education* (pp. 289–325). Hillsdale, NJ: Lawrence Erlbaum.

Brown, A. L., & Smiley, S. S. (1977). Rating the importance of structural units of prose passages: A problem of metacognitive development. *Child Development, 48*, 1–8.

Brown, A. S. (1991). A review of the tip-of-the-tongue experience. *Psychological Bulletin, 109*, 204–223.

Brown, A. S., Brown, L. A., & Zoccoli, S. L. (2002). Repetition-based credibility enhancement of unfamiliar faces. *American Journal of Psychology, 115*(2), 199–209.

Brown, R., & McNeill, D. (1966). The "tip of the tongue" phenomenon. *Journal of Verbal Learning and Verbal Behavior, 5,* 325–337.

Bruce, P. R., Coyne, A. C., & Botwinick, J. (1982). Adult age differences in metamemory. *Journal of Gerontology, 37,* 354–357.

Bryant, F. B., & Brockway, J. H. (1997). Hindsight bias in reaction to the verdict in the O. J. Simpson criminal trial. *Basic and Applied Social Psychology, 19*(2), 225–241.

Burke, D. M., MacKay, D. G., Worthley, J. S., & Wade, E. (1991). On the tip of the tongue: What causes word finding failures in young and older adults? *Journal of Memory and Language, 30,* 542–579.

Butterfield, B., & Mangels, J. A. (2003). Neural correlates of error detections and correction in a semantic retrieval task. *Cognitive Brain Research, 17,* 793–817.

Butterfield, B., & Metcalfe, J. (2006). The correction of errors committed with high confidence. *Metacognition and Learning, 1,* 69–84.

Butterfield, E. C., Nelson, T. O., & Peck, V. (1988). Developmental aspects of the feeling of knowing. *Developmental Psychology, 24,* 654–663.

Call, J. (2005). The self and other: A missing link in comparative social cognition. In H. S. Terrace & J. Metcalfe (Eds.), *The missing link in cognition: Origins of self-reflective consciousness* (pp. 321–241). New York: Oxford University Press.

Campbell, J. D., & Tesser, A. (1983). Motivational interpretations of hindsight bias: An individual difference analysis. *Journal of Personality, 51,* 605–620.

Carr, M., & Jessup, D. L. (1995). Cognitive and metacognitive predictors of mathematics strategy use. *Learning and Individual Differences, 7,* 235–247.

Cassel, E. (2000, February). Behavioral science research leads to Department of Justice guidelines for eyewitness evidence. *Virginia Lawyer, 48,* 1–4.

Cavanaugh, J. C., & Borkowski, J. G. (1980). Searching for metamemory-memory connections: A developmental study. *Developmental Psychology, 16,* 441–453.

Cavanaugh, J. C., & Perlmutter, M. (1982). Metamemory: A critical examination. *Child Development, 53,* 11–28.

Chemers, M. M., Hu, L., & Garcia, B. F. (2001). Academic self-efficacy and first-year college student performance and adjustment. *Journal of Educational Psychology, 93,* 55–64.

Chi, M. T. H., & Bassok, M. (1989). Learning from examples via self-explanation. In L. B. Resnick (Ed.), *Knowing, learning, and instruction: Essays in honor of Robert Glaser.* Hillsdale, NJ: Lawrence Erlbaum.

Chi, M. T. H., Bassok, M., Lewis, M. W., Reimann, P., & Glaser, R. (1989). Self-explanations: How students study and use examples in learning to solve problems. *Cognitive Science, 13,* 145–182.

*3 Chomsky, N. (1957). *Syntactic structures.* Oxford, UK: Mouton.

*4 Cicero, M. T. (2001). *De oratore* [On the ideal orator]. (J. M. May & J. Wisse, Trans.). New York: Oxford University Press.

*5 Clancy, S. A. (2005). *Abducted: How people come to believe they were kidnapped by aliens.* Cambridge, MA: Harvard University Press.

Conner, L. N. (2007). Cueing metacognition to improve researching and essay writing in a final year high school biology class. *Research in Science Education, 37,* 1–16.

Connor, L. T., Balota, D. A., & Neely, J. H. (1992). On the relation between feeling of knowing and lexical decision: Persistent threshold activation or topic familiarity? *Journal of Experimental Psychology: Learning, Memory, and Cognition, 18,* 544–554.

Connor, L. T., Dunlosky, J., & Hertzog, C. (1997). Age-related differences in absolute but not relative metamemory accuracy. *Psychology and Aging, 12,* 50–71.

Cosmides, L., & Tooby, J. (1996). Are humans good intuitive statisticians after all? Rethinking some conclusions from the literature on judgment under uncertainty. *Cognition, 58,* 1–73.

Costermans, J., Lories, G., & Ansay, C. (1992). Confidence level and feeling of knowing in question answering: The weight of inferential processes. *Journal of Experimental Psychology: Learning, Memory, and Cognition, 18,* 142–150.

Crowley, K., Shrager, J., & Siegler, R. S. (1997). Strategy discovery as a competitive negotiation between metacognitive and associative mechanisms. *Developmental Review, 17,* 462–489.

Cummins, C., Stewart, M. T., & Block, C. C. (2005). Teaching several metacognitive strategies together increases students' independent metacognition. In S. E. Israel, C. C. Block, K. L. Bauserman, & K. Kinnucan-Welsch (Eds.), *Metacognition in literacy learning: Theory, assessment, instruction, and professional development* (pp. 277–295). Hillsdale, NJ: Lawrence Erlbaum.

Cutler, B. L., Penrod, S. D., & Dexter, H. R. (1990). Juror sensitivity to eyewitness identification evidence. *Law and Human Behavior, 14,* 185–191.

Damasio, A. R., Graff-Radford, P. J., Eslinger, H., Damasio, H., & Kassel, N. (1985). Amnesia following basal forebrain lesions. *Archives of Neurology, 42,* 263–271.

Danziger, K. (1979). The positivist repudiation of Wundt. *Journal of the History of the Behavioral Sciences, 15,* 205–230.

Davachi, L., Mitchell, J. P., & Wagner, A. D. (2003). Multiple routes to memory: Distinct medial temporal lobe processes build item and source memories. *Proceedings From the National Academy of Sciences, 100,* 2157–2162.

De Corte, E., Verschaffel, L., & Op 'T Eynde, P. (2000). Self-regulation: A characteristic and a goal of mathematics education. In M. Boekaerts, P. R. Pintrich, & M. Zeidner (Eds.), *Handbook of self-regulation* (pp. 687–726). New York: Academic Press.

Delclos, V. R., & Harrington, C. (1991). Effects of strategy monitoring and proactive instruction on children's problem-solving performance. *Journal of Educational Psychology, 83,* 35–42.

DePaulo, B. M., & Pfeifer, R. L. (1986). On-the-job experience and skill at detecting deception. *Journal of Applied Social Psychology, 16,* 249–267.

Desoete, A., Roeyers, H., & De Clercq, A. (2003). Can offline metacognition enhance mathematical problem solving? *Journal of Educational Psychology, 95,* 188–200.

Dixon, R. A., & Hultsch, D. F. (1983). Structure and development of metamemory in adulthood. *Journal of Gerontology, 38,* 682–688.

Dodson, C. S., Bawa, S., & Slotnick, S. D. (2007). Aging, source memory, and misrecollections. *Journal of Experimental Psychology: Learning, Memory, and Cognition, 33,* 169–181.

Dodson, C. S., & Schacter, D. L. (2002). Aging and strategic retrieval processes: Reducing false memories with a distinctiveness heuristic. *Psychology and Aging, 17,* 405–415.

Dominowski, R. L. (1998). Verbalization and problem solving. In D. J. Hacker, J. Dunlosky, & A. C. Graesser (Eds.), *Metacognition in educational theory and practice* (pp. 25–45). Hillsdale, NJ: Lawrence Erlbaum.

Donndelinger, S. J. (2005). Integrating comprehension and metacognitive reading strategies. In S. E. Israel, C. C. Block, K. L. Bauserman, & K. Kinnucan-Welsch (Eds.), *Metacognition in literacy learning: Theory, assessment, instruction, and professional development* (pp. 241–260). Hillsdale, NJ: Lawrence Erlbaum.

Dougherty, M. R. P. (2001). Integration of the ecological and error models of overconfidence using a multiple-trace memory model. *Journal of Experimental Psychology: General, 130,* 579–599.

Dufresne, A., & Kobasigawa, A. (1989). Children's spontaneous allocation of study time: Differential and sufficient aspects. *Journal of Experimental Child Psychology, 47,* 274–296.

Dunlosky, J. (2004). Metacognition. In R. R. Hunt & H. C. Ellis, *Fundamentals of cognitive psychology* (7th ed., pp. 232–262). New York: McGraw-Hill.

Dunlosky, J., & Connor, L. (1997). Age-related differences in the allocation of study time account for age-related differences in memory performance. *Memory & Cognition, 25,* 691–700.

Dunlosky, J., Domoto, P. K., Wang, M.-L., Ishikawa, T., Roberson, I., Nelson, T. O., & Ramsay, D. S. (1998). Inhalation of 30% nitrous oxide impairs people's learning without impairing judgments of what will be remembered. *Experimental and Clinical Psychopharmacology, 6,* 77–86.

Dunlosky, J., & Hertzog, C. (1998). Training programs to improve learning in later adulthood: Helping older adults educate themselves. In D. J. Hacker, J. Dunlosky, & A. Graesser (Eds.), *Metacognition in educational theory and practice* (pp. 249–276). Hillsdale, NJ: Lawrence Erlbaum.

Dunlosky, J., Hertzog, C., & Powell-Moman, A. (2005). The contribution of mediator-based deficiencies to age differences in associative learning. *Developmental Psychology, 41,* 389–400.

Dunlosky, J., Kubat-Silman, A., & Hertzog, C. (2003). Training monitoring skills improves older adults' self-paced associative learning. *Psychology and Aging, 18,* 340–345.

Dunlosky, J., & Lipko, A. (2007). Metacomprehension: A brief history and how to improve its accuracy. *Current Directions in Psychological Science, 16,* 228–232.

Dunlosky, J., & Matvey, G. (2001). Empirical analysis of the intrinsic-extrinsic distinction of judgments of learning (JOLs): Effects of relatedness and serial position on JOLs. *Journal of Experimental Psychology: Learning, Memory, and Cognition, 27,* 1180–1191.

Dunlosky, J., & Nelson, T. O. (1992). Importance of the kind of cue for judgments of learning (JOL) and the delayed-JOL effect. *Memory & Cognition, 20,* 373–380.

Dunlosky, J., Rawson, K. A., & Middleton, E. (2005). What constrains the accuracy of metacomprehension judgments? Testing the transfer-appropriate-monitoring and accessibility hypotheses. *Journal of Memory and Language, 52,* 551–565.

Dunlosky, J., Serra, M., & Baker, J. M. C. (2007). Metamemory. In F. T. Durso (Sr. Ed.), *Handbook of applied cognition* (2nd ed., pp. 137–161). New York: Wiley.

Dunlosky, J., & Thiede, K. W. (1998). What makes people study more? An evaluation of factors that affect people's self-paced study and yield "labor-and-gain" effects. *Acta Psychologica, 98,* 37–56.

Dunlosky, J., & Thiede, K. W. (2004). Causes and constraints of the shift-to-easier-materials effect in the control of study. *Memory & Cognition, 32,* 779–788.

Dunning, D., Kerri, J., Ehrlinger, J., & Kruger, J. (2003). Why people fail to recognize their own incompetence. *Current Directions in Psychological Science, 12,* 83–87.

Efklides, A., & Chryssoula, P. (2005). Effects of mood on students' metacognition experiences. *Learning and Instruction, 15,* 415–431.

Ekman, P., & Friesen, W. V. (1969). The repertoire of nonverbal behavior: Categories, origins, usage, and coding. *Semiotica, 1,* 49–98.

Ekman, P., & O'Sullivan, M. (1991). Who can catch a liar? *American Psychologist, 46,* 913–920.

Erber, J. T. (1989). Young and older adults' appraisal of memory failures in young and older adult target persons. *Journals of Gerontology, 44,* P170–P175.

Erber, J. T., Szuchman, L. T., & Rothberg, S. T. (1990). Age, gender, and individual differences in memory failure appraisal. *Psychology and Aging, 5,* 600–603.

Erev, I., Wallsten, T. S., & Budescu, D. V. (1994). Simultaneous over- and underconfidence: The role of error in judgment processes. *Psychological Review, 101,* 519–527.

Ericsson, K. A., & Simon, H. A. (1980). Verbal reports as data. *Psychological Review, 87,* 215–251.

Ericsson, K. A., & Simon, H. A. (1984). *Protocol analysis: Verbal reports as data.* Cambridge: MIT Press.

Feinberg, T. E., & Shapiro, R. M. (1989). Misidentification-reduplication and the right hemisphere. *Neuropsychiatry, Neuropsychology, & Behavioral Neurology, 2,* 39–48.

Ferguson, S. A., Hashtroudi, S., & Johnson, M. K. (1992). Age differences in using source-relevant cues. *Psychology and Aging, 7,* 443–452.

Ferrell, W. R., & McGoey, P. J. (1980). A model of calibration for subjective probabilities. *Organizational Behavior and Human Performance, 26,* 32–53.

Fiedler, K. (1988). The dependence of the conjunction fallacy on subtle linguistic factors. *Psychological Research, 50,* 123–129.

Finn, B., & Metcalfe, J. (2007). The role of memory for past test in the underconfidence with practice effect. *Journal of Experimental Psychology: Learning, Memory, and Cognition, 33,* 238–244.

Finn, B., & Metcalfe, J. (2008). Judgments of learning are influenced by memory for past test. *Journal of Memory and Language, 58,* 19–34.

引用文献

Fischhoff, B. (1975). Hindsight does not equal foresight. *Journal of Experimental Psychology, 1*, 288–299.

Fischhoff, B. (1982). Debiasing. In D. Kahneman, P. Slovic, & A. Tversky (Eds.), *Judgment under uncertainty: Heuristics and biases* (pp. 422–444). Cambridge, UK: Cambridge University Press.

Fischhoff, B., & MacGregor, D. (1982). Subjective confidence in forecasts. *Journal of Forecasting, 1*, 155–172.

Fisher, R. P., & Geiselman, R. E. (1992). *Memory enhancing techniques for investigative interviewing: The cognitive interview.* Springfield, IL: Charles C Thomas.

Fitzgerald, J., & Markham, L. (1987). Teaching children about revision in writing. *Cognition and Instruction, 4*, 3–24.

*6 Flavell, J. H. (1963). *The developmental psychology of Jean Piaget.* New York: Van Nostrand.

Flavell, J. H. (1979). Metacognition and cognitive monitoring: A new area of cognitive-developmental inquiry. *American Psychologist, 34*, 906–911.

Flavell, J. H. (1993). The development of children's understanding of false belief and the appearance-reality distinction. *International Journal of Psychology, 28*, 595–604.

Flavell, J. H. (2000). Development of children's knowledge about the mental world. *International Journal of Behavioral Development, 24*, 15–23.

Flavell, J. H. (2004). Theory-of-mind development: Retrospect and prospect. *Merrill-Palmer Quarterly, 50*, 274–290.

Flavell, J. H., Friedrichs, A. G., & Hoyt, J. D. (1970). Developmental changes in memorization processes. *Cognitive Psychology, 1*, 324–340.

Floyd, M., & Scogin, F. (1997). Effects of memory training on the subjective memory functioning and mental health of older adults: A meta-analysis. *Psychology and Aging, 12*, 150–161.

Fox, S. G., & Walters, H. A. (1986). The impact of general versus specific expert testimony and eyewitness confidence upon mock juror judgment. *Law and Human Behavior, 10*(3), 215–228.

Fu, T., Koutstaal, W., Fu, C., Poon, L., & Cleare, A. J. (2005). Depression, confidence, and decision: Evidence against depressive realism. *Journal of Psychopathology and Behavioral Assessment, 27*, 243–252.

Fuchs, L. S., Fuchs, D., Prentice, K., Burch, M., Hamlett, C. L., Owen, R., & Schroeter, K. (2003). Enhancing third-grade students' mathematical problem solving with self-regulated learning strategies. *Journal of Educational Psychology, 95*, 306–315.

Funnell, M., Metcalfe, J., & Tsapkini, K. (1996). In the mind but not on the tongue: Feeling of knowing in an anomic patient. In L. M. Reder (Ed.), *Implicit memory and metacognition* (pp. 171–194). Mahwah, NJ: Lawrence Erlbaum.

Gardiner, J. M., Craik, F. I., & Bleasdale, F. A. (1973). Retrieval difficulty and subsequent recall. *Memory & Cognition, 1*, 213–216.

Garrett, M., & Silva, R. (2003). Auditory hallucinations, source monitoring, and the belief that "voices" are real. *Schizophrenia Bulletin, 29*, 445–457.

Gigerenzer, G. (1984). External validity of laboratory experiments: The frequency-validity relationship. *American Journal of Psychology, 97*, 185–195.

Gigerenzer, G. (1991). How to make cognitive illusions disappear: Beyond "heuristics and biases." In W. Stroebe & M. Hewstone (Eds.), *European Review of Social Psychology, 2,* 83–115. Chichester, UK: Wiley.

Gigerenzer, G. (1994). Why the distinction between single-event probabilities and frequencies is relevant for psychology (and vice versa). In G. Wright & P. Ayton (Eds.), *Subjective probability* (pp. 129–161). New York: Wiley.

Gigerenzer, G., Hoffrage, U., & Kleinbölting, H. (1991). Probabilistic mental models: A Brunswikian theory of confidence. *Psychological Review, 98,* 506–528.

Gigerenzer, G., Todd, P. M., & ABC Research Group. (1999). *Simple heuristics that make us smart.* New York: Oxford University Press.

Gilewski, M. J., & Zelinski, E. M. (1986). Questionnaire assessment of memory complaints. In L. W. Poon, B. Gurland, C. Eisdorfer, T. Crook, L. W. Thompson, A. Kaszniak, et al. (Eds.), *Handbook for clinical memory assessment of older adults* (pp. 93–107). Washington, DC: American Psychological Association.

Gilewski, M. J., Zelinski, E. M., Schaie, K. W., & Thompson, L. W. (1983). *Abbreviating the metamemory questionnaire: Factor structure and norms for adults.* Paper presented at the 91st annual meeting of the American Psychological Association, Anaheim, CA.

Gilovich, T., Griffin, D., & Kahneman, D. (Eds.). (2002). *Heuristics and biases: The psychology of intuitive judgment.* New York: Cambridge University Press.

Glenberg, A. M., & Epstein, W. (1987). Inexpert calibration of comprehension. *Memory & Cognition, 115,* 119–136.

Glenberg, A. M., Wilkinson, A. C., & Epstein, W. (1982). The illusion of knowing: Failure in the self-assessment of comprehension. *Memory & Cognition, 10,* 597–602.

Glisky, E. L., Rubin, S. R., & Davidson, P. S. R. (2001). Source memory in older adults: An encoding or retrieval problem? *Journal of Experimental Psychology: Learning, Memory, and Cognition, 27,* 1131–1146.

Gonzalez, R., & Nelson, T. O. (1996). Measuring ordinal association in situations that contain tied scores. *Psychological Bulletin, 119,* 159–165.

Greene, J. A., & Azevedo, R. (2007). A theoretical review of Winne and Hadwin's model of self-regulated learning: New perspectives and directions. *Review of Educational Research, 77,* 334–372.

Griffin, D., & Buehler, R. (1999). Frequency, probability, and prediction: Easy solutions to cognitive illusions? *Cognitive Psychology, 38,* 48–78.

Groninger, L. D. (1976). Predicting recognition during storage: The capacity of the memory system to evaluate itself. *Bulletin of the Psychonomic Society, 7,* 425–428.

Hacker, D. J. (1998a). Definitions and empirical foundations. In D. J. Hacker, J. Dunlosky, & A. C. Graesser (Eds.), *Metacognition in educational theory and practice* (pp. 1–24). Hillsdale, NJ: Lawrence Erlbaum.

Hacker, D. J. (1998b). Self-regulated comprehension during normal reading. In D. J. Hacker, J. Dunlosky, & A. C. Graesser (Eds.), *Metacognition in educational theory and practice* (pp. 165–191). Hillsdale, NJ: Lawrence Erlbaum.

Hacker, D. J., Bol, L., Horgan, D. D., & Rakow, E. A. (2000). Test prediction and performance in a classroom context. *Journal of Educational Psychology, 92,* 160–170.

Hacker, D. J., Bol, L., & Keener, M. C. (2008). Metacognition in education: A focus on calibration. In J. Dunlosky & R. A. Bjork (Eds.), *Handbook of metamemory and memory* (pp. 429–455). New York: Taylor & Francis.

Hampton, R. R. (2001). Rhesus monkeys know when they remember. *Proceedings of the National Academy of Sciences, 98*, 5359–5362.

Hancock, J. A., Moffoot, A. P. R., & O'Carroll, R. E. (1996). "Depressive realism" assessed via confidence in decision-making. *Cognitive Neuropsychiatry, 1*, 213–220.

Hansen, M. B., & Markman, E. M. (2005). Appearance questions can be misleading: A discourse-based account of the appearance-reality problem. *Cognitive Psychology, 50*, 233–263.

Hare, V. C., & Smith, D. C. (1982). Reading to remember: Studies of metacognitive reading skills in elementary school-aged children. *Journal of Educational Research, 75*, 157–164.

Harris, P. L., Brown, E., Mariott, C., Whittall, S., & Harmer, S. (1991). Monsters, ghosts, and witches: Testing the limits of fantasy-reality distinction in young children. *British Journal of Developmental Psychology, 9*, 105–123.

Hart, J. T. (1965). Memory and the feeling-of-knowing experience. *Journal of Educational Psychology, 56*, 208–216.

Hart, J. T. (1966). Methodological note on feeling-of-knowing experiments. *Journal of Educational Psychology, 57*, 347–349.

Hart, J. T. (1967). Memory and the memory-monitoring process. *Journal of Verbal Learning and Verbal Behavior, 6*, 685–691.

Hasher, L., Goldstein, D., & Toppino, T. (1977). Frequency and the conference of referential validity. *Journal of Verbal Learning and Verbal Behavior, 16*, 107–112.

Hayes, J. R., & Flower, L. (1980). Identifying the organization of writing processes. In L. W. Gregg & E. R. Steinberg (Eds.), *Cognitive processes in writing*. Hillsdale, NJ: Lawrence Erlbaum.

Herrmann, D. J. (1982). Know the memory: The use of questionnaires to assess and study memory. *Psychological Bulletin, 92*, 434–452.

Hertzog, C., & Dunlosky, J. (2004). Aging, metacognition, and cognitive control. *The Psychology of Learning and Motivation: Advances in Research and Theory, 45*, 215–251.

Hertzog, C., Dunlosky, J., Robinson, A. E., & Kidder, D. P. (2003). Encoding fluency is a cue used for judgments about learning. *Journal of Experimental Psychology: Learning, Memory, and Cognition, 29*, 22–34.

Hertzog, C., & Hultsch, D. F. (2000). Metacognition in adulthood and old age. In F. I. M. Craik (Ed.), *The handbook of aging and cognition* (2nd ed., pp. 417–466) Mahwah, NJ: Lawrence Erlbaum.

Hertzog, C., Kidder, D., Powell-Moman, A., & Dunlosky, J. (2002). Monitoring associative learning: What determines the accuracy of metacognitive judgments? *Psychology and Aging, 17*, 209–225.

Hicks, J. L., & Marsh, R. L. (1999). Attempts to reduce the incidence of false recall with source monitoring. *Journal of Experimental Psychology: Learning, Memory, and Cognition, 25*, 1195–1209.

Horn, J. L. (1989). Models of intelligence. In R. L. Linn (Ed.), *Intelligence: Measurement, theory, and public policy* (pp. 29–73). Urbana: University of Illinois Press.

Hothersall, D. (1995). *History of psychology* (3rd ed.). New York: McGraw-Hill.

Hubert, W., & de Jong-Meyer, R. (1989). Emotional stress and saliva cortisol response: Report on the workshop conference "Application of saliva in laboratory medicine." *Journal of Clinical Chemistry and Clinical Biochemistry, 27*, 235–237.

Hulicka, I. M., & Grossman, J. L. (1967). Age-group comparisons for the use of mediators in paired associate learning. *Journal of Gerontology, 22*, 46–51.

Hultsch, D. F., Hertzog, C., & Dixon, R. A. (1987). Age differences in metamemory: Resolving the inconsistencies. *Canadian Journal of Psychology/Revue Canadienne de Psychologie, 41*, 193–208.

Humphrey, G. (1951). *Thinking: An introduction to its experimental psychology*. New York: Wiley.

Hunt, R. R., & Ellis, H. C. (2004). *Fundamentals of cognitive psychology* (7th ed.). New York: McGraw-Hill.

Inbau, F. E., Reid, J. E., Buckley, J. P., & Jayne, B. P. (2001). *Criminal interrogations and confessions*. Gaithersburg, MD: Aspen.

Inhelder, B., & Piaget, J. (1958). Formal thought from the equilibrium standpoint. In *The growth of logical thinking from childhood to adolescence* (pp. 245–271). New York: Basic Books.

Israel, S. E., Block, C. C., Bauserman, K. L., & Kinnucan-Welsch, K. (Eds.). (2005). *Metacognition in literacy learning: Theory, assessment, instruction, and professional development*. Hillsdale, NJ: Lawrence Erlbaum.

Izaute, M., & Bacon, E. (2005). Specific effects of an amnesic drug: Effect of lorazepam on study time allocation and on judgment of learning. *Neuropsychopharmacology, 30*, 196–204.

Jacoby, L. L. (1991). A process dissociation framework: Separating automatic from intentional uses of memory. *Journal of Memory and Language, 30*, 513–541.

Jacoby, L. L. (1998). Invariance in automatic influences of memory: Toward a user's guide for the process-dissociation procedure. *Journal of Experimental Psychology: Learning, Memory, and Cognition, 24*, 3–26.

Jacoby, L. L., Kelley, C., Brown, J., Jasechko, J. (1989). Becoming famous overnight: Limits on the ability to avoid unconscious influences of the past. *Journal of Personality and Social Psychology, 56*, 326–338.

Jacoby, L. L., Woloshyn, V., & Kelley, C. M. (1989). Becoming famous without being recognized: Unconscious influences of memory produced by dividing attention. *Journal of Experimental Psychology: General, 118*, 115–125.

James, L. E., & Burke, D. M. (2000). Phonological priming effects on word retrieval and tip-of-the-tongue experiences in young and older adults. *Journal of Experimental Psychology: Learning, Memory, and Cognition, 26*, 1378–1391.

James, W. (1920). *The principles of psychology* (Vol. 1). American Science Series/Advanced Courses. New York: Henry Holt.

Jameson, K. A., Narens, L., Goldfarb, K., & Nelson, T. O. (1990). The influence of near-threshold priming on metamemory and recall. *Acta Psychologica, 73*, 55–68.

Janowsky, J. S., Shimamura, A. P., & Squire, L. R. (1989). Memory and metamemory: Comparisons between frontal lobe lesions and amnesic patients. *Psycholobiology, 17*, 3–11.

Jennings, J. M., & Jacoby, L. L. (2003). Improving memory in older adults: Training recollections. *Neuropsychological Rehabilitation, 13*, 417–440.

Jennings, J. M., Webster, L. M., Kleykamp, B., & Dagenbach, D. (2005). Recollection training and transfer effects in older adults: Successful use of a repetition-lag procedure. *Aging, Neuropsychology, and Cognition, 12*, 278–298.

Johansson, B., Allen-Burge, R., & Zarit, S. H. (1997). Self-reports on memory functioning in a longitudinal study of the oldest old: Relation to current, prospective, and retrospective performance. *Journals of Gerontology: Series C: Psychological Sciences and Social Sciences, 52B*, P139–P146.

Johnson, M. K. (1983). A multiple-entry, modular memory system. In G. H. Bower (Ed.), *The psychology of learning and motivation: Advances in research and theory* (Vol. 17, pp. 81–123). New York: Academic Press.

Johnson, M. K. (2005). The relation between source memory and episodic memory: Comment on Siedlecki et al. *Psychology and Aging, 20*, 529–531.

Johnson, M. K., Foley, M. A., & Leach, K. (1988). The consequences for memory of imagining in another person's voice. *Memory & Cognition, 16*, 337–342.

Johnson, M. K., Hashtroudi, S., & Lindsay, D. S. (1993). Source monitoring. *Psychological Bulletin, 114*, 3–28.

Johnson, M. K., Hayes, S. M., D'Esposito, M., & Raye, C. L. (2000). Confabulation. In F. Boller & J. Grafman (Series Eds.) & L. S. Cermak (Vol. Ed.), *Handbook of neuropsychology: Vol. 2. Memory and its disorders* (2nd ed., pp. 383–407). Amsterdam: Elsevier Science.

Johnson, M. K., & Mitchell, K. J. (2002). Source monitoring. In J. H. Byrne (Ed.), *Learning and memory* (2nd ed., pp. 628–631). New York: Macmillan Reference USA.

Johnson, M. K., & Raye, C. L. (1981). Reality monitoring. *Psychological Review, 88*, 67–85.

Johnson, M. K., Raye, C. L., Wang, A. Y., & Taylor, T. H. (1979). Fact and fantasy: The roles of accuracy and variability in confusing imaginations with perceptual experiences. *Journal of Experimental Psychology: Human Learning and Memory, 5*, 229–240.

Jönsson, F. U., & Olsson, M. J. (2003). Olfactory metacognition. *Chemical Senses, 28*, 651–658.

Jungermann, H. (1983). The two camps on rationality. In R. W. Scholz (Ed.), *Decision making under uncertainty*. Amsterdam: Elsevier.

Juslin, P. (1993). An explanation of the hard-easy effect in studies of realism of confidence in one's general knowledge. *European Journal of Cognitive Psychology, 5*, 55–71.

Juslin, P., Olsson, H., & Björkman, M. (1997). Brunswikian and Thurstonian origins of bias in probability assessment: On the interpretation of stochastic components of judgment. *Journal of Behavioral Decision Making, 10*, 189–209.

Kassin, S. M., & Sukel, H. (1997). Coerced confessions and the jury: An experimental test of the "harmless error" rule. *Law and Human Behavior, 21*, 27–46.

Kausler, D. H. (1994). *Learning and memory in normal aging.* San Diego, CA: Academic Press.

Kelemen, W. L. (2000). Metamemory cues and monitoring accuracy: Judging what you know and what you will know. *Journal of Educational Psychology, 92,* 800–810.

Kelemen, W. L., & Creeley, C. E. (2001). Caffeine (4 mg/kg) influences sustained attention and delayed free recall but not memory predictions. *Human Psychopharmacology, 16,* 309–319.

Kelemen, W. L., & Weaver, C. A. (1997). Enhanced metamemory at delays: Why do judgments of learning improve over time? *Journal of Experimental Psychology: Learning, Memory, and Cognition, 23,* 1394–1409.

Kelley, C. M., & Jacoby, L. (2000). Recollection and familiarity: Process-dissociation. In E. Tulving & F. I. M. Craik (Eds.), *The Oxford handbook of memory* (pp. 215–228). New York: Oxford University Press.

Kelley, C. M., & Sahakyan, L. (2003). Memory, monitoring, and control in the attainment of memory accuracy. *Journal of Memory and Language, 48,* 704–721.

Kennedy, M. R. T., Carney, E., & Peters, S. M. (2003). Predictions of recall and study strategy decisions after diffuse brain injury. *Brain Injury, 17,* 1043–1064.

Keren, G. (1990). Cognitive aids and debiasing methods: Can cognitive pills cure cognitive ills? In J. Caverni, J. Fabre, & M. Gonzalez (Eds.), *Cognitive biases.* Oxford, UK: North-Holland.

Keren, G. (1991). Calibration and probability judgments: Conceptual and methodological issues. *Acta Psychologica, 77,* 217–273.

Kikyo, H., Ohki, K., & Miyashita, Y. (2002). Neural correlates for feeling-of-knowing: An fMRI parametric analysis. *Neuron, 36,* 177–186.

Kimball, D. R., & Metcalfe, J. (2003). Delaying judgments of learning affects memory, not metamemory. *Memory & Cognition, 31,* 918–929.

King, J. F., Zechmeister, E. B., & Shaughnessy, J. J. (1980). Judgments of knowing: The influence of retrieval practice. *American Journal of Psychology, 93,* 329–343.

Kinsbourne, M. (1995). Awareness of one's own body: An attentional theory of its nature, development, and brain basis. In J. Berm'dez, N. Eilan, & A. Marcel (Eds.), *The body and the self* (pp. 206–223). Cambridge: MIT Press.

Kintsch, W. (1988). *Comprehension: A paradigm for cognition.* Cambridge, UK: Cambridge University Press.

*7 Kluwe, R. H. (1982). Cognitive knowledge and executive control: Metacognition. In D. R. Griffin (Ed.), *Animal mind—human mind.* (pp. 201–224). New York: Springer-Verlag.

Knoblich, G., Stottmeister, F., & Kircher, T. (2004). Self-monitoring in patients with schizophrenia. *Psychological Medicine, 34,* 1561–1569.

Köhnken, G. (1987). Training police officers to detect deceptive eyewitness statements: Does it work? *Social Behaviour, 2,* 1–17.

Kolers, P. A., & Palef, S. R. (1976). Knowing not. *Memory & Cognition, 4,* 553–558.

Koriat, A. (1993). How do we know that we know? The accessibility model of the feeling of knowing. *Psychological Review, 100,* 609–639.

Koriat, A. (1994). Memory's knowledge of its own knowledge: The accessibility account of the feeling of knowing. In J. Metcalfe & A. P. Shimamura (Eds.), *Metacognition: Knowing about knowing* (pp. 115–136). Cambridge: MIT Press.

Koriat, A. (1995). Dissociating knowing and the feeling of knowing: Further evidence for the accessibility model. *Journal of Experimental Psychology: General, 124,* 311–333.

Koriat, A. (1997). Monitoring one's own knowledge during study: A cue-utilization approach to judgments of learning. *Journal of Experimental Psychology: General, 126,* 349–370.

Koriat, A., & Goldsmith, M. (1996). Monitoring and control processes in the strategic regulation of memory accuracy. *Psychological Review, 103,* 490–517.

Koriat, A., & Levy-Sadot, R. (2001). The combined contributions of the cue-familiarity and accessibility heuristics to feelings of knowing. *Journal of Experimental Psychology: Learning, Memory, and Cognition, 27,* 34–53.

Koriat, A., Lichtenstein, S., & Fischhoff, B. (1980). Reasons for confidence. *Journal of Experimental Psychology: Human Learning and Memory, 6,* 107–118.

Koriat, A., Sheffer, L., & Ma'ayan, H. (2002). Comparing objective and subjective learning curves: Judgments of learning exhibit increased underconfidence with practice. *Journal of Experimental Psychology: General, 131,* 147–162.

Koriat, A., & Shitzer-Reichert, R. (2002). Metacognitive judgments and their accuracy: Insights from the processes underlying judgments of learning in children. In P. Chambres, M. Izaute, & P.-J. Marescaux (Eds.), *Metacognition: Process, function, and use* (pp. 1–18). Dordrecht, Netherlands: Kluwer Academic.

Kornell, N., & Metcalfe, J. (2006). "Blockers" do not block recall during tip-of-the-tongue states. *Metacognition and Learning, 1,* 248–261.

Kornell, N., Son, L. K., & Terrace, H. S. (2007). Transfer of metacognitive skills and hint seeking in monkeys. *Psychological Science, 18,* 64–71.

Kosslyn, S. M., Alpert, N. M., Thompson, W. L., Maljkovic, V., Weise, S. B., Chabris, C. F., et al. (1993). Visual mental imagery activates topographically organized visual cortex: PET investigations. *Journal of Cognitive Neuroscience, 5,* 263–287.

Kosslyn, S. M., & Thompson, W. L. (2000). Shared mechanisms in visual imagery and visual perception: Insights from cognitive neuroscience. In M. S. Gazzaniga (Ed.), *The new cognitive neurosciences* (2nd ed., pp. 975–985). Cambridge: MIT Press.

Kramarski, B., Mevarech, Z. R., & Arami, M. (2002). The effects of metacognitive instruction on solving mathematical authentic tasks. *Educational Studies in Mathematics, 49,* 225–250.

Kraut, R. E., & Poe, D. (1980). Behavioral roots of person perception: The deception judgments of customs inspectors and laymen. *Journal of Personality and Social Psychology, 39,* 784–798.

Kreutzer, M. A., Leonard, C., & Flavell, J. H. (1975). An interview study of children's knowledge about memory. *Monographs of the Society for Research in Child Development, 40,* 1–60.

Krinsky, R., & Nelson, T. O. (1985). The feeling of knowing for different types of retrieval failure. *Acta Psychologica, 58,* 141–158.

Kroll, N. E. A., & Kellicutt, M. H. (1972). Short-term recall as a function of covert rehearsal and of intervening task. *Journal of Verbal Learning and Verbal Behavior, 11,* 196–204.

Kroll, N. E. A., Knight, R. T., Metcalfe, J., Wolf, E., & Tulving, E. (1996). Cohesion failure as a source of memory illusions. *Journal of Memory and Language, 35,* 176–196.

Kruger, J., & Dunning, D. (1999). Unskilled and unaware of it: How difficulties in recognizing one's incompetence lead to inflated self-assessments. *Journal of Personality and Social Psychology, 77,* 1121–1134.

Kucan, L., & Beck, I. L. (1997). Thinking aloud and reading comprehension research: Inquiry, instruction, and social interaction. *Review of Educational Research, 67,* 271–299.

LaBine, S. J., & LaBine, G. (1996). Determinations of negligence and the hindsight bias. *Law and Human Behavior, 20,* 501–516.

Lachman, J. L., Lachman, R., & Thronesbery, C. (1979). Metamemory through the adult life span. *Developmental Psychology, 15,* 543–551.

Lachman, M. E. (1991). Perceived control over memory aging: Developmental and intervention perspectives. *Journal of Social Issues, 47,* 159–175.

Lachman, M. E. (2006). Perceived control over aging-related declines: Adaptive beliefs and behaviors. *Current Directions in Psychological Science, 15,* 282–286.

Lachman, M. E., & Andreoletti, C. (2006). Strategy use mediates the relationship between control beliefs and memory performance for middle-aged and older adults. *Journals of Gerontology: Series B: Psychological Sciences and Social Sciences, 61B,* P88–P94.

Lachman, M. E., Weaver, S. L., Bandura, M., & Elliott, E. (1992). Improving memory and control beliefs through cognitive restructuring and self-generated strategies. *Journals of Gerontology, 47,* P293–P299.

* 8 Lachman, R., Lachman, J. L., & Butterfield, E. C. (1979). *Cognitive psychology and information processing: An introduction.* Hillsdale, NJ: Lawrence Erlbaum.

Lane, S. M., Roussel, C. C., Villa, D., & Morita, S. K. (2007). Features and feedback: Enhancing metamnemonic knowledge at retrieval reduces source-monitoring errors. *Journal of Experimental Psychology: Learning, Memory, and Cognition, 33,* 1131–1142.

Leichtman, M., & Ceci, S. (1995). The effects of stereotypes and suggestions on preschoolers' reports. *Developmental Psychology, 31,* 568–578.

Le Ny, J.-F., Denhière, G., and Le Taillanter, D. (1972). Study-time of sentences as a function of their specificity and of semantic exploration. *Acta Psychologica, 37,* 43–53.

Leonesio, R. J., & Nelson, T. O. (1990). Do different metamemory judgments tap the same underlying aspects of memory? *Journal of Experimental Psychology: Learning, Memory, and Cognition, 16,* 464–470.

Leslie, A. M. (1987). Pretense and representation: The origins of "theory of mind." *Psychological Review, 94,* 412–426.

Leslie, A. M. (2005). Developmental parallels in understanding minds and bodies. *Trends in Cognitive Psychology, 9,* 459–462.

Lichtenstein, S., & Fischhoff, B. (1977). Do those who know more also know more about how much they know? *Organizational Behavior and Human Performance, 20*, 159–183.

Lichtenstein, S., & Fischhoff, B. (1980). *How well do probability experts assess probability?* (Decision Research Report 80-5). Eugene, OR: Decision Research.

Lichtenstein, S., Fischhoff, B., & Phillips, L. D. (1982). Calibration of probabilities: The state of the art to 1980. In D. Kahneman, P. Slovic, & A. Tversky (Eds.), *Judgment under uncertainty: Heuristics and biases* (pp. 306–334). Cambridge, UK: Cambridge University Press.

Lieberman, D. A. (1979). Behaviorism and the mind: A (limited) call for a return to introspection. *American Psychologist, 34*, 319–333.

Lin, L.-M., & Zabrucky, K. M. (1998). Calibration of comprehension: Research and implications for education and instruction. *Contemporary Educational Psychology, 23*, 345–391.

Lindsay, S., & Johnson, M. K. (1989). The eyewitness suggestibility effect and memory for source. *Memory & Cognition, 17*, 349–358.

Lindsay, S., & Johnson, M. K. (1991). Recognition memory and source monitoring. *Bulletin of the Psychonomic Society, 29*, 203–205.

Lineweaver, T. T., & Hertzog, C. (1998). Adults' efficacy and control beliefs regarding memory and aging: Seperating general from personal beliefs. *Aging, Neuropsychology, and Cognition, 5*, 264–296.

Lockl, L., & Schneider, W. (2002). Developmental trends in children's feeling-of-knowing judgements. *International Journal of Behavioral Development, 26*, 327–333.

Lockl, L., & Schneider, W. (2007). Knowledge about the mind: Links between theory of mind and later metamemory. *Child Development, 78*, 148–167.

Loftus, E. F. (1977). Shifting human color memory. *Memory & Cognition, 5*, 696–699.

Loftus, E. F., Coan, J. A., & Pickrell, J. E. (1996). Manufacturing false memories using bits of reality. In L. M. Reder (Ed.), *Implicit memory and metacognition* (pp. 195–220). Hillsdale, NJ: Lawrence Erlbaum. (Original work published 1979)

Loftus, E. F., & Hoffman, H. G. (1989). Misinformation and memory: The creation of memory. *Journal of Experimental Psychology: General, 118*, 100–104.

*9 Loftus, E. F., & Ketcham, K. (1991). *Witness for the defense: The accused, the eyewitness, and the expert who puts memory on trial*. New York: St. Martin's Press.

Loftus, E. F., Miller, D. G., & Burns, H. J. (1978). Semantic integration of verbal information into a visual memory. *Journal of Experimental Psychology: Human Learning and Memory, 4*, 19–31.

Loftus, E. F., & Pickrell, J. E. (1995). The formation of false memories. *Psychiatric Annals, 25*, 720–725.

Lovelace, E. A. (1984). Metamemory: Monitoring future recallability during study. *Journal of Experimental Psychology: Learning, Memory, and Cognition, 10*, 756–766.

Lovelace, E. A., & Marsh, G. R. (1985). Prediction and evaluation of memory performance by young and old adults. *Journal of Gerontology, 40*, 192–197.

Maki, R. H. (1998). Predicting performance on text: Delayed versus immediate predictions and tests. *Memory & Cognition, 26,* 959–964.

Maki, R. H., & Berry, S. L. (1984). Metacomprehension of text material. *Journal of Experimental Psychology: Learning, Memory, and Cognition, 10,* 663–679.

Maki, R. H., & McGuire, M. J. (2002). Metacognition for text: Findings and implications for education. In T. J. Perfect & B. L. Schwartz (Eds.), *Applied metacognition* (pp. 39–67). New York: Cambridge University Press.

Mandler, G. (1967). Organization and memory. In K. W. Spence & J. T. Spence (Eds.), *The psychology of learning and motivation* (pp. 327–372). New York: Academic Press.

Mann, S., Vrij, A., & Bull, R. (2002). Suspects, lies and videotape: An analysis of authentic high-stakes liars. *Law and Human Behavior, 26,* 365–376.

Marazita, J. M., & Merriman, W. E. (2004). Young children's judgment of whether they know names for objects: The metalinguistic ability it reflects and the processes it involves. *Journal of Memory and Language, 51,* 458–472.

Maril, A., Simons, J. S., Mitchell, J., Schwartz, B., & Schacter, D. L. (2003). Feeling-of-knowing in episodic memory: An event-related fMRI study. *NeuroImage, 18,* 827–836.

Markman, E. M. (1977). Realizing that you don't understand: A preliminary investigation. *Child Development, 48,* 986–992.

Markman, E. M. (1979). Realizing that you don't understand: Elementary school children's awareness of inconsistencies. *Child Development, 50,* 643–655.

Marquié, J. C., & Huet, N. (2000). Age differences in feeling-of-knowing and confidence judgments as a function of knowledge domain. *Psychology and Aging, 15,* 451–461.

Marsh, R. L., & Bower, G. H. (1993). Eliciting cryptomnesia: Unconscious plagiarism in a puzzle task. *Journal of Experimental Psychology: Learning, Memory, and Cognition, 19,* 673–688.

Masson, M. E. J., & Rotello, C. M. (2008). *Bias in the Goodman-Kruskal gamma coefficient measure of discrimination accuracy.* Unpublished manuscript.

Masur, E. F., McIntyre, C. W., & Flavell, J. H. (1973). Developmental changes in apportionment of study time among items in a multitrial free recall task. *Journal of Experimental Child Psychology, 15,* 237–246.

Mather, M., Mitchell, K. J., Raye, C. L., Novak, D. L., Greene, E. J., & Johnson, M. K. (2006). Emotional arousal can impair feature binding in working memory. *Journal of Cognitive Neuroscience, 18,* 614–625.

May, C. P., Rahhal, T., Berry, E. M., & Leighton, E. A. (2005). Aging, source memory, and emotion. *Psychology and Aging, 20,* 571–578.

Mazzoni, G., & Nelson, T. O. (1995). Judgments of learning are affected by the kind of encoding in ways that cannot be attributed to the level of recall. *Journal of Experimental Psychology: Learning, Memory, and Cognition, 21,* 1263–1274.

McClelland, A. G. R., & Bolger, F. (1994). The calibration of subjective probabilities: Theories and models 1980–1994. In G. Wright & P. Ayton (Eds.), *Subjective probability* (pp. 453–482). Chichester, UK: Wiley.

McCloskey, M., & Zaragoza, M. (1985). Misleading postevent information and memory for events: Arguments and evidence against memory impairment hypotheses. *Journal of Experimental Psychology: General, 114,* 1–16.

McDonald-Miszczak, L., Hertzog, C., & Hultsch, D. F. (1995). Stability and accuracy of metamemory in adulthood and aging longitudinal analysis. *Psychology and Aging, 10,* 553–564.

McGlynn, S. M. (1998). Impaired awareness of deficits in a psychiatric context: Implications for rehabilitation. In D. J. Hacker, J. Dunlosky, & A. C. Graesser (Eds.), *Metacognition in educational theory and practice* (pp. 221–248). Mahwah, NJ: Lawrence Erlbaum.

McGuire, M. J., & Maki, R. H. (2001). When knowing more means less: The effects of fan on metamemory judgments. *Journal of Experimental Psychology: Learning, Memory, and Cognition, 27,* 1172–1179.

Meeter, M., & Nelson, T. O. (2003). Multiple study trials and judgments of learning. *Acta Psychologica, 113,* 123–132.

Merriman, W. E., & Bowman, L. L. (1989). The mutual exclusivity bias in children's word learning. *Monographs of the Society for Child Development, 54,* i–129.

Metcalfe, J. (1993). Novelty monitoring, metacognition, and control in a composite holographic associative recall model: Implications for Korsakoff amnesia. *Psychological Review, 100,* 3–22.

Metcalfe, J. (1994). A computational modeling approach to novelty monitoring, metacognition, and frontal lobe dysfunction. In J. Metcalfe & A. P. Shimamura (Eds.), *Metacognition: Knowing about knowing* (pp. 137–156). Cambridge: MIT Press.

Metcalfe, J. (2002). Is study time allocated selectively to a region of proximal learning? *Journal of Experimental Psychology: General, 131,* 349–363.

Metcalfe, J. (2008). Evolution of metacognition. In J. Dunlosky & R. A. Bjork (Eds.), *Handbook of metamemory and memory* (pp. 29–46). New York: Taylor & Francis.

Metcalfe, J., & Kornell, N. (2003). The dynamics of learning and allocation of study time to a region of proximal learning. *Journal of Experimental Psychology: General, 132,* 530–542.

Metcalfe, J., & Kornell, N. (2005). A region of proximal learning model of study time allocation. *Journal of Memory and Language, 52,* 463–477.

Metcalfe, J., Schwartz, B. L., & Joaquim, S. G. (1993). The cue-familiarity heuristic in metacognition. *Journal of Experimental Psychology: Learning, Memory, and Cognition, 19,* 851–861.

Miles, J. R., & Stine-Morrow, E. A. L. (2004). Adult age differences in self-regulated learning from reading sentences. *Psychology and Aging, 19,* 626–636.

*10　Miller, G. A. (1962). *Psychology: The science of mental life.* New York: Harper & Row.

*11　Miller, G. A., Galanter, E., & Pribram, K. H. (1960). *Plans and the structure of behavior.* New York: Henry Holt.

Miller, P. H. (1994). Individual differences in children's strategic behavior: Utilization deficiencies. *Learning and Individual Differences, 6,* 285–307.

Miller, P. H., Seier, W. L., Barron, K. L., & Probert, J. S. (1994). What causes a utilization deficiency? *Cognitive Development, 9,* 77–102.

Miner, A. C., & Reder, L. M. (1994). A new look at feeling of knowing: Its metacognitive role in regulating question answering. In J. Metcalfe & A. P. Shimamura (Eds.), *Metacognition: Knowing about knowing* (pp. 47–70). Cambridge: MIT Press.

Miozzo, M., & Caramazza, A. (1997). Retrieval of lexical-syntactic features in tip-of-the tongue states. *Journal of Experimental Psychology: Learning, Memory, and Cognition, 23,* 1410–1423.

Mitchell, K. J., & Johnson, M. K. (2000). Source monitoring: Attributing mental experiences. In E. Tulving & F. I. M. Craik (Eds.), *The Oxford handbook of memory* (pp. 179–195). New York: Oxford University Press.

Mitchell, K. J., Johnson, M. K., Raye, C. L., & Greene, E. J. (2004). Prefrontal cortex activity associated with source monitoring in a working memory task. *Journal of Cognitive Neuroscience, 16,* 921–934.

Morgan, C. A., III, Hazlett, G. A., Doran, A., Garrett, S., Hoyt, G., & Thomas, P., et al. (2004). Accuracy of eyewitness memory for persons encountered during exposure to highly intense stress. *International Journal of Law and Psychiatry, 27,* 265–279.

Morris, C. C. (1990). Retrieval processes underlying confidence in comprehension judgments. *Journal of Experimental Psychology: Learning, Memory, and Cognition, 16,* 223–232.

Moses, L. J., Carlson, S. M., & Sabbagh, M. A. (2005). On the specificity of the relation between executive function and children's theories of mind. In W. Schneider, R. Schumann-Hengsteler, & B. Sodian (Eds.), *Young children's cognitive development* (pp. 131–146). Hillsdale, NJ: Lawrence Erlbaum.

Moulin, C. J. A. (2002). Sense and sensitivity: Metacognition in Alzheimer's disease. In T. J. Perfect & B. L. Schwartz (Eds.), *Applied metacognition* (pp. 197–223). New York: Cambridge University Press.

Moulin, C. J. A., Perfect, T. J., & Fitch, F. (2002). Metacognitive processes at encoding. In P. Chambres, M. Izaute, & P.-J. Marescaux (Eds.), *Metacognition: Process, function and use* (pp. 35–48.) Dordrecht, Netherlands: Kluwer Academic.

Moulin, C. J. A., Perfect, T. J., & Jones, R. W. (2000). Evidence for intact memory in Alzheimer's disease: Metamemory sensitivity at encoding. *Neuropsychologia, 38,* 1242–1250.

Multhaup, K. S. (1995). Aging, source, and decision criteria: When false fame errors do and do not occur. *Psychology and Aging, 10,* 492–497.

Murnane, K., & Bayen, U. J. (1996). An evaluation of empirical measures of source identification. *Memory & Cognition, 24,* 417–428.

Murphy, M. D., Schmitt, F. A., Caruso, M. J., & Sanders, R. E. (1987). Metamemory in older adults: The role of monitoring in serial recall. *Psychology and Aging, 2,* 331–339.

Musch, J. (2003). Personality differences in hindsight bias. *Memory, 11,* 473–489.

Musch, J., & Wagner, T. (2007). Did everybody know it all along? A review of individual differences in hindsight bias. *Social Cognition, 25,* 64–82.

Myers, M., & Paris, S. G. (1978). Children's metacognitive knowledge about reading. *Journal of Educational Psychology, 70,* 680–690.

Naveh-Benjamin, M., Brav, T. K., & Levy, O. (2007). The associative memory deficit of older adults: The role of strategy utilization. *Psychology and Aging, 22,* 202–208.

Nebes, R. D. (1992). Cognitive dysfunction in Alzheimer's disease. In F. I. M. Craik & T. A. Salthouse (Eds.), *The handbook of aging and cognition* (pp. 373–446). Hillsdale, NJ: Lawrence Erlbaum.

* 12 Neisser, U. (1967). *Cognitive psychology.* New York: Appleton-Century-Crofts.

Nelson, T. O. (1984). A comparison of current measures of the accuracy of feeling-of-knowing predictions. *Psychological Bulletin, 95,* 109–133.

Nelson, T. O. (1996). Consciousness and metacognition. *American Psychologist, 51,* 102–116.

Nelson, T. O., & Dunlosky, J. (1991). When people's judgments of learning (JOLs) are extremely accurate at predicting subsequent recall: The "delayed-JOL effect." *Psychological Science, 2,* 267–270.

Nelson, T. O., Gerler, D., & Narens, L. (1984). Accuracy of feeling of knowing judgments for predicting perceptual identification and relearning. *Journal of Experimental Psychology: General, 113,* 282–300.

Nelson, T. O., Graf, A., Dunlosky, J., Marlatt, A., Walker, D., & Luce, K. (1998). Effect of acute alcohol intoxication on recall and on judgments of learning during the acquisition of new information. In G. Mazzoni & T. O. Nelson (Eds.), *Neuropsychology of metacognition* (pp. 161–180). Hillsdale, NJ: Lawrence Erlbaum.

Nelson, T. O., & Leonesio, R. J. (1988). Allocation of self-paced study time and the "labor-in-vain effect." *Journal of Experimental Psychology: Learning, Memory, and Cognition, 14,* 676–686.

Nelson, T. O., & Narens, L. (1990). Metamemory: A theoretical framework and new findings. In G. H. Bower (Ed.), *The psychology of learning and motivation* (Vol. 26, pp. 125–173). New York: Academic Press.

Nelson, T. O., & Narens, L. (1994). Why investigate metacognition? In J. Metcalfe & A. P. Shimamura (Eds.), *Metacognition: Knowing about knowing* (pp. 1–26). Cambridge: MIT Press.

Neuman, Y., & Schwarz, B. (1998). Is self-explanation while solving problems helpful? The case of analogical problem-solving. *British Journal of Educational Psychology, 68,* 15–24.

Newell, A., & Simon, H. A. (1972). *Human problem solving.* Englewood Cliffs, NJ: Prentice Hall.

Nietfeld, J. L., Cao, L., & Osborne, J. W. (2006). The effect of distributed monitoring exercises and feedback on performance, monitoring accuracy, and self-efficacy. *Metacognition and Learning, 1,* 159–179.

Nisbett, R., & Wilson, T. (1977). Telling more than we can know: Verbal reports on mental processes. *Psychological Review, 84,* 231–259.

Ofir, C., & Mazursky, D. (1997). Does a surprising outcome reinforce or reverse the hindsight bias? *Organizational Behavior and Human Decision Processes, 69,* 51–57.

Onishi, K., & Baillargeon, R. (2005). Do 15-month-old infants understand false beliefs? *Science, 308,* 255–258.

Ornstein, P. A., Naus, M. J., & Liberty, C. (1975). Rehearsal and organizational processes in children's memory. *Child Development, 46,* 818–830.

Oskamp, S. (1965). Overconfidence in case study judgments. *Journal of Consulting Psychology, 29,* 261–265.

Otero, J. (1998). Influence of knowledge activation and context on comprehension monitoring of science texts. In D. J. Hacker, J. Dunlosky, & A. C. Graesser (Eds.), *Metacognition in educational theory and practice* (pp. 145–164). Hillsdale, NJ: Lawrence Erlbaum.

Otero, J., & Kintsch, W. (1992). Failures to detect contradictions in a text: What readers believe versus what they read. *Psychological Science, 3,* 229–235.

Paivio, A. (1969). Mental imagery in associative learning and memory. *Psychological Review, 76,* 241–263.

Palinscar, A. S., & Brown, A. L. (1984). Reciprocal teaching of comprehension-fostering and comprehension-monitoring activities. *Cognition and Instruction, 1,* 117–175.

Pannu, J. K., & Kaszniak, A. W. (2005). Metamemory experiments in neurological populations: A review. *Neuropsychology Review, 15,* 105–130.

Paris, S. G., & Paris, A. H. (2001). Classroom applications of research on self-regulated learning. *Educational Psychologist, 36,* 89–101.

Paris, S. G., Wasik, B. A., & Turner, J. C. (1991). The development of strategic readers. In R. Barr, M. Kamil, P. Mosenthal, & P. D. Pearson (Eds.), *Handbook of reading research* (2nd ed., pp. 609–640). New York: Longman.

Pashler, H., Bain, P. M., Bottge, B. A., Graesser, A., Koedinger, K., McDaniel, M., & Metcalfe, J. (2007). *Organizing instruction and study to improve student learning* (NCER 2007-2004). Washington, DC: National Center for Education Research, Institute of Education Sciences, U.S. Department of Education.

Perfect, T. J., & Stark, L. J. (2008). Tales from the crypt . . . omnesia. In J. Dunlosky & R. A. Bjork (Eds.), *Handbook of metamemory and memory* (pp. 285–314). New York: Taylor & Francis.

Perner, J. (2000). Memory and theory of mind. In E. Tulving & F. I. M. Craik (Eds.), *The Oxford handbook of memory* (pp. 297–312). New York: Oxford University Press.

Perner, J., & Lang, B. (1999). Development of theory of mind and executive control. *Trends in Cognitive Science, 3,* 337–344.

Perrotin, A., Isingrini, M., Souchay, C., Clarys, D., & Taconnat, L. (2006). Episodic feeling-of-knowing accuracy and cued recall in the elderly: Evidence for double dissociation involving executive functioning and processing speed. *Acta Psychologica, 122,* 58–73.

Peskin, J. (1992). Ruse and representations: On children's ability to conceal information. *Developmental Psychology, 28,* 84–89.

Pintrich, P. R. (2000). The role of goal orientation in self-regulated learning. In M. Boekaerts, P. R. Pintrich, & M. Zeidner (Eds.), *Handbook of self-regulation* (pp. 451–502). New York: Academic Press.

Pintrich, P. R., Marx, R., & Boyle, R. (1993). Beyond cold conceptual change: The role of motivational beliefs and classroom contextual factors in the process of conceptual change. *Review of Educational Research, 63,* 167–199.

Plumert, J. M. (1995). Relations between children's overestimation of their physical abilities and accident proneness. *Developmental Psychology, 31,* 866–876.

Plumert, J. M., & Schwebel, D. C. (1997). Social and temperamental influences on children's overestimation of their physical abilities: Links to accidental injuries. *Journal of Experimental Child Psychology, 67,* 317–337.

Pohl, R. F., & Gawlik, B. (1995). Hindsight bias and the misinformation effect: Separating blended recollections from other recollection types. *Memory, 3,* 21–55.

Premack, D., & Woodruff, G. (1978). Does the chimpanzee have a theory of mind? *Behavioral and Brain Sciences, 4,* 515–526.

Pressley, M., & Afflerbach, P. (1995). *Verbal protocols of reading: The nature of constructively responsive reading.* Mahwah, NJ: Lawrence Erlbaum.

Pressley, M., Levin, J. R., & Ghatala, E. S. (1984). Memory strategy monitoring in adults and children. *Journal of Verbal Learning and Verbal Behavior, 23,* 270–288.

Pressley, M., Levin, J. R., Ghatala, E. S., & Ahmad, M. (1987). Test monitoring in young grade school children. *Journal of Experimental Child Psychology, 43,* 96–111.

Pressley, M., Ross, K. A., Levin, J. R., & Ghatala, E. S. (1984). The role of strategy utility knowledge in children's strategy decision making. *Journal of Child Psychology, 38,* 491–504.

Pressley, M., Van Etten, S., Yokoi, L., Freebern, G., & Van Meter, P. (1998). The metacognition of college studentship: A ground theory approach. In D. J. Hacker, J. Dunlosky, & A. C. Graesser (Eds.), *Metacognition in educational theory and practice* (pp. 347–366). Hillsdale, NJ: Lawrence Erlbaum.

Prins, F. J., Veenman, M. V. J., & Elshout, J. J. (2006). The impact of intellectual ability and metacognition on learning: New support for the threshold of problematicity theory. *Learning and Instruction, 16,* 374–387.

Puncochar, J. M., & Fox, P. W. (2004). Confidence in individual and group decision making: When "two heads" are worse than one. *Journal of Educational Psychology, 96,* 582–591.

Rabinowitz, J. C., Ackerman, B. P., Craik, F. I. M., & Hinchley, J. L. (1982). Aging and metamemory: The roles of relatedness and imagery. *Journal of Gerontology, 37,* 688–695.

Ranganath, C., Yonelinas, A. P., Cohen, M. X., Dy, C. J., Tom, S. M., & D'Esposito, M. (2003). Dissociable correlates of recollection and familiarity within the medial temporal lobes. *Neuropsychologia, 42,* 2–13.

Raz, N. (2000). Aging of the brain and its impact on cognitive performance: Integration of structural and functional findings. In F. I. M. Craik & T. A. Salthouse (Eds.), *The handbook of aging and cognition* (2nd ed., pp. 1–90). Mahwah, NJ: Lawrence Erlbaum.

Read, J. D. (1996). From a passing thought to a false memory in 2 minutes: Confusing real and illusory events. *Psychonomic Bulletin & Review, 3,* 105–111.

Reber, R., & Schwarz, N. (1999). Effects of perceptual fluency on judgments of truth. *Consciousness and Cognition: An International Journal, 8,* 338–342.

Reder, L. M. (1987). Strategy selection in question answering. *Cognitive Psychology, 19,* 90–138.

Reder, L. M. (1988). Strategic control of retrieval strategies. In G. Bower (Ed.), *The psychology of learning and motivation* (Vol. 22, pp. 227–259). San Diego, CA: Academic Press.

Reder, L. M., & Ritter, F. E. (1992). What determines initial feeling of knowing? Familiarity with question terms, not with the answer. *Journal of Experimental Psychology: Learning, Memory, and Cognition, 18,* 435–451.

Rhodes, M. G., & Kelley, C. M. (2005). Executive processes, memory accuracy, and memory monitoring: An aging and individual difference analysis. *Journal of Memory and Language, 52,* 578–594.

Richardson, J. T. E. (1998). The availability and effectiveness of reported mediators in associative learning: A historical review and an experimental investigation. *Psychonomic Bulletin & Review, 5,* 597–614.

Robbins, S. B., Lauver, K., Le, H., Davis, D., Langley, R., & Carlstrom, A. (2004). Do psychosocial and study skill factors predict college outcomes? A meta-analysis. *Psychological Bulletin, 130,* 261–288.

Roediger, H. L., & McDermott, K. B. (1995). Creating false memories: Remembering words not presented in lists. *Journal of Experimental Psychology: Learning, Memory, and Cognition, 21,* 803–814.

Rosenshine, B., & Meister, C. (1994). Reciprocal teaching: A review of the research. *Review of Educational Research, 64,* 479–530.

Rosenthal, D. M. (1998). A theory of consciousness. In N. Block, O. Flanagan, & G. Guzeldere (Eds.), *The nature of consciousness* (pp. 729–753). Cambridge: MIT Press.

Rotello, C. M., & Macmillan, N. A. (2006). Remember-know models as decision strategies in two experimental paradigms. *Journal of Memory and Language, 55,* 479–494.

Ruffman, T., & Perner, J. (2005). Do infants really understand false belief? *Trends in Cognitive Sciences, 9,* 462–463.

Russell, J., Mauther, N., Sharpe, S., & Tidswell, T. (1991). The "windows task" as a measure of strategic deception in preschoolers and autistic subjects. *British Journal of Developmental Psychology, 9,* 331–349.

Sanna, L. J., Schwarz, N., & Small, E. M. (2002). Accessibility experiences and the hindsight bias: I knew it all along versus it could never have happened. *Memory & Cognition, 30,* 1288–1296.

Schacter, D. L. (1996). *Searching for memory: The brain, the mind, and the past.* New York: Basic Books.

Schacter, D. L., & Worling, J. R. (1985). Attribute information and the feeling-of-knowing. *Canadian Journal of Psychology/Revue Canadienne de Psychologie, 39,* 467–475.

Schneider, W. (1998). Performance prediction in young children: Effects of skill, metacognition, and wishful thinking. *Developmental Science, 1,* 291–297.

Schneider, W., & Lockl, K. (2008). Procedural metacognition in children: Evidence for developmental trends. In J. Dunlosky & R. A. Bjork (Eds.), *Handbook of metamemory and memory* (pp. 391–409). New York: Taylor & Francis.

Schneider, W., Lockl, K., & Fernandez, O. (2005). Interrelationships among theory of mind, executive control, language development, and working memory in young children: A longitudinal analysis. In W. Schneider, R. Schumann-Hengsteler, & B. Sodian (Eds.), *Young children's cognitive development* (pp. 239–258). Hillsdale, NJ: Lawrence Erlbaum.

Schneider, W., & Pressley, M. (1997). *Memory development between two and twenty* (2nd ed.). Hillsdale, NJ: Lawrence Erlbaum.

Schneider, W., Visé, M., Lockl, K., & Nelson, T. O. (2000). Developmental trends in children's memory monitoring. Evidence from a judgment-of-learning task. *Cognitive Development, 15,* 115–134.

Schnyer, D., Verfaellie, M., Alexander, M., LaFleche, G., Nicholls, L., & Kaszniak, A. W. (2004). A role for right medial prefrontal cortex in accurate feeling-of-knowing judgments: Evidence from patients with lesions to frontal cortex. *Neuropsychologia, 42,* 957–966.

Schoenfeld, A. H. (1985). *Mathematical problem solving.* Orlando, FL: Academic Press.

Schoenfeld, A. H. (1987). What's all the fuss about metacognition? In A. H. Shoenfeld, (Ed.), *Cognitive science and mathematics education* (pp. 189–216). Hillsdale, NJ: Lawrence Erlbaum.

Schooler, J. W. (2002). Re-representing consciousness: Dissociations between experience and meta-consciousness. *Trends in Cognitive Sciences, 6,* 339–344.

Schraw, G., Potenza, M. T., & Nebelsick-Gullet, L. (1993). Constraints on the calibration of performance. *Contemporary Educational Psychology, 18,* 455–463.

Schunk, D. H., & Ertmer, P. A. (2000). Self-regulation and academic learning: Self-efficacy and enhancing interventions. In M. Boekaerts, P. R. Pintrich, & M. Zeidner (Eds.), *Handbook of self-regulation* (pp. 631–649). New York: Academic Press.

Schwartz, B. L. (1999). Sparkling at the end of the tongue: The etiology of tip-of-the-tongue phenomenology. *Psychonomic Bulletin & Review, 6,* 379–393.

Schwartz, B. L. (2002). *Tip-of-the-tongue states: Phenomenology, mechanism, and lexical retrieval.* Mahwah, NJ: Lawrence Erlbaum.

Schwartz, B. L., & Metcalfe, J. (1992). Cue familiarity but not target retrievability enhances feeling-of-knowing judgments. *Journal of Experimental Psychology: Learning, Memory, and Cognition, 18,* 1074–1083.

Schwartz, B. L., & Metcalfe, J. (1994). Methodological problems and pitfalls in the study of human metacognition. In J. Metcalfe & A. P. Shimamura (Eds.), *Metacognition: Knowing about knowing* (pp. 93–114). Cambridge: MIT Press.

Schwartz, B. L., & Smith, S. M. (1997). The retrieval of related information influences tip-of-the-tongue states. *Journal of Memory and Language, 36,* 68–86.

Shatz, M. A., & Best, J. B. (1987). Students' reasons for changing answers on objective tests. *Teaching of Psychology, 14,* 241–242.

Shaw, J. S., & McClure, K. A. (1996). Repeated postevent questioning can lead to elevated levels of eyewitness confidence. *Law and Human Behavior, 20,* 629–653.

Shergill, S. S., Brammer, M. J., Williams, S. C. R., Murray, R. M., & McGuire, P. K. (2000). Mapping auditory hallucinations in schizophrenia using functional Magnetic Resonance Imaging. *Archives of General Psychiatry, 57,* 1033–1038.

Shimamura, A. P. (2008). A neurocognitive approach to metacognitive monitoring and control. In J. Dunlosky & R. A. Bjork (Eds.), *Handbook of metamemory and memory* (pp. 373–390). New York: Taylor & Francis.

Shimamura, A. P., & Squire, L. R. (1986). Memory and metamemory: A study of the feeling-of-knowing phenomenon in amnesic patients. *Journal of Experimental Psychology: Learning, Memory, and Cognition, 12,* 452–460.

Shin, H., Bjorklund, D. F., & Beck, E. F. (2007). The adaptive nature of children's overestimation in a strategic memory task. *Cognitive Development, 22,* 197–212.

Shrager, J., & Siegler, R. S. (1998). SCADS: A model of children's strategy choices and strategy discoveries. *Psychological Science, 9,* 405–410.

Siedlecki, K. L., Salthouse, T. A., & Berish, D. E. (2005). Is there anything special about the aging of source memory? *Psychology and Aging, 20,* 19–32.

Siegfried, M. (2004). Modeling associative recognition: A comparison of two-high-threshold, two-high-threshold signal detection, and mixture distribution models. *Journal of Experimental Psychology: Learning, Memory, and Cognition, 30,* 83–97.

Siegler, R. S. (1999). Strategic development. *Trends in Cognitive Sciences, 3,* 430–435.

Siegler, R. S. (2002). Microgenetic studies of self-explanations. In N. Granott & J. Parziale (Eds.), *Microdevelopment: Transition processes in development and learning* (pp. 31–58). New York: Cambridge University Press.

Sikström, S., & Jönsson, F. (2005). A model for stochastic drift in memory strength to account for judgments of learning. *Psychological Review, 112,* 932–950.

Sitko, B. M. (1998). Knowing how to write: Metacognition and writing instruction. In D. J. Hacker, J. Dunlosky, & A. C. Graesser (Eds.), *Metacognition in educational theory and practice* (pp. 93–115). Hillsdale, NJ: Lawrence Erlbaum.

Skinner, B. F. (1957). *Verbal behavior.* New York: Appleton-Century-Crofts.

Slaughter, V., & Gopnik, A. (1996). Conceptual coherence in the child's theory of mind: Training children to understand belief. *Child Development, 67,* 2967–2988.

Slotnick, S. D., & Dodson, C. S. (2005). Support for a continuous (single-process) model of recognition memory and source memory. *Memory & Cognition, 33,* 151–170.

Smith, J. D., Beran, M. J., Redford, J. S., & Washburn, D. A. (2006). Dissociating uncertainty responses and reinforcement signals in the comparative study of uncertainty monitoring. *Journal of Experimental Psychology: General, 135,* 282–297.

Smith, J. D., Shields, W. E., & Washburn, D. A. (2003). The comparative psychology of uncertainty monitoring and metacognition. *Behavioral and Brain Sciences, 26,* 317–373.

Smith, S., & Blankenship, S. E. (1989). Incubation effects. *Bulletin of the Psychonomic Society, 27,* 311–314.

Smith, S., Brown, J. M., & Balfour, S. P. (1991). TOTimals: A controlled experimental method for studying tip-of-the-tongue states. *Bulletin of the Psychonomic Society, 29*, 445–447.

Sodian, B. (2005). Theory of mind—The case for conceptual development. In W. Schneider, R. Schumann-Hengsteler, & B. Sodian (Eds.), *Young children's cognitive development* (pp. 95–130). Hillsdale, NJ: Lawrence Erlbaum.

Soll, J. B. (1996). Determinants of overconfidence and miscalibration: The roles of random error and ecological structure. *Organizational Behavior and Human Decision Processes, 65*, 117–137.

Son, L. K., & Kornell, N. (2008). Research on the allocation of study time: Key studies from 1890 to the present (and beyond). In J. Dunlosky & R. A. Bjork (Eds.), *Handbook of metamemory and memory* (pp. 333–351). New York: Taylor & Francis.

Son, L. K., & Metcalfe, J. (2000). Metacognitive and control strategies in study-time allocation. *Journal of Experimental Psychology: Learning, Memory, and Cognition, 26*, 204–221.

Son, L. K., & Metcalfe, J. (2005). Judgments of learning: Evidence for a two-stage process. *Memory & Cognition, 33*, 1116–1129.

Son, L. K., & Sethi, R. (2006). Metacognitive control and optimal learning. *Cognitive Science, 30*, 759–774.

Souchay, C., & Isingrini, M. (2004). Age-related differences in the relation between monitoring and control of learning. *Experimental Aging Research, 30*, 179–193.

Souchay, C., Isingrini, M., & Espagnet, L. (2000). Aging, episodic memory feeling-of-knowing, and frontal functioning. *Neuropsychology, 14*, 299–309.

Souchay, C., Moulin, C. J. A., Clarys, D., Taconnat, L., & Isingrini, M. (2007). Diminished episodic memory awareness in older adults: Evidence from feeling-of-knowing and recollection. *Consciousness and Cognition: An International Journal, 16*, 769–784.

Spellman, B. A., & Bjork, R. A. (1992). When predictions create reality: Judgments of learning may alter what they are intended to assess. *Psychological Science, 3*, 315–316.

Spencer, W. D., & Raz, N. (1995). Differential effects of aging on memory for content and context: A meta-analysis. *Psychology and Aging, 10*, 527–539.

Sprangenberg, K. B., Wagner, M. T., & Bachman, D. L. (1998). Neuropsychological analysis of a case of abrupt onset mirror sign following a hypotensive crisis in a patient with vascular dementia. *Neurocase, 4*, 149–154.

Squire, L. R. (1986). Mechanisms of memory. *Science, 232*, 1612–1619.

Stine-Morrow, E. A. L., Shake, M. C., Miles, J. R., & Noh, S. R. (2006). Adult age differences in the effects of goals on self-regulated sentence processing. *Psychology and Aging, 21*, 790–803.

Stipek, D. J., Roberts, T. A., & Sanborn, M. E. (1984). Preschool-age children's performance expectations for themselves and another child as a function of the incentive value of success and the salience of past performance. *Child Development, 55*, 1983–1989.

Stone, E. R., & Opel, R. B. (2000). Training to improve calibration and discrimination: The effects of performance and environmental feedback. *Organizational Behavior and Human Decision Processes, 83,* 282–309.

Stone, N. J. (2000). Exploring the relationship between calibration and self-regulated learning. *Educational Psychology Review, 12,* 437–475.

Stuss, D. T. (1991). Disturbance of self awareness after frontal system damage. In G. P. Prigatano & D. L. Schacter (Eds.), *Awareness of deficit after brain injury* (pp. 63–83). New York: Oxford University Press.

Suddendorf, T., & Whiten, A. (2001). Mental evolution and development: Evidence for secondary representation in children, great apes, and other animals. *Psychological Bulletin, 127,* 629–650.

Sussman, A. L. (2001). Reality monitoring of performed and imagined interactive events: Developmental and contextual effects. *Journal of Experimental Child Psychology, 79,* 115–138.

Taraban, R., Maki, W. S., & Rynearson, K. (1999). Measuring study time distributions: Implications for designing computer-based courses. *Behavior Research Methods, Instruments & Computers, 31,* 263–269.

Tenney, E. R., MacCoun, R. J., Spellman, B. A., & Hastie, R. (2007). Calibration trumps confidence as a basis for witness credibility. *Psychological Science, 18,* 46–50.

Terrace, H. S., & Metcalfe, J. (Eds.). (2005). *The missing link in cognition: Origins of self-reflective consciousness.* New York: Oxford University Press.

Thiede, K. W. (1999). The importance of monitoring and self-regulation during multitrial learning. *Psychonomic Bulletin & Review, 6,* 662–667.

Thiede, K. W., & Dunlosky, J. (1994). Delaying students' metacognitive monitoring improves their accuracy at predicting their recognition performance. *Journal of Educational Psychology, 2,* 290–302.

Thiede, K. W., & Dunlosky, J. (1999). Toward a general model of self-regulated study: An analysis of selection of items for study and self-paced study time. *Journal of Experimental Psychology: Learning, Memory, and Cognition, 25,* 1024–1037.

Thompson, R., Emmorey, K., & Gollan, T. H. (2005). "Tip of the fingers" experiences by deaf signers. *Psychological Science, 16,* 856–860.

Tinklepaugh, O. L. (1928). An experimental study of the representative factors of monkeys. *Journal of Comparative Psychology, 8,* 197–236.

* 13 Tolman, E. C. (1932). *Purposive behavior in animals and men.* New York: The Century Co.

Tulving, E., & Craik, F. I. M. (2000). *The Oxford handbook of memory.* New York: Oxford University Press.

Tulving, E., & Madigan, S. A. (1970). Memory and verbal learning. In P. H. Mussen & M. R. Rosenzweig (Eds.), *Annual review of psychology.* Palo Alto, CA: Annual Reviews.

Tulving, E., Schacter, D. L., and Stark, H. A. (1982). Priming effects in word-fragment completion are independent of recognition memory. *Journal of Experimental Psychology: Learning, Memory, and Cognition, 8,* 336–142.

Tulving, E., & Thomson, D. M. (1973). Encoding specificity and retrieval processes in episodic memory. *Psychological Review, 80,* 352–373.

Tversky, A., & Kahneman, D. (1974). Judgment under uncertainty: Heuristics and biases. *Science, 185,* 1124–1131.

Tversky, A., & Kahneman, D. (1982). Judgments of and by representatives. In D. Kahneman, P. Slovic, & A. Tversky (Eds.), *Judgment under uncertainty: Heuristics and biases* (pp. 84–98). New York: Cambridge University Press.

Underwood, B. J. (1966). Individual and group predictions of item difficulty for free-recall learning. *Journal of Experimental Psychology, 71,* 673–679.

Valentijn, S. A. M., Hill, R. D., Van Hooren, S. A. H., Bosma, H., Van Boxtel, M. P. J., Jolles, J., & Ponds, R. W. H. M. (2006). Memory self-efficacy predicts memory performance: Results from a 6-year follow-up study. *Psychology and Aging, 21,* 165–172.

Veenman, M. V. J., & Beishuizen, J. J. (2004). Intellectual and metacognitive skills of novices while studying texts under conditions of text difficulty and time constraint. *Learning and Instruction, 14,* 621–640.

Veenman, M. V. J., Kok, R., & Blöte, A. W. (2005). The relation between intellectual and metacognitive skills in early adolescence. *Instructional Science, 33,* 193–211.

Verhaeghen, P., Marcoen, A., & Goossens, L. (1992). Improving memory performance in the aged through mnemonic training: A meta-analytic study. *Psychology and Aging, 7,* 242–251.

Vesonder, G. T., & Voss, J. F. (1985). On the ability to predict one's own responses while learning. *Journal of Memory and Language, 24,* 363–376.

Wade-Stein, D., & Kintsch, E. (2004). Summary street: Interactive computer support for writing. *Cognition and Instruction, 22,* 333–362.

Wallsten, T. S. (1996). An analysis of judgment research analyses. *Organizational Behavior and Human Decision Processes, 65,* 220–226.

Watson, J. B. (1913). Psychology as the behaviorist views it. *Psychological Review, 20,* 158–177.

Watson, J. B. (1925). *Behaviorism.* New York: Norton.

Wegner, D. M., Sparrow, B., & Winerman, L. (2004). Vicarious agency: Experiencing control over the movements of others. *Journal of Personality and Social Psychology, 86,* 838–848.

Wegner, D. M., & Wheatley, T. (1999). Apparent mental causation: Sources of the experience of will. *American Psychologist, 54,* 480–492.

Wellman, H. M., Cross, D., & Watson, J. (2001). Meta-analysis of theory-of-mind development: The truth about false belief. *Child Development, 72,* 655–684.

West, R. L., & Berry, J. M. (1994). Age declines in memory self-efficacy: General or limited to particular tasks and measures? In J. D. Sinnott (Ed.), *Interdisciplinary handbook of adult lifespan learning.* Westport, CT: Greenwood.

Whitty, C. W. M., & Lewin, W. (1957). Vivid day-dreaming: An unusual form of confusion following anterior cingulectomy in man. *International Journal of Neurology, 5,* 72–76.

Wimmer, H., & Perner, J. (1983). Beliefs about beliefs: Representation and constraining function of wrong beliefs in young children's understanding of deception. *Cognition, 13,* 103–128.

Winne, P. H., & Hadwin, A. F. (1998). Studying as self-regulated learning. In D. J. Hacker, J. Dunlosky, & A. C. Graesser (Eds.), *Metacognition in educational theory and practice* (pp. 277–304). Hillsdale, NJ: Lawrence Erlbaum.

Wong, R. M. F., Lawson, M. J., & Keeves, J. (2002). The effects of self-explanation training on students' problem solving in high-school mathematics. *Learning and Instruction, 12,* 233–262.

Woodruff, C. C., Hayama, H., and Rugg, M. D. (2006). Electrophysiological dissociation of the neural correlates of recollection and familiarity. *Brain Research, 1100,* 125–135.

Woodworth, R. S. (1921). *Psychology: A study of mental life.* New York: Henry Holt.

Yaniv, I., & Meyer, D. E. (1987). Activation and metacognition of inaccessible stored information: Potential bases for incubation effects in problem solving. *Journal of Experimental Psychology: Learning, Memory, and Cognition, 13,* 187–205.

* 15 Yates, F. A. (1997). *The art of memory.* London: Pimlico.

Yonelinas, A. P. (1994). Receiver operating characteristics in recognition memory: Evidence for a dual-process model. *Journal of Experimental Psychology: Learning, Memory, and Cognition, 20,* 1341–1354.

Yonelinas, A. P., Otten, L. J., Shaw, K. N., & Rugg, M. D. (2005). Separating the brain regions involved in recollection and familiarity in recognition memory. *Journal of Neuroscience, 25,* 3002–3008.

Zaragoza, M. S., & Mitchell, K. J. (1996). Repeated exposure to suggestion and the creation of false memories. *Psychological Science, 7,* 294–300.

Zimmerman, B. J. (2000). Attaining self-regulation: A social-cognitive perspective. In M. Boekaerts, P. R. Pintrich, & M. Zeidner (Eds.), *Handbook of self-regulation* (pp. 13–39). New York: Academic Press.

Zimmerman, B. J. (2001). Theories of self-regulated learning and academic achievement: An overview and analysis. In B. J. Zimmerman & D. H. Schunk (Eds.), *Self-regulated learning and academic achievement* (2nd ed., pp. 1–38). Hillsdale, NJ: Lawrence Erlbaum.

* 16 Zimmerman, B. J., & Schunk, D. H. (2001). *Self-regulated learning and academic achievement* (2nd ed.).

Zuckerman, M., DePaulo, B. M., & Rosenthal, R. (1981). Verbal and nonverbal communication of deception. In L. Berkowitz (Ed.), *Advances in experimental social psychology* (Vol. 14, pp. 2–59). New York: Academic Press.

邦訳文献

* 1　R. C. ボールズ（富田達彦訳）2004　心理学物語-テーマの歴史　北大路書房
* 2　A. L. ブラウン（湯川良三・石田裕久訳）1984　メタ認知：認知についての知識　サイエンス社
* 3　N. チョムスキー（勇 康雄訳）1963　文法の構造　研究社
* 4　M. T. キケロー（大西英文訳）2005　弁論家について（上・下）岩波書店
* 5　S. A. クランシー（林 雅代訳）2006　なぜ人はエイリアンに誘拐されたと思うのか　早川書房
* 6　J. H. フラベル（岸本弘・岸本紀子訳）1969　ピアジェ心理学入門（上）　明治図書
　　　J. H. フラベル（植田郁朗訳）1970　ピアジェ心理学入門（下）　明治図書
* 7　D. R. グリフィン（長野敬・宮木陽子訳）　1995　動物の心　青土社　所収
* 8　R. ラックマン，J. L. ラックマン & E. C. バターフィールド（箱田裕司・鈴木光太郎　監訳）1988　認知心理学と人間の情報処理1～3　サイエンス社
* 9　E. ロフタス & K. ケッチャム（厳島行雄訳）2003　目撃証言　岩波書店
* 10　G. A. ミラー（戸田壹子・新田倫義訳）1967 心理学の認識—ミラーの心理学入門　白揚社
* 11　G. A. ミラー，E. ギャランター & K. H. プリブラム（十島雍蔵・佐久間 章・黒田輝彦・江頭幸晴訳）1890　プランと行動の構造：心理サイバネティクス序説　誠信書房
* 12　U. ナイサー（大羽 蓁訳）1981　認知心理学　誠信書房
* 13　E. C. トールマン（富田達彦訳）1977　新行動主義心理学—動物と人間における目的的行動　清水弘文堂
* 14　J. B. ワトソン（安田一郎訳）1980　行動主義の心理学（現代思想選6）河出書房新社（ただし，原著1930年版の訳）
* 15　F. A. イエイツ（玉泉八州男監訳・青木信義ほか訳）1993　記憶術　水声社
* 16　B. J. ジマーマン & D. H. シャンク（塚野州一 監訳）2006　自己調整学習の理論　北大路書房

人名索引

● A

ABC Research Group 133
Ackerman, B.P. 257,258
Adams, J.K. 122
Adams, P.A. 122
Afflerbach, P. 207,208
Ahmad, M. 235
Ainsworth, S. 212
Akehurst, L. 179
Alba, J.W. 149
Allen-Burge, R. 253
Allwood, C.M. 121
American Academy of Pediatrics 174
Anderson, J. C. 187
Anderson, R.I. 210
Andreoletti, C. 254
Ansay, C. 60
Arami, M. 216
Arbuckle, T.Y. 86,88,110
Arkes, H.R. 120
Atkinson, R.C. 24,25,27,97
Auer, T.S. 184
Azevedo, R. 195,196,217

● B

Bachman, D.L. 154
Bacon, E. 94
Baguley, T. 74
Baillargeon, R. 229
Baker, J.M.C. 38-41
Baker, L. 210
Balfour, S.P. 72
Balota, D.A. 56
Bandura, A. 196
Bandura, M. 254
Barlow, M.R. 132
Barron, K.L. 242
Bassok, M. 211
Batchelder, W.H. 147
Bauserman, K.L. 207
Bawa, S. 271
Bayen, U.J. 141,147,184
Beattie, G. 74
Beauregard, M. 153
Beck, E.F. 233
Beck, I.L. 208
Begg, I. 89,100,101,105
Beishuizen, J.J. 218
Benjamin, A.S. 47,66,100-102,110
Benjamin, L.T. 199

Bentaleb, L.A. 153
Bentall, R.P. 150
Beran, M.J. 231
Bereiter, C. 213,214
Berish, D.E. 265
Berry, E.M. 263
Berry, J.M. 254
Berry, S.L. 104
Best, J.B. 200
Bird, R.D. 110
Bjork, R.A. 97,101,102
Bjorklund, D.F. 233,234,242
Björkman, M. 133
Blakemore, S.-J. 151-153
Blankenship, S.E. 68
Bleasdale, F.A. 101
Block, C.C. 207,211
Bloom, P. 229
Blöte, A.W. 217
Boekaerts, M. 193
Bol, L. 91,198,199,202
Bolger, F. 116,125
Bolles, R.C. 12
Boring, E.G. 12
Borkowski, J.G. 243
Botwinick, J. 255
Bower, G.H. 149
Bowman, L.L. 234
Boyle, R. 196
Boyne, A.C. 255
Brammer, M.J. 153
Brase, G.L. 129
Brav, T.K. 263
Breen, N. 154
Brennen, T. 74
Brentano, F. 11,13,15
Brewer, N, 177
Brewer, W.F. 131,132
Bright, J. 74
Brincones, I. 207
Broadbent, D.E. 22
Brockway, J.H. 183,184
Brown, A.L. 32,203,204
Brown, A.S. 28,67,182
Brown, E. 226
Brown, J. 264
Brown, J.M. 72
Brown, L.A. 182
Brown, R. 69
Bruce, P.R. 255
Bruce, V. 74
Bryant, F.B. 183,184
Buckley, J.P. 179
Budescu, D.V. 124
Buehler, R. 129
Bull, R. 179,180
Burcham, S. 212
Burke, A. 177
Burke, D.M. 69,70,75

Burns, H.J. 163
Butterfield, B. 60,167,168
Butterfield, E.C. 19,21,238,259

● C

Caine, D. 154
Call, J. 230
Campbell, J.D. 183,184
Campione, J.C. 204
Cao, L. 201
Caramazza, A. 70
Carlson, S.M. 229
Carney, E. 94
Carr, M. 216
Caruso, M.J. 269
Cassel, E. 169
Cavanaugh, J.C. 32,243
Cavell, T.A. 199
Ceci, S. 165,166
Chemers, M.M. 196,197
Chi, M.T.H. 211
Chomsky, N. 20
Chryssoula, P. 217
Cicero, M.T. 9,10
Clancy, S.A, 167
Clarys, D. 260
Cleare, A.J. 118
Coan, J.A. 165
Coltheart, M. 154
Comte, A. 11
Conner, L.N. 214
Connor, L.T. 51,56,57,60,94,249,256,268
Cosmides, L. 128,129
Costermans, J. 60
Coughlan, J. 74
Coyle, T.R. 242
Coyne, A.C. 255
Craik, F.I.M. 101,257,258
Creeley, C.E. 94
Cromley, J.G. 217
Cross, D. 225
Crowley, K. 243
Cuddy, L.L. 86,88,110
Cummins, C. 211
Cutler, B.L. 177

● D

Dagenbach, D. 265
Damasio, A.R. 150
Damasio, H. 150
Danziger, K. 12
Davachi, L. xi,157
Davidson, P.S.R. 263
De Clercq, A. 216
De Corte, E. 216
De Jong-Meyer, R. 174
Delclos, V.R. 202,203
Denhière, G. 107

DePaulo, B.M.   179,180
Desoete, A.   216
D'Esposito, M.   150
Dexter, H.R.   177
Diaz, M.   47
Dixon, R.A.   251
Dodson, C.S.   144,147,148,271
Dominowski, R.L.   213
Donndelinger, S.J.   211
Dougherty, M.R.P.   125,133
Dufresne, A.   237
Duft, S.   89
Dunlosky, J.   38,39,40,41,51,93-97,
    101,103,105,108,109,111,249,257,
    258,266-268,270
Dunning, D.   198

● E
Efklides, A.   217
Ehrlinger, J.   198
Ekman, P.   178,180
Elliott, E.   254
Ellis, H.C.   19,21
Elshout, J.J.   218
Emmorey, K.   74
Epstein, W.   104,105
Erber, J.T.   253
Erdfelder, E.   184
Erev, I.   124,133
Ericsson, K.A.   27-29,33
Ertmer, P.A.   198
Eslinger, H.   150
Espagnet, L.   77,261

● F
Feinberg, T.E.   154
Ferguson, S.A.   141
Fernandez, O.   229
Ferrell, W.R.   124,125
Fiedler, K.   129
Finn, B.   90,92
Fischhoff, B.   49,116,117,120,122,
    182,183
Fisher, R.P.   170
Fitch, F.   262
Fitzgerald, J.   214
Flavell, J.H.   1,6,30-32,106,223,
    228,229,233,239
Flower, L.   213,214
Floyd, M.   254,255
Foley, M.A.   143
Fox, P.W.   123,124
Fox, S.G.   178
Frankovich, L.   105
Freebern, G.   217
Friedrichs, A.G.   30,233
Friesen, W.V.   178
Frith, C.   153
Fu, C.   118

Fu, T.   118
Fuchs, L.S.   216,217
Funnel, M.   71

● G
Galanter, E.   22,23,33
Garcia, B.F.   196,197
Gardiner, J.M.   101
Garrett, M.   151
Gawlik, B.   185
Geiselman, R.E.   170
Gerler, D.   65
German, T.P.   229
Ghatala, E.S.   235,244
Gide, A.P.G.   iii
Gigerenzer, G.   48,124,129-131,
    133,181
Gilewski, M.J.   251
Gilovich, T.   126,127
Glaser, R.   211
Glenberg, A.M.   104,105
Glisky, E.L.   263
Goldfarb, K.   56
Goldsmith, M.   134-136,270,271
Goldstein, D.   181
Gollan, T.H.   74
Gonzalez, R.   47
Goossens, L.   267
Gopnik, A.   228
Graff-Radford, P.J.   150
Granhag, P.A.   121
Green, B.L.   234
Greene, E.J.   157
Greene, J.A.   195,196,217
Griffin, D.   126,129
Groninger, L.D.   88
Grossman, J.L.   266

● H
Hacker, D.J.   91,198-200,202,205
Hadwin, A.F.   110,193,194,196,
    203,206,219
Hale, C.   243
Hampton, R.R.   231
Hancock, J.A.   118
Hansen, M.B.   228
Hare, V.C.   209
Harmer, S.   226
Harrington, C.   202,203
Harris, P.L.   226-228
Hart, J.T.   6,29,33,36,37,55,56,83,
    86,238
Hasher, L.   149,181
Hashtroudi, S.   141,143
Hastie, R.   178
Hayama, H.   148
Hayes, J.R.   213,214
Hayes, S.M.   150
Herrmann, D.J.   252

Herzog, C.   51,101,251-254,257-
    259,266,267,270
Hicks, J.L.   169
Hinchley, J.L.   257,258
Hoffman, H.G.   163
Hoffrage, U.   48,131
Holgate, B.   105
Horgan, D.D.   91,198,199
Horn, J. L.   217
Hothersall, D.   17,18
Hoyt, J.D.   30,233
Hu, L.   196,197
Hubert, W.   174
Huet, N.   60,259
Hulicka, I.M.   266
Hull, C.   18
Hultsch, D.F.   251,252,254,258
Humphrey, G.   16
Hunt, R.R.   19,21

● I
Inbau, F.E.   179
Isingrini, M.   77,260,261,268,269
Israel, S.E.   207
Izaute, M.   94

● J
Jacoby, L.L.   144,146-148,264,265
James, L.E.   70
James, W.   14,28,67,69
Jameson, K.A.   56
Janowsky, J.S.   50,76,77
Jasechko, J.   264
Jayne, B.P.   179
Jennings, J.M.   265
Jessup, D.L.   216
Joaquim, S. G.   61
Johansson, B.   253
Johnson, M.K.   139,141,143,145,
    150,157,
    166,169,265
Jones, R.W.   262
Jönsson, F.U.   74,98
Jungermann, H.   124
Juslin, P.   131,133

● K
Kahneman, D.   124-127,129,185
Kassel, N.   150
Kassin, S.M.   186
Kaszniak, A.W.   77, 259
Kausler, D.H.   249
Keener, M.C.   202
Keeves, J.   212
Kelemen, W.L.   94,98,99,111
Kelley, C.M.   144,148,264,271
Kellicutt, M.H.   26-28
Kennedy, M.R.T.   94
Keren, G.   49,116,119,120,127

Kerri, J.   198
Ketcham, K.   114,115
Kidder, D.P.   101,258
Kikyo, H.   77
Kimball, D.R.   97,98
King, J.F.   88
Kinnucan-Welsch, K.   207
Kinsbourne, M.   153
Kintsch, E.   215
Kintsch, W.   206,208,209
Kircher, T.   152
Kleinbölting, H.   48,131
Kleykamp, B.   265
Kluwe, R.H.   32
Knight, R.T.   157
Knoblich, G.   152
Knoll, N.E.A.   26-28
Kobashigawa, A.   237
Köhnken, G.   179,180
Kok, R.   218
Kolers, P.A.   82
Koriat, A.   45,60,62-66,89-91,101, 103,104,120,121,134-136,236,270, 271
Kornell, N.   45,68,106,109,232
Kosslyn, S.M.   14
Koustaal, W.   118
Kramarski, B.   216
Kraut, R.E.   180
Kreutzer, M.A.   239,240,243,245
Krinsky, R.   60
Kroll, N.E.A.   157
Kruger, J.   198
Kubat-Silman, A.   270
Kukan, L.   208
Külpe, O.   15

● L

LaBine, G.   187
LaBine, S.J.   187
Lachman, J.L.   19,21,259
Lachman, M.E.   252,254
Lachman, R.   19,21,259
Lalonde, P.   89
Lane, S. M.   169
Lang, B.   229
Lawson, M.J.   212
Leach, K.   143
Leichtman, M.   165,166
Leighton, E.A.   263
Le Ny, J.-F.   107
Leonard, C.   239
Leonesio, R.J.   86,89,106,108
Leslie, A.M.   228
Le Taillanter, D.]   107
Levin, J.R.   235,244
Levy, O.   263
Levy-Sadot, R.   66
Lewin, W.   149,150

Lewis, M.W.   211
Liberty, C.   241
Lichtenstein, S.   49,116,117,119, 120,122
Liddle, P.   153
Lieberman, D.A.   25-27
Lin, L.-M.   105
Lindsay, D.S.   141,143,145,169
Lineweaver, T.T.   253
Lipko, A.   105
Lockl, K.   229,233,235-238,245
Loftus, E.F.   114,115,163-165,185
Lories, G.   60
Lovelace, E.A.   88,258
Lowe, D. J.   187

● M

Ma'ayan, H.   90
MacCoun, R.J.   178
MacGregor, D.   120
MacKay, D.G.   69
MacMillan, N.A.   148
Madigan, S.A.   36
Maki, R.H.   100,104,105
Maki, W.S.   108
Mandler, G.   22
Mangels, J.A.   60,168
Mann, S.   180
Marazita, J.M.   234
Marbe, K.   15
Marcoen, A.   267
Maril, A.   77
Mariott, C.   226
Markham, L.   214
Markman, E.M.   30,203-205,207,228
Marquiè, J.C.   60,259
Marsh, G.R.   258
Marsh, R.L.   149,169
Marx, R.   196
Masson, M.E.J.   47
Masur, E.F.   106
Mather, M.   142
Matvey, G.   103,105
Mauther, N.   226
May, C.P.   263
Mayer, A.   16
Mazursky, D.   188
Mazzoni, G.   91
McClelland, A.G.R.   116,125
McCloskey, M.   185
McClure, K.A.   173
McDermott, K.B.   168,190
McDonald-Miszczak, L.   254
McGlynn, S.M.   262
McGoey, P.J.   124,125
McGuire, M.J.   100,105
McGuire, P.K.   153
McIntyre, C.W.   106

McNeill, D.   69
Meeter, M.   90
Meister, C.   205
Melnick, R.   89
Merriman, W.E.   234
Metcalfe, J.   36,45,50-52,60-63,68, 71,75,76,90,92,97,98,100,106,108, 109,157,167,168,231,268
Mevarech, Z.R.   216
Meyer, D.E.   56,57
Miles, J.R.   269
Mill, J.   13
Miller, D.G.   163
Miller, G.A.   22-24,33
Miller, P.H.   242
Milstead, M.   243
Miner, A.C.   65,66,76,81
Miozzo, M.   70
Mitchell, J.P.   77,157
Mitchell, K.J.   139,143,157
Miyashita, Y.   77
Moffoot, A.P.R.   119
Moos, D.C.   217
Morgan, C.A.   175-177,189
Morita, S. K.   169
Morris, C.C.   101
Moses, L.J.   229
Moulin, C.J.A.   260,262
Multhaup, K.S.   169,264
Murnane, K.   141
Murphy, M.D.   269,270
Murray, R.M.   153
Musch, J.   184
Myers, M.   209,210

● N

Narens, L.   4,10,24,38,39,56,65, 110,205
Naus, M.J.   241
Naveh-Benjamin, M.   263,266, 267,272
Nebelsick-Gullet, L.   201
Nebes, R.D.   261
Neely, J.H.   56
Neisser, U.   22
Nelson, T.O.   4,10-12,24,38,39,46, 47,56,60,65,82,83,86,88-97,106, 108,110,205,236,237,238
Neuman, Y.   212
Newell, A.   24
Nietfeld, J.L.   201
Nisbett, R.   26,27
Noh, S.R.   269

● O

O'Carroll, R.E.   119
Ofir, C.   188
Ohki, K.   77
Olsson, H.   133

Olsson, M. J.   74
Onishi, K.   229
Opel, R.B.   122
Op 't Eynde, P.   216
Ornstein, P.A.   241,242
Orth, J.   16
Osborne, J.W.   201
Oskamp, S.   171,173,174
O'Sullivan, M.   180
Otero, J.   207-209
Otten, L.J.   157

● P
Paivio, A.   22
Palef, S.R.   82
Palinscar, A.S.   204
Pannu, J.K.   77,259
Paris, A.H.   210
Paris, S.G.   206,209,210
Peck, V.   238
Penrod, S.D.   177
Perfect, T.J.   149,262
Perlmutter, M.   32
Perner, J.   223-225,229
Perrotin, A.   260,261
Peskin, J.   226
Peters, S.M.   94
Pfeifer, R.L.   180
Phillips, L.D.   116,117
Piaget, J.   31
Pickrell, J.E.   163-165
Pintrich, P.R.   193,196
Plumert, J.M.   235
Poe, E.   180
Pohl, R.F.   184,185
Poon, L.   118
Potenza, M.T.   201
Powell-Moman, A.   258,267
Premack, D.   224
Pressley, M.   207,208,217,235, 239,242-244
Pribram, K.H.   22,23,33
Prins, F.J.   218
Probert, J.S.   242
Puncochar, J.M.   123,124

● R
Rabinowitz, J.C.   257,258
Rahhal, T.   263
Rakow, E.A.   91,198,199
Ranganath, C.   157
Raye, C.L.   143,150,157,166
Raz, N.   259,263
Read, J.D.   168
Reber, R.   181
Reckers, P. M. J.   187
Reder, L.M.   60,65,66,76,78-82
Redford, J.S.   231
Reid, J.E.   179

Reimann, P.   211
Rhodes, M.G.   271
Richardson, J.T.E.   239,266
Riefer, D.M.   147
Ritter, F.E.   79-81
Robbins, S.B.   197
Roberts, T.A.   235
Robinson, A.E.   101
Roediger, H.L.   168,190
Roeyers, H.   216
Romberch, J.   11
Rosenshine, B.   205
Rosenthal, D.M.   5
Rosenthal, R.   179
Ross, K.A.   244
Rotello, C.M.   47,147
Rothberg, S.T.   253
Roussel, C. C.   169
Rubin, S.R.   263
Ruffman, T.   229
Rugg, M.D.   148,157
Russell, J.   226
Rynearson, K.   108

● S
Sabbagh, M.A.   229
Sahakyan, L.   271
Salthouse, T.A.   265
Sampaio, C.   132
Sanborn, M.E.   235
Sanders, R.E.   269
Sanna, L.J.   188
Sanvito, J.   89
Scardamalia, M.   213,214
Schacter, D.L.   63,77,139,144,146
Schaie, K.W.   251
Schmitt, F.A.   269
Schneider, W.   94,229,233,235- 239,242,243,245
Schnyer, D.   77
Schoenfeld, A.H.   215,216
Schooler, J.W.   5
Schraw, G.   201
Schunk, D.H.   110,193,198
Schwatz, B.L.   1,50-52,60,61,69, 72-75,77,101,102
Schwartz, B.   212
Schwartz, N.   181,188
Schwebel, D.C.   235
Scogin, F.   255
Seier, W. L.   242
Serra, M.   38-41
Sethi, R.   111
Shake, M.C.   269
Shallenberger, W.R.   199
Shapiro, R.M.   154
Sharpe, S.   226
Shatz, M.A.   200
Shaughnessy, J.J.   88

Shaw, J.S.   173
Shaw, K.N.   157
Sheffer, L.   90
Shergill, S.S.   153
Shields, W.E.   231
Shiffrin, R.   24,25,27,97
Shimamura, A.P.   50,75,77
Shin, H.   233,234
Shitzer-Reichert, R.   236,237
Shrager, J.   243,244
Siedlecki, K.L.   265
Siegfried, M.   148
Siegler, R.S.   212,243,244
Sier, W.L.   242
Silkström, S.   98
Silva, R.   151
Simon, H.A.   24,27-29,33
Simons, J.S.   77
Sitko, B.M.   214
Skinner, B.F.   18,20,21
Slaughter, V.   228
Slawinski, J.L.   242
Slotnick, S.D.   147,148,271
Small, E.M.   188
Smiley, S.S.   204
Smith, D.C.   209
Smith, J.D.   231,231
Smith, S.M.   68,72,73
Sodian, B.   223,225,226,228,229
Soll, J.B.   133
Son, L.K.   100,106,108,109,111, 232,268
Souchay, C.   76,259-261,268,269
Sparrow, B.   154,155
Spellman, B.A.   97,178
Spencer, W.D.   263
Sprangenberg, K.B.   154
Squire, L.R.   2,50,75
Stark, H.A.   146
Stark, L.J.   149
Stewart, M.T.   211
Stine-Morrow, E.A.L.   269
Stip, E.   153
Stipek, D.J.   235
Stone, E.R.   122
Stone, N.J.   198
Stottmeister, F.   152
Stuss, D.T.   150
Suddendorf, T.   224
Sukel, H.   186
Sussman, A.L.   227
Szuchman, L.T.   253

● T
Taconnat, L.   260
Taraban, R.   108
Taylor, T.H.   143
Tenney, E.R.   178
Terrace, H.S.   36,232

Tesser, A. 183,184
Thiede, K.W. 51,107-109,111
Thompson, L.W. 251
Thompson, R. 74
Thompson, W.L. 14
Thomson, D.M. 139,140
Thronesbery, C. 259
Tidswell, T. 226
Tinklepaugh, O.L. 19
Titchener, E.B. 12
Todd, P.M. 133
Tolman, E.C. 18-20
Tooby, J. 128,129
Toppino, T. 181
Tsapkini, K. 71
Tulving, E. 36,140,146,157
Turner, J.C. 206
Tversky, A. 124-127,129,185

● U
Underwood, B.J. 86

● V
Valentijn, S.A.M. 254
Van Etten, S. 217
Van Meter, P. 217
Veenman, M.V.J. 218
Verhaeghen, P. 267
Verschaffel, L. 216
Vesonder, G.T. 89,90
Villa, D. 169
Vinski, E. 105

Visé 236,237
Voss, J.F. 89,90
Vrij, A. 179,180

● W
Wade, E. 69
Wade-Stein, D. 215
Wagner, A.D. 157
Wagner, M.T. 154
Wagner, T. 184
Wallsten, T.S. 49,124
Walter, H.A. 178
Wang, A.Y. 143
Washburn, D.A. 231
Wasik, B.A. 206
Watson, J. 225
Watson, J.B. 17,18
Weaver, C.A. 98,99
Weaver, S.L. 254
Webster, L.M. 265
Wegner, D.M. 154-156
Wellman, H.M. 225
West, R.L. 254
Wheatley, T. 155,156
Whiten, A. 224
Whittall, S. 226
Whitty, C.W.M. 149,150
Wilkinson, A.C. 104
Williams, S.C.R. 153
Wilson, T. 26,27
Wimmer, H. 224,225
Winerman, L. 155

Winne, P.H. 110,193,194,196,203, 206,219
Winters, F.I. 217
Wolf, E. 157
Woloshyn, V. 144
Wolpert, D. 153
Wong, R.M.F. 212
Woodruff, C.C. 148
Woodruff, G. 224
Woodworth, R.S. 12,15
Worling, J.R. 63
Worthley, J.S. 69
Wundt, W. 12

● Y
Yaniv, I. 56,57
Yates, F.A. 10
Yokoi, L. 217
Yonelinas, A.P. 147,157

● Z
Zabrucky, K.M. 105
Zaragoza, M. 185
Zarit, S.H. 253
Zechmeister, E.B. 88
Zeidner, M. 193
Zelinski, E.M. 251
Zimmerman, B.J. 110,193
Zoccoli, S.L. 182
Zuckerman, M. 179

309

事項索引

●あ
アイテム・メモリ（item memory）　141,156
アクセス可能性仮説（accessibility hypothesis）　62-65,72,79,101,126,238
あざむき（deception）　224-226
後知恵バイアス（hindsight bias）　162,182-188,191
アルツハイマー病（Alzheimer's Disease）　261,262
安寧（well-being）　261

●い
一般常識問題（general-knowledge question）　29,117-122,129,130,136,259,260
偽りの記憶（false memory）　149,163-169,174,189,190

●う
ウィジャ盤（Ouija board）　155,158
ウソをつく（lying）　149,178-182,191
うつ状態（depression）　117-119,142
うつ状態現実主義仮説（depressive-realism hypothesis）　117,118
ヴュルツブルグ学派（Würzburg School）　16,17

●え
遠心性フィードバック（efferent feedback）　151

●お
オミッション・エラー（error of omission, omission error）　59,60,238

●か
解決課題（work-out problem）　211
外在手がかり（extrinsic cue）　103-105
回想（recollection）　10,140,144,146-148,157,159
回想観測装置（retrospectoscope）　187
回想的確信度判断（retrospective confidence judgment）　38,41,42,47,48,52,53,114-116,118-124,127,129-132,134,136-138,270,271
回想的内観（retrospective introspection）　13-15
回想的判断（retrospective judgment）　134,183
回想に基づく記憶（recollection-based memory）　146
海馬（hippocampus）　157
改変（adaptation）　193
鏡徴候（mirror sign）　140,153,154,159
書き（writing）　213-215
学業の自己効力感（academic self-efficacy）　197
学習された項目（learned item）　87
学習の基準（norm of study）　107
学習判断（judgment of learning: JOL）　37,38,40-42,44-54,85-113,115,137,139,141,157,236-238,250,255-258,262,265,268,269,271,272
学習容易材料移行効果（Shift-to-Easier-Materials effect）　109
学習容易性判断（ease-of-learning）　54,85-87,106
確信度判断（confidence judgment）　114-139,167,168,172,271
確率的メンタルモデル理論（probabilistic mental model）　124,129,130,133
確率判断（probability judgment）　128
過小確信（underconfidence）　47,48,54
過剰確信（overconfidence）　46-48,51,54,90,91,114,116-124,127,130,133,137,138
過剰確信効果（overconfidence effect）　116,119,121
過剰確信の適応性（adaptivity of overconfidence）　234-235
過剰に学習された項目（over-learned item）　87
課題の明確化（task definition）　193
過程指向的な修正（process-oriented modification）　119,120
過程分離法（process-dissociation methodology）　146
ガンマ係数（gamma）　88
ガンマ相関（gamma correlation）　46,51,259

●き
記憶機能質問紙（Memory Functioning Questionnaire: MFQ）　251
記憶説（memory view）　183,185
記憶手がかり（mnemonic cue）　76,103
記憶の自己効力感（memory self-efficacy）　250,252,254,273
記憶の段階モデル（stage model of memory）　25,27,96
記憶モニタリングの発達（development of memory monitoring）　233-239
疑似実験変数（pseudo-experimental variable）　60
期待（expectation）　20
既知感判断（feeling-of-knowing judgment: FOK）　36,38,40-45,47,50-66,70,71,75-77,79,82-88,101,102,105,113,115,116,126,134,135,137,139,141,238-239,255,259-261
機能的磁気共鳴画像法（functional Magnetic Resonance Imaging: fMRI）　77,157
技術の欠如ではなく気づきの欠如（unskilled but unaware）　198
希望的観測仮説（wishful–thinking hypothesis）　235
キャリブレーション（calibration）　46-52,54,89-91,115,116,118-120-123,127,128,130,131,133,137
キャリブレーション曲線（calibration curve）　47-49,54,116,117,121,131
嗅周囲皮質（perirhinal cortex）　157
嗅皮質（rhinal cortex）　157
強制報告（forced-report）　136
局所メンタルモデル（local mental model）　129

●く
グッドマン＝クラスカルのガンマ係数（Goodman-Kruskal gamma）　46
区分モデル（partition model）　125
訓練された内観（trained introspection）　12

●け
計画立案（planning）　23,193,213,214,240
形式的操作（formal operation）　31
係留説（anchoring view）　183,185
係留と調整のヒューリスティック（anchoring-and-adjustment heuristic）　126,127

顕在記憶（explicit memory） 146
検索流暢性仮説（retrieval-fluency hypothesis） 101

●こ
語彙決定課題（lexical-decision task） 57
構成的に応答する読み（constructively responsive reading） 207
行動主義（behaviorism） 17-22
後部海馬傍回皮質（posterior parahippocampal cortex） 157
項目別学習判断（item-by-item judgment of learning） 236
高齢期（older adulthood） 248-273
心の理論（theory of mind: ToM） 223-226,228-230
心の理論とメタ記憶との関係（relationship between theory of mind and metamemory） 244-246
個人的要求説（personal needs view） 183
誤信念（false belief） 224-226
コミッション・エラー（error of commission, commission error） 59,60,238
コルサコフ病（Korsakoff disease） 50
コントのパラドックス（Comte's paradox） 11-14
コンピュータ・メタファ（computer metaphor） 21

●さ
最近接学習領域仮説（region-of-proximal-learning hypothesis） 109,110,113
再生の正確さ（recall accuracy） 134,271
再生－判断－再認法（recall-judge-recognition method） 29,55,59,69,75,77,82
左外側前頭前皮質（left lateral prefrontal cortex） 157
錯誤モデル（error model） 124
作話症の人（confabulator） 149,150,156
差の得点（difference score） 47,48
サマリー・ストリート（Summary Street） 215
産出欠如（production deficiency） 242,243,266,267,270,272,273
産出性失名辞（production anomia） 71
3文字連（trigram） 26,28

●し
思考についての思考（thought about thought） 31
自己効力感（self-efficacy） 110,195-198,217,234,254,273
自己効力感の信念（self-efficacy belief） 254
自己説明（self-explanation） 211-213
自己充足予言仮説（self-fulfilling-prophecy hypothesis） 95,97,98
自己調整学習（self-regulated learning） 106-108,110,193-196,201,203,216
自己調整学習の一般モデル（general model of self-regulated learning） 193-196
自己調整的執筆のモデル（model of self-regulated writing） 213,214
悉皆型過程（all-or-none process） 147
実行（enactment） 193
実行機能（executive functioning） 229
実際の水準（actual level） 46
事実の直接的観察（direct observation of fact） 12
児童期（childhood） 222-247
若齢者（若齢の成人：younger adult） 51,67,70,248,249,252-261,263-271
集団の確信度（confidence of group） 122,123
重複記憶錯誤（reduplicative paramnesia） 150
熟知性（familiarity） 57,58,73,76,78-80,83,140,143-148,157,158,169,171,181,182,264,265
熟知性に基づく記憶（familiarity-based memory） 146
受信者操作特性（Receiver Operation Characteristic: ROC） 147
情動的喚起水準（level of emotional arousal） 142
情報処理モデル（information-processing model） 21-25
初頭効果（primary effect） 241
処理容易性仮説（ease-of-processing hypothesis） 100,102
新近性効果（recency effect） 241
新近性判断（judgment of recency） 139
侵入思考（intrusive thought） 150

●す
数学（mathematics） 215-217
推論（infer） 58,63,70,72,83,103,110,118,129-131,133,140,143,145,146,158,172
ズレ低減モデル（discrepancy-reduction model） 108,109,113

●せ
成人期メタ記憶（Metamemory in Adulthood: MIA）尺度 251
成績評価点の平均（grade point average） 197,218
成績フィードバック（performance feedback） 122
生態学的妥当性（ecological validity） 129,133
生態学的アプローチ（ecological approach） 128,129,133
絶対的正確度（absolute accuracy） 46
先見モデル（forward model） 151,153,155,159
前帯状回切除手術（anterior cingulectomy） 149
全体的な学習判断（global judgment of learning） 91,255
全体的判断（global judgment） 90-91,233
選択的処理仮説（selective-processing hypothesis） 118
前頭前皮質（prefrontal cortex: PFC） 77,157
前頭葉（frontal lobe） 50,75-77,150,154,157,174,226,250,259-261
潜在記憶（implicit memory） 146
潜伏記憶（cryptomnesia） 149

●そ
相互教授（reciprocal teaching） 205
相対的正確度（relative accuracy） 45-47,49-52,56,61-64,75,83,84,88-91,93,94,96,97,102-104,107,111,134,136,137,141,167,257-260,265,271
ソース（情報源：source） 74,132,139-148,150,151,153,154,157-159,169,184,262-265
ソース判断（judgment of source） 139-159,169,264
ソース判断の正確さ（accuracy of source judgment） 141,158
ソース・モニタリング（source monitoring） 139-144,147-151,153,154,156,158,159,166,169,262,264
ソース・モニタリング判断（source-monitoring judgment）

38, 156

● た
ターゲット強度（target strength）　56-58, 63, 65, 71
大修道院記憶システム（Abbey memory system）　10
対象水準（object-level）　4, 5, 24
代表性ヒューリスティック（representative heuristic）　126
多項モデリング（multinominal modeling）　141, 147
多重入力モジュール記憶システムの枠組み（multiple-entry modular memory system framework: MEM）　143
単一過程モデル（single-process model）　148
短期貯蔵（short-term store）　24, 25, 28

● ち
遅延学習判断（delayed judgment of learning）　93-99, 106, 111, 112, 236, 237, 258, 265, 270
遅延学習判断効果（delayed-judgment-of-learning effect）　92, 94, 95, 97-99, 105, 110, 196, 237, 258
知覚の流暢性（perceptual fluency）　181
知識伝達（knowledge telling）　213, 214
知識変換（knowledge transforming）　213, 214
知能（intelligence）　217, 218
注意欠陥・多動性障害（attention deficit hyperactive disorder: ADHD）　250
長期貯蔵（long-term store）　24, 25
直後学習判断（immediate JOL）　93, 236, 237
直接アクセス（direct-access）　57, 58, 63, 70, 83
直接的観察（direct observation）　12

● て
手がかり熟知性仮説（cue-familiarity hypothesis）　58-61
手がかり利用アプローチ（cue-utilization approach）　102, 103, 105, 236
テキストの学習と理解（comprehension and learning of text）　207-211
テストする－操作する－テストする－抜け出す（TOTE）単位（Test-Operate-Test-Exit [TOTE] unit）　22-24
テスト解答の変更（changing test answer）　199, 200

● と
統合失調症（schizophrenia）　140, 150-154, 156, 159
同時的内観（concurrent introspection）　12-15
トリビアル・パスート（Trivial Pursuit）　66, 84, 114, 122, 128, 270

● な
内観（introspection）　11-18, 25-29
内観主義の欠点（shortcoming of introspectionism）　14
内在手がかり（intrinsic cues）　103, 104
内側前部（anterior medial region）　157
内側側頭葉（medial temporal lobe）　157
馴れ合い仮説（collusion hypothesis）　217
難易効果（hard-easy effect）　48, 116, 119, 127

● に
二重過程モデル（two-process model）　147
二重記憶モニタリング仮説（monitoring-dual-memories hypothesis）　96, 97
にせ名声効果（false-fame effect）　264
認知（cognition）　2
認知研究と教育研究（cognitive research and educational research）　196
認知面接法（cognitive interview）　169, 170
認知ルネサンス（Cognitive Renaissance）　19-25

● の
喉まで出かかっているのに出てこない状態（tip-of-the-tongue state）　28, 38, 56, 67

● は
バイアス（bias）　29, 47, 83, 92, 115, 119, 120, 122, 125-127, 137, 150, 183-187
バイアス修正（debiasing）　119, 120, 122, 137
排他教示（exclusion instruction）　147
場所法（method of loci）　10
発話思考プロトコル（think-aloud protocol）　208, 211
反射弓（reflex arc）　19
判断過程（judgment process）　76, 97, 133
反応指向的な修正（response-oriented modification）　119

● ひ
比較器（comparator）　152, 153
ヒト以外のメタ認知（nonhuman metacognition）　230-232
ヒューリスティック・アプローチ（heuristic approach）　124, 127,
ヒューリスティックに基づく説明（heuristic-based account）　56, 58, 61, 83
頻度－妥当性（frequency-validity）　181
頻度判断（judgment of frequency）　128, 139

● ふ
複合的アプローチ（hybrid approache）　133
符号化特定性原理（encoding specificity principle）　140
プライミング（priming）　57, 60
文章化（translating）　213

● ほ
妨害語（blocker）　67, 68
包含教示（inclusion instruction）　146, 147
方略使用の有効性（effectiveness of strategy use）　240-243
方略選択（strategy selection）　78, 79, 81, 83
方略選択と方略発見のシミュレーション（Strategy Choice and Discovery Simulation: SCADS）　244
方略についての知識（knowledge about strategy）　239, 240
方略の使用（strategy use）　239-246

● み
見かけと現実（appearance versus reality）　226-228
見直し（reviewing）　213

● む
無心像思考（imageless thought）　15-17

● め
命題的思考（propositional thinking）　31

メタ記憶仮説（metamemory hypothesis） 132,243
メタ記憶と方略使用との関係（relationship between metamemory and strategy use） 243-244
メタ記憶の発達（development of metamemory） 230-244
メタ水準（meta-level） 4,5,24
メタ認知（metacognition） 1,2,30
メタ認知学派（Metacognitive School） 25,29-32
メタ認知の枠組み（metacognitive framework） 4
メタ認知的経験（metacognitive experience） 29-31
メタ認知的コントロール（metacognitive control） 2-4,44,162,195,202,203,255,269
メタ認知的知識（metacognitive knowledge） 2,3,30,31,189
メタ認知的モニタリング（metacognitive monitoring） 2-4,44,75,106,115,162,163,167,195,198-202,213,255,258,271
メタ理解（metacomprehension） 104,105,207

●も
目標設定（goal setting） 193,216,218
モジュール説（modular theory） 228
モニタリング検索仮定（monitoring-retrieval assumption） 95,99,111

モニタリングの訓練（monitoring training） 201-203

●ゆ
有名人テスト（fame test） 144,158,264

●よ
読み（reading） 203-207
読みの理解モデル（reading comprehension model） 205-207
4文字連（tetragram） 63,64

●ら
ランダムな誤り（random error） 133

●り
リアリティ・モニタリング（reality monitoring） 149-152,154-156,226-228
理解のモニタリング（monitoring of comprehension） 204,207
領域熟知性（domain familiarity） 60
領域熟知性仮説（domain-familiarity hypothesis） 57
利用可能性ヒューリスティック（availability heuristic） 126
利用欠如（utilization deficiency） 242,243

●れ
レゾリューション（resolution） 45

連言の誤謬（conjunction fallacy） 126,129
練習による過小確信効果（underconfidence-with-practice effect） 89-91,102-104

●A～Z（アルファベット）
ADHD→注意欠陥・多動性障害
COPES（条件-操作-成果-評価-基準）モデル（COPES [Condition-Operation-Product-Evaluation-Standard] model） 194-196
fMRI→機能的磁気共鳴画像法
GPA→成績評価点の平均
JOL→学習判断
MEM→多重入力モジュール記憶システムの枠組み
MFQ→記憶機能質問紙
MIA尺度→成人期メタ記憶尺度
PFC→全頭前皮質
RJR法→再生-判断-再認法
ROC→受信者操作特性
SCADS→方略選択と方略発見のシミュレーション
ToM→心の理論
TOT状態→喉まで出かかっているのに出てこない状態
TOT動物（ToTimal） 72
TOTE→テストする—操作する—テストする—抜け出す

訳者あとがき

　本書は，Dunlosky, J. & Metcalfe, J. (2009). *Metacognition*. Thousand Oaks, CA: Sage Publications. の全訳であり，メタ認知に関する研究を精力的に推進している，世界的に著名なジョン・ダンロスキー教授とジャネット・メトカルフェ教授によるメタ認知研究への誘いの書である。

　本書への誘いは2種類の読者に向けられている。ひとつは，メタ認知に興味を抱き，詳しく学習をしようとする初学者に向けられている。本書では，そうした読者に応えて，メタ認知についての基礎的知識を提供すると共に，認知心理学，教育心理学，発達心理学，臨床心理学，神経心理学にまで及ぶ心理学の広範な領域での最新の研究成果を，理論的な検討もまじえて，包括的に概観している。また，初学者への配慮として，各章の終わりには，「討論問題」，「概念の復習」，ときには「演習課題」も用意されている。それらは，初学の読者が本書の内容をどれほど理解したかを知るのに役立つことは言うまでもないが，同時に，メタ認知判断を実践，実体験する絶好の機会となるようにとの工夫でもある。

　本書への誘いのいまひとつの対象者は，メタ認知についてさらに詳しく学び，研究しようとしている学部学生，大学院生である。本書における包括的な概観はこうした読者にとっても有用な情報源である。本書はそれに留まらず，こうした読者のためにほとんどの章で最先端の争点や論争が囲み記事の「論点」としてまとめられている。それらの「論点」における議論は，メタ認知研究への関心をさらに高め，研究を深化する導きとなりうる内容を備えている。

　我が国の研究者によるメタ認知への注目は，1980年前後の研究誌，専門書，翻訳書に見いだされる。近年では種々の心理学分野の入門書でもメタ認知に関する記述が認められるようになった。また，『メタ認知』（三宮真智子編著，2008）や『メタ記憶』（清水寛之編著，2009）などの研究書，あるいは『心理学評論』（2007, Vol.50 No.3）や『現代のエスプリ』（No.497, 2008/12）などの研究誌でのメタ認知に関する特集がここ2, 3年のうちに相次いで刊行された。本書は，上述の本書のねらいから推し量ることができるように，入門書と専門書との橋渡しをするのに好適の書であり，また専門書を補うに足る書でもある。本書を手にされた多くの読者がメタ認知研究への新たな挑戦に踏み出され，わが国のメタ認知研究がいっそう盛んになる契機のひとつになればと願っている。

　本訳書は，原著がメタ認知についてわかりやすく解説した格好の研究入門書である

ことに注目したそれぞれの訳者の意向が清水を介してまとまり，3者による共訳として出版することになった。まず，担当箇所を分担し，訳出した。各自の原稿に他の2名が目を通し，訳文についてコメントを付し，相互に検討を加え，意見を交換しながら改稿を重ねた。人名，用語，文体を揃えることは容易であったが，翻訳に取り組む姿勢，考え方についてはそれぞれの思いが交錯することもあった。その点で本書は忌憚なく意見を出しあった共訳者の協働による訳書である。その方法が望ましい実を結んだのかどうかは読者の評価に委ねたい。最終稿は共訳者による細心の検討を経たものではあるが，なおも誤りがあるかもしれない。ご一報いただければ幸いである。

　訳出の分担は次のようであった。
第1章（湯川），第2章（湯川），第3章（金城），第4章（清水），第5章（清水），第6章（金城），第7章（金城），第8章（清水），第9章（湯川），第10章（湯川），第11章（金城）

　「日本の読者のみなさんへ」と「まえがき」は清水が，「著者紹介」は湯川が担当した。また，邦訳文献のとりまとめとリストの作成は主として清水が担当した。

　最後になったが，本訳書の刊行については，最終稿の仔細な検討，適時の適切な助言など，北大路書房編集部薄木敏之氏の終始変わらないご支援をいただいた。記して感謝の意を表したい。

2010年3月

共訳者を代表して
湯川良三

著者紹介

ジョン・ダンロスキー（John Dunlosky）はケント州立大学の心理学の教授である（ワシントン大学で博士号を取得）。彼は，自己調整学習やメタ理解についての理論を含め，記憶とメタ認知に関する実験的，理論的研究に寄与してきた。ジョージア工科大学での博士号取得後の研修以来，高齢者のメタ認知能力を研究し，近年はこの研究を小学生にまで広げてきている。彼の研究計画の主要な目的は，生涯にわたる自己調整学習の有効性を高める方法を開発することである。心理科学会のフェローであり，国際メタ認知学会の創設者である。*Journal of Experimental Psychology: Learning, Memory, and Cognition* の共同編集者であり，*Educational Psychology, Metacognition and Learning* の編集委員でもある。また，メタ認知の本も何冊か編集してきた。

ジャネット・メトカルフェ（Janet Metcalfe）博士はコロンビア大学の心理学の教授であり，神経生物学および行動の教授でもある（トロント大学で博士号を取得）。彼女は，CHARM（複合ホログラフィー連想再生モデル composite holographic associative recall model），満足遅延と衝動制御の興奮－冷静システムを含め，記憶とモティベーションについての実験，理論，両面の研究に寄与してきた。さらに，ここ10年，大学生や落ちこぼれの恐れがある都心部の子どもを対象に，学習を高めるために認知科学の諸原理を応用する研究を行ってきた。現在は，子どももおとなも，人はいかにして自分が知っていることがわかるのか，すなわちメタ認知技能とメタ認知能力や，効果的に自己をコントロールするのにメタ認知能力を効率よく使っているのかどうかの研究に重点が置かれている。心理科学会と実験心理学会のフェローであり，*Psychological Review, Psychological Bulletin, Metacognition and Learning* の編集委員を務めている。また，メタ認知の本も何冊か編集してきた。

訳者紹介

湯川良三（ゆかわ・りょうぞう）

1968 年　京都大学教育学部卒業
1970 年　京都大学大学院教育学研究科修士課程修了
現　在　宝塚大学造形芸術学部教授
主　著
　新・児童心理学講座第4巻　知的機能の発達（編著）　金子書房　1993 年
　認知発達心理学―表象と知識の起源と発達―（分担執筆）　培風館　2002 年
　文化行動の社会心理学（分担執筆）　北大路書房　2005 年
　記憶の生涯発達心理学（分担執筆）　北大路書房　2008 年

金城　光（きんじょう・ひかり）

1987 年　お茶の水女子大学文教育学部卒業
1998 年　ニューヨーク大学大学院心理学研究科博士課程修了
現　在　大妻女子大学社会情報学部准教授　Ph.D.（心理学）
主著・論文
　On the generality of the perceptual closure effect.（共著）*Journal of Experimental Psychology: Learning, Memory, & Cognition, 24,* 645-658. 1998 年
　記憶の生涯発達心理学（分担執筆）　北大路書房　2008 年
　メタ記憶（分担執筆）　北大路書房　2009 年

清水寛之（しみず・ひろゆき）

1982 年　大阪市立大学文学部人間関係学科卒業
1989 年　大阪市立大学大学院文学研究科後期博士課程単位取得退学
現　在　神戸学院大学人文学部人間心理学科教授　博士（文学）
主　著
　記憶におけるリハーサルの機能に関する実験的研究　風間書房　1998 年
　日常認知の心理学（分担執筆）　北大路書房　2002 年
　視覚シンボルの心理学（編著）　ブレーン出版　2003 年
　記憶の生涯発達心理学（分担執筆）　北大路書房　2008 年
　メタ記憶（編著）　北大路書房　2009 年

メタ認知 基礎と応用

2010年4月20日　初版第1刷印刷	定価はカバーに表示
2010年4月30日　初版第1刷発行	してあります。

著　者　J. ダンロスキー
　　　　J. メトカルフェ

訳　者　湯　川　良　三
　　　　金　城　　　光
　　　　清　水　寛　之

発行所　(株)北大路書房
　　　　〒603-8303 京都市北区紫野十二坊町12-8
　　　　電　話　(075) 431-0361(代)
　　　　FAX　(075) 431-9393
　　　　振　替　01050-4-2083

ⓒ2010　　　　　　　　　印刷・製本／モリモト印刷(株)
検印省略　落丁・乱丁はお取り替えいたします。
ISBN978-4-7628-2714-3　Printed in Japan